古典文獻研究輯刊

初　編

曾永義 主編

第 8 冊

中晚明文藝場域「狂士」身分之研究

林宜蓉 著

國家圖書館出版品預行編目資料

中晚明文藝場域「狂士」身分之研究／林宜蓉 著—初版—
台北縣永和市：花木蘭文化出版社，2010〔民99〕
目 4+282 面：19×26 公分
（古典文學研究輯刊　初編：第 8 冊）
ISBN：978-986-254-372-6（精裝）
1. 知識分子　2. 文藝評論　3. 明代
546.1135　　　　　　　　　　　　　　　　99018480

ISBN - 978-986-2543-72-6

9 789862 543726

古典文學研究輯刊
初　編　第八冊　　　　　　　ISBN：978-986-254-372-6

中晚明文藝場域「狂士」身分之研究

作　　者　林宜蓉
主　　編　曾永義
總 編 輯　杜潔祥
出　　版　花木蘭文化出版社
發 行 所　花木蘭文化出版社
發 行 人　高小娟
聯絡地址　台北縣永和市中正路五九五號七樓之三
　　　　　電話：02-2923-1455／傳眞：02-2923-1452
網　　址　http://www.huamulan.tw 信箱 sut81518@ms59.hinet.net
印　　刷　普羅文化出版廣告事業
初　　版　2010 年 9 月
定　　價　初編 28 冊（精裝）新台幣 45,000 元

中晚明文藝場域「狂士」身分之研究

林宜蓉　著

作者簡介

林宜蓉，I-Jung,Lin，國立暨南國際大學中文系助理教授。國立台灣師範大學國文系學士、碩士、博士。近年多關注明代文藝社會、文人型態、明清旅行文學等研究範疇。已發表〈山光／粉黛共消遙？──晚明文人江南歷遊之文藝再現與敘述策略〉（2010）、〈中晚明狂士記憶的歷時積澱〉（2003）、〈晚明「尊藝」觀之探究〉（2000）、〈理想的頓挫與現實的抉擇──陳洪綬「狂士畫家」生命型態之開展〉（1999）等多篇學術論文。

提　要

　　本論文以《中晚明文藝場域「狂士」身分之研究》作爲探討主題，採取後現代史學、詮釋人類學之方法工具，拆解歷來狂士論述，重新編織狂士知識，依序開展的議題如下所述：

第一編、編織與拆解的共舞

　　第一章第一節，在四庫館臣的宏偉敘述之外，考掘出四條擬塑狂士譜系的線索，分別爲：地域認同的收編書寫、擬世說體的傳抄聯衍、私家史傳的隱性論述、序跋評點的揄揚與傳播。第二節，嘗試重新編織狂士譜系的意義，指出譜系之存在乃是爲狂士此一知識社群，提供了一組「認同譜系、敘述庇護所及文化參照系統」；其二指出：擬塑譜系時的懷古心理，其「時間圖示」，實爲一現時、空洞的心理時間，並不具有「回復古典」之實際意義；其三、「眾聲喧嘩的狂士意蘊」，則初步歸納出明代談狂的意義，點明複雜多元的詮釋現象。其四、「諸家論述的角力競逐」，則揭露「狂士吳中論」、「四庫全書狂士論述」爲霸權論述，作爲開啓下文多元小論述之伏筆。

　　第二章選擇譜系中的狂士個案，追索中明到晚明的歷時變化。掘發其中相應的互動關係──因爲文藝場域接受角度的變遷，而導致說話者所描繪的「狂士圖像」產生變化。其變因分兩部分論述：文藝觀方面，乃是由「典雅華麗的復古文風」、朝向「與人格合轍的自我書寫」遞變。人物觀方面，則是由「懷柔收編與訓戒懲罰──官權中心」、朝向「自我主體意識的彰顯──個體中心」遞變。其次，則以個案爲研究中心，分別探討了吳中的唐寅、祝允明；湖北的王廷陳、蜀地的楊慎。除了呼應前述由接受氛圍探討狂士圖像變化的論點之外，更考察出數位吳中以外的狂士個案，可見得狂士非吳中所獨有。

第二編、表演與觀看的對話

　　本編針對「形狂心亦狂」一類狂士作深度考掘，第一章「狂姿逸態的文化表演」，除了概覽狂士風氣之外，也交代本文作爲核心研究對象之狂士取樣。此外，則嘗試歸納場域上集體描繪的狂士圖像，具有下列狂態特質：（一）、自負高才、大言進取（二）、邊緣化型態（三）、狂蕩不羈的行止（四）、標舉狂誕簡傲的才性。其次，則企圖勾勒一幅「人造合成的狂士圖像」作爲概觀，從而由此開展相關的衍生論述。

　　第二章「觀看氛圍的深化論述」，則聚焦在文藝場域上風行的尊狂論述，依其脈絡分爲「陽明學的狂者胸次」以及「晚明尊狂論之分殊」。其次，則就形狂論述擇選「傲岸公卿」主題，探討文藝場域中，運用文化參照系統，對此形狂特質進行文化加工的現象。在此，筆者歸結出三種深化論述的話語策略：（一）、區辨薰蕕（二）、詮釋深意（三）、標舉境界。此結論可作爲其他形狂論述之基礎分析模式。

第三編、耽溺與超拔的辯證

　　本編切入角度，採取回歸該人物說話脈絡，探究其深層意蘊，考掘出狂士縱放行徑的諸多

心理層次。其中狂士應世接物的寄物心態，有兩種基模，分別爲：一、寄情於物 —— 不遇心態的消極應物；二、寄物彰我 —— 豪傑狂者的積極應物。其次，就明人觀點再現其「縱放寄物」論之內在建構，並由回溯魏晉縱放論、王陽明論縱放寄物來看該說特質與發展。

第二章「寄而不住的生活美學」，則由明人袁宏道等人對「寄物」心態的反思、戀物固著的掙扎與擺脫，推展出肯定俗世生活、追求主體自適的生活美學。

第四編、流離與返歸的跨越

將狂士認同納到整體文化困境中的生存焦慮來談，就狂士明志表性的書寫，分析其內在自我的追尋歷程 —— 由流離失所處境的自我鏡視，到返歸自我的生命家園。其中又依次歷經「斷裂的覺知到重劃疆界」，以及表彰率性任眞之自我圖像的過程。

末了以「疆界跨越與尊重他人」，作爲本論文之結語，同時開啓了跨越疆界、尊重多元文化的無限視角。

結 論 —— 研究成果與展望未來

總結本論文之研究成果，並闡述其學術價值，以及對未來研究的展望。

附錄及參考書目

最後，本論文之附錄，檢附了「《四庫全書總目》之狂士論述」、「表七：中晚明狂士小傳資料彙集表」，以應讀者方便檢索之需。

緒　論

一、回顧成說、採取方法與問題之提出

　　明代文藝社會作為一個研究領域，在近代學者不同面向的考掘之下，已展現撩亂紛呈的百態萬象。這些研究成果，於揭露現象可說是厥功甚偉；但其中少數概說，仍有待後人進一步釐清：例如近來文學界著書立說的費振鐘，論斷明代是連知識文人都縱慾沉淪、集體墮落的時代〔註1〕；又如史學界成說之一，宣稱明代為商業資本型態的萌發期；再如思想界成說之一，將心學、狂禪的發展趨向，視為明末世風敗壞、國運衰微的罪魁禍首。綜觀上述成說，已逐漸在學界展衍出一種似是而非的推論邏輯：舉凡縱放行徑者就是溺慾沉淪，而傾全力經營癖嗜生活者，就是貪圖物質享樂；一旦表述肯定商賈的論述，就意味該人認同物質執有以及作品商品化為存在價值的依準；至於那些慕尚狂禪的士夫，都只是為了沉淪物質而找尋合理藉口，並沒有無任何向上提昇至超越境界的內在企求。

　　倘若，我們只是透過這些說話者的眼睛來觀看明代，便會得出上述概括式的籠統認識；然而，後現代史學揭竿至今〔註2〕，昭昭訓示吾輩應當了解：

〔註1〕費振鐘：《墮落時代──明代文人的集體墮落》（臺北縣新店市：立緒文化，2002年）。

〔註2〕本文參考新文化史、後現代史學的研究，國內有盧建榮主編：《性別、政治與集體心態──中國新文化史》（臺北市：麥田出版、城邦文化發行，2001年）；盧建榮：《分裂的國族認同──1975～1997》（臺北市：麥田出版、城邦文化發行，1999年）；陳清橋編：《身分認同與公共文化：文化研究論文集》（香港：牛津大學出版社，1997年）。國外重要著作已有中譯本者，如〔巴拿馬裔美國〕

無論是今日、或是昔日的歷史論述，都深受說話者慣習（habitus）的左右，其所形諸筆端的論述（discourse），極可能充滿了個人的文化想像（cultural imagination），此間，又可能因應說話者生存處境之認同（identity）取向，而在製作狂士歷史時，運用了汰選、繫連、編織、變形等書寫手法。

如此假方法學之工具，拆解上述說話者所編織的歷史知識，就可以知道：費振鐘的論述，大部分反映了他個人對知識份子的認同焦慮，故屢屢擅加詮解、訓誡人物行徑，而不顧是否悖離明代語境；而少數有關明代商賈的近人論述，往往是急於為近代社會型態找尋歷史根源，而未及深究提出該說的明人，是從何角度來肯定商賈；此外，思想界對於狂禪的批判，則往往是延續清初館臣對異端的控制論述以及遺民的亡國情結，而漠視狂禪之原始學說未必皆如末流之不堪。

綜觀這些有待商榷的成說，其誤讀之始由〔註3〕，多半是因為立於自文化中心的角度，以自身慣習之價值觀以及認同取向，對所見明人現象逕下斷語。這就像是當年漢人一看到台灣原住民獵人頭行徑，就論斷該族群為一野蠻、無文明、待教育的原始人種一般。自文化中心的說話者未曾企圖進到該人物主觀的意義世界中，由當事人中心，了解其行為動機以及思維發展的來龍去脈，而在曲解誤讀之下，以論述將觀看對象推擠為「他者」。職是之故，採取詮釋人類學的觀點〔註4〕，將有助於吾輩在研讀昔人著作時，運用有效而深刻

林・亨特（Lynn Hunt）編，江政寬譯：《新文化史＝The New Cultural History》（臺北：麥田出版、城邦文化發行，2002 年）；〔英〕凱斯・詹京斯（Keith Jenkins）著，賈士蘅譯：《後現代歷史學——從卡爾和艾爾頓到羅逖與懷特》（On"What is History":from Carr and Elton to Rorty and White）（臺北：麥田出版、城邦文化發行，2000 年 10 月）；〔英〕凱斯・詹京斯（Keith Jenkins）著，賈士蘅譯：《歷史的再思考》（Re-thinking History）（臺北：麥田出版、城邦文化發行，1999 年 3 月）；〔加裔美國〕安東尼・紀登斯（Anthony Giddens）著，趙旭東、方文譯：《現代性與自我認同：晚期現代的自我與社會＝Modernity and Self-Identity：Self and Society in the Late Modern Age》（臺北縣新店市：左岸文化，2002 年 4 月）等等。

〔註 3〕余英時先生也認為：歷史世界的圖像，雖是重構出來的，但畢竟不能與文學、藝術的虛構等觀，因為它需受到歷史證據的內在制約。而筆者認為，余氏所言「歷史證據的內在制約」，即是一種文本解讀上的制約，意即誤讀的避免。見余英時：《朱熹的歷史世界：宋代士大夫政治文化的研究》（臺北市：允晨文化，2003 年），頁 16。

〔註 4〕可參見克利弗德・紀爾茲（Clifford Geertz）著，楊德睿譯：《地方知識：詮釋人類學論文集＝Local Knowledge：Further Eassay in Interpretive Anthropology》

的解讀方式。這是一種著重於語意學上、而非物質上的「深厚描述」〔註5〕，研究者除了必需敏銳地篩選出什麼是人們無意義的反應、而什麼又是有意識地運用的溝通策略，還得進一步考察公共行為的象徵內容，以及世人如何將之標貼成「記號」（sign）的方式。整體來說，本論文所有的研究重點，不在描述對象「做」了什麼，而是考索對象「說」了什麼，以及為何「說」、如何「說」。具體而言，筆者希望在本研究中，能夠深厚地了解到那群狂士，究竟認為他們自己的行為具有什麼意義？他們是在什麼內心狀態下提出說法的？是否，狂士也認為自己的縱放行徑是一種墮落與沉淪？在其編織的意義網絡之中，有無更高層次的義理依據與心靈境界，在支撐他們的外在行徑？場域上諸多的觀看者，又是如何有意識地運用擬塑譜系、話語策略，來深化狂士行徑？就狂士本身而言，他們又是如何自覺地運用書寫，表述文化身分的認同取向？

　　同時，本論文也結合後現代史學所強調的議題，探討說話者（speaker）當時的價值觀以及認同取向。在追索話語發聲來源的同時，也採用了皮耶‧布赫迪厄式的關係性思考（relational thinking）策略〔註6〕——回返到當時的文藝「場域」（field）的關係網絡中，考察該說話者之「慣習」（habitus）〔註7〕左右論述的蛛絲馬跡，從而開啓其論述的隱喻系統。

　　　（臺北市：麥田出版、城邦文化發行，2002年）；以及〔丹麥〕克斯汀‧海斯翠普（Kirsten Hastrup）編，賈士蘅譯：《他者的歷史——社會人類學與歷史製作》（臺北：麥田出版、城邦文化發行，1998年11月1日）。

〔註5〕　克利弗德‧紀爾茲（Clifford Geertz）認為：文化分析需要「深厚的描述」（Thick Description），可參見中譯本克利弗德‧紀爾茲（Clifford Geertz），納日碧力戈等譯：《文化的解釋》（上海：上海人民出版社，1999年）第一章；另外可參見雅樂塔‧賓爾沙克的引介與概說，見氏著：〈地方性知識、地方史：紀爾茲與超越紀爾茲〉，收入〔巴拿馬裔美國〕林‧亨特（Lynn Hunt）編，江政寬譯：《新文化史=The New Cultural History》，頁113～146。

〔註6〕　關於布赫迪厄（Pierre Bourdiew）的研究，國內現有專著有：朋尼維茲（Patrice Bonnewitz）作，孫智綺譯：《布赫迪厄社會學的第一課》（臺北市：麥田，2002年2月）；邱天助：《布爾迪厄文化再製理論》（臺北市：桂冠，2002年）。

〔註7〕　或譯為「習性」。「慣習」與「場域」二詞，是布氏最為當代文史學人津津樂道的學術觀點。已為國內如張誦聖、國外如雅樂塔‧賓爾沙克者所倚重，前者見張氏：〈台灣女作家與當代主導文化〉，《文學場域的變遷——當代台灣小說論》（臺北市：聯合文學，2001年6月），頁113～134；後者見雅樂塔‧賓爾沙克：〈地方性知識、地方史：紀爾茲與超越紀爾茲〉，收入林‧亨特（Lynn Hunt）編，江政寬譯：《新文化史=The New Cultural History》（臺北市：麥田，2002年4月30日），頁137。

　　如今身爲說話者的撰者，除了覺知場域、慣習、文化想像、認同投射對論述的牽引，並且自覺地將詮釋控制在人類學思維的方式，則可避免以切割現象推出過度簡化結論的弊端。在誤讀排除的同時，筆者也在上述過度簡化論斷的現象中，進一步區辨出一類以「狂士」作爲中晚明文藝場域活動時，所持有之文化身分（cultural identity）的知識社群。

　　這類「狂士」知識社群，既無集會結社的具體名義，又非傳統社會階級所能明確賦予身分，其存在於心理上集體的認同取向當中，故可以藉班納迪克‧安德森「想像的共同體」一詞名狀之〔註8〕。中晚明的狂士，十分強調主體精神自由自主，他們或是汲取心學、禪學在解脫自在方面的學說，同時又深度涉入俗世生活之物質世界，經營癖嗜生活，藉之以寄託澎湃情感、展現狂者豪傑之偏至才性。同樣地，他們也願意由主體精神的展現來肯定那些跋山涉水、甘冒生命危險、講義利之辨的商賈，從而擴及其他能夠展現主體精神之百工技藝〔註9〕；相對的，對於藉形狂以致青雲、縱放而沉淪物慾，那種主體淪落爲外物之奴的作法，狂士也毫不掩飾地唾罵斥責、甚至撰文加以口誅筆伐。他們藉由形／心的區辨，表述自身對於「狂士」生命型態的認同，由於明志表性的書寫、或是狂姿逸態的文化表演，都歷經文藝場域公開播揚的動態歷程，因此，本論文雖視狂士爲一種「生命型態」，但因爲研究的重點在於追索其身分在場域上歷時播揚的過程，故兼採「文化身分」以名之。細而言之，本論文研究的是「狂士的文化身分」，若簡而言之，則成了「狂士身分」。

　　至於本論文研究的時代斷限，乃以中明到晚明爲主，大約是在隆慶、萬曆年之間。核心對象則鎖定在「文藝場域」活動的「狂士」，故有關思想界如陽明學的尊狂論述，則僅納於「觀看氛圍」之中討論。如此提出《中晚明文藝場域「狂士」身分之研究》作爲本論文之題目，將可一探學術論壇的晦暗地帶，積極解決上述曖昧不明的問題。

　　回顧前人研究成果，有關文人社群之研究，已有余英時《中國古代知識階層》〔註10〕、龔鵬程《中國文人階層史論》〔註11〕、黃明理《晚明文人型態之

〔註8〕班納迪克‧安德森（Benedict Anderson）作，吳叡人譯：《想像的共同體：民族主義的起源與散布=Imagined Communities:Reflections on the Origin and Spread of Nationalism》（臺北市：時報文化，1999年）。

〔註9〕詳見本論文第四編以及拙作：〈晚明「尊藝」觀之探究〉，收入《古典文學》第15期（臺北市：台灣學生，2000年），頁139～178。

〔註10〕余英時：《中國知識階層史論（古代篇）》（臺北：聯經，1980年）。

研究》〔註12〕、陳萬益《晚明小品與明季文人生活》〔註13〕等專論，雖然其中涉及狂士的論述不多，已有見微知著、勾勒大要的觀點，值得後學借鏡。例如余英時在〈中國知識份子的古代傳統——兼論「俳優」與修身〉〔註14〕一文，指出俳優與狂之間的關聯密切；還有陳萬益〈論李卓吾與陳眉公——晚明小品作家的兩種典型〉〔註15〕一文，指出晚明小品作家的兩種典型爲異人與山人，而其代表人物分別爲李卓吾與陳繼儒。在此之外，專書之中還有一類以人格類型分類的，如張節末《狂與逸——古代中國知識份子的兩種人格特徵》〔註16〕，則由孔孟開論，下及明代心學走向，概說了王學的狂者精神與個性化主張，擴而及晚明異端之尤李卓吾；此外又有《俳優人格》〔註17〕、《狂狷人格》〔註18〕等書，亦可供參佐。綜觀這些專書，在宏觀傳統的建立上，著力甚深；但單單就「狂士」議題而言，則因爲撰者僅僅將之置放在整體脈絡下論及，不免在剖析問題的深度上，明顯地留下了許多發展空間。

再觀近人治明學的成果，舉凡談論中明到晚明時期者，必定會談到狂士現象，但卻多半是附論在文學流派、思潮趨向之中，作爲襯托背景。其中由宗教論晚明文學思潮而言及者，如周群《儒釋道與晚明文藝思潮》〔註19〕、黃卓越《佛教與晚明文學思潮》〔註20〕；廖肇亨《明末清初の文藝思潮と佛教》〔註21〕等書。值得一提的是，廖肇亨指出明末清初知識人的精神課題之一爲「剛者」、「狂者」，則著實對本論文的構思啓迪良多。

此外，又有納於詩文演變中呈現者，例如曹淑娟以「狂狷鄉愿的辨明」作爲

〔註11〕龔鵬程：《中國文人階層史論》（宜蘭縣礁溪鄉：佛光人文社會學院，2002年）。

〔註12〕黃明理：《晚明文人型態之研究》，收入《國文研究所集刊》第34號（臺北市：國立台灣師範大學國文研究所，1990年）。

〔註13〕陳萬益：《晚明小品與明季文人生活》（臺北：大安出版社，1992年），頁85～115。

〔註14〕余英時：《史學與傳統》（臺北市：時報出版，1992年6月10日），頁71～92。

〔註15〕陳萬益：《晚明小品與明季文人生活》（臺北：大安出版社，1992年），頁85～115。

〔註16〕張節末：《狂與逸——古代中國知識份子的兩種人格特徵》（北京：東方出版社，1995年1月）。

〔註17〕閔定慶：《俳優人格》（武漢：長江文藝出版社，1996年11月）。

〔註18〕魏崇新：《狂狷人格》（武漢：長江文藝出版社，1996年11月）。

〔註19〕周群：《儒釋道與晚明文藝思潮》（上海：上海書店出版社，2000年3月）。

〔註20〕黃卓越：《佛教與晚明文學思潮》（北京：東方出版社，1997年10月）。

〔註21〕廖肇亨：《明末清初の文藝思潮と佛教》（東京市：東京大學大學院人文社會研究科博士論文，2001年）。

小品興起的背景〔註22〕；陳書錄《明代詩文的演變》〔註23〕一書，提出「緣情尙趣，追求自適與狂放——由楊維楨向李贄、袁宏道等過渡的吳中派」，概括了中明到晚明整體文風取向的轉變；陳建華《中國江浙地區十四至十七世紀社會意識與文學》〔註24〕一書，認爲明代中期吳中文學的個性風貌，深具「狂者進取」的精神；又王愷《公安與竟陵——晚明兩個新潮文學流派》〔註25〕一書，由狂狷精神的演變看袁、鍾創作個性的異同；鄭利華《明代中期文學演進與城市形態》〔註26〕一書，提出狂士精神與個性表徵爲文學變異之時代因素；饒龍隼《明代隆慶萬曆間文學思想轉變研究——詩文部分》〔註27〕一書，論及矛盾畸變與解脫心態時，多以狂士爲討論對象，還列出了「弘治至萬曆朝傳體文學畸人傳情況表」。又如吳承學《晚明小品研究》〔註28〕一書，則舉出閒適、放誕、焦灼、困惑、眞趣、輕狂，爲晚明小品中流露之時代習尙。又宋克夫、韓曉《心學與文學論稿：明代嘉靖萬曆時期文學概觀》〔註29〕一書，則就「奇人的風采」、「童心的呼喚」、「性靈的解脫」等主題，論及了徐渭、李贄、袁宏道等代表人物。

其他，又有納於學術思潮下之一支者，如周志文《晚明學術與知識分子論叢》〔註30〕；或納於文人型態聊舉一端者，如費振鐘《墮落時代——明代文人的集體墮落》〔註31〕；或納於文化動態中論及者，如陳寶良《悄悄散去的幕紗——明代文化歷程新說》〔註32〕；或於地域文學流派中論及，如范宜

〔註22〕 曹淑娟：《晚明性靈小品研究》（臺北市：文津，1988 年 7 月），頁 121。

〔註23〕 陳書錄：《明代詩文的演變》（南京：江蘇教育出版社，1996 年），第二章第二節，頁 166～184。

〔註24〕 陳建華：《中國江浙地區十四至十七世紀社會意識與文學》（上海市：學林出版社，1992 年）。

〔註25〕 王愷：《公安與竟陵——晚明兩個新潮文學流派》（江蘇：江蘇古籍出版社，1996 年 12 月），頁 174～190。

〔註26〕 鄭利華：《明代中期文學演進與城市形態》（上海：復旦大學出版，1995 年）。

〔註27〕 饒龍隼：《明代隆慶萬曆間文學思想轉變研究——詩文部分》（重慶：西南師範大學出版，1995 年）。

〔註28〕 吳承學：《晚明小品研究》（南京市：江蘇古籍出版社，1998 年）。

〔註29〕 宋克夫、韓曉：《心學與文學論稿：明代嘉靖萬曆時期文學概觀》（北京：中國社會科學出版社，2002 年 5 月）。

〔註30〕 周志文：《晚明學術與知識分子論叢》（臺北市：大安出版社，1999 年 3 月）。

〔註31〕 費振鐘：《墮落時代——明代文人的集體墮落》（臺北縣新店市：立緒文化，2002 年）。

〔註32〕 陳寶良：《悄悄散去的幕紗——明代文化歷程新說》（西安：陝西人民教育出版社，1988 年 12 月），頁 9。他由私慾的認可與人格的獨立觀察到中晚明狂士蜂起現象。

如《明代中期吳中文壇研究———一個地域文學的考察》〔註33〕；或於明代書學中論及，如朱書萱《明代中葉吳中書家及其書風的形成》〔註34〕。倘若只要霑衣帶水，就將之視爲狂士的相關論述，那麼資料數量可說是繁雜瑣碎，實在無法備載於此。

綜上所述，無論是文人階層、人物類型，還是明代研究的領域，以「狂士」知識社群作爲研究主體的專論，到現在還是付之闕如。故本論題之提出，就消極意義而言，具有學術補白的效果。

事實上，狂士乃是創作主體，詩、文、尺牘、書畫之屬，爲其表述成果，如今研究者卻多半主客倒置地將狂士當作背景因素，置放在分割的主題之下附帶提到，無怪乎這些論述，論到後來會出現同一個人物如屠隆，在費振鍾筆下，就成了個「意味個人情性面對世俗慾望的沉淪」文人〔註35〕，而在清言系的討論下就成了企慕自由、追求解脫的文人〔註36〕。職是之故，回溯人物全幅生命的觀看方式，採取「狂士」知識社群作爲研究主體者，實又具有積極解決學術問題的意義。

至於外文方面，筆者目前所蒐集到有關「狂」議題的專論有：〔日〕西丸四方《狂氣の價值》〔註37〕、〔日〕藤堂明保《狂———中國の心　日本の心———》〔註38〕、〔日〕小田　晉《東洋の狂氣論》〔註39〕；西方則有〔法〕米歇爾‧傅柯《古典時代瘋狂史》〔註40〕以及《瘋癲與文明=Madness and Civilization》〔註41〕。綜觀上述資料，一來國情不同、二來切入角度有別，在筆者撰述論文的過程中，僅將之納爲外圍的參考資料。

最重要的是，文人型態、士人心態、身分認同之議題，乃是筆者長久以

〔註33〕國立台灣師範大學國文研究所博士論文，2001 年 5 月。

〔註34〕國立台灣師範大學國文研究所博士論文，2001 年 6 月。

〔註35〕詳見費書，頁 136。

〔註36〕如鄭幸雅〈晚明清言中的禪意———以屠隆爲中心〉一文，即強調屠隆清言的禪意。見「第四屆通俗文學與雅正文學全國學術研討會」，1993 年 3 月 14 日。

〔註37〕〔日〕西丸四方：《狂氣の價值》（東京市：朝日新聞社，1979 年 9 月 20 日）。

〔註38〕〔日〕藤堂明保：《狂———中國の心　日本の心———》（中央圖書，1971 年 7 月）。

〔註39〕〔日〕小田　晉：《東洋の狂氣論》（思索社，1980 年）。

〔註40〕〔法〕米歇爾‧傅柯著，林志明譯：《古典時代瘋狂史》（臺北：時報文化，1998 年）。

〔註41〕〔法〕傅柯著，劉北成、楊遠嬰譯：《瘋癲與文明=Madness and Civilization》（臺北：桂冠，1992 年）。

來的關懷所在。早先碩士論文《晚明文藝社會「山人崇拜」之研究》〔註42〕，即以文人習尚與生命型態探討「山人」在晚明文藝社會的環繞問題；後來，又在 1999 年發表〈理想的頓挫與現實的抉擇——陳洪綬「狂士畫家」生命型態之開展〉〔註43〕一文，選擇了晚明狂士陳洪綬作為研究的個案對象，由其作品析釐其文人生命型態的抉擇，考察他如何由傳統「仕進用世」轉向「中興畫壇」。此種心態之轉折奧微，適足以反應出轉型期文人普遍面臨的困境。繼此文之後，筆者又在同年六月古典文學會議在政治大學所舉辦「明代文學研討會」中，發表了〈晚明尊藝觀之研究〉〔註44〕一文。該文由創作者主體精神的角度，來談晚明「尊藝」觀點的崛起，這則觸及了文人集體心態的範疇；如今，選擇知識社群類型之一的「狂士」作為博士論文的研究主題，則使長久以來關注的議題，得以一貫相承、延而展之了。

　　無論是就學術研究的積極解決問題、或是消極補白作用，甚至於就撰者的內在關懷而言，「狂士」文化身份的研究，的確是筆者歷時長久醞釀而出的一個議題，如今，審慎地提出來作為一個專題研究，除了具體而微地再現、重構中晚明文藝場域的狂士論述，同時，也宣告了未來繼續開展的大方向。有關本論文未及交代的周邊議題：諸如狂士論述中的才性論、晚明文藝場域中的狂禪論述、晚明四書系〔註45〕中的狂士論述、觀看氛圍中的偏至才性論、狂斐鮐蕩的文藝取向等等，仍有待來日繼續努力。這條漫漫的學術長路，對筆者而言，顯然不過是方才自晦暗懵昧之中摸索上路，踏出了第一步而已。

二、研究材料與論述進程

　　本論文以《中晚明文藝場域「狂士」身分之研究》作為探討主題，所涉及之文本，以此為輻軸中心、跨文類地地向外拓展，大抵有關狂士的地域書寫〔註46〕、擬世說體〔註47〕、史傳論述〔註48〕、序跋評點等〔註49〕，以及狂

〔註42〕拙作：《晚明文藝社會「山人崇拜」之研究》，收入《國文研究所集刊》第 39 號（臺北市：國立台灣師範大學國文研究所，1995 年 6 月）。

〔註43〕國立臺灣師範大學：《中國學術年刊》第二十期，1999 年 3 月，頁 295～334。

〔註44〕收入《古典文學》第 15 期（臺北市：台灣學生，2000 年），頁 139～178。

〔註45〕此指張岱《四書遇》一類的書。

〔註46〕例如〔明〕閻起山：《吳郡二科志》（臺北：明文，1991 年，《明代傳記叢刊》第 148 冊，影印《紀錄彙編》本）；〔明〕文震孟論次：《姑蘇名賢小記》（臺北市：明文書局，1991 年，《明代傳記叢刊》第 148 冊，影印清光緒壬午長洲蔣氏心矩齋校本）；張大復：《吳郡人物志》（臺北：明文，1991 年，《明代傳

士明志表性的書寫（尺牘、序跋、傳誌、贊銘），皆爲涉獵範疇。

　　依此開展出相關議題，皆假後現代史學的方法工具「拆解」之，並嘗試重新「編織」其中的文化意義，如此既「拆解」又「編織」地詮解歷史，再現出筆者對中晚明狂士的觀察。

　　以下依序開展出本文的論述進程，全文體例乃在各編之下分兩章，各章之下又分節、目。所述內容大要如下所示：

第一編、編織與拆解的共舞

　　第一章第一節，在四庫館臣的宏偉敘述之外，考掘出四條擬塑狂士譜系的線索，分別爲：地域認同的收編書寫、擬世說體的傳抄聯衍、私家史傳的隱性論述、序跋評點的揄揚與傳播。第二節，嘗試重新編織狂士譜系的意義，指出譜系之存在乃是爲狂士此一知識社群，提供了一組「認同譜系、敘述庇

　　　　　記叢刊》第 149 冊）；〔明〕張昶（？～1438）撰，〔明〕張獻翼論贊：《吳中人物志》（臺南縣：莊嚴文化事業，1996 年《四庫全書存目叢書》史部・傳記類，第 97 冊，影印明隆慶四年（1570 年）張鳳翼等刊本）；〔明〕楊循吉撰：《吳中往哲記》；黃魯曾續撰：《續吳中往哲記》（臺南縣：莊嚴文化事業，1996 年，《四庫全書存目叢書》史部傳記類第 89 冊）等等。

〔註47〕例如：何良俊：《語林》（上海：上海古籍出版社，1983 年 12 月，影印《文淵閣四庫全書》）；另一版本《景印文淵閣四庫全書》第 1041 冊；〔明〕何良俊撰，〔明〕王世貞刪定：《世說新語補》（《四庫全書存目叢書》子部小說家類第 242 冊，影印遼寧大學圖書館藏明萬曆張懋辰刻本）；李紹文：《皇明世說新語》（周駿富輯：《明代傳記叢刊》第 22 冊）；另一版本爲明萬曆庚戌（三十八年）雲間李氏原刊本，見《筆記小說大觀》四十編第 8 冊，臺北：新興書局，1978 年）；曹臣：《舌華錄》（《四庫全書存目叢書》子部雜家類第 143 冊，影印清華大學圖書館藏明萬曆刻本）；又一版本爲臺北：新興書局，1978 年，《筆記小說大觀》第 22 編第 5 冊；梁維樞：《玉劍尊聞》（《四庫全書存目叢書》子部小說類第 244 冊）；焦竑：《玉堂叢語》（北京：中華書局，1997 年）等等。

〔註48〕本論文使用之史傳資料，主要是周駿富輯：《明代傳記叢刊》（臺北市：明文書局，1991 年），例如：尹守衡：《明史竊列傳》（周駿富輯：《明代傳記叢刊》綜錄類第 082～084 冊）；王兆雲輯：《皇明詞林人物考》（周駿富輯：《明代傳記叢刊》學林類第 016～017 冊，影印萬曆年間刊本）；何三畏編著：《雲間志略》（周駿富輯：《明代傳記叢刊》綜錄類第 145 冊）；何喬遠編：《名山藏列傳》（周駿富輯：《明代傳記叢刊》綜錄類第 74～78 冊）；查繼佐：《罪惟錄列傳》（周駿富輯：《明代傳記叢刊》綜錄類第 085～086 冊）；張萱：《西園聞見錄》（周駿富輯：《明代傳記叢刊》綜錄類第 116～124 冊，影印民國 29 年哈佛燕京學社本）；焦竑編：《國朝獻徵錄》（周駿富輯：《明代傳記叢刊》綜錄類第 109～114 冊共 6 冊）等等。

〔註49〕詳見第一編第一章。

護所及文化參照系統」；其二指出：擬塑譜系時的懷古心理，其「時間圖示」，實爲一現時、空洞的心理時間，並不具有「回復古典」之實際意義；其三、「眾聲喧嘩的狂士意蘊」，則初步歸納出明代談狂的意義，點明複雜多元的詮釋現象。其四、「諸家論述的角力競逐」，則揭露「狂士吳中論」、「四庫全書狂士論述」爲霸權論述，作爲開啓下文多元小論述之伏筆。

第二章選擇譜系中的狂士個案，追索中明到晚明的歷時變化。筆者掘發出其中相應的互動關係——由於文藝場域接受角度的變遷，而導致說話者所描繪的「狂士圖像」產生變化。其變因分兩部分論述：文藝觀方面，乃是由「典雅華麗的復古文風」、朝向「與人格合轍的自我書寫」遞變。人物觀方面，則是由「懷柔收編與訓戒懲罰——官權中心」、朝向「自我主體意識的彰顯——個體中心」遞變。其次，則以個案爲研究中心，分別探討了吳中的唐寅、祝允明；湖北的王廷陳、蜀地的楊慎。除了呼應前述由接受氛圍探討狂士圖像變化的論點之外，更考察出數位吳中以外的狂士個案，可見得狂士非吳中所獨有。

第二編、表演與觀看的對話

本編針對「形狂心亦狂」一類狂士作深度考掘，第一章「狂姿逸態的文化表演」，除了概覽狂士風氣之外，也交代本文作爲核心研究對象之狂士取樣。此外，則嘗試歸納場域上集體描繪的狂士圖像，具有下列狂態特質：（一）自負高才、大言進取（二）邊緣化型態（三）狂蕩不羈的行止（四）標舉狂誕簡傲的才性。其次，則企圖勾勒一幅「人造合成的狂士圖像」作爲概觀，從而由此開展相關的衍生論述。

第二章「觀看氛圍的深化論述」，則聚焦在文藝場域上風行的尊狂論述，依其脈絡分爲「陽明學的狂者胸次」以及「晚明尊狂論之分殊」。其次，則就形狂論述擇選「傲岸公卿」主題，探討文藝場域中，運用文化參照系統，對此形狂特質進行文化加工的現象。在此，筆者歸結出三種深化論述的話語策略：（一）區辨薰蕕（二）詮釋深意（三）標舉境界。此結論可作爲其他形狂論述之基礎分析模式。

第三編、耽溺與超拔的辯證

本編切入角度，採取回歸該人物說話脈絡，探究其深層意蘊，考掘出狂士縱放行徑的諸多心理層次。其中狂士應世接物的寄物心態，有兩種基模，分別爲：一、寄情於物——不遇心態的消極應物；二、寄物彰我——豪傑狂

者的積極應物。其次就明人觀點再現其「縱放寄物」論之內在建構，並由回溯魏晉縱放論、王陽明論縱放寄物來看該說特質與發展。

第二章「寄而不住的生活美學」，則由明人袁宏道等人對「寄物」心態的反思、戀物固著的掙扎與擺脫，推展出肯定俗世生活、追求主體自適的生活美學。

第四編、流離與返歸的跨越

將狂士認同納到整體文化困境中的生存焦慮來談，就狂士明志表性的書寫，分析其內在自我的追尋歷程——由流離失所處境的自我鏡視，到返歸自我的生命家園。其中又依次歷經「斷裂的覺知到重劃疆界」，以及表彰率性任眞的自我圖像的過程。

末了以「疆界跨越與尊重他人」，作爲本論文之結語，同時開啓了跨越疆界、尊重多元文化的無限視角。

結　論——研究成果與展望未來

總結本論文之研究成果，並闡述其學術價值，以及對未來研究的展望。

附錄及參考書目

最後，本論文之附錄，檢附了「《四庫全書總目》之狂士論述」、「表七：中晚明狂士小傳資料彙集表」，以應讀者方便檢索之需。

第一編　編織與拆解的共舞

引　言
——文藝場域中的敘事論述與文化認同

　　當今後現代史學的豐碩成果，已足以讓我們在面對這些關於中晚明「狂士」的敘事論述（narrative discourse）〔註1〕時，不再陷入「客觀重現眞實過去」的泥淖之中。因爲，你我之中，任誰也不曾在江南的歌館酒樓中，撞見正在典賣貂裘以沽酒買醉的祝枝山；或是親眼目睹滇緬大街上，敷粉簪花、狎妓捧觴而招搖嘩眾的楊升庵。這幅狂士圖像，之所以會在我們心中滋蘊成形、栩栩如生，並非全然憑空妄造，而是透過閱讀「他人」論述之後想像生成的〔註2〕。

　　既然，過去是一個充滿想像的外國〔註3〕，而「總是現成的敘述建構了眞

〔註1〕本文使用此語，是因爲同意〔英〕凱斯・詹京斯（Keith Jenkins）的觀點：他在論及歷史書寫中的再現問題時，認爲爭議焦點在於思考過去的表述憑藉，仍是敘事論述（narrative discourse）的形式，而非客觀的形式用語。而此形式已在後結構、文本主義和後現代主義論戰中歷經辯難。見氏著，賈士蘅譯：《後現代歷史學——從卡爾和艾爾頓到羅逖與懷特》，頁142～143。

　　　　我們也可採用結構主義或符號學對「敘事」所下的定義：就是對已發生的事情或已經開始發生的事情，進行整理或重新整理、陳述或重新講述的過程。可參見 J. Hillis Miller〈敘事〉（narrative）一文，收入 Frank Lentricchia& Thomas McLaughlin 編，張京媛等譯：《文學批評術語》（Critical Terms for Literary Study）（香港：牛津大學出版社，1994年），頁87～107。

〔註2〕此處所描述的狂士行徑，乃是根據〔明〕李紹文《皇明世說新語》的〈任誕〉科敷衍而成，見臺北市：明文書局，1991年，《明代傳記叢刊》第22冊，影印東海大學圖書館藏和刻本，卷6。以下本論文徵引此書皆同此版本。

〔註3〕這段話改寫自 Lowenthal, David 在 1985 年所撰學位論文：" The Past Is a Foreign Country", Cambridge：Cambridge University Press. 該文標題被引入〔丹

實」〔註4〕，如今我們也只能「透過他人的閱讀而閱讀」，於是，在我們與過去事件的解讀之間，便七橫八豎地站了許多講解的人〔註5〕。這種歷史的再思考，讓我們更敏銳地看出這些狂士論述中，有著多重說話人的幢幢魅影。職是之故，我們在閱讀這些關於狂士的記憶與論述之際，不但要指出說話者是誰？還要進一步分析：他（們）是從什麼立場、何種觀點發言？在當時，又有什麼社會機制促使他（們）談論這個話題？場域中，又是如何貯存、播散相關的言論？其中，又有誰對過去的聲明，得到公眾的承認與接受？那又是為了什麼？

在追索話語發聲來源的同時，我們其實已不經意地採用了皮耶·布赫迪厄式的關係性思考策略——將之放置到當時的文藝「場域」的關係網絡中，考察該說話者之「慣習」左右論述的蛛絲馬跡，從而，開啓了它背後一串串關於「狂士」論述的隱喻系統。

然而，筆者的興趣，不僅僅止於在場域關係中分析話語的權力作用，更企圖進一步對他（們）「如何運用話語策略來建構聲明」，以及「為什麼要聲明狂士的文化身分」，提出一套合理解釋。

那種聲明，不管是亟力地吹捧讚揚，或是不遺餘力地撻閥貶損，都緊緊繫連到說話者對於「狂士」這個文化身分的認同與否。在說話者表述的文字敘事中，自然而然地，就涵括了對於「狂士」這類知識社群的記憶形構。其間相互應動的生成基模——隨著說話者認同取向的差異與變遷，所描繪的狂士記憶與圖像也有所改變，連帶地，這些製作出來的「狂士」歷史也就呈現紛歧萬端的面貌。倘再向上翻越一層，由文藝場域的傳播網絡來看，這類既已成形的敘事論述，在諸多權力意欲的施加中，被談論、引用、傳述、編派，而就在這種傳播衍生的滾雪球過程當中，後來的論述不斷地覆疊在初始論述之上，強化固塑了「該人物為一個狂士」的文化身分，形成一種場域上

麥〕克斯汀·海斯翠普（Kirsten Hastrup）編，賈士蘅譯：《他者的歷史——社會人類學與歷史製作=Other Histories》（臺北：麥田出版、城邦文化發行，1998 年 11 月 1 日），頁 17，31。以下本論文徵引此書皆同此版本。

〔註4〕〔英〕凱斯·詹京斯（Keith Jenkins）著，賈士蘅譯：《歷史的再思考》（Re-thinking History）（臺北：麥田出版、城邦文化發行，1999 年 3 月），頁 61。以下本論文徵引此書皆同此版本。

〔註5〕同註4，頁 66。這些講解者即是當時的觀察者，而「觀察者永遠是他或她所觀察到變化中的情景的關鍵部分」，同前註，頁 19。本論文中，一概以「說話者」或「說話人」（speaker）來指稱這些講解歷史的人。

有關「狂士」的集體記憶以及認同知識。

　　所以，本文中所處理的狂士論述，是多重視角下的多元個別小敘述（separate histories），迥異於單一線性、編年史式的宏偉敘述（grand History）。在這些固塑「狂士」文化身分的敘事論述中，依其話語策略中的時間概念，大致可區分為兩種方式：其一是狂士譜系的舉隅繫連，其二是狂士個案的漸進積累。前者，主要探討的是，當時知識文人如何使出「引經據典」的看家本領，以重整歷史先例的方式，企圖擬塑出一個烏有的狂士譜系，藉著拉出想像的歷史縱深，以提高這個「想像共同體」存在的重要性與合理性。因為擬塑譜系時所列舉的聖典先例，是撰述者當時在水平思考的聯想下，率意繫連出來的，這種話語策略所蘊含的時間概念，指的是當時說話者的現在時間，所以本文名之為「狂士譜系的舉隅繫連」；後者，則是就「狂士」作個案的追蹤研究，筆者在橫斷面的考掘中發現：這些人物的「狂士」形象，是經過局部放大、重點強調的方式，逐漸堆疊而建構生成的。這些資料所經驗的時間則是縱向地歷經了一長段時間，所以名之為「狂士個案的漸進積累」。

第一章　狂士譜系之舉隅繫連

　　傅柯的《知識考古學》中，強調譜系中斷裂、不連續、紛歧的高度建構性，筆者則以爲，那恰恰不證自明地宣告這些考古知識的歷史存在，且其意義並不因爲主觀成分之濃厚而消弱解離，相反地，在建構「狂士」這個想像認同體上，提供了必要的強化與支撐作用。我們藉助後現代史學而清楚地知道：採取閱讀立場的必要性，所以，在披覽這些狂士譜系論述的初階態度，不是隨其所述的信以爲眞，而是假此方法學之工具，將之拆卸支解的化整爲零，並循此畸零線端，溯討權力話語的來源及其繁複意蘊，接續下來，才能重新編織譜系存在的諸多文化意義。

第一節 編織的拆解——擬塑譜系的幾個途徑

　　就中晚明各家權力競逐的文藝場域而言，其所集體擬塑出來的「狂士譜系」，實爲一個來自四面八方的言說線索交錯而成的立體編織物。這座立體編織物，並非靜止凝固的安坐其位，而是劍拔弩張地動力十足。從構成它的這些線索來看，每條線端都個別有其自成其說的詮釋脈絡，它們之間，或是縱橫交錯、或是粘黏拉扯，充滿了互牴互斥或相引共鳴的張力。

　　這些複雜紛歧的言說線索也意味著，明人擬塑狂士認同的途徑，曾經存在著多重選擇。置身在這五花八門、百家爭鳴的敘事論述中，筆者企圖爬梳出四條線索，它們分別是存載於地域書寫、擬世說體、史傳論述、序跋評點各體文類之中。接著，進一步的工作則是，循線溯討言說者權力之來源、立場、策略與目的。本節研究的進路，即是以大卸「四」塊的拆解，對晚明文

藝場域中所編織的狂士譜系，進行初階的理解；同時並指出言說者的主觀強調、扭曲、選擇性失憶、虛構等種種質變現象，從而了解狂士論述與譜系的構築動因與變數。

一、地域認同的收編書寫

在競逐的諸家權力敘述中，有一條雖非唯一、卻是主要的脈絡，那便是依屬於吳中地域認同而出現的狂士論述。在這個人類學家聲稱「集體記憶的最完美貯藏所」（quintessential repository of collective memory）的「在地知識」以及「鄉民文化研究」〔註1〕中，我們將探討〈狂簡〉一科被列入載記的特殊意義：首先，我們注意到的是事件被「登錄」的最基本意義——它在文化上被體認為具有相當程度的重要性，故被植入地誌中，成為值得書寫的對象。其次，則是觀察到——為了符合仕紳「慣習」的價值取向，它是如何被這些說話者，透過選擇性記憶、失憶、曲解、變形的再現策略而書寫成文。對於難于管控的狂士異端，說話者在下筆書寫時，難免會出現收編正統的現象，這正是本節討論焦點之所在。為了研討之便，茲擇取其中較重要的兩本地誌列傳來剖析：前有閻起山（1484～1507）《吳郡二科志》〔註2〕，後有文震孟（1574～1636）《姑蘇名賢小記》〔註3〕。

吳中一地的發展，無論是在經濟、文化、政治各方面，在中晚明江南來說都是首屈一指的翹楚。吳人多以此自豪，後輩推崇鄉賢，前輩汲引晚進〔註4〕，如此形成文藝場域中牢不可破的霸權（hegemony）體系。在諸家史傳中，以吳

〔註1〕 〔丹麥〕克斯汀・海斯翠普（Kirsten Hastrup）編，賈士蘅譯：《他者的歷史——社會人類學與歷史製作》，頁208。

〔註2〕 〔明〕閻起山：《吳郡二科志》（臺北：明文，1991年，《明代傳記叢刊》第148冊，影印《紀錄彙編》本），以下本論文徵引此書皆同此版本。

〔註3〕 〔明〕文震孟論次：《姑蘇名賢小記》（臺北市：明文書局，1991年，《明代傳記叢刊》第148冊，影印清光緒壬午長洲蔣氏心矩齋校本），以下本論文徵引此書皆同此版本。

〔註4〕 何良俊慨嘆松江人才風評之所以不如蘇州，乃是因為蘇州有「互為標榜」習尚之故：「吾松江與蘇州接壤，其人才亦不大相遠。但蘇州士風，大率前輩喜汲引後進，而後輩亦皆推重先達，有一善則褒崇贊述無不備至，故其文獻足徵。吾松則絕無此風，前賢美事皆湮沒不傳，余蓋傷之也。」見氏著《四友齋叢說》卷16「史12」，頁134；《四庫總目提要》亦指出閻起山《二科志》「蓋一時互相標榜之書」，見「史部・卷61・史部17・傳記類存目3（總錄上）」，頁551。

郡為名者多如牛毛，譬如《吳郡人物志》〔註5〕、《吳中人物志》〔註6〕、《吳中往哲記》〔註7〕等等，這些說話者，不約而同都著力於營造先賢如何典範、如何風雅，後輩又是如何仰慕、如何感念的融洽氣氛。但這種地域情感的認同對象，顯然是經由「成就取向」汰選後的結果，至於種種不堪如吳中「山人如蚊」〔註8〕者，必當落到「選擇性失憶」〔註9〕的下場。不管是視而不見，或者是編派罪名，一個時代的文藝現象，並非主觀擬塑的認同論述中所能盡覽。筆者使用這些史籍，倘若僅僅由其「自文化中心」的觀點來看，就容易受其說法誤導，認為狂士乃吳地獨有之特產。其實在吳地之外，仍有楚地之王廷陳，北地之盧柟、康海，蜀地之楊慎等諸狂士，這些文人顯然並非依屬於吳中這塊寶地而蘊生。倘論者能自覺地避免閱讀上的侷限，多方參閱吳中以外的文獻，當可知曉狂士並非吳中所獨有。甚而更進一步地，由被描述的對象之作品——狂士的文集來對照，從而察知說話者的描述，實有悖離事實、扭曲、選擇性遺忘等種種主觀想像的操弄痕跡。

　　然而，想像是形成任何群體擬塑認同時所不可或缺的認知過程（cognitive process），這種涉入文化想像的狂士認同，並非虛假意識之集大成，而是社會心理學上的「社會事實」。它存在於想像，卻有實際的作用重量〔註10〕。

〔註5〕 張大復（1554～1630）撰，今傳版本有《吳郡人物志》（臺北：明文，1991年，《明代傳記叢刊》第149冊）。鄭培凱先生嘗撰有〈名賢與自我：張大復筆下的理想人生〉一文，即指出張大復揄揚同鄉先輩的態度，實繫諸於自我理想人生的投射。見中國明代研究學會主編：《明人文集與明代研究》（臺北市：明代學會，2001年），頁167～188。

〔註6〕 〔明〕張昶（？～1438）撰，〔明〕張獻翼論贊：《吳中人物志》（臺南縣：莊嚴文化事業，1996年，《四庫全書存目叢書》史部‧傳記類第97冊，影印明隆慶四年（1570年）張鳳翼等刊本）。

〔註7〕 〔明〕楊循吉撰：《吳中往哲記》；黃魯曾續撰：《續吳中往哲記》（臺南縣：莊嚴文化事業，1996年，《四庫全書存目叢書》史部傳記類第89冊）。

〔註8〕 袁宏道在萬曆二十三年（1595年）當官時，嘗述及吳中山人之多：「吳中詩畫如林，山人如蚊」，是以「山人」也當為吳地特產才是。見氏著：〈王以明〉，錢伯城箋校：《袁宏道集箋校》（上海：上海古籍出版社，1981年）卷5，頁223。以下本論文徵引此書皆同此版本。

〔註9〕 王明珂在論及集體記憶（collective memory）時，運用了英人類學家古立佛（P.H.Gulliver）的觀察：家族發展會特別忘記或虛構祖先以重新整合族群範圍，稱之為「譜系性失憶」（genealogical amnesia）。見王明珂：《華夏邊緣：歷史記憶與族群認同》（臺北：允晨，1997年），頁45。

〔註10〕 此處觀點受到吳叡人的啟發，見氏著：〈認同的重量：《想像的共同體》導讀〉，收入〔愛爾蘭裔〕班納迪克‧安德森（Benedict Anderson）作，吳叡人譯：《想

這樣的認同重量，作用不限於一時一地。由清初史論（如《徐本明史》、《四庫全書總目》）來看，吳中狂士論述之多，已然產生歷時的支配力量，大部分的史家論及明代狂士風尚時，多半以吳中祝允明、唐寅（1470～1523）、桑悅、張靈爲風氣主流，至於王廷陳、盧柟、楊愼等非吳中的士人，則未必會被談論。這顯示了有關該狂士之論述資料的多寡，以及該書傳刻的普遍度，仍舊宰制了後世的狂士論述。職是之故，回顧閻起山《吳郡二科志》這樣的權力論述，的確是不可或缺的基礎工作。

閻氏在〈吳郡二科志敘〉中，將吳中士人分「文苑」與「狂簡」二類型：

> 因思郡之爲文苑者，頡頏相高，流美天下，是生有榮而沒有傳，不可幾矣！郡之爲狂簡者，磊落不羈，怨愁悉屏，是任其眞而全其神，不可幾矣！〔註11〕

閻氏所列入「文苑」者共五人，分別爲楊循吉、祝允明、文徵明、唐寅、徐禎卿，所列入「狂簡」者則僅僅二人，即桑悅、張靈。就祝允明、唐寅二人而言，在《吳郡二科志》中是歸在〈文苑〉科，是以閻氏撰述之初，所著重的是祝唐的文學表現，而並非狂士特質。即使表述中言及該人的狂蕩行徑，但仍舊在歸屬科別的考量上，以〈文苑〉優先於〈狂簡〉。

繫屬認同論述的「在地知識」，多半會受到該撰述者「慣習」（habitus）（價值觀、心態、習性、氣質）之主導，抑或是史傳文類習用技巧的影響，這些（至少兩種以上）作用力量，混合交錯、翳入其中，就成爲等待讀者開啓的多重隱喻。

打開隱喻的鑰匙，很可能就藏置於所述與「輿論」的不一致當中。閻氏說法令人心生疑竇之一，在於當時「輿論」中普遍流傳著這樣的認知：唐寅這類浪子，實倍受禮法仕紳的詬病（非仕紳輿論所認同），其不羈行徑與文徵明雍容典雅的風範，可說是大相枘鑿。如〈唐伯虎軼事〉載入項元汴《蕉窗九錄》的記載，指出文、唐二人剛開始雖然交誼深厚，然而「乃其情尙，固自殊絕」〔註12〕。問題就在於，閻起山不但將文、唐二人並列爲「文苑」中

像的共同體：民族主義的起源與散布》（Imagined Communities:Reflections on the Origin and Spread of Nationalism）（臺北市：時報文化，1999 年）一書前言。

〔註11〕〔明〕閻起山：《吳郡二科志》，頁 771。

〔註12〕該段文字收入唐寅：《唐伯虎全集》（據大道書局 1925 年版影印，北京市：中國書店，1985 年 6 月第一版，1994 年 5 月第五版），〈唐伯虎軼事〉卷 2，頁 4。

人，更在總論中同以「頡頏相高、流美天下」稱許之，其深意究竟何在？文、唐二人之情尚迥異，又可在唐寅寫給文徵明的這封書信輕易察知：

> 寅每以口過忤貴介，每以好飲遭鴆罰，每以聲色花鳥觸罪戾；徵仲
> 遇貴介也，飲酒也，聲色也，花鳥也，泊乎其無心，而有斷在其中，
> 雖萬變於其前，而有不可動者。〔註13〕

唐寅這番話雖不免帶有自謙自貶的誇大意味，但倘若再並觀其他資料，則知其所言切中要點，文中他以對比話語照應出自己與文徵明的差異，一個是性好聲色犬馬、忤觸罪戾之人，另一個則是淡泊沖和、無動於心之人，如此說來，二人不管是在個性、生命型態，甚至在藝術風格上，都是各異其趣的〔註14〕。有關這點，由閻氏在傳後附上伯虎書（即〈與文徵明書〉）來看，可得知他並非不知二人情尚殊異，但他仍舊以「流美天下」來括概文苑科下之人，這個美譽對文徵明而言，可說是當之無愧，然而，像唐寅這類浪蕩不羈的士人，難不成閻氏是就唐寅之「才子風流」而稱許之？還是別有深意？

筆者在此提出兩種可能：一是欲蓋彌彰，一是撰者價值觀導引所致。所謂欲蓋彌彰，乃是一種史傳筆法的諱筆策略〔註15〕。這種「總論」評之為「生有榮沒有傳」，與「分論」評之為「終身歷落」，由於前後筆法的落差，形成為論述中未交代清楚的「留白」，讓讀者心生疑竇，在懷疑的動力之下亟欲一探究竟。如江兆申撰文考證，推論祝允明寫的〈唐伯虎墓誌銘〉也有為唐氏隱諱之處。該文稱唐寅「幼讀書，不識門外街陌，其中屹屹，有一日千里氣」，與唐寅在〈與文徵明書〉一文中自白：「昔僕穿土擊革，纏雞握雉，參雜輿隸屠販之中」，祝唐二者之敘述明顯互相矛盾，大抵祝允明所為乃墓誌銘，仍不免循由仕紳價值為死者諱，但所述與輿論相矛盾處，卻更彰顯唐寅出身之實。由此推論閻氏論唐與輿論明顯不一致的原因，或許是為了張揚實情在「流美天下」的反面。

可能性之二，則是撰述者價值觀導引所致。蓋閻氏稱許唐寅為「流美天

〔註13〕 唐寅：〈又與徵仲書〉，《六如居士全集》（臺北市：漢聲出版社，更名為《唐伯虎全集》出版，1975年2月），頁138～139。本論文徵引此書皆同此版本。

〔註14〕 可參見楊新：〈人生、個性與藝術風格——略論文徵明與唐寅之異同〉，見故宮博物院編：《吳門畫派研究》（北京：紫禁城出版社，1993年3月），頁347～359。

〔註15〕 史傳中有「諱」或「不書」的寫作策略，即是在文字之中，留下若干缺陷或痕跡，來使讀者心生懷疑，進而追根究柢。見江兆申：《關於唐寅的研究》（臺北市：國立故宮博物院，1987年5月三刷），頁2～8。

下」，或許是就「才子」部分而肯定，至於唐寅之「風流不羈」、「浪蕩跅弛」，則未必爲闔氏所認同。闔氏認爲文藝才華，是讀書人「生有榮而沒有傳」的資藉，若能依此入主官場、施用於世，則必有輝煌成就。然而高才如唐寅者，卻落到潦倒失意、抑鬱以終的下場，這恐怕得歸因於他個人私爲不檢：

> 善屬文，駢儷尤絕，歌詩婉麗，學劉禹錫。爲人放浪不羈，志甚奇。……
> 論曰：伯虎以不能謹行，終身歷落，欲施於世者，可以觀矣！其所
> 逮事不可知，就其家論之不裕，縱使果然，世之爲市科目者多，而
> 彼獨白著，豈非命歟？〔註16〕

由此看來，闔氏以「流美天下」稱許唐寅，其認同焦點並不在於唐寅之跅弛行徑。事實上，闔氏不但認同唐寅的跅弛行徑，而且還對他的浪蕩作爲，別具深意地採取了論述手法。

在此，筆者對此種論述隱喻提出如下揣測：在中明時期的吳中地區，宰制輿論的仕紳文人，對於這群不合禮法的「狂士」、「異端」，運用了「遮掩」、「憐惜」、「惋歎」、「期許」等話語策略，進行階級收編（class cooptation），藉以維護正統之崇高及傳統秩序，從而建構一套正統的地域認同以及集體記憶。這或許就是爲何闔氏在總論中，悖離輿論地以「流美天下」稱許唐寅（事實是「口忤貴介」），然後又在分論中，慨嘆其歷落下場無非來自「不能謹行」（以「不守法者則受懲罰」意識型態論斷、規勸之）的可能原因吧！除了委婉遮掩之外，憐惜慨嘆意味著：如果，唐寅能「用其長而去其短」，或許會更有發展。如此藉由「輝煌成就」的可能性來誘引或告誡後人，應當依循禮法。不管是以正面稱許來導引，或是以負面或憐惜來規勸，目的卻都是一樣的——希望來日閱讀地誌的吳中子弟，也能馴化入禮，有朝一日，可以成爲同聲齊唱的順民。

此種「典雅和諧」的價值取向，也呈現在對張靈的評論之中：

> 放情任志，未有不羈者也。君子至此極，亦豈可更常哉！若匹夫爲
> 諒，則不察之甚，夢晉家竇被斥，自畫無俚矣！然尚嬰情酒德，不
> 渝前操，老子曰『上德若谷，大白若辱。』豈謂是與？其才氣過人，
> 足以發青條之華，檢制雖短，截長足補，謂之狂士，可得無愧焉。
> 〔註17〕

〔註16〕〔明〕闔起山：〈唐寅〉，《吳郡二科志》〈文苑〉科，頁782～785。
〔註17〕〔明〕闔起山：〈張靈〉傳後之論，《吳郡二科志》〈狂簡〉科，頁803。

文中以「放情任志者未有不罹」慨嘆張靈命運偃蹇之必然，然後翻筆迂迴地說張靈雖「嬰情酒德」、「檢制雖短」，但是能「不渝前操」，就看在他是塊足以成大器的料上，姑且截此才氣之長以彌補恣縱之短。稱許他爲「狂士」，尚可說是無愧之譽。閻起山在此以正面期許、反面慨嘆交互運用的收編方式，和他在論述唐寅的方式兩相對照，實無二致。

在擬塑狂士譜系方面，閻起山《吳郡二科志》可說是影響深遠。其所標舉之〈狂簡〉科，確立了吳中士人「狂簡」型態足成一類；也因爲江南地域甚爲富庶，一時之間，狂士風尚亦多半薈萃於此。對於桑悅自比無所遭逢的孟軻，閻起山予以肯定地說：桑悅不愧爲孟軻的千古知己，他更企圖進一步闡明桑悅以此躋身狂者之流的用心：

> 桑悅……嘗詮次古人，以孟軻自況，班馬屈宋而下不論也。……孟軻在當時無所遭，而民懌稱之，可謂千載知己。推原其意，豈亦以軻爲狂耶？狂者未嘗無人，至如民懌，可與進取者也。〔註18〕

經由閻氏的描述，讀者彷彿見到桑悅以傲視旁人的口吻道出：自孔門狂狷之後，承繼進取精神的就是孟軻，而我——桑悅，就是狂者孟軻一等人物！但桑悅所祖溯的「孔門狂狷—孟軻」狂士系譜，也未免在人數上顯得太單薄，閻起山再接再厲，似乎認定要將吳中的桑、張擬塑入〈狂簡〉一科，在晚明到孔孟之間，應該是要有更豐富的歷史例證作爲依傍，如此一來，說服力才夠！〈狂簡〉引文如是說：

> 《曲禮》羈躬，聖人之教；任情孟浪，狂士所崇。天水違行〔註19〕，矛盾不律矣！仲尼曰：『不得中行而與之，必也狂狷』，迺眷念之深，何乎？豈不以絕異之姿，木鐸易觸，卓犖之行，席珍所存，如琴牢（案：子張）音歆臨弔，曾點童冠浴沂，相伍門下，或加旌褒，取之於可漸也。沿是而還，建除不一，遂觀往哲，可得而言，高則爲俠成名，下則滑稽自表，四豪〔註20〕名過笭箵，七賢散處竹林，相如甘立壁之困，正平發坐塚之談，優孟垂葬馬之淚，畢卓忍竊酒之

〔註18〕〔明〕閻起山：〈桑悅〉，《吳郡二科志》〈狂簡〉科，頁800。

〔註19〕此處典故出自《易經》第六「訟」卦。訟乾上坎下，象曰：「天與水違行・訟・君子以作事謀始・天水訟，訟者，爭奪也。論也。從鷹逐兔之卦，天水相違之象。」感謝講評人傅武光老師指正。

〔註20〕「四豪」典故出自《漢書》卷九十二〈游俠傳〉第六十二，指魏信陵君、趙平原君、齊孟嘗君、楚春申君。

羞，王衍寧馨，阮瞻將無，李白奇才，義山浪子，史曰：言不純師，
行不純德，應諧似優，穢德似隱，蓋不獨東方生然也。要皆大道未
由，風流未許，方馳末路。觀笑常多，豈非所謂趼弛者乎？彼拘士
守尺寸之義，射聲利於時，不可同年而語矣！得所見聞，桑悅、張
靈皆此類，因連屬其事。〔註21〕

就正統典律而言，狂士的任情孟浪與《曲禮》所示之羈躬禮法，就如同《易
經‧訟卦》所言，乃天水相違、矛盾不合，然而孔子『不得中行而與之，必
也狂狷』一語仍深含期許，其殷殷眷顧，意在「取之於可漸」（如子張、曾點），
即狂士仍有躋進於大道之可能。換言之，狂士雖非首選，但其存在價值在於
仍有實踐大道的可能性。而狂士之所以外顯狂態，則往往是因為「大道未由，
風流未許，方馳末路」的無奈選擇。此種論述看來，閻起山「仕紳慣習」價
值取向流露無遺，也連帶牽引了他所再現的地方人物。

其次，閻氏在總論中聲稱「狂簡之士皆悉屏怨愁」，與狂士文集之表述風
格，兩相矛盾。而矛盾的產生，多半是因為說話者刻意介入的詮釋使然。吳
人地域認同的祖源是太伯，即周室正統嫡系，所以連帶的，所認同的美學取
向也以詩教「樂而不淫，哀而不傷，怨而不怒」為標竿；基於擬塑吳中地域
認同依準的使命感，閻起山在此為了將狂簡文人納入認同體系，而不免要對
其言行怨愁的部分，提出種種迂迴的合理化說明。我們倘若翻閱過張、桑的
文集〔註22〕，就會發現：所謂「和諧雅馴」的風格雖間而有之，但倒是那股
「以無所遭逢之孟軻自許」的不遇怨氣，濃厚地瀰漫於字裡行間，這顯然與
閻氏在總論中所敘「狂簡之士皆悉屏怨愁」扞格矛盾。這種迂迴敘述，造就
了言說上的矛盾，此一矛盾又形同一個沉默的「聲明」，讓有識之讀者察知所
諱言者為何，並且了解到撰述者的動機，乃是為了符合吳中地域的認同取向，
才會對狂簡之士的「怨愁」文風加以粉飾遮掩。

最明顯的，是閻氏在論述徐禎卿時，十分肯定徐氏之「文章俊拔」，故拔
舉徐氏為吳中「文苑」的代表人物，但同時，閻氏又必須對徐禎卿之怨愁風

〔註21〕〔明〕閻起山：《吳郡二科志》〈狂簡〉科，頁 793～794。
〔註22〕桑悅的文集，有《思玄集》十六卷附錄 1 卷（臺南縣：莊嚴文化事業，1997
年，《四庫全書存目叢書》集部第 39 冊，影印北京圖書館藏明萬曆二年桑大
協活字印本），頁 1～192；及《桑子庸言》，今傳本有《四庫全書存目叢書，
補編》第 77 冊，影印北京大學圖書館藏清道光十一年（1831）晁氏木活字學
海類編本。張靈則僅見《張靈集》1 卷，收入《明詩綜》三十八。

格，提出足以理解的合理解釋。閻氏如此詮釋：這全是因爲徐氏原爲琴川人，後來雖然徙家吳縣，但仍深受楚地習染之影響，才會仿屈原《離騷》而作《歔歔集》：

> 論曰：三閭被讒見斥，作賦自悼，其時齒已長，度終不得用故也。
>
> 又楚人習於怨，有觸即施，彼亦習之所使者耳。〔註23〕

此處閻氏將徐氏之「怨愁」風格區隔爲楚地文學之特色，而非吳地所認同的主流文風。這即是爲了擬塑吳中地域認同，採取了部分擇取、部分遮掩的話語策略。

此外，在確立了「孔門狂狷」的系譜宗源後，閻氏極盡炫學式地羅列一大串史載有名的古人作爲「先例」，以期壯大狂士社群之陣容，強化狂士存在的合理性。他向下開出「高則爲俠，下則滑稽自表」兩條系譜──所謂「俠」與「俳優」者，「俳優」一系以史論「言不純師，行不純德」、「應諧似優」、「穢德似隱」〔註24〕擴充意義，其下舉出東方朔作爲「狂而滑稽」者的代表；在此之外，又洋洋灑灑羅列了戰國四公子、竹林七賢、司馬相如、禰衡、優孟、畢卓、王衍、阮瞻、李白、李義山等多位古人爲例。這種概念式的分流擬塑，藉由史籍上種種例證來支撐，強化其說法之合理性，一方面塡補了孔孟以降到中明吳中的時間落差，另一方面也順勢而下地將當代桑悅、張靈編碼入座，成爲歷史上「狂者」之流的下延代表。這種將「事件」或「人物」由過去的脈絡中提取出來，當作「先例」，以解釋什麼該做、什麼不該做之典範，都不是線性歷史發展中必然的因果關係。凡此種種，都在說明狂士這個知識社群是歷史上早就存在的，換言之，閻氏以爲，鑲嵌著古老血統印記的「狂士」，應該在這個時代被認眞而有意義地看待了〔註25〕。

綜觀上述隸屬吳中地域認同的狂士論述，往往不是反映了事實，而是再現（representation）了說話者（此爲吳中仕紳）對於狂士族群的文化想像（cultural imagination）。而此種文化想像所隱含的篩選、遺忘、渲染、勸說等種種話語策略，則是形構認同的必要策略。

〔註23〕〔明〕閻起山：〈徐禎卿〉傳後論，《吳郡二科志》〈狂簡〉科，頁792。

〔註24〕案：此段文字出於〔漢〕班固：《漢書》卷65〈東方朔傳〉第35的傳末贊語。

〔註25〕約翰‧戴維斯（John Davis）關注人們建構過去的方式，其中「先例」（precedent）的提出是值得注意。那種思考模式中的時間觀，有別於編年、線性發展的方式。參見氏著：〈歷史與歐洲以外的民族〉，收入克斯汀‧海斯翠普（Kirsten Hastrup）編，賈士蘅譯：《他者的歷史──社會人類學與歷史製作》，頁40。

　　到了萬曆年間，文震孟基於地域認同所撰寫的《姑蘇名賢小記》〔註26〕，則明顯發自於當時處境的生存焦慮。晚明時期的吳中，顯然已非中明時期居於龍首的崇高地位，由俗語「蘇意」、「蘇人」、「吳習」多為挖苦的貶薄語意來看，這顯示吳中風氣日衰、習俗日鄙，已到了讓士人亟需重塑先賢典範，來維持正統地位的迫切地步，文震孟著書立言之初衷，亦即在此。如〈小序〉所言：

> 姑蘇故多君子，無論郡諸屬邑，即閭闔城周四十五里，其中賢士大
> 夫未易更僕數也，而當世語蘇人則薄之，至用相排調，一切輕薄浮
> 靡之習，咸笑指為『蘇意』，見有稍自立者，輒陽驚曰：此子亦蘇之
> 人耶？即告以往昔之賢達，亦僅謂風流文采、雍容便辟甚都而已，
> 於所稱行己大節，經緯文武之概，蔑如也。余每不平斯言，荏苒強
> 年，骯髒空谷，愧無從稍為鄉邦吐氣。長夏掩關，因取諸先賢之行
> 事，合於少時家庭之所習聞者，疏為小紀。〔註27〕

一般的序言當中，多半為褒揚吹噓的客套語，文氏則脫落俗套而開宗明義地表述內在焦慮，其意義自是嚴肅而深重。面對當時吳中習尚已然流於「輕薄浮靡」的現象，文震孟出現了強烈的危機感，他顯然不認同「輕薄浮靡」為吳中地域的正統文化，也不認為吳中先賢就是一般人所認知的「風流文采、雍容便僻甚都」而已，所謂先賢典範、吳中風雅，應該含攝該人物「行己大節、經緯文武」的精神內涵，所以文震孟努力重塑認同典範（其中含括狂士之流），凡所敘及當代者，都須向具有精神內涵的「風雅博學」標竿，循線排齊，或者迂迴論述以歸正軌。例如他提到一般世人的看法多半以為「吳習多輕佻，喜自炫」（頁 39），下文隨即舉杜淵能詩文、好讀書為吳中先賢風雅之典範，其目的在於端正視聽，同時駁斥一般輿論：那種「輕佻自炫」並非我輩行徑，我們吳中多的是詩文兼善、博學浩瀚之先賢；就算是到了晚明，也有誰誰誰（如張獻翼）是後進中值得稱許的文士，吳人當向此輩看齊才是。

　　張獻翼之傳是附於張靈之後的，文震孟沿用閣起山以「狂士」論張靈的說法，至於張靈、張獻翼同傳的用意，顯然是就「狂士」的相似性而言，這可在全傳之末的論贊中看出。傳末文氏將歷史時間相差甚遠的二人，相提並論：

> 後有張敉幼於者，亦狂士。顧嗜讀書，書無所不丹鉛，晦明寒暑，

〔註26〕〔明〕文震孟論次：《姑蘇名賢小記》。
〔註27〕〔明〕文震孟論次：《姑蘇名賢小記》，頁3。

> 著述不休，以結客故，盡散其產。老不得意，益以務誕，至於冠紅
> 紗巾，生自祭而歌挽歌，行乞於市，斯幾於狂而蕩矣！然所著書皆
> 翼經史，佐禮樂，非漫然者。余嘗謁先生於白公石下，先生遽易葛
> 巾，屏侍妓而後與余揖，余乃知先生之誕，固與世牢騷抹搬而託焉
> 者也。〔註28〕

文氏認為：狂者，並非徒具狂態者，而是對正統有其堅持、具有真才實學的
士人。但看張獻翼，平日酷嗜讀書，所撰作品皆為「翼經史、佐禮樂」之類，
可見得他並不是輕薄無學的狂妄之徒。文氏將這樣的狂士，與中明時的張靈
先輩，同列為「狂士」之流，如此經由「附傳」、「並論」的手法，順利地將
張獻翼編碼、列入狂士譜系。論述重點，則處處強調張獻翼對正統堅持的一
面，謂之乃「與世牢騷抹搬而託焉者也」，帶有濃厚的士不遇心態。但在傳中，
文氏卻對張獻翼在晚明文藝場域上盛為人知的賣癡賣呆、假面扮裝等怪誕行
止〔註29〕，略而不書。這難道又是上演另一齣「譜系性失憶」的戲碼？亦或
是史傳諱筆不書的欲蓋彌彰？不管是哪種，恐怕都是因應擬塑地域認同的心
理需求，而施以必要之篩選，或是採用了收編正統的話語策略吧〔註30〕！

二、擬世說體的傳抄聯衍

在中晚明盛行的擬世說體筆記中，保存了大量的狂士敘事論述，尤其是〈任
誕〉、〈簡傲〉二科，提供了世人在擬塑「狂士」想像認同體、繫連編派成一譜
系的基礎材料。眾家論述中，以何良俊（1506～1573）《何氏語林》〔註31〕與李
紹文（？～？）《皇明世說新語》〔註32〕二書，是嘉靖、萬曆前後，兩個掌握狂

〔註28〕〔明〕文震孟論次：〈張夢晉先生附張敉先生〉，《姑蘇名賢小記》，頁78～79。
〔註29〕詳見〔明〕馮夢龍：《馮夢龍全集·古今譚概》。
〔註30〕〔英〕凱斯·詹京斯的觀點可作爲此節之補充，他提到：主流宰制論述如何
抹煞他們所不喜歡的現象或說法，其一是收編「邊緣」現象、納入正統，這
是一種「再馴服」的作法；其二是爲了本身利益重新描寫、或改寫過去。筆
者以爲：在地域認同書寫之中，也存在著類似的收編方式。見氏著：《歷史的
再思考》，頁152。
〔註31〕最早的是明嘉靖清森閣刊本，此傳本甚稀，今已鮮見，較通行的版本為《四
庫全書》本，今上海古籍出版社有《語林》四冊，係據文淵閣本圈點而成，
1983年12月出版。以下本論文徵引此書皆同此版本。
〔註32〕今傳本有明萬曆庚戌（三十八年）雲間李氏原刊本，見《筆記小說大觀》（臺
北：新興書局，1978年）四十編第8冊。

士認同擬塑過程的極佳關鍵。由於中晚明擬世說體的資料,彼此之間有極大的重疊性,故本題謂之「傳抄」,目的在呈現其中存在著轉相抄襲的現象;在傳抄沿用的資料之外,又可明顯地察知編纂者如何將狂士繫連編派,又如何將新的例證衍生附麗於其上,此乃本題謂之「聯衍」的意涵。

何氏之書,是沿襲東晉裴啓《語林》之名稱和南宋劉義慶《世說新語》編例的一部筆記小說,該書延續了《世說》的分類概念,而由歷史文獻中檢擇出符應的例證,附麗其下,「上起兩漢,下迄宋元,所錄多以《詩》、《書》孔孟爲指歸,計二千七百餘條,總二十餘萬言」(上海古籍出版說明),可說是何氏召喚歷史記憶以模塑自身認同的浩大工程。書中每項科別之前,都載列何良俊親自撰寫的短序,而其中言及「狂士」、關連甚爲顯著的論述,則以卷二十五〈任誕〉序言爲要:

> 世所謂任誕,其孔門狂者之流與?昔孔子傳道,不得中行而思其次,曰必也狂狷乎?豈不以狂者志意高遠,易於入道耶?自東漢尚清名,好爲詭激之行,魏晉以來,又喜言莊老,一時如嵇阮輩,以率情任性爲得大道之本,其後阮孚、謝鯤之徒,咸共祖述,浸以成風,觀其脫落禮教,不持名檢,固多可非,然能矯然塵埃之表,舉天下不足迴其顧,則豈流俗所能庶幾乎?奈何世無孔子,莫爲折中,以斯人而卒於狂也,惜哉!

作者意圖藉由迴溯歷史,將魏晉任誕士風與孔子狂狷意涵接軌,開出「孔子狂狷」——「漢末清名」〔註33〕——「魏晉任誕」血脈相承的主觀認同譜系。雖在文末,何氏語帶憐惜地指出,此類志意高遠的士人,乃「不得中行」而「卒於狂」者,但他刻意區隔俗眾以褒舉揄揚的用意,仍十分濃厚,故如是稱許斯人之率情任性,縱使不持名檢而招致非議,但矯然出塵的風姿,「豈流俗所能庶幾乎」!

〔註33〕 〔明〕陳繼儒《枕譚》〈任誕〉亦持此見:「世謂任誕起於江左,非也,漢末已有之矣!仲長統〈見志詩〉:『寄愁天上,埋憂地下。叛散五經,撒滅風雅』;鄭泉嗜酒,臨卒謂同類曰:『必葬我陶家之側,庶千歲化而成土,幸見取爲酒甕』,實獲我心矣。二子蓋劉阮之先著鞭者也。」見氏著:《陳眉公四種——太平清話、偃曝餘談、眉公群碎錄、枕譚》(臺北市:廣文書局,1968 年 6 月),頁 14。又近人勞思光之說,略可爲此說之參佐:勞氏認爲放誕生活之風,在漢末早露端倪,因爲漢人將道家肢解而利用其中的文化否定論,行其縱欲行樂之實。見氏著:《中國哲學史》(臺北市:三民書局,1984 年 9 月),第 1 冊,頁 19~20。

其後，卷二十六〈簡傲〉科之序文，亦有異曲同工之妙：

> 昔夫子許仲弓以南面，仲弓蓋簡者也。故以子桑伯子爲問，及夫子
> 曰可也簡，則又以居敬行簡爲可，居簡行簡爲太簡，仲弓其善於用
> 簡者乎？嘗觀夫子在陳之歎，曰：吾黨之小子狂簡，不知所以裁之，
> 夫裁之者亦唯持之以敬而已，此所載曰簡傲，其即太簡者耶？惜無
> 夫子以裁之，終亦爲伯子之流爾矣！

孔子所言「狂簡」仍然以敬爲主，倘若居簡行簡而內在卻欠缺「敬」心來加
以裁成，則容易流於太簡，依何氏所言，認爲魏晉之簡傲者，大抵是後者之
類。綜觀何氏如是說魏晉之任誕、說魏晉之簡傲，變化萬端皆由孔子狂者氣
象或狂簡本宗析出而論，雖著重之處有分殊，但主觀擬塑的系出名門，卻於
焉確立。在後來王世貞（1526～1590）所刪定的《世說新語補》〔註34〕雖不
見此序文，但在嘉靖乙未年袁褧的序文中，讀者藉由「竹林之儔，希慕沂樂」
一語，似乎可嗅出隱入常語下的論述脈絡，仍是「魏晉任誕──孔子狂者」
式的如出一轍，唯獨袁氏所言，已更進一步翻出魏晉任誕與曾點沂水之樂的
狂者氣象的繫連。總體而言，何良俊《語林》所述，已反映中明文壇的「狂
士」意蘊，有多重聲源喧騰共奏的現象，主觀擬塑的狂士譜系，業已浮現明
顯脈絡。

　　至於《語林》編纂成書的動機爲何，筆者以爲：是何氏因應實際生存境
遇所需，故而檢擇歷史先例以重塑自身認同。這並非筆者妄下斷語，在何良
俊生命歷程轉向後所寫的一篇聲明意味甚爲濃厚的文章中，我們可以清楚地
看到：此種生存困境與撰文自表之間，息息相關。在此，我們不妨先浮光掠
影地回顧何氏一生：他自弱冠讀書爲文，即慨然有當世大志，然而卻因「賦
命蹇薄，困躓場屋者幾三十年」〔註35〕。在絕意仕進、棄去舉業後，表彰自
我天性趨於疏誕迂懶〔註36〕，從此閉門謝客，甘於詩藝自適的閒淡生活。對

〔註34〕〔明〕何良俊撰，〔明〕王世貞刪定：《世說新語補》（臺南縣：莊嚴文化事
　　　　業，1996年，《四庫全書存目叢書》子部・小說家類第242冊，影印遼寧大學
　　　　圖書館藏明萬曆乙酉年（十三年）張懋辰原刊本）。本論文中舉凡徵引此書皆
　　　　同此版本。

〔註35〕〔明〕何良俊：〈上存翁相公書〉，《何翰林集》（臺北：中央圖書館，1971年，
　　　　《明代藝術家彙刊》續集，影印明嘉靖乙丑（四十四）年（1565）何氏香嚴
　　　　精舍刊本），卷18，頁578～583。以下本論文徵引此書皆同此版本。

〔註36〕何良俊嘗撰〈與叔皮書〉：「但吾疏誕之性，視昔有加……吾與王屋三四人，
　　　　皆以忘形見與，但媮惰之人，疲於酬應，更覺爲煩耳。」見氏著：《何翰林集》

於弟弟何良傅（1509～1562，字叔皮）仍強以「簌簌訛訛，相與附麗奔逐」
相責的做法，何氏索性攤牌，即便是手足親情，但仍清楚劃定二人乃「浮沉
異路」，明白宣稱競逐名利乃「違其本性」〔註37〕，對親手足的勸戒期許相抗
不從。何氏爲了免卻接待俗客的無聊應酬，乾脆在入門的屏風上揮寫明確宣
言──〈書屏示客〉，讓非我族類者自動引退：

> 良俊志業無成，身同賤隸，勢既不足庇人，利亦豈能潤物？自謂門
> 羅鳥雀，不意時枉親賓。然而誕傲自天，疏慢成性，既乏施散，兼
> 嬾逢迎，禮數任眞，語言率直，不蒙體亮，動罣愆尤，自分衰廢之
> 人，永與世絕，古人欲不交當世，余謂當世正不必交，況賦性怪僻，
> 聞世人言，都不甚解，平生唯賞莊先生之恣肆，孔北海之奇逸，嵇
> 中散之傲誕，王右軍之清眞，謝安石之夷粹，陶彭澤之率任，白江
> 州之恬適，蘇長公之豪爽，倪幼霞之高潔。每披尋其逸事，得一二
> 語，即怡然有會，或時抵掌獨笑，加以詆劇，此數公者亦無忤也。
> 家畜周秦彝鼎數種，法書數籤，古今名畫百餘軸，屋後有佳木千章，
> 好鳥千群，既力任負鋤，每親灌治，又不怢之心乎於異類。……夫
> 亦性不可強，故直陳衷悃，用告諸賢。〔註38〕

「屏風」是劃分私家領域與公共領域的界限物，既然擺置在宅門最顯著處，上
面所書寫的文章，即可經由此種公開刊登類近廣告的方式，昭告諸位親朋好友，
而後一傳十、十傳百地成爲眾所皆知。如此一來，「屏風」成爲一道無形的區隔
牆，將俗世競逐的芸芸眾生排拒在外，但在同時又藉由文字召喚疏慢傲誕的「我
輩」中人，得以登堂入內，同享佳木好鳥、彝鼎法書的閒適生活。

　　職是之故，文中馳騁筆力，多著重在如何擬塑「何良俊」形象及勾勒「我
輩」所認同的生命型態。能選擇如其所述的生活型態，當然需要現實物質的
支撐，方能成眞。何良俊係屬地主型文人，家產豐實，無虞匱乏，自無需奔
走權貴，更無需仰人鼻息。至於何氏藉此所標舉的「我輩」認同──疏誕恣
肆的生命型態，除了莊子之恢弘、孔融之奇逸外，亦有明人常見的「白蘇情
結」以及倪瓚風骨，但最主要的，是以魏晉士人爲其「疏誕」意義的內容，
筆者細考其所羅列的嵇康、王羲之、謝安石、陶潛等人，不就是何良俊在《語

　　　卷8，頁590。
〔註37〕〔明〕何良俊：〈與叔皮第二書〉，《何翰林集》卷18，頁585～589。
〔註38〕〔明〕何良俊：〈書屏示客〉，《何翰林集》卷16，頁537～541。

林》〈任誕〉序中大加讚譽的人物嗎？由此可見，〈書屏示客〉以及《語林》二者，雖於文類大不相干，但細察其關懷旨趣，卻都指向作者亟欲建構的身分認同。

此種藉由世說體的擬寫來模塑狂士認同的方式，如果納入當時文藝場域的傳播網絡中理解，就可知道這並非純屬何良俊個人行為而已，而是世代風潮走馬至此齊聲唱和的基調。因為，自何良俊之後一直到晚明這段世風轉變期，該系列書籍的刊刻傳衍，有日益炙烈的趨勢。《何氏語林》猶如星星之火，在晚明的刊刻出版界中，燃起一道強勁的擬世說體之燎原火勢〔註39〕。晚明江南的富庶以及出版印刷業的興盛，自然是助燃催化劑，但在文藝場域的環境因素之外，整個時代的社會心理趨向，無疑是主要的導火線。我們可從《何氏語林》的批點刪定者皆屬文壇赫赫人物這點來看：中明時有文徵明（1470～1559）為序，而後經王世貞「刪其冗雜，存其雅馴」〔註40〕而為《世說新語補》〔註41〕，其後又經王世懋（1536～1588）之批釋、李卓吾（1527～1602）之批點、張文柱之校注而成《李卓吾批點世說新語補》〔註42〕，經由這些重量級人物的共襄盛舉，「任誕士風」的品鑑論談，遂成為中明以降文壇藝界上的時興話題。這場特殊的跨時空紙上對話，歷經多人的批釋評點、輾轉附麗，猶如層層覆疊於其上的鋼土，一而再、再而三地固塑強化了這個集體的認同譜系；也因為評點人

〔註39〕 印刷術可加速這種訊息傳播的文化滲透力，見〔愛爾蘭裔〕班納迪克・安德森（Benedict Anderson）作，吳叡人譯：《想像的共同體：民族主義的起源與散布》，頁 37。

〔註40〕 〔明〕陳文燭：〈世說新語補序〉，見〔宋〕劉義慶撰，〔梁〕劉孝標注，〔趙宋〕劉辰翁批，〔明〕何良俊增，〔明〕王世貞刪定，〔明〕王世懋批釋，〔明〕李卓吾批點，〔明〕張文柱校注：《李卓吾批點世說新語補》（臺北市：廣文書局，1980 年），頁 9。以下本論文徵引此書皆同此版本。

〔註41〕 該書今可見版本有〔明〕何良俊撰，〔明〕王世貞刪定：《世說新語補》（臺南縣：莊嚴文化事業，1995 年，《四庫全書存目叢書》子部小說家類第 242 冊，影印遼寧大學圖書館藏明萬曆懋辰刻本）。

其刊刻狀況以及所引起的注目，如〔明〕曹徵庸〈清言序〉所言：「獨怪夫嘉、隆以前，學者知有所謂《世說》者絕少；自王元美《世說補》出，而始知有所謂《世說》，然已非晉、宋之《世說》矣。」曹氏指出王世貞所刪定之《世說補》問世後，學者方才知曉有《世說》一書。這雖屬誇大之言，但也突顯王書在當時所引起的矚目，見〔明〕鄭仲夔：《清言》（崇禎間原刊本），見《經世捷錄》卷首，葉下一。

〔註42〕 〔宋〕劉義慶撰，〔梁〕劉孝標注，〔趙宋〕劉辰翁批，〔明〕何良俊增，〔明〕王世貞刪定，〔明〕王世懋批釋，〔明〕李卓吾批點，〔明〕張文柱校注：《李卓吾批點世說新語補》（臺北市：廣文書局，1980 年）。

可以不斷加入，半開放系統似乎也在召引著當代文人，一同加入對話，晚明士人的集體心態就在此園地中蠢蠢滋育；此外，知識人所形成的話題共識與認同取向，經由《世說新語補》歷久彌新的刊刻販世〔註43〕，在整個文藝場域孳釀成滾雪球式的風潮。就在《世說新語補》一版再版地喧騰上市之際，潛藏其下的一股隱形熱流——「狂狷——任誕」意識型態，就這麼靜靜而持續地、由知識社群傳遞到庶民大眾的生活中，不管切入觀點是將印刷工業當作一種意識型態的滲透擴展〔註44〕、或是認為文化消費視為一種認同表述、抑或認為大眾閱讀是一種再生產，整體而言，中晚明的文藝場域已經由創作者／閱讀者共同創造出一個集體認知的、虛構想像的「狂士認同」。順此隱流脈動，對於晚明江南大眾仿擬狂態的流行現象〔註45〕，論者自是見怪不怪、理所當然了。

萬曆三十八年《皇明世說新語》的刊刻問世，則是宣告了晚明狂士與上述擬世說系統接軌的軸承發展。前此的擬世說體筆記，雖然已跨越《世說新語》的原始資料，但仍以魏晉為關注焦點；而由《皇明世說新語》以下，說話者的敘述主軸則漸漸移轉到當代的中晚明文人，同時，也出現了以中晚明為主、魏晉以及其他朝代為輔的並陳論述方式，說話者加以汰選、或是重組配對，藉以凸顯明人的狂士特質。

為了觀察《皇明世說新語》的出現，對晚明擬世說體產生實際引領作用有多深厚，茲由〈任誕〉、〈簡傲〉二科為主，歸納出最常被擇選列入的中晚明文人數人（依其資料多寡），作為主要的觀察線索，總計有桑悅、祝允明、唐寅、張靈、王廷陳、楊慎、康海、徐渭、李贄（1527～1602）、盧柟、張獻

〔註43〕〔清〕永瑢等纂：〈世說新語補〉條提要所言：「幾百年來，黎棗不啻數易」，足知其流行盛況，見《四庫全書總目》（北京：中華書局，1995年4月），卷143「小說家類存目一」，頁1222；晚明《世說新語補》刊刻狀況，可參見王能憲：《世說新語研究》（南京：江蘇古籍出版社，2000年1月重印）。以下本論文徵引《四庫全書總目》者，版本皆同此。

〔註44〕知識菁英與庶民大眾之間的文化互動，有可能是由上而下地整合消費者的「文化工業」，也可以跳脫輸出／吸納的單向主從模式，認為庶民大眾有可能在觀賞文化菁英的表演後，生產出自己的文化。前者之觀點可參見阿多諾（Theodor W.Adorno）著，李紀舍譯：〈文化工業再探〉一文，收入 Jeffrey C.Alexander, Steven Seidman 編，吳潛誠總編校：《文化與社會》（臺北縣新店市：立緒文化，1997年），頁318～328。後者觀點則如約翰・史都瑞（John Storey）：〈文化消費作為一種溝通〉、〈閱讀作為一種生產〉，見氏著，張君玫譯：《文化消費與日常生活》（臺北市：巨流文化，2002年5月），頁49～105。

〔註45〕關於這點，在第二編「表演與觀看的對話」中，有詳細的分析。

翼、宋登春、屠隆共十三人。另外，筆者挑擇出四家擬世說體筆記：曹臣（？
～？）《舌華錄》〔註46〕、焦竑（1540～1619）《玉堂叢語》〔註47〕、馮夢龍
（1574～1646）《古今譚概》〔註48〕、梁維樞（？～？）《玉劍尊聞》〔註49〕，
作爲討論的基礎材料。由此四家說法，勘察出晚明文藝社會集體串構「狂士」
譜系時，存在著資料高度重疊的現象，從而揭示其中延襲傳抄、衍生增益的
過程，並對照出新增狂士個案的掛搭例證：

表一：擬世說體中的狂士論述

書 個案	李紹文（？～？）《皇明世說新語》成書於明萬曆三十八年（1610）	曹臣（？～？）《舌華錄》成書於萬曆四十二年（1614）年或更早	焦竑（1540～1619）《玉堂叢語》萬曆四十六年序。（1618）	馮夢龍（1574～1646）《古今譚概》成書於泰昌元年（1620）	梁維樞（？～？）《玉劍尊聞》前有順治十二年（1656）吳偉業序
桑悅（1447～1513）	卷六〈任誕〉兩則；卷七〈簡傲〉；卷八〈黜免〉	卷二〈狂語〉第四，共四則。		第十一「佻達部」〈唱蓮花道情〉；第十二「矜嫚部」〈桑悅〉	
祝允明（1460～1525）	卷六〈任誕〉			第十一「佻達部」〈唱蓮花道情〉；〈募緣〉；〈祝京兆〉	卷八〈任誕〉
唐寅（1470～1523）	卷一〈德性〉	卷三〈冷語〉第六	無（但《獻徵錄》卷一一五「藝苑」有傳）	第十一「佻達部」〈唱蓮花道情〉；又〈募緣〉；〈傭〉。	卷九〈簡傲〉卷九〈假譎〉兩則。
張靈（？～？）	卷六〈任誕〉卷七〈簡傲〉	卷三〈冷語〉第六	無（但《獻徵錄》卷一一五〈藝苑〉有傳）		

〔註46〕此處使用版本爲〔明〕曹臣：《舌華錄》（臺南縣：莊嚴文化事業，1995年，《四庫全書存目叢書》子部雜家類第143冊，影印清華大學圖書館藏明萬曆刻本）。以下本論文徵引此書皆同此版本。

〔註47〕此處使用版本爲〔明〕焦竑：《玉堂叢語》（北京：中華書局，1997年）。

〔註48〕此處使用版本爲〔明〕馮夢龍撰，陸國斌、吳小平校點：《古今譚概》，收入《馮夢龍全集》（南京市：江蘇古籍出版社，1993年）第6冊。以下本論文徵引此書皆同此版本。

〔註49〕此處使用版本爲〔清〕梁維樞：《玉劍尊聞》（臺南縣：莊嚴文化事業，1995年，《四庫全書存目叢書》子部小說家類第244冊，影印中國人民大學圖書館藏清順治賜麟堂刻本）。以下本論文徵引此書皆同此版本。

王廷陳 （1462～?）	卷六〈任誕〉卷七〈簡傲〉兩則	卷二〈傲語〉第五	卷七〈任達〉兩則 卷八〈簡傲〉一則	第十二「矜嫚部」〈王稚卿〉	卷八〈任誕〉卷九〈簡傲〉
楊慎（1488～1559）	卷五〈豪爽〉卷五〈容止〉；卷六〈任誕〉		卷七〈任達〉三則	第十一「佻達部」〈挾妓遊行〉	卷八〈任誕〉
康海（1475～1540）	卷六〈任誕〉卷八〈忿狷〉		卷七〈任達〉共三則		
徐渭（1521～1593）		卷二〈狂語〉第四			卷九〈簡傲〉
李贄（1527～1602）	卷七〈輕詆〉				
盧柟（?～?）	卷六〈任誕〉卷七〈簡傲〉二則	卷二〈傲語〉第五	無（但《獻徵錄》卷一一五〈藝苑〉有傳）	第十二「矜嫚部」〈盧柟〉	
張獻翼（?～?）				第二「怪誕部」〈假面假衣服〉、〈宴死、祭生〉、〈張幼于贖罪〉共三則。第十一「佻達部」〈二張〉	卷八〈任誕〉
宋登春（?～?）	卷五〈豪爽〉卷七〈輕詆〉				卷九〈簡傲〉
屠隆（1542～1605）	卷六〈任誕〉卷七〈輕詆〉卷八〈忿狷〉	卷七〈慎語〉第十四			卷八〈任誕〉

由上述簡表，可看到中明時期吳中地區的祝、唐、桑、張以及楚地之王廷陳——這些在《皇明世說新語》被表彰為具有「任誕」特質的士人，在後來的《古今譚概》中，被歸入〈簡傲〉、〈佻達〉或〈矜嫚〉科。筆者由此了解到：《皇明世說新語》所檢擇的狂士人物以及相關的文字論述，有一大部分為後來擬世說體所襲用；並由於分科類別命名時的移換字面，形成〈任誕〉、〈簡傲〉、〈佻達〉、〈矜嫚〉幾組有某種程度共通互轉的意義群組，總領繫連於「狂士」主幹之下。

楊慎與康海的狀況亦同，在《皇明世說新語》列入〈任誕〉科，而在後出的《玉堂叢語》、《古今譚概》中，則列入〈任達〉、〈佻達〉科。

值得注意的是，馮夢龍《古今譚概》、梁維樞《玉劍尊聞》已近一步將晚

明萬曆士人張獻翼編碼納入，這可視爲晚明「狂士」譜系的擴增現象〔註50〕；
馮氏巧妙地置換分科名稱爲〈佻達〉，似乎點出晚明「任誕」士風之概念有佻
蕩趨向。綜觀馮氏所列舉人物，他將張獻翼「生祭」與史忠「生殯」事相提
並論，二者雖無事件發生之因果關聯，但經由說話者主觀檢擇、羅列並陳，
則可賦予晚明新興現象一種士人類型的歷史意義。

由中明到明末的文人——何良俊、曹臣、焦竑、馮夢龍、梁維樞等等，
這些創作擬世說體筆記的作者，集體擬塑出依屬時代狂士認同的譜系——「孔
子狂狷——漢末清名——魏晉任誕——明代狂士」，有著多源拼貼的強烈主觀
特性，這些被作者拉進來助興的古人，抽離了原始的歷史時間，與今人並置
論述，這其間顯然非關史實，更無因果關聯，重點在於他們（古人）的某部
分特質符應了晚明時興的狂士認同，藉由歷史人物以及前明至晚明人物的重
新整合，晚明「狂士」也漸進地被書寫成世人賞鑑的「任誕」類型，傳至今
日，作爲筆者研究明代狂士風尚的閱讀文本。

三、私家史傳的隱性論述

在史傳的撰寫模式中，容許史家公開表明褒貶觀點，以盡到「鑑古知今」
的關懷與責任的，就是「論」、「贊」；其次，則是分類科別。在此之外，基於
「實錄」的使命感，正確的敘說和極力避免主觀概念的過度確定、以及過多
的想像涉入，則被古往今來的史家奉爲史料撰寫的圭臬，但這往往也使得歷
史撰述者的概念與敘事聲音，退逼無路，轉而壓縮潛入字裡行間，成爲詩意
想像的隱性論述〔註51〕。筆者在幾乎很難察覺到作者顯性敘事的情況下，發
現眾多史料中存在了一種隱性論述——它深埋於載錄資料的幽微闇處、間或
靈光閃現般地示現於分科舉隅的並陳排列方式之中，這類隱性論述甚值得論
者一探究竟。以下筆者就以張萱（1517～1600）《西園聞見錄》〔註52〕與尹守

〔註50〕《姑蘇名賢小記》將張獻翼傳附於張靈傳後，且於傳後並論，這也是一種編
　　　　碼、擴增譜系的文化行爲。見本節「一、地域認同的收編書寫」。

〔註51〕此處觀點可參考懷特《論述的轉義》所述：「歷史與歷史哲學之間的主要區別，
　　　　是後者將概念性工具的內容安排在文本表面的論述中；而歷史則是適當地將它
　　　　深埋在敘述的內部，它在那兒成爲隱匿或暗含的造型設計。」該文見引於〔英〕
　　　　凱斯・詹京斯（Keith Jenkins）著，賈士蘅譯：《歷史的再思考》（Re-thinking History）
　　　　置於篇首。

〔註52〕此處使用版本爲〔明〕張萱：《西園聞見錄》（臺北市：明文書局，1991年，《明
　　　　代傳記叢刊》第116～124冊，影印民國二十九年（1940）哈佛燕京學社排印

衡《明史竊》〔註53〕作爲討論文本，分析其中依屬於「狂士」認同譜系中的隱性論述。

張萱撰寫的《西園聞見錄》，在《明史‧藝文志》中列爲史部雜史類。內容載錄洪武到萬曆年間事，分內外兩編：內編表德行，專重行誼；外編則紀政事。就內編之科目而言，其中的〈任誕〉科，原本就是世說體中的既有科目，所以理當存載了豐富的狂士論述；但值得注意的是，如桑悅、唐寅等被常論視爲「狂士」者，張萱卻別立「畸人」一科、將之列入，並且上溯下衍地鋪陳出一張明代的「畸人」譜系〔註54〕。科別的取名，意味著撰述者的分類概念，於此，張萱援引莊子「畸於人侔於天」的觀點，豐富了「狂士」的意義內涵，晚明「狂士」意涵之複雜，亦由此可見一端。就張萱的例子來說，筆者所關注的是——撰述者運用了何種敘述策略，賦予萬曆士人「畸人」意義？它與整個明代文人的發展脈絡，又是如何繫連？

首先，就「畸人」譜系所徵引的「先例」來看，都屬於風雅博學的典型（如楊維楨、倪瓚等人），由此可知：張萱運用「畸人」一詞當爲褒舉義，而非如「戒謔」、「戒色」等科爲貶抑義。其次，由歷史典籍中主觀擇取例證，加以編碼分科，再依時序排列入座。其所呈現的方式，即是依元末明初——中明——晚明順序而下：顧阿瑛、陶宗儀、楊維楨、黎貞、倪瓚、宋克、徐舫、陳亮、溪漁子、李希顏、唐桂芳、王冕、王仲光、劉子欽、邢量、桑悅、王古直、吳綸、董澐、吳偉、郭詡、顧祖辰、孫一元、袁翼、徐霖、李風仁、浦小癡、顧源、馬嵩、唐寅、杜生、史鑑、郎瑛、童珮、黃姬水、徐渭、吳孺子、鵝池生、陸治、孫宜、王靈嶽、鄭板橋天佑。

這些經過他擷擇入題的人物，雖在並陳的個別傳記之間，未示現明確的繫聯敘事，但由其編輯順序來看，此中強烈暗示著：「歷史就是如其所述地發展」。張氏顯然將元末明初如顧阿瑛、陶宗儀、楊維楨、倪瓚、王冕等士人之風雅韻致，視爲明代「畸人」意義的上游，換言之，晚明「狂士」生命型態可在這些代表源頭的人物身上，找到相應之處。

本），以下本論文徵引此書皆同此版本。

〔註53〕此處使用版本爲〔明〕尹守衡：《明史竊‧列傳》（臺北市：明文書局，1991年，《明代傳記叢刊》第84冊，影印明崇禎間（1628～1644）刊清康熙間（1662～1722）補刊本）。

〔註54〕〔明〕張萱：〈畸人〉，《西園聞見錄》卷22。另卷23〈任誕〉列舉王廷陳、康海、祝允明、桑悅、崔銑、邊貢、楊用修、常明卿、楊循吉。

　　順著張萱編織情節的敘事模式，來找尋明初士人與晚明士人型態的相似之處：如晚明狂士多棄舉子業而成非仕文人，而明初陶宗儀（頁495）之「少舉進士，一不中即棄去」、王冕「屢應進士舉，不中，歎曰：『此童子羞爲者，吾可溺是哉？』竟棄去」，正投合此類型之特質；其次，狂士多半倡議主體自由，而明初倪瓚「浮游湖山間」「復往來城市，混跡編氓」，藉此「沉晦免禍」表彰主體「介特之操」（頁499～500），則是明人嫻熟舉隅爲典範的最佳人選；再如，狂士崇尙儒俠情懷，而明初宋克「少任俠，喜擊劍走馬」，歷遊南北大山，蒐覽天下偉怪之奇，正是「亦俠亦儒」的典型。在這當中，以王冕係屬最完整的畸人（狂士）例證，在此詳列原文如下：

> 王冕屢應進士舉，不中，歎曰：『此童子羞爲者，吾可溺是哉？』竟棄去。買舟下東吳，渡大江，入淮楚，歷覽名山川。或遇奇俠客，談古豪傑事，即呼酒共飲，慷慨悲吟，人斥爲狂奴。北游燕都，館秘書卿泰不華，泰不華薦以館職。冕曰：『公誠愚人哉？不滿十年此中狐兔游矣！何以祿仕爲？』……或斥冕爲妄人，冕曰：『非我誰當爲妄哉！』乃攜妻孥隱於九里山。……冕狀貌魁偉，美髯鬚，磊落有大志。〔註55〕

就王冕一例所揭示的「狂士」生命型態，其輪廓如下：棄舉子業──游山──客遊──亦俠亦儒──慷慨悲吟──辭祿仕──自言妄人（自恃如此）──人稱狂奴、妄人。對於正逢轉型期的中晚明士人來說，這種狂士生命型態，無疑是一種精神上的典範。

　　就其擇選的例證繫連而言，如此擬塑的畸人譜系，在歷史發展上，多半沒有必然的因果關係（如唐寅之於徐渭）。是以這些古人之所以被擇取編碼、被入題並列，顯示其間的關聯意義，是由撰述者張萱主觀想像導引而成的，而並列諸人所繫聯的線索，則是現時地水平羅列、而又個別地垂直縮結於作者所關懷的「畸人」認同〔註56〕。

　　其中運用的話語策略，就是由撰述者主觀地擇選歷史人物，加以重組、拼貼，形構一組譜系以作爲整體脈絡的主幹，再將當時（萬曆）的士人，整合到其中，從而賦予它歷史意義。這運用了修辭轉義進行「部分──整體」的整合方式，就如同文學理論家哈特曼（Geoffrey Hartman）所述：「寫歷史就

〔註55〕〔明〕張萱：〈畸人・王冕〉，《西園聞見錄》卷22，頁506。
〔註56〕詳見第二節「懷古心理的時間維度」。

等於把一件事件置放進一個脈絡裡，把事件作為部分、與某些料想得到的整體聯繫起來。……把部分和整體連接起來的方法，就是轉喻與提喻。」〔註57〕這樣虛構出來的譜系（fictive genealogy），猶如一長串火車，依時順序掛搭車廂，水平陳列：第一節車箱專門乘坐元末明初先賢（楊維楨、王冕等），第二車廂乘坐中明士人（桑悅、唐寅、徐渭等），第三車廂乘坐晚明狂士（如鵝池生等）。所有的論述重點與目的在於——如何技術性地將當代（萬曆）人順利地掛搭此列車之上，透過這麼多古人的同時共乘，「畸人」的存在取得多重背書，在意義上不但是承先，而且是能繼而啟後的，意味著這個畸人譜系的列車將亙古長新地延展下去。

至於《明史竊》中的狂士論述，也頗耐人尋味。尹守衡並不在科別分類上表明概念，而是在傳後之論交代，例如將「盧柟」與「徐渭」同列於卷 98 列傳 76，全傳之後，再以「夫跅弛士固多類此」並論；此外，他又將康海、楊慎、桑悅、唐寅、祝允明（附論張靈）同列於卷 95 列傳 73〈康楊桑顧朱劉文唐祝列傳〉，傳後之論，則大談唐寅以狂取禍，並表述自己對高材不羈的看法。尹氏如此以「狂」與「高材不羈」兩個關鍵用語，對該卷所列入的人物作概括式的總論。

值得注意的是，人物列於同傳，是經由人為選擇的，這表示其中含藏了撰者概念的隱性論述。盧柟和徐渭同傳，並非無意義的結合，而是在經由並列的策略後，二者相近特質遂被彰顯出來，這在傳後並論「跅弛之士多類此」一語中，透露了擇選玄機。相同的，康海、楊慎、桑悅、唐寅、祝允明（附論張靈）之所以同傳，其間的關係亦是經由撰述著的想像串聯出來的，傳後之論「高才不羈」，則是明確指陳出前述例證的共同特質。

倘執此以觀，明人史傳中的分科、論贊及並列方式中，存載了說話者對於狂士認同的論述、以及譜系擬塑的隱性論述，此所舉證的兩個例子，只不過演示了一種探勘寶礦的辨識方式，在為數眾多的明人史傳當中，還存在著多如牛毛的狂士隱性論述，更有待今世慧眼獨具的研究學者，進一步地挖掘開採。

〔註57〕〔英〕凱斯・詹京斯（Keith Jenkins）著，賈士蘅譯：《後現代歷史學——從卡爾和艾爾頓到羅逖與懷特》（On"What is History":from Carr and Elton to Rorty and White）（臺北：麥田出版、城邦文化發行，2000 年 10 月），頁278。

四、序跋評點的揄揚與傳播

明人刊刻的著作中，往往列載勝流序跋，意圖以此增價揚名，躋身宦流或謀取商機〔註58〕；這種作品商品化的廣告行銷手法，既已爲世人接受，出資人或書商翻刻在世落魄的狂士作品，也時興此舉，盼能於晚明書肆中，讓昔日滯貨鹹魚翻身、甚至大發利市。授命操觚背書的文壇鉅子以及出資刊刻的贊助人，握有當時文藝場域的言說權柄，該書倘一經權貴之手題序作跋，即便是敗鐵亦可成金。狂士的文化身分與聲名的播揚與否，顯然得考量這股文化威權的力量，大抵作品越是經後人品題、翻刻、轉載而流傳久遠，則該人物之文化身分與聲望形象越能貯存於後人記憶之中〔註59〕。雖然，文壇士子與出版商的考量，一爲己身認同之表述、一爲商業利益的取向，但此二者，對於狂士的才性有著某種程度的共通關注，故本題納在同一節討論，以彰顯狂士在文藝場域中，透過印刷出版、消費閱讀的機制，在閱眾腦海中銘刻其狂士身分的過程。以下的討論，鎖定在晚明文壇士子袁宏道（1568～1610）（爲唐寅、徐渭文集題序），以及黃汝亨、鍾惺、譚友夏（以上諸人爲徐渭題序），再加上刊刻贊助人何大成（爲唐寅題序）。藉文壇士子以及書商兩類人，來分析這些說話者如何爲了伸揚自身認同、或是如何提昇狂士身價，而採取了擬塑水平譜系的話語策略。相較之下，桑悅、張靈「狂士」形象的流傳，因爲個人文集量少的侷限而困鎖在初始的小傳資料〔註60〕，所以未能如唐寅、徐渭身後於晚明文藝場域中，如此享有盛譽〔註61〕。

唐寅的《六如先生全集》在萬曆年重新刊刻時，除了袁宏道爲之作序之外，極可能是書商兼出資人的何大成，明白指出：這些傲骨不羈的狂士，尚有賴文壇鉅子的揄揚提舉、刊刻文集，方得以傳世：

> 竊念伯虎而禮法之士忌之者，猶故也。嗟乎！古道雖亡，人心不死，

〔註58〕 可參見拙著：《晚明文藝社會「山人崇拜」之研究》，收入《師大國文研究所集刊》第39號（臺北市：國立台灣師範大學國文研究所，1995年6月），頁29～30。

〔註59〕 Gladys Lang&Kurt Lang〈認可與聲望：藝術家的身後聲名〉一文中，探討到藝術家身後聲名的差異現象，是如何被後輩之集體記憶所保存或復興的社會過程。觀點被引入柯塞（Lewis A Coser），邱澎生譯：〈阿伯瓦克與集體記憶〉，《當代》第91期（1993年11月1日），頁35。

〔註60〕 張靈、桑悅的初始小傳，見〔明〕閻起山：《吳郡二科志》。

〔註61〕 張靈有《張靈集》1卷傳世，份量甚少，見《明詩綜》三十八；桑悅有《思玄集》，屬四庫存目，流傳有限。相對的，唐寅、徐渭的文集，卻因爲袁宏道等人的推舉而盛行於晚明。

文章一脈，久而彌著。盧枏縲絏于傭奴，徐渭挫刃于悍室，一元委
蛻于貧交，陳昂溝壑于織屨，皆近代才子落魄顯放者之左券也。然
而《蟻蛈》以元美術奇；《三集》以石公抉秘；獻吉締好，太白顯名；
伯敬噓枯，《白雲》價重；儻所謂附青雲而聲施後祀者非歟？伯虎迄
今百餘年，其文采風流，卒無有彙而傳之者；至使區區窮愁之何子，
與夫未通之曹生，竊附其名，以傳于世；方之四子所遭，其窮不綦
甚乎？客之言夫豈欺我？時萬曆甲寅，宿月穀雨，吳趨何大成君立
父題于金臺之摩訶庵。〔註62〕

何氏將這些文人的聲名，置放在文藝場域的關係網絡中來考量，勾勒出狂士
與言說權力體系（文壇鉅子或書商）之間的互動關係——狂士乃是「附青雲
而聲施後祀」〔註63〕，而刊刻者則是「竊附其名以傳于世」，三者（青雲／狂
士／刊刻者）相得而名利益彰。為了強調這種互動關係，何氏歷數前例，繫
連成水平譜系：王世貞之於盧枏、袁宏道之於徐渭、李夢陽（1472～1529，
獻吉）之於孫太白、鍾惺（1574～1625）之於陳昂，這幾個例子即是驗證了
狂士依附青雲的關係；至於，何氏之於唐寅，則是出版者依附狂士才名藉以
傳世的關係。總計有五組明代人馬，皆不離文藝傳銷機制地，在文藝場域上
播揚了狂士／文壇鉅子（或書商）彼此的聲名，甚或是利益。

在此姑且順適何氏所編織的情節脈絡，回溯歷史：王世貞曾經撰寫〈盧枏
傳〉〔註64〕，被後來的焦竑收入《國朝獻徵錄》〔註65〕中，成為私史中登錄有
籍的人物；在此之外，王氏還為盧枏寫了一篇〈盧次楩集序〉〔註66〕，如此加
上文壇鉅子的背書後，正面促揚了文集的傳銷，盧枏也因此由芸芸眾「生」（生
員），一躍而名震文壇；公安派袁宏道的撰文推崇〔註67〕，則使得徐渭在晚明的

〔註62〕〔明〕何大成：〈六如居士全集序五〉，見唐寅：《六如居士全集》，頁4～5。
〔註63〕類近論述如〔明〕劉鳳：「士所以得顯其名者，故亦惟所遭值耶？太史公所謂
　　　不附青雲之士，烏能垂於後世，信夫！」見氏著：《續吳先賢讚》（《明代傳記
　　　叢刊》第148冊），卷11，頁648。
〔註64〕〔明〕王世貞：〈盧枏傳〉，《弇州山人四部稿》（《文淵閣四庫全書》第 1280
　　　冊）卷83，頁371；收入《四庫明人文集叢刊》（上海：上海古籍出版社，1993
　　　年6月）。本章徵引此書皆同此版本。
〔註65〕《明代傳記叢刊》第109～114冊，卷115，頁802～806。
〔註66〕〔明〕王世貞：〈盧次楩集序〉，《弇州山人四部稿》（《文淵閣四庫全書》第1280
　　　冊）卷64，頁123。
〔註67〕〔明〕袁宏道：〈徐文長傳〉，見《袁宏道集箋校》卷19，頁715。

聲譽一度沸沸揚揚，錢謙益（1582～1664）甚至認為「微中郎，世豈復知有文長！」〔註68〕至於李夢陽所撰寫的〈太白山人後傳〉〔註69〕、〈孫一元傳〉，則被收入焦竑編纂的《國朝獻徵錄》〔註70〕一書，一旦刊入史籍，則孫一元遂為世人所知；鍾惺則為陳昂撰寫了〈白雲先生傳〉〔註71〕，世人因鍾之盛名而閱此傳文，從而知曉了明代有陳昂這號人物；而今日何大父之於唐寅，則是藉由狂士才華之盛名而傳世於後。這篇序文藉由史載名例的類比烘襯，何大父的用意深重，自不言而喻。

　　然而，這種擬塑譜系的方式，略微不同於前所舉的「先例」之處，在於何序揄揚稱許的方式，乃是採取將近代類似個案聚集共論的叢聚策略。他列舉出盧柟、徐渭、孫一元、陳昂等狂士，作為近代落魄顛放才子的左券。既稱「左券」，則意味著這些狂士，乃晚明文藝場域中落魄士人所集體認知，且經常被拈來當為符契相合的典範。原本為一個個彰顯個性的狂士，由東南西北的漂泊鬆散（史載盧柟是北人，徐渭、孫一元是浙人，陳昂是吳人），經由何氏蒐羅並列、叢聚眼前，就在此種敘寫當中，形成了中晚明狂士譜系的現時繫連。零散個案未必值得一提，但若成聚成一類，遂成了不可小覷的知識社群現象，值得世人矚目。

　　再看另一例子——徐渭。在萬曆年重刻徐文長三集時，黃汝亨（1558～1626）所撰寫的〈徐文長集序〉中，並稱桑悅、唐寅、盧柟、徐渭諸位為「異人」：

> 古之異人不可勝數，予所知當世如桑民悅、唐伯虎、盧次楩與山陰之徐文長，其著者也。唐、盧俱有奇禍，而文長尤烈。按其生平，即不免偏宕亡狀，偏反不廣，皆從正氣激射而去，如劍芒江濤，政復不可過減。其詩文與書畫法，傳之而行者也。畫予不盡見，詩如

〔註68〕據錢謙益所述：「後三十餘年，楚人袁中郎游吳中，得其殘帙，示陶祭酒周望，相與激賞，謂嘉靖以來一人。自是盛傳於世。」見《列朝詩集小傳》（臺北市：世界書局，1985年）丁集中〈徐記室渭〉，頁561～562。以下本論文徵引此書皆同此版本。
〔註69〕〔明〕李夢陽：《空同先生集》（《文淵閣四庫全書》第1262冊），頁1616～1618。
〔註70〕〔明〕焦竑：《國朝獻徵錄》（臺北市：明文書局，1991年，《明代傳記叢刊》第109～114冊）卷115，頁790。
〔註71〕〔明〕鍾惺著，李先耕、崔重慶標校：《隱秀軒集》（上海：上海古籍出版社，1992年9月）卷22，頁355～357。陸雲龍之評點，則將鍾惺之傳陳昂與中郎之傳徐渭並稱：「中郎之傳徐渭，伯敬之傳白雲，皆能不敝于沒者也。」見袁宏道：〈徐文長傳〉後所附評，《袁宏道集箋校》卷19，頁719。

長吉，文崛發無媚骨，書似米顛，而稜稜散散過之，要皆如其人而
止，此予所爲異者。〔註72〕

此就桑、唐、盧、徐諸人生命型態之殊異而繫連之。桑悅、唐寅乃吳中狂士，
盧枏北人，徐渭浙人，這些非同時同地的人物，爲黃氏所並列稱許，共通點
在於該人物主體皆正氣激射而勢不可遏，此其所以爲異人之由來。此種表述
根植於說話者個人的認同取向，所言之異人，無疑是黃氏自身所推崇認同之
生命型態的投射。

　　此外晚明新興的批點文學〔註73〕，也成了擬塑狂士記憶的途徑之一。狂
士文集在晚明成爲評點重刻的，茲舉隅如下：唐寅，有袁中郎先生批評唐伯
虎彙集四卷畫譜三卷傳贊一卷外集一卷紀事一卷；楊慎，則有李贄批點之《李
卓吾先生讀升庵集》〔註74〕；盧枏，則有譚友夏〈批點想當然序〉〔註75〕。
譚友夏批點《想當然》時，認爲盧枏爲世傳之作者，故由人論著，稱「次梗
磊落半生，竟以狂死，偶出而爲是編，其豪氣難除，用心不細，故多生處、
硬處、疏處，不能盡爲次梗掩。」該書據周亮工考察，乃是晚明人托盧次梗
之名以行〔註76〕，足見盧枏之名在晚明具有消費市場性；至於譚元春由人論
書，則可見出譚氏對磊落狂士遭禍而死的下場深懷同情。這些來自不同動機
對狂士作品的重新披覽、甚至是僞託狂士之名以行世的傳播現象，都或多或
少助長了該人物「狂士」形象的固塑強化。

　　透過序跋、評點，狂士之形象多次地重現其中，並經由說話者運用了譜

〔註72〕《徐渭集》附錄（北京：中華書局，1999年2月），頁1354～1455。
〔註73〕關於評點的研究，筆者所見之參考書目及期刊有：林崗：《明清之際小說評點學
　　　　之研究》（北京：北京大學出版，1999年7月）；朱萬曙：《明代戲曲評點研究》
　　　　（合肥：安徽教育出版社，2002年5月）；孫琴安：《中國評點文學史》（上海：
　　　　上海社會科學出版社，1999年9月）；張曼娟：《明清小說評點研究》（臺北市：
　　　　東吳大學中文研究所博士論文，1990年5月）；邵曼珣：〈金聖嘆詩歌評點中的
　　　　美學問題──隔的觀照與文以自娛〉，《文學與美學》（臺北：文史哲出版社，1992
　　　　年12月）第二集；譚帆：〈小說評點的萌興──明萬曆年間評點述略〉，《文藝
　　　　理論研究》第6期（1996年）；楊玉成：〈小眾讀者：康熙時期的文學傳播與文
　　　　學批評〉，《中國文哲研究集刊》第19期（2001年9月），頁55～108。
〔註74〕二十卷，浙江圖書館藏明刻本，《四庫全書存目叢書》子部第124冊。
〔註75〕〔明〕譚元春：《譚元春集》，卷34，頁932～934；原文輯自《譚友夏批點想
　　　　當然傳奇》，明繭室刻本。
〔註76〕〈想當然〉傳奇的作者歷來皆有爭議。據〔清〕周亮工《書影》云：「其門人
　　　　邗江王漢恭，名光魯，所作《想當然》，托盧次梗之名以行，實出光魯手。」
　　　　周氏顯然認爲此傳奇並非盧枏所著。

系性的並列策略，取得狂士社群存在的合理性，這樣的再現論述加上了印刷刊刻的傳銷，不斷地在閱讀者的印象中，重點式地銘刻該人物的狂士特質，同時也在場域上慢慢積累地固塑了狂士社群的認同取向。

第二節 拆解的編織——重構譜系的多重意義

透過抽絲剝繭的拆解，雖僅僅釐清出千頭萬緒中的四條脈絡，但據此縱橫交錯、枝節蔓生，即已足以編織成一張狂士譜系的粗略輪廓。這樣的譜系圖表，筆者之所以不於本章起首即明白揭示，就在於本文之企圖，是希望透過諸多權力論述之線索的追尋，再現一個動態譜系的構築歷程。職是之故，這樣的譜系圖表，並非一個閉鎖、凝固的定論，它在不同論述力索加入後，仍是「移動的、有問題的論述」〔註77〕，是以在本章所展示的雛形譜系，僅作為本文開展與討論的必要基礎，而不是定論。如圖表二所示：

表二：多重構築的狂士譜系：（**按書籍出版時間順序排列**）

論述來源	狂　士　譜　系	說明	狂士意義
閻秀卿（1484～1507）《吳郡二科志》	孔子狂狷（琴牢、曾點）——孟軻——戰國四豪、竹林七賢、司馬相如、禰衡、優孟、畢卓、王衍、阮瞻、李白、李義山——桑悅、張靈	吳中地域認同	狂簡
何良俊（1506～1573）《何氏語林》〈書屏示客〉	孔子狂狷——漢末清名——魏晉任誕（各科下列舉人物甚多，此略去）	擬世說體	任誕、簡傲、傲誕疏慢
張萱（1517～1600）《西園聞見錄》	元末明初—中明—晚明順序而下：顧阿瑛、陶宗儀、楊維楨、黎貞、倪瓚、宋克、徐舫、陳亮、溪漁子、李希顏、唐桂芳、王冕、王仲光、劉子欽、邢量、桑悅、王古直、吳綸、董澐、吳偉、郭詡、顧祖辰、孫一元、袁翼、徐霖、李風仁、浦小癡、顧源、馬嵩、唐寅、杜生、史鑑、郎瑛、童珮、黃姬水、徐渭、吳孺子、鵝池生、陸治、孫宜、王靈嶽、鄭板橋天佑。	史傳隱性論述	任誕、畸人

〔註77〕此處採用了〔英〕凱斯·詹京斯（Keith Jenkins）的歷史觀點：「歷史是一種移動的、有問題的論述。……一旦流傳出來，便會一連串的被使用和濫用。這些使用和濫用在邏輯上是無窮的，但在實際上通常與一系列任何時刻都存在的權力基礎相對應，並且沿著一種從支配一切到無關緊要的光譜，建構並散佈各種歷史的意義。」見氏著，賈士衡譯：《歷史的再思考》（Re-thinking History），頁 78。

李紹文（?～?）《皇明世說新語》成書於明萬曆三十八年（1610）	桑悅、祝允明、唐寅、張靈、王廷陳、盧柟、康海、楊慎、宋登春、李贄（輕詆）、屠隆	擬世說體	任誕、簡傲、輕詆
焦竑（1540～1619）《玉堂叢語》萬曆四十六年序（1618）	王廷陳、盧柟、康海、楊慎。	擬世說體	任達、簡傲
何大成（?～?）〈六如先生全集序〉	盧柟、徐渭、孫太白、陳昂。	刊刻序跋	落魄顛放
黃汝亨（1558～1626）〈徐文長集序〉	桑悅、唐寅、盧柟、徐渭	刊刻序跋	異人
文震孟（1574～1636）《姑蘇名賢小記》明萬曆間（1573～1619）長洲文氏竺塢刊本〔註78〕	張靈、張獻翼	吳中地域認同	狂士
馮夢龍（1574～1646）《古今譚概》成書於泰昌元年（1620）	桑悅、祝允明、唐寅、張靈、王廷陳、盧柟、楊慎、張獻翼	擬世說體	佻達、矜嫚、怪誕、
尹守衡（?～?）《明史竊》明崇禎十年（1637）刊本〔註79〕	盧柟、徐渭、康海、楊慎、桑悅、唐寅、祝允明（附論張靈）	史傳隱性論述	跅弛
梁維樞（?～?）《玉劍尊聞》〔註80〕順治十一年（1654）賜麟堂刻本）	祝允明、唐寅、王廷陳、楊慎、徐渭、張獻翼、宋登春、屠隆	擬世說體	任誕、簡傲

〔註78〕此版本藏於華盛頓美國國會圖書館（1961?），國內中研院收有縮影資料二卷。

〔註79〕此版本藏於華盛頓美國國會圖書館（1961?），國內中研院收有縮影資料一百五卷。

〔註80〕《四庫全書存目叢書》子部小說類第 244 冊。

查繼佐 （1601～1676） 《罪惟錄・列傳》	唐寅、祝允明、張靈	史傳隱性 論述	廢禮玩物
徐乾學 （1631～1694） 撰《徐本明史・ 文苑傳》〔註81〕	祝允明等吳中士人	史傳隱性 論述	放誕不羈、 出名教外
永瑢等編撰《四 庫全書總目》	李贄、屠隆、祝允明、桑悅、張獻翼、盧柟、 宋登春、豐坊	史傳隱性 論述	恃才妄誕、 狂悖乖謬、 非聖無法
趙翼 （1727～1814） 《廿二史箚記》	祝允明、唐寅、王廷陳、康海、謝榛	史傳隱性 論述	放誕不羈、 每出名教 外、恃才 傲物、跅 弛不羈

此譜系乃是依時序排列，在說話者最初的表述中，莫不是希望能藉此強調「歷史乃如其所述地發展」（如前述張萱所列之畸人譜系），並設法通過此種傳統的重建來提高狂士的自我意識。但筆者要再次澄清的是，它所透露的意義，並非指涉所列人、事是因果相承的「過去真實序列」，而是後設的、高度建構性的「知識形構序列」；其中他（們）所推尊為首席的「祖溯淵源——孔子狂狷（狂簡）」，其實是歷經不同時、地、人的論述與聲明，層層覆蓋、疊床架屋而後構築生成的，並不具有實際上的始源性，但可視為「狂士」這個想像認同體的「濫觴」象徵符號。由下開出的一條譜系主幹：「孔子狂狷——孟子——漢末清名——魏晉任誕」，則因為通過多時多人的論談與引用，大致已形成穩定共識。在此之外，在取樣唐宋—元明的狂士時，多半仍是言人人殊的紛歧多變，唯獨搖擺晃盪之中較具穩定共識的，就屬明代中明吳中桑悅、張靈、祝允明、唐寅，此外，盧柟、徐渭、楊慎、張獻翼等人，也是論述中經常被提及的人選。

從這張平面展示的譜系圖表，我們不禁要問：它在文藝場域上究竟具有何種文化意蘊？譜系當中，又存在了什麼樣的時間維度？它又含括了多少喧騰共奏的聲源？又何以成為諸多權力論述的競逐場域？

透過拆解後的編織重構，筆者除了尋繹此譜系所代表的文化意義之外，

<hr>

〔註81〕此徵引版本為〔清〕徐乾學等撰，台北市：明文書局，1991年，《明代傳記叢刊》第89～94冊。

還嘗試勾勒出譜系擬塑時所暗藏的時間圖示，進一步揭示狂士意蘊喧騰共奏的現象，以及其中暗潮洶湧的權力競逐。

一、認同譜系、敘述庇護所及文化參照系統

　　這樣的譜系，既非一人之手，也非一時之論，而是整個文藝場域上的知識社群，對於「狂士」這個話題的各自表述。每當有一人被編碼為狂士，就是對此一譜系的再次強化；每回針對狂士特質的標舉，即是對此一譜系的重點描繪，這種集體而多重的擬塑，所彰顯的最初意義，即是人們對於「狂士」文化身分的認同與否。這些說話者，可能是自居賞鑑者的仕紳大夫，也可能是狂者本人，或是刊刻文集的商賈，再加上召喚來的古人典例，形成一個多元表述的對話空間，大夥各自依其自身對狂士生命型態的認知，表述其認同與否，這張多重擬塑出來的立體編織物——狂士系譜，就在此中框架成形、傳衍生支、固塑成一文化體系。

　　就其構築過程來說，譜系的存在，倘若失去多方論述，它將無法內聚成形（如圖一：向心式的聚合）。框架成形後的譜系，則提供了一個人工合成的遮蔽物，其下所庇蔭的，顯然並非只有閹起山這類「仕紳大夫」，事實上，被論述的狂者也多半依存於此譜系，以取得自身行徑的合理性，於是這個譜系，就至少成為說話者／被敘述者、宰制者（中心）／與被宰制者（邊緣），所共同擬塑的「敘述庇護所」（narrative home）〔註82〕，同時它也成為時人亟欲壟斷、攀附的符號資源（symbolic resource）〔註83〕。

　　從另一個角度來看，當「狂士」經常被當作話題地談論、品評（如擬世說體中論桑悅、唐寅），甚至當作一個抽象概念的符碼作為溝通話語時（如袁宏道以「癲狂」贈譽張獻翼〔註84〕），即表示這個特定的符碼，已隱然形成一套具有豐富隱喻的文化象徵系統，使用者與聽受者可以藉此展現意義，甚至

〔註82〕此觀點受到約翰・戴維斯（John Davis）之啟發。他認為在競爭中居於劣勢者，不會把他們的人生安插在同樣的「敘述庇護所」（narrative home），參見氏著：〈歷史與歐洲以外的民族〉，收入克斯汀・海斯翠普（Kirsten Hastrup）編，賈士蘅譯：《他者的歷史——社會人類學與歷史製作》，頁39。

〔註83〕湯瑪斯・豪斯查德（Thomas Hauschild）〈在義大利南部製作歷史〉一文指出：當地的基督徒曾「企圖操縱集體記憶這個象徵性的財富，企圖把……的集體記憶轉為己用。」 出處同註3，頁68。

〔註84〕袁宏道：〈張幼于〉載「僕往贈幼于詩，有『譽起為顛狂』句」，《袁宏道集箋校》，卷11「解脫集之四——尺牘」，總頁502～503。

成爲文化行動上，相互期望的內在參照系統（Internal reference frame）。筆者之所以強調「內在性」，是因爲同意紀登斯所言：這樣的文化參照系統，無論是對生活經驗的整合，或是個人信仰體系的重建，都是繫乎內在自我而發展出來的〔註 85〕。當然，此中容或有不同的詮釋取向，包括了支持或妥協、反省或擁抱、抗拒或是創意的轉化〔註 86〕。

這套文化象徵系統，既已是眾所周知的行動參照物，在中晚明日趨自由的時代氛圍中，很快地形成一個開放的詮釋空間，任由知識社群依其慣習中的利益、期望、處境與意識型態種種考量，循環再解釋地派生出紛歧多變、至爲懸殊的詮釋模式。

其中，至少有兩種基礎模式，即是「中心／邊緣」相對的詮釋論述〔註 87〕：倘若發聲源來自權力中心（仕紳大夫），則務求消弭差異，如闇起山論狂簡之士「尙未馴化」，並以各種話語策略如「憐惜」「歎惋」者，將之「收編正統」，從而達到掌控全局與維護秩序的目的；相對的，倘若發聲源來自邊緣（如非仕狂士），則是盡量彰顯自我與中心的差異以及獨特性，藉以抗拒種種話語收編以及利益安撫，並經常以「異端」自許，其詮釋傾向於如何彰顯主體存在的自主自由性。這種二元對立的觀點之外，仍存在了更多以「狂士」文化參照系統爲核心，向外輻射延展的多元論述（如圖二：離心式的發展）。在下一編「表演與觀看的對話」中，筆者將進一步運用此章研究成果，來分析整個文化場域的狂士現象，其中狂士與仕紳、市井商賈之間的互動，即環繞此一文化參照系統與敘

〔註 85〕 安東尼・紀登斯（Anthony Giddens）著，趙旭東、方文譯：《現代性與自我認同：晚期現代的自我與社會＝Modernity and Self-Identity：Self and Society in the Late Modern Age》（臺北縣新店市：左岸文化，2002 年 4 月），頁 76。

〔註 86〕 張誦聖則是提到：眾人對參照物的詮釋態度，呈現紛歧多端的現象，見氏著：〈台灣女作家與當代主導文化〉，《文學場域的變遷——當代台灣小說論》（臺北市：聯合文學，2001 年 6 月），頁 114。

〔註 87〕 哈佛大學人類學教授麥可・赫茲飛則提到：即使是一個一致的歷史故事，也可以作爲創造相反詮釋的手段，而這些相反的詮釋又在當地社會中維持了政治上的敵對。見氏著〈了解政治事件的意義——歐洲民族國家中的分枝與政治〉。該文收入・克斯汀・海斯翠普（Kirsten Hastrup）編，賈士蘅譯：《他者的歷史——社會人類學與歷史製作》，頁 111～140。再如沈松橋：〈我以我血薦軒轅——黃帝神話與晚清的國族建構〉一文中，則提出「黃帝」這樣的濫觴符號，曾經發展出「中心／邊陲」相對相抗的兩套詮釋。該文收入盧建榮主編：《性別、政治與集體心態——中國新文化史》（臺北市：麥田出版、城邦文化發行，2001 年），頁 281～363。

事庇護所而開展的諸多面貌。

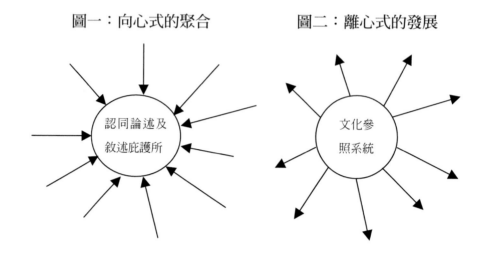

圖一：向心式的聚合　　　　圖二：離心式的發展

認同論述及
敘述庇護所

文化參
照系統

二、懷古心理的時間維度

乍看之下，徵引古人典例的說話者似乎都是充滿復古情懷的，但細考所謂「復古」情懷，在明代中葉以下，其實存在著另一種意涵。如前述閻起山、張萱等人，使用擬塑譜系的話語策略，為現今處境及理解當代狂士尋求存在的合理性，其所取樣作為典例的古人，實已自相應的時空情境抽離而出。這類說話者，舉證古人典例之用意，不在於回到真實過去、也不在於如何亦步亦趨地復興古典、作一個道道地地的古人，而是藉由徵引古人典例的方式，為擬塑個人認同尋求歷史倚靠，其心理需求之動機與觀看角度都是此時此刻的，職是之故，本節名之為「懷古」，而不名之為「復古」，實有區辨意味。而此種懷古的心理，其內在時間圖示所呈現的雙向維度，則有待本節詳加闡述。

在各家詮釋模式大張旗幟、喧囂四起之際，其形構譜系時於主體內在心理的時間圖示，卻是分外安靜地如出一轍。它並非順時而下的線性發展，而是有如時間錯亂（anachronique）地〔註88〕呈現眼前，因為聯想而開展了主觀上具有歷史深度的心理視域（horizon）。此中存在了兩種心理層次的時間維

〔註88〕尚・布希亞撰，林志明譯：《物體系》（臺北市：時報文化出版社，1997年），頁90。另外本文還參考了他所提到古物的時間性，他認為古物被取回的，不是真正的時間，而是時間的記號，或時間的文化標誌。

度：「過去→現時」的是現時水平的，由於撰述者的目光始終注視著「現時」的當下，故所招引前來的古人，是被抽離時空情境後，融會於現時的文化體系，經由主體重新將古物（人與事）以群星輝映〔註89〕的方式組織呈現。這些代表古物的發光源，各有時間上的差異──它可能是魏晉時的嵇康阮籍、元末明初的倪瓚王冕，也可能是更早戰國時期的孔門弟子，但都在此時此刻，「現時」地為撰述者所見，其星座意義的編織（在此為「狂士」星座）也源自撰述者的賦予。猶如牛郎、織女星座之稱，在太空中實際距離有十六光年之遠，但卻為人們由此地此時地望見，將之人文意義化，編織為遙相對望而僅能在七夕相見的淒美戀情。同樣的星子，卻因為國情之不同，而在國外分別命名為天琴座之一（織女星）以及天鷹座之一（牛郎星），這顯示了觀看者的主觀情感影響了詮釋意義，而星子與星子間經由人工編織出來的合成意義，都是後設賦予的，並非源自星子本身具有。是以人們擬塑認同譜系而擷取為證的古人、先例、典範等等，在閱讀者觀看的心理過程中，因轉換為符碼元素的簡化，而呈現出一種「同質、空洞的時間」（homogenous, empty time）〔註90〕，閱讀主體就在這些現時的古典歷史之斷簡殘編當中，心領神會、契入神遊，達到物我合一的層次。

在此時，又存在了「現時→過去」的時間維度，所呈現的是一種「想像式的歷時性」，那是一種回歸心靈底層的歷程，撰述者透過古物背後隱含的歷史厚度（那是今物所缺乏的），追尋存在意義之歷史依靠及創生源流。此時雖然瀰漫了厚的懷古情結，但既然是聯想式的天馬行空，就無須孜孜矻矻地作實證式的考察，更不在意於如何回到過去做個古人。重要的是：如何精神式地領略俗世古物中的神聖意義，這些古物（人與事）及其輻射的象徵意義，

〔註89〕此處參考班雅明提出的「星座」說，見楊小濱：《否定的美學──法蘭克福學派的文藝理論和文化批評＝negative aesthetic：Frankfurt school's theories of literature and art》（臺北市：麥田，1995年）第三章〈星座化的歷史──現時〉，頁87。

〔註90〕此種抽離時間式的排列方式，其意義可參見班納迪克‧安德森（Benedict Anderson）著作。他在提出「想像的共同體」這個概念時，嘗借用華特‧班雅明（Walter Benjamin）的「同質的、空洞的時間」（homogenous, empty time）概念來描述新的時間觀，這種技術上的援用，恰可以說明認同這個想像體的類比作用。見氏著，吳叡人譯：《想像的共同體：民族主義的起源與散布》，頁28。國內學者接此觀點者如沈松橋：〈我以我血薦軒轅──黃帝神話與晚清的國族建構〉，收入盧建榮主編：《性別、政治與集體心態──中國新文化史》（臺北市：麥田出版、城邦文化發行，2001年），頁291。

促成了主體當下的領悟。

在「現時 ◄► 過去」雙向的時間維度中，撰述者將古人拉到眼前編織譜系，而在同一時刻，也以心靈回溯、領略其中的歷史厚度。然而，無論是撰述者或是今日閱讀的你我，在回溯既往後，終將穿越過這個長滿隱喻藤蔓的古老森林，回視自身當下的處境——不管是何良俊生存定位的尋求、還是文震孟認同焦慮的煎熬、抑是張萱史家使命的促迫以及你我處境認同之個別需求，一一在此古往今來的大融會中，瞬間輕揚飛昇、和諧共振，從而獲得了主體精神與情感上的超脫與昇華。

就如同近人班納迪克・安德森（Benedict Anderson）論民族認同時指出：這種「歷史現時化」的時間圖示，爲這些「想像共同體」的論述，提供了精確的類比效果〔註91〕。就中晚明而言，歷史懷古的話語策略，似乎在擬塑狂士這個集體想像的社群認同時，早已是司空見慣的方式了〔註92〕！

三、衆聲喧嘩的狂士意蘊

晚明「狂士」的意義，顯然已非孔子「狂狷」初始義的單一明瞭。在前述析釐諸家論述力索時，筆者了解到其中存在了命名時移形換字的複雜現象，執此之鑰，可以開啓這扇會通古往今來、橫跨多次元空間的詮釋大門。這種意義擴延的過程，可以桑悅（1447～1513）爲例來觀察：

表三：桑悅小傳資料一覽表

資 料 來 源	科別命名	主 要 論 述 節 引	代號
閻起山《吳郡二科志》〔註93〕	狂簡	「嘗詮次古人，以孟軻自況，班馬屈宋以下不論也。有問韓文，曰此小兒號嘎之聲。問翰林文學，曰虛無人，舉天下亦惟悅最高耳，其次祝允明，其次羅玘。由是喜俠者多慕焉。」	甲
		詳載桑悅與丘濬事。（略）	乙

〔註91〕 氏著，吳叡人譯：《想像的共同體：民族主義的起源與散布》，頁28。
〔註92〕 實例探討可參見第二編第二章第二節「標舉境界」，如王世貞的〈敎士贊〉，其中羅列典籍先例，其懷古心理應可作此觀。
〔註93〕 此處資料來源爲〔明〕閻起山：〈桑悅〉，《吳郡二科志》〈狂簡〉科，頁795～800。

	畸人	桑悅與丘濬事。（略）	乙
張萱《西園聞見錄》〔註94〕	任誕	「桑悅，……敢爲大言，不自量，時詮次古人，以孟軻自況，原遷而下，弗論也。而更非薄韓愈氏，曰：此小兒號嘆，何足傳！問翰林文今爲誰，曰虛無人，舉天下亦惟悅最高耳，其次祝允明，其次羅圯。」	甲
李紹文《皇明世說新語》〔註95〕	任誕	「桑民懌好爲大言，時詮次古人，以孟軻自況，更非薄韓愈，曰此小兒號嘆何傳！問翰林文今爲誰？曰虛無人。舉天下惟悅，其次祝允明，又次羅圯。」	甲、乙
		「桑悅調柳州，卒不欲赴，人問之。輒曰：『宗元小生，擅此州名久。吾一旦往掩奪其上，不安耳。』」	
	簡傲	「桑悅爲博士，某御史聞其名，數召問，謂曰：匡說詩人解頤，子有是乎？曰：悅所講談玄妙，何匡鼎敢望，即鼎在，亦解頤，公幸賜清燕畢頃刻之，長卿史壯之，令坐，講少休，除襪，跣而爬足，御史不能禁，令出。」	乙
馮夢龍《古今譚概》〔註96〕	矜嫚	「海虞桑悅……爲吳學士汝賢所黜。又以《學以至於聖人之道論》……爲丘學士仲深黜。……御史素聞悅名，令坐說詩。少休，悅除襪，跣而爬足垢。御史不能堪，令出。」	乙

關於桑悅，最早的資料在閻起山《吳郡二科志》一書中列入〈狂簡〉，可依其資料分爲甲、乙兩段。甲段資料大抵記載桑悅大言自負之事，後來的傳抄情況，則見於《西園聞見錄》以及《皇明世說新語》，它都被列入〈任誕〉科。乙段資料主要記載其傲岸公卿的行徑（其中以丘濬事爲主），後來的傳抄情形則爲：《西園聞見錄》列入「畸人」科，《皇明世說新語》分別列入〈任誕〉、〈簡傲〉二科，《古今譚概》則將之列入〈矜嫚〉部。

同一段原始資料，在後人援用時的詮解命名當中，出現嫁接、轉化的手法，於是就造成了狂意涵的派生現象——由「狂簡」而衍生出「畸人」、「任誕」、「簡傲」、「矜嫚」種種意義來。

除此之外，更豐富的話語資源，則是藏身於各家論述者在分科命名時所下的註解中，如閻起山在〈狂簡〉科目起首所作的詮釋，即以《曲禮》的羈

〔註94〕 此處資料來源爲〔明〕張萱：〈畸人・桑悅〉，《西園聞見錄》卷22，頁555～556。

〔註95〕 此處資料來源爲〔明〕李紹文〈任誕〉二則、〈簡傲〉一則，見《皇明世說新語》卷6，頁398：以及卷7，頁416。

〔註96〕 此處資料來源爲《古今譚概》第12〈矜嫚部〉，頁239。

躬守節作爲對比，照映出「任情孟浪」爲狂士所崇，其下再以「俠」與「滑稽」爲衍生支脈。雖然狂士的跅弛舉止，非謹守尺寸者所能理解，但聖賢如孔子者猶且眷念再三，可說是殷殷許以大道，愷切感嘆中猶存憐惜〔註97〕，閻氏的狂簡觀大致如此。往下再看到晚明馮夢龍《古今譚概》的〈矜嫚〉論：

> 子猶曰：謙者不期恭，恭矣；矜者不期嫚，嫚矣。達士曠觀，才亦雅負。雖占高源，亦違中路。彼不檢分，揚衡學步。自視若升，視人若墮。狃侮詆諆，日益驕固。臣虐其君，子弄其父。如癡如狂，可笑可怒。君子謙謙，慎防階禍。〔註98〕

他針對狂士的不羈行檢，婉轉提出「慎防階禍」的勸戒，雖然「矜嫚」在曠達才士身上，是一種不期而然的自然展現，但「日益驕固」恐是禍端之由，君子人終究應當謙謙爲懷。像馮氏這樣的論調，可說是針對晚明狂士末流的縱浪行徑、朝向正統君子的收束，相較於中明閻起山論狂簡時由孔門正統向外發展的擴散，恰恰對照出中／晚明二個時代基調上的詮釋差異。

倘再擴而言之，以桑悅、張靈、唐寅、祝允明同爲「狂士」社群，總匯依屬該人的命名用語，即可由此連結、雜糅、編織成一座龐大的「狂」語義的隱喻系統。這到了「率心爲評」〔註99〕的晚明，則出現更頻繁的原始意義越界互嵌之現象，整個文藝氛圍容許、甚至是鼓勵這種語彙間的雜湊、互嵌、反諷、互牴，以及從一個符號系統到另一符號系統的傳遞轉換。依此觀點，晚明的「狂」意涵，是個開放性的詮釋系統，其意義不是固定於單一的儒家「狂簡」初始意義，而是以不確定、模糊的即興節拍，統匯多重聲源的喧騰並奏。大家都來譜一曲狂士舞曲，卻各自唱著自家的調。喧騰聲源除了上述畸人、任誕、簡傲、佻達、矜嫚之外，還有異人、跅弛、落魄顚放、廢禮玩物、放誕不羈、出名教外、恃才傲物，還可加上當時文學及學術界盛行的尊狂論述（詳見第二編第二章），套用巴赫汀的名言，可眞是個眾聲喧嘩（raznorechie; heteroglossia）的狂

〔註97〕〔明〕閻起山：《吳郡二科志》，頁793。

〔註98〕〔明〕馮夢龍：〈矜嫚〉部，《馮夢龍全集‧古今譚概》第十二，頁231。

〔註99〕此乃四庫館臣貶抑晚明文藝風氣之用語，認爲明人率由自心詮解、任意割裂經典、不重考據源流。筆者則以爲，這種風氣恰恰滋長了語彙系統的豐富性。見《四庫全書總目》〈雅尚齋詩草〉條：「故往往稱心而出，無復鍛鍊之功」（卷180，集部別集類存目七，頁1642）；又〈讀書止觀錄〉條：「雜引古人論讀書作文之語，而稍以己意爲論斷」（卷132，子部雜家類存目九，頁1128）；又〈諸子褒異〉條：「率以意爲之」（卷132，子部雜家類存目九，頁1129），姑引三條資料以爲證。

歡派對〔註100〕。這些符號系統之間，有共通互轉的模糊空間，當然在過程中則
充滿了挪用、拼貼、移形換位的暗渡過繼，也有反諷、仿擬的指桑罵槐，這場
衝突、緊張不斷的顛狂交響樂，大概到了明殿傾頹，在四庫以霸權聲音撲天蓋
地的一統言權後，才回到保守單調的主音大敘述。那個時候，身處邊緣與清廷
暗唱反調的戚戚遺民，其所譜的狂士曲音，顯然與晚明又大不相同了。

四、諸家論述的角力競逐

　　當我們發現各家狂士論述所構築出來的譜系互有差異時，這或許透露出
該說法乃源屬於不同的價值框架，所以相對的，在詮釋與取樣上也呈現紛羅
景象。倘若，我們將種種分歧殊異的取樣與論述視爲多元「聲明」時，我們
關心的是：究竟是誰的聲明得到後世的承認與接受，那又是爲什麼？直到今
日，我們的論壇中，取得競逐後宰制地位的狂士論述又繫屬何說？而這樣的
狂士「聲明」有無採信上的侷限與盲點？我們又該如何小心翼翼地接續前人
研究，從中開出學術新格局？

　　就明末到清中葉、以迄於今日的主流歷史敘述來看，這些競逐的諸家論
述，呈現宰制與邊緣消長互易的態勢。誠如前文論及閻氏《吳郡二科志》所
述及的，繼四庫全書大敘述之後，取得主要的言說支配權，就是吳中的狂士
論述。因而發展出所謂「狂士吳中論」，即是認定中晚明狂士風尚乃自吳中而
起的說法。如查繼佐（1601～1676）的《罪惟錄‧列傳》所述：

> 論曰：使六如（案：唐寅）不處挫辱，亦或能雍容揖古升堂，及才
> 無所見，乃自放，以廢禮玩物爲高。希哲（案：祝允明）、夢晉（案：
> 張靈）輩相與揚其波，遂成習尚。〔註101〕

《明史》亦言：

> 吳中自枝山（案：祝允明）輩以放誕不羈爲世所指目，而文才輕艷，
> 傾動流輩，傳說者增益而附麗之，往往出名教外。〔註102〕

〔註100〕巴赫汀所創的俄文詞語，即是用來描述轉型期文化的基本特徵，及社會話語的
　　　　多樣化、多元化現象。參見劉康：《對話的喧聲——巴赫汀文化理論述評
　　　　=Bakhtin's dialogism and cultural theory》（臺北市：麥田，1995 年），頁 181～260。
〔註101〕〔清〕查繼佐：〈唐寅、張靈〉，《罪惟錄‧列傳》（《明代傳記叢刊》第 085-086
　　　　冊），卷 18，頁 415～418。
〔註102〕〔清〕徐乾學等撰：《徐本明史‧列傳》（臺北市：明文書局，1991 年，《明
　　　　代傳記叢刊》第 103 冊），卷 286 列傳，頁 134。

而以趙翼（1727～1814）《廿二史劄記》「明中葉才士傲誕之習」條，是集上
述說法之大成而最為世人熟知的，唯近世論者〔註103〕多半節引該文如下：

> 《明史‧文苑傳》：吳中自祝允明、唐寅輩，才情輕艷，傾動流輩、
> 放誕不羈，每出名教外。〔註104〕

綜觀這些論述，除了敘事各有詳略、舉隅順序略有調動之外，主旨卻是殊途同
歸地指出：唐寅、祝允明、張靈等人，是引領吳中狂士風尚的先趨人物。其中，
研究者經常只取首段而去其中的趙翼論狂說，由其節引後文字來看，也意指吳
中狂士乃是明中葉才士傲誕習尚的代表。經由前述諸多力索的分析後，筆者當
知此處查繼佐、明史、趙翼（節引後的）等人的狂士論述，深受「狂士吳中論」
之影響。「狂士吳中論」之所以取得宰制地位，與江南富庶物資以及出版印刷文
化的蓬勃發展，存在著密切關連。至於表述吳中地域認同的史傳，一直都是後
繼有人地一續再續，如劉鳳（1517～？）撰有《續吳先賢讚》；又楊循吉（1456
～1544）撰有《吳中往哲記》，其後則有〔明〕黃魯曾（？～？）續撰《續吳中
往哲記》〔註105〕等；至於唐、祝的才子風流形象，則在文人劇作、小說、筆記
中輾轉傳衍，為世人提供了更多談論品評的資藉〔註106〕。上述諸如此類的因
素，在在都促成了「狂士吳中論」播傳後世的動因，非吳中的狂士，卻相對地
少了上述傳世的有利因素，因而在歷時的接受過程中，越來越被世人所淡忘，

〔註103〕如鄭利華：《明代中期文學演進與城市形態》（上海：復旦大學，1995 年），
頁 85。

〔註104〕卷 34，臺北：世界書局，1962 年 3 月初版，頁 494。

〔註105〕今傳本有臺南縣：莊嚴文化事業出版，1996 年，《四庫全書存目叢書》史部
傳記類第 89 冊，影印北京大學圖書館藏明嘉靖刻本。

〔註106〕如〔清〕黃周星撰寫〈補張靈崔瑩合傳〉，即於前序交代動機乃是「閱唐解元
六如集……此真古今來才子佳人之軼事也，不可以不傳，遂為之傳。」該文
收入〔清〕張潮輯：《虞初新志》（上海：上海書店，1986 年 6 月），頁 196
～202。學者王璦玲亦注意此現象，如其〈明清之際江、浙地區文人風流劇作
之審美造境與其文化意涵〉一文中，言及明中葉出了一批「狂簡之士」，而當
時就有不少文人對他們的人格風采十分傾慕，將他們風流放誕之事編為戲
曲、小說加以傳頌。如《唐伯虎──笑姻緣》、《花舫緣》載唐寅為追求一傾
心婢女，甘願脫去舉人衣服喬裝為丐，賣身為僕以求與婢女同處。又張靈於
虎丘見佳人崔瑩，頓生愛慕，不料寧王謀反，微調崔瑩為歌妓，張靈聞訊痛
不欲生，相思成疾竟此病亡。二者為佳人捨身忘死的風流情事成為他人傳頌
之焦點，此亦其人格樣態的特點所在。見 2000 年 11 月 16～18 日，於中央研
究院中國文哲研究所舉辦之「空間、地域與文化──中國文學與文化書寫」
國際學術研討會會議論文。

如楚地王廷陳者。

至於近代論壇，在遺民／貳臣情結鬆綁後，對於吳中錢謙益的《列朝詩集小傳》有了更殷切的關注，《列》書集大成式的小傳，則是「狂士吳中論」的良好貯存所〔註107〕，無形中助長了「狂士吳中論」的勢力。近人使用小傳資料並擴及狂士作品來描述狂士現象者，如鄭利華，他提出狂士精神與個性表徵爲明代文學變異之因素時〔註108〕，即採用了錢書中楊維楨、王冕、張靈、杜大成、李開先、張獻翼的小傳資料；再如饒龍隼，論及明代矛盾畸變與解脫心態時，他也運用錢書中金大輿、許獻可、沈春澤、盛時泰等人的狂士小傳〔註109〕；至於李焯然〈祝允明（1461～1527）與晚明的思想文化變遷〉〔註110〕一文，則將中明吳中狂士風尚與晚明思想文化變遷作了緊密的因果繫連。上述諸家論述，或多或少都在文中正面地使用《列朝詩集小傳》資料，來證成「狂士」與「吳中」二者的發展關係。

這樣的論述趨向，說明了四庫關於狂士的貶抑評價，早就被打入暗牢、不見天日，而「狂士吳中論」正是今日論壇上沸沸揚揚的當紅主流。筆者進而反思此現象可能存在的侷限性：倘若身處今日的我們，在驅除四庫館臣貶抑狂士爲「恣肆猖狂」的論述魅影後，又天眞地僅以清初史家的「吳中狂士論」爲全部實情（practice），這恐怕是再度縱容另一齣文化霸權幽靈、重現作祟的戲碼上演。吾人當然不能忽視「狂士吳中論」的重要性，但又豈可以盡信此說爲狂士現象之全貌？

然而，我們也不需因噎廢食：論述「中心」實不必宣判死亡，四庫論述亦可敗部復活。今日既是個多元、多中心論述的共存局面，就不該以「狂士吳中論」爲獨一，亦不當獨排四庫於眾說之外。官方宰制的魅影倘已可清楚辨認，縱使那是權力中心對於狂士異端的文化想像，但該說法仍可「鏡照」出事情的某個面向，從中考掘出錯落、扭曲的斷層剖面，今之研究者實在不宜全然棄四庫說法而不顧。

姑且在此概覽《四庫全書總目》中值得注意的狂士論述〔註111〕：其中

〔註107〕可參見附錄之二「表七：中晚明狂士小傳資料彙集表」。
〔註108〕鄭利華：《明代中期文學演進與城市形態》，頁84～122。
〔註109〕饒隆隼：《明代隆慶萬曆間文學思想轉變研究——詩文部分》，頁18。
〔註110〕陳榮照主編，新加坡國立大學中文系學報：《學叢》第5期（2000年6月），頁141～159。感謝中研院文哲所蔣秋華老師提供此則資料。
〔註111〕可參見附錄之一「《四庫總目提要》的狂士論述」。

一再提到心學末流以狂禪解經的現象，爲我們重重地圈圍出晚明狂士風氣與王學、狂禪的密切關聯。縱使四庫館臣對於這些無法宰制的狂士，使用了諸如「恃才妄誕」、「狂悖乖謬」、「非聖無法」〔註112〕等措詞強烈的用語，但我們卻可以循線找到「狂」字所指涉的人物，主要是集中在李贄、屠隆。此外，它所提到的中晚明狂士人物，尚有祝允明、桑悅、張獻翼、盧柟、宋登春等人，這些都可作爲其他論述的對照佐證。如《四庫總目提要》〈桑子庸言〉〔註113〕條引明史之「怪妄狂誕」論桑悅；又如《四庫總目提要》〈祝子罪知〉〔註114〕條引〈山志〉稱祝允明爲狂士。再如《四庫總目提要》〈讀易紀聞〉〔註115〕條，聲稱「獻翼放誕不羈，言行詭異，……殆中年篤志之時，猶未頹然自放歟？」這些話語適足由陰影負面勾勒出張獻翼的狂士形象。至於論宋登春「亦狂誕之士也」，以文風簡質與盧柟《蠛蠓集》相匹〔註116〕，已將宋、盧二人在「狂誕之士」的概括下作了類比繫連。以上這些四庫提要中的狂士論述，仍值得吾人注意。

然而，弔詭的是，在我們質言吳中論並非唯一，而轉向四庫論述尋求多元聲源時，卻意外地發現：四庫論述其實恰恰是反面地照應了「狂士吳中論」的重要（除了盧柟爲北人之外，其他舉證皆爲吳人）。這是不是意味著：倘若我們只採用四庫提要之說、以及部分節引後的清初史家之「狂士吳中論」，那麼整個狂士研究就會只剩下單一聲源的主流說法了。這樣的發現提醒我們：該如何善用資料而又保持超越霸權論述的宏觀態度，致力於挖掘諸如前文（本章第一節）所載的諸家狂士論述，讓競逐後邊緣化的非吳中狂士論述，能夠

〔註112〕〔清〕永瑢等撰：《四庫總目提要》〈藏書〉條：「贄書皆狂悖乖謬，非聖無法。惟此書排擊孔子，別立褒貶，凡千古相傳之善惡，無不顛倒易位，尤爲罪不容誅。其書可燬，其名亦不足以污簡牘。特以贄大言欺世，同時若焦竑諸人，幾推之以爲聖人。至今鄉曲陋儒，震其虛名，猶有尊信不疑者。如置之不論，恐好異者轉矜創獲，貽害人心，故特存其目，以深暴其罪焉。」見「史部・卷50・史部6・別史類、別史類存目」，頁455。

〔註113〕《四庫總目提要》云：「《明史・文苑傳》附載《徐禎卿傳》中，論其「怪妄狂誕」。考悅《思元集》中有《道統論》曰：『夫子傳之我』。又《學以至聖人論》曰：『我去而夫之來』。可謂肆無忌憚，史所詆者不虛。」，見「子部・卷124・子部34・雜家類存目1（雜學上）」，頁1068。

〔註114〕〔清〕永瑢等撰：《四庫全書總目》，卷124「子部雜家類存目1」，頁1068。

〔註115〕〔清〕永瑢等撰：《四庫全書總目》，卷5「經部・易類5」，頁30。

〔註116〕〔清〕永瑢等撰：〈宋布衣集〉條，《四庫全書總目》卷178「集部別集類存目5」，頁1602。

再度發聲。現代學者如鄭利華、饒龍隼等人，已經能跨出吳中論的侷限，又如史小軍〔註117〕，則在吳中士風之外，論及蜀人楊慎、北方文人康海、謝榛、盧柟等數人也是狂簡任誕之士的例證，這些近人觀點，能由狂士吳中論向外延伸，拓展了研究視野，值得後學肯定與取法。

在此之外，我們若能更仔細、更整全地回顧趙翼的說法，就會發現，趙翼原意，並非僅以吳中狂士爲明代傲誕士風之全貌，那是因爲今人在徵引原典時過度節引所致的誤讀。茲贅引全文如下：

> 《明史・文苑傳》：吳中自祝允明、唐寅輩，才情輕艷，傾動流輩，放誕不羈，每出名教外。今按諸書所載，寅慕華虹山學士家婢，詭身爲僕，得娶之，後事露，學士反具資奩，締爲姻好（《朝野異聞錄》）；文徵明書畫冠一時，周徽諸王，爭以重寶爲贈（《玉堂叢語》）；寧王宸濠，慕寅及徵明，厚幣延致，徵明不赴，寅佯狂脫歸（《明史・文苑傳》）；又桑悅爲訓導，學使者召之，吏屢促，悅怒曰：天下乃有無耳者，期以三日，始見，僅長揖而已。王廷陳知裕州，有分巡過其地，稍凌挫之，廷陳怒，即散遣吏卒，禁不得祇應，分巡者窘而去，於是監司相戒，勿入裕州；康德涵六十生日，召名妓百人爲百年會，各書小令付之，使送諸王府，皆厚獲；謝榛爲趙穆王所禮，王命貴姬獨奏琵琶，歌其所作竹枝詞，歌罷，即飾姬送於榛，大河南北，無不稱謝榛先生者（俱見《稗史彙編》）。此等恃才傲物，跅弛不羈，宜足以取禍，乃聲光所及，到處逢迎，不特達官貴人，傾接恐後，即諸王亦以得交爲幸，若唯恐失之。可見世運昇平，物力豐裕，故文人學士，得以跌蕩於詞場酒海間，亦一時之盛事也。〔註118〕

按該文引《明史・文苑傳》爲總說之下，進一步「按諸書所載」，考察《朝野異聞錄》、《玉堂叢語》、《稗史彙編》等書，擴而言及王廷陳（楚人）、康海、謝榛（北人）等人的傲誕士習，這顯然已經不是以吳中文人爲狂士之限了。至於趙翼原本已經論及，而近人因爲節引其首論以附議明史，而未及細核內容所言，遂形成趙翼論狂係屬「狂士吳中論」之假貌〔註119〕。職是之故，重

〔註117〕史小軍：《復古與新變——明代文人心態史》，頁103～128。
〔註118〕〔清〕趙翼：《廿二史劄記》（臺北：世界書局，1962年3月初版），卷34，頁494。
〔註119〕鄭利華聲稱：「清人趙翼在所著《廿二史劄記》中，曾將「明中葉才士傲誕之習」歸結爲「放誕不羈，每出于名教之外」，今考鄭氏說法，顯然出現兩層誤

新考核前人原典、推究原意之工作，仍有待今日論者努力。

　　本文藉由重核典籍、推敲說話者意涵，企圖在前人研究成果中翻出新意，此中最重要的是——在披覽典籍時，越能自覺反思到是通過誰的閱讀而閱讀，則越能跳脫自文化中心「唯我獨尊」的侷限，從而獲得更整全的了解：在中晚明到清初以降的文藝場域中，曾經存在如此豐富而多元的狂士論述；而我們所閱讀的狂士認同譜系，不是線性編年的大敘述，而是現時性的多重構築。也唯有經由跨越自文化疆界與價值框架的方式，方能朝向建構出一套非馴化的多元歷史邁進〔註120〕。

　　解：其一，誤以《明史・文苑傳》說法為趙翼之說。其二，他過度節引原文，而未能符合趙說原意。見氏著：《明代中期文學演進與城市形態》，頁85。

〔註120〕克斯汀・海斯翠普（Kirsten Hastrup）認為我們在反思歷史時，應打破自文化中心的獨一性（uniqueness）與一致性（unity），並以他者的歷史來質疑我們自己的歷史觀點，從而將世界史寫成一種非馴化的（non-domesticated）多元歷史。見氏編，賈士蘅譯：《他者的歷史——社會人類學與歷史製作》，頁16，18。

第二章　狂士個案的漸進積累

　　近世論者大都同意：中明到晚明正處於社會型態遽變的轉型期，在這種場域氛圍的薰染下，世人對於當代人物的生命型態及其文藝的認同取向，也出現了相應成趣的變遷跡象。倘以個案爲軸，由晚明向中明回溯種種有關狂士的記憶（memory），觀察其中層層覆疊的焦點何在時，我們將會在這股認同變遷的趨勢中，清楚地探勘到：這些錯綜複雜的敘事論述之間，至少存在了一道「斷層」。本章的企圖，就在於考掘出此斷層中諸多被遺忘的形構成份，這包括兩個重要的問題：其一，不同時期的撰述者，是如何於再現狂士記憶之中，呈現異曲同工、或迥然有別的認同取向？其二，集體勾勒的狂士圖像（image）〔註1〕，又是如何在敘述者的移形換位中，日益變形擴顯？前一個問題聚焦在於世論觀點的轉移之上，後一個問題則是就個案作了縱深的追蹤。

　　我們既然是藉由閱讀著別人的閱讀，從中獲致種種晚明的狂士圖像，那麼身爲一個閱讀者，不管是現今的你我，或是中晚明的仕紳文人，都不會是被動地「接受」，而是具有推動「對象」意義成爲一種創作進程的能動〔註2〕。現今我們所看到的中晚明「狂士」譜系中的個案圖像，就是在當時世論觀點的移轉下、漸進累積的歷時過程中，慢慢浮現圖版輪廓的一種集體建構。

〔註1〕　此處所言之「圖像」（image），是指腦海中描繪的意象、心象、形象等；而此字彙的另一隱喻，則指雕像、影像、肖像、畫像等。本論文中，舉凡使用「圖像」、「形象」字彙者，皆採 image 義，不另加註說明。

〔註2〕　此處觀點可參考接受美學，見劉介民：《比較文學方法論》（臺北市：時報，1990 年 5 月 5 日）「接受美學的方法」，頁 373～377。所謂「接受美學」（Aesthetics of Reception Approch），是從接受者角度研究問題，探討讀者怎樣理解與鑑賞文學作品，以及作品在場域中被接受的過程。

第一節 斷層的考掘──世論觀點的移轉

身為閱讀者的你我，來回反覆地披覽中明／晚明的狂士論述，對於個案形象的推移變形，不禁心生追根究柢之意。就舉楊慎來說，一個在中明時期具有「博學贍問」〔註3〕學者形象的人物，是如何輾轉變成晚明盛傳「簪花敷粉、狎妓遊街」的狂士圖像？再看祝枝山，在晚明傳為「廢禮玩物」的風流才子，是否在中明時期即以此不羈行徑享譽文壇？如此兩相對照之下，我們便可清楚的掌握到問題關鍵：狂士形象的遞變，顯然來自於主述說話者的介入所致──他（們）在當初閱讀對象、形諸筆墨之際，就暗地裡耍了一記篩選過濾、變形放大的手法。這樣的手法，誠如前所述及的，在當時是容許存在、甚至受到鼓勵的；然而，對於中明／晚明所描繪之狂士圖像的差異，我們又該如何推究其形構原因？

本節持以推論的概念進程，大致如下：這些說話者透過話語表述，進行狂士的勾勒，伴隨個人認同取向，以及時代語言象徵意義的遞變，人們所描繪出來的狂士記憶，也隨之而異。是以同樣是談狂士，其中所蘊含的價值觀、象徵意義，則未必相同；研究者需循著說話者這條線索，回返當時架構於社會型態、文化模式、經濟結構下的語脈中，理解分判之。

本節所納入討論的說話者，分別有中明的閭起山、顧璘（1476～1545）、王世貞，以及晚明的袁宏道、何大成等人。他們在文藝場域中的發聲位置，恰巧代表了官權中心／個體中心兩相抗衡的對立觀點；他們所形諸文字的「狂士」記憶，亦恰如其份地回應了這兩個中心的認同取向〔註4〕。就實際的個案來說──關於唐寅、祝允明、王廷陳等人的狂士論述，「中明→晚明」的論述斷層是展現在──由評賞詩文之長（方式是列之於〈文苑〉科、稱之「詩人」），以及對其行為不檢的規勸訓誡，轉變到賞鑑其「任誕行止」，以及注重彰顯主體自我意識的作品（方式是轉引全文或節錄之）之上，這種世論觀點的移轉，就是本節意欲考掘的斷層所在。

〔註3〕詳論見本章第二節對楊慎個案的分析。
〔註4〕當時場域氛圍中存在了不同的接受流派，並不僅僅侷限於此處所舉的官權／個體兩種。本文在此，只是藉由揭示此兩種模式，凸顯文藝場域中，以不同的思維模式所再現的狂士記憶以及建構的歷史知識，存在著極大的不同。例如顧璘、閭起山著重狂士作品中六朝風格的表現，故其所建構的狂士歷史，有別於著重個性表彰的袁宏道等人所建構的狂士歷史。

一、人物賞鑑取向的斷層

（一）懷柔收編與訓戒懲罰——官權中心

在書寫成文的狂士小傳中，處處可以看到官權中心對於狂士異端的文化想像，因而狂士通常被世人看重的是典麗的文才，而不是俚俗的風謠；被期許的是守法馴服，而不是浪蕩不羈。最明顯的就是，在諸多的狂士論述當中，可以閱讀到說話者記載狂士不羈行徑時，有著訓誡懲罰的濃厚意味。自有科舉制度一直到晚明，中國官權中心在這近千年的歷時久遠當中，所發展出來精緻純熟、臻至藝術的兩面手法，已然深度內化爲禮法規訓、甚或潛入尋常話語，最常見的就是「懷柔收編」與「訓戒懲罰」。如閻起山之論桑悅：「以民懌之才，加之繩墨，上可以休贊龍章」〔註5〕，即屬柔性勸誘〔註6〕；又如閻氏之評張靈：「放情任志，未有不羈者也」〔註7〕，即屬訓戒話語。如此交替使用的情形並不罕見，甚至可以說是當時說話者習以爲常的話語策略（discourse strategy）。

對待這些游走體制邊緣的異議分子，熟見的官場手法還有以徵召、徵聘進行懷柔攏絡。其他諸如貶官撤職、下獄監禁的施爲，皆是強加「剝奪」的硬性懲罰，屬於侵犯性的身心改造。關於狂士這種遭遇，在明代當時就已被說話者察見，如黃汝亨在〈徐文長集序〉〔註8〕中列舉桑悅、唐寅、盧柟、徐渭同爲「異人」，即指出「唐、盧俱有奇禍，而文長尤烈」，足見刑罰屢屢施於異端之士。說話者筆下的狂士異端多半下場悲凄，顯示社會秩序的控制者對他們的諸多懲戒；至於說話者的態度，不管是同聲訓斥，抑或是憐惜慨嘆，都往往含藏在論述敘事的字裏行間。這些意蘊深厚的弦外之音，仍有待識者考掘玩味。

懷柔收編的手法之一即是「徵召」，這通常得透過縉紳大夫的援引拔舉才行。當時朝政的禮法之士，對於這些游離政壇、大唱反調的異端，也曾經十分禮遇地亟欲重用，如顧璘在嘉靖十八年〔註9〕詔修承天大誌時，就曾上疏薦

〔註5〕　〔明〕閻起山：《吳郡二科志》，頁799。

〔註6〕　前述第一章「地域認同的收編書寫」中即已論及此點。

〔註7〕　同註5，頁803。

〔註8〕　收入〔明〕唐寅：《六如居士外集》（臺北市：漢聲，1975年2月），卷3，頁295。以下本論文徵引此書皆同此版本。

〔註9〕　〔清〕徐乾學等撰：〈王廷陳〉傳：「嘉靖十八年詔修承天大志。」見《徐本明史·列傳》（臺北市：明文書局，1991年，《明代傳記叢刊》第103冊）），

舉這位讓許多監司「相戒莫敢過裕州」〔註10〕的王廷陳：

> 嘉靖初元，搜訪遺佚，顧華玉撫楚，以稚欽及隨州顏木應詔，不果
> 用，賜縑帛，老於家。〔註11〕

> 詔修承天大誌，聘楚名士屏棄者王廷陳、王格、顏木分任之。〔註12〕

顧璘的風雅韻事當然不僅止於此，據《列朝詩集小傳》所載：他在「處承平
全盛之世，享園林鍾鼓之樂」的富庶江南，被公推為江左風流領袖，而金陵
所盛傳顧華玉的兩件美談，錢謙益亦不憚其煩地詳述如下：

> 一在浙物色孫太初不可得……一在楚欲見王稚欽，稚欽固不肯見，
> 稚欽有狎客二人，日共鬥雞走狗，不去左右，使人劫之曰：『若朝夕
> 與王公遊，而王公固不見撫公，若兩人死無日矣。』兩人大恐曰：『敢
> 不如命，雖然，必以計掩之可也。』候稚欽狎遊時，趣報華玉，華
> 玉疾趨而至，稚欽遑遽將走匿，二人夾持之不聽去，乃強留具賓主，
> 自是遂定交。前輩之風流好士，良可書也。〔註13〕

由此看來，狂逸之士顯然是顧璘千方百計、蒐羅求訪的物色對象，錢謙益對
於顧璘脅迫王之狎友共謀圈套、負責通報的強勢行徑，並無任何批評，反而
還大力讚許此為「風流好士」的前輩風範。對於這些召攬攏絡，王廷陳並不
輕易接受，這由〈答舒子〉〔註14〕等多篇明志不從的文章中，可見端倪。但
他隨後即因恃才傲誕而罹禍下獄，僥倖的是，到最後還能全身歸鄉：

> 監司相戒莫敢過裕州，而恨稚欽益甚，為文致逮獄，削秩歸居家。
> 〔註15〕

據《名山藏・列傳》〔註16〕所載，時人舒芬即曾勸戒他應該「矜飾名行，以

卷 286「列傳」第 174「文苑二」，頁 141；又可參見〔明〕王一鳴〈裕州府君
列傳〉：「世宗欲張楚，詔修史，都御史顧璘心知府君奇節，疏上世宗。」
收入〔清〕黃宗羲編：《明文海》（臺北市：臺灣商務印書館，1983 年，《文淵
閣四庫全書》第 1457 冊，影印國立故宮博物院藏本），卷 508，頁 388。本論
文徵引《明文海》皆同此版本。

〔註10〕 〔明〕張萱：〈任誕・王廷陳〉，《西園聞見錄》卷 23，頁 560～561。

〔註11〕 〔清〕錢謙益：〈王裕州廷陳〉，《列朝詩集小傳》丙集，頁 359。

〔註12〕 此段資料又見〔清〕錢謙益：〈顧尚書璘〉，《列朝詩集小傳》丙集，頁 339～340。

〔註13〕 同前註。

〔註14〕 《夢澤集》卷 17，頁 673。同卷〈答顧東橋〉一文亦是推辭之意。詳論見第
四編「流離與返歸的跨越」第二章。

〔註15〕 〔明〕張萱：〈任誕・王廷陳〉，《西園聞見錄》卷 23，頁 560～561。

〔註16〕 〔明〕何喬遠輯：〈文苑記・王廷陳〉，《名山藏・列傳》（臺北市：明文書局，

酬晚知」；史家們對此或表慨嘆，勸以理學救之，如查繼佐所述者：「負殊才，往往然也。此當以理學二字救之，俾楫志於聖賢，氣平而誼見矣！」〔註 17〕或同表訓斥者，如《四庫全書總目提要》《夢澤集》條：「廷陳少年高第，以恃才傲物，致放廢終身，其器量殊爲淺狹。」言下之意，即以心平氣和爲尚，視其放廢終身乃肇因於個人之器量褊狹。

再以唐寅爲例，中明時人並非如晚明盛賞其風流韻事，多半是以規矩禮法勸戒伯虎之縱放浪蕩，中有赫赫鄉紳如文徵明父者，「一聞寅縱失，輒痛切督訓，不爲少假」〔註 18〕；亦有掌握地方權勢之提學御史方誌者，「惡其跅跑，將黜之」〔註 19〕。這些訓斥懲誡的話語，與前述閻起山〔註 20〕慨嘆伯虎不能謹行而致終身歷落相較，二者的觀點與立場，顯然是有異曲同工之妙。

再者，被閻起山列入〈狂簡〉科的桑悅，時人也持禮法責求之，如劉鳳所述：

> 使者驚謂：何物任誕若是？因進之，使誦業無不通，遂禮責之：士所爲貴學者愼行其身，使華而不敦，雖文，奚以爲？生有美好之資，而滅裂棄之，是之謂何？特以傲長者，又非所以踰德行基，厚命不佻也。……見其怪迂，黜之。〔註 21〕

使者代替官權中心發聲：以爲士子學者當謹言愼行，莫以美好資質，而「滅裂棄之」。桑悅後來因爲恃才狂傲，屢屢獲罪貶官，如錢謙益之所述：

> 年十九，領成化乙酉鄉薦，會試春闈，策有『胸中有長劍，一日幾回磨』等語，爲吳簡討汝賢所黜。又作〈學以至聖人之道論〉，有『我去而夫子來』等語，爲丘學士仲深所黜。三試得乙榜，年二十六，籍誤以二爲六，用新例辭不許，除泰和訓導。……掾厲聲訶之，民懌前曰：『昔汲長孺不拜大將軍，至今兩賢之。明公奈何以面皮相恐，蒲待寥廓之士耶？』因解綬求去，掾不得已，下階留之。御史聞悅

1991 年，《明代傳記叢刊》第 78 冊），頁 64～76。

〔註 17〕〔明〕查繼佐：〈王廷陳〉，《罪惟錄·列傳》（臺北市：明文書局，1991 年，《明代傳記叢刊》第 86 冊），卷 18，頁 2318。以下本論文徵引此書皆同此版本。

〔註 18〕〔明〕唐寅：〈送文溫洲序〉，《六如居士全集》卷 5，頁 139～140。

〔註 19〕〔明〕袁袠：〈六如居士全集序〉，見前注。

〔註 20〕《吳郡二科志》，頁 782。

〔註 21〕〔明〕劉鳳：《續吳先賢讚》（臺北市：明文，1991 年，《明代傳記叢刊》第 148 冊，影印《紀錄彙編》本卷百五至百十九），頁 628。以下本論文徵引此書皆同此版本。

名，召悅說詩，請坐講，講未竟，即跣足爬垢，御史不能耐，乃罷
講，遷長沙通判，調柳州。〔註22〕

綜觀這些說話者：閭起山雖然讚許桑悅具有「狂者進取」的精神，但總綱謂
之「怨愁悉屏」則顯非實情，有隱諱文飾之嫌；劉鳳則讚歎文人才華，而惜
其傲誕舉止為「溺不自覺」〔註23〕；不管是為之文飾或是慨嘆憐惜，大抵都
不離收編正統的語言策略。

　　諸如此類為官權中心發聲者，可以說是俯拾即是。茲再舉李詡（1505～
1593）為例，他曾對唐寅為其師長王鏊祝壽所作之詩，略有微詞：

又聞其〈壽王少傅守溪〉詩曰：『綠簑煙雨江南客，白髮文章閣下臣。
同在太平天子世，一雙空手掌絲綸。』其肆慢不恭如此。〔註24〕

唐寅在此詩中流露出不以官爵定尊卑的相抗意味，而遭到李詡「肆慢不恭」的
指責；李氏另文論及桑悅之所以落榜，則歸因於場中下筆不夠雅馴〔註25〕。綜
觀上述例證，都可以察見這些深受仕紳慣習牽引的說話者，對於官權中心施於
異端狂士的訓斥懲戒，在論述時並不稍加緩頰，其對禮法秩序的護持立場，十
分鮮明。這種為官權核心塗脂抹粉的狂士論述，可說是代不乏人、常居主流。

　　值得注意的是，自中明以降，世風遽變，那些頌揚仕紳階層、理性秩序
的主流大敘述之外，卻出現曖晦不明、鬆動下滑的異聲別曲。就舉中明時期
執掌文壇的王世貞來說，在他曾與友人戲作一篇〈文章九命〉，依序羅列出「貧
困」、「嫌忌」、「玷缺」、「偃蹇」、「流竄」、「刑辱」、「夭折」、「無終」、「無後」，
共計九種的潦倒情狀來描述落魄文人，並歸納為文人乖舛顛躓之必然命運。
在歷舉史例為證時，有「如晶大年、唐寅輩，咸旅食羈居，不堪其憂。邇來
謝客糊口四方，俞子抱影寒廬，盧生無立錐之地以死」〔註26〕一語，對於當
時唐寅等布衣文人流離遷徙的命運，流露深切的同情態度；此外，在「玷缺」
科中載錄自古文人多輕薄言行，如「司馬長卿竊貲無操」、「孔融禰衡傲誕致
殞」等等，文末則一語帶及當世：

〔註22〕〔清〕錢謙益：〈桑柳州悅〉，《列朝詩集小傳》丙集，頁284～285。
〔註23〕〔明〕劉鳳：〈桑悅〉：「實有異質，溺不自覺，惜夫！」，《續吳先賢讚》，頁
　　　　628。此外，劉鳳以「夢晉無行，黜乃其宜」評張靈，這也是一種規訓話語，
　　　　見《續吳先賢讚》，頁642。
〔註24〕原詩為唐寅：〈壽王少傅守溪〉，收入〔明〕李詡：〈唐伯虎漫興〉，《戒庵老人
　　　　漫筆》卷5，頁181。
〔註25〕見〔明〕李詡：〈桑民懌落乙榜〉，《戒庵老人漫筆》卷2，頁81。
〔註26〕按：疑指謝榛、俞安期、盧柟。

> 邇時李獻吉，氣誼高世，亦不免狂簡之譏，他若解大紳、劉原傳、
> 桑民懌、唐伯虎、王稚欽、常民卿、孫太初、王敬夫、康德涵，皆
> 紛紛負此聲者，何也？內恃則出入弗矜，外忌則攻摘加苦，故爾。
> 然寧爲有瑕璧，勿作無瑕石。〔註27〕

由其前後語脈來看，「狂簡」一詞雖然語帶譏諷，然而王世貞除了表態同情之
外，對於這些落魄文人之不檢細行，卻有「寧爲有瑕璧」之袒護。王世貞不
由仕紳慣習來論斷行徑之瑕疵，甚至體會到「有瑕璧」與「無暇石」乃繫諸
個體本質上的差異，這顯示王世貞此語乃回返個體中心來審視文士之存在意
義，吾人視之爲官權中心話語的鬆動現象，亦無不可。只是王世貞一邊語帶
譏諷與同情、一邊又讚許寧爲狂士，難免予人一種曖昧不明之感，這與晚明
新興說法的大膽表彰，仍有差別。

（二）自我主體意識的彰顯——個體中心

晚明「擬世說體」的大量出現，加速了狂士異端歷史書寫的嬗變。此間
論述的斷層出現在：說話者的態度，已由「訓斥懲戒」轉變成「標舉」該人
物的任誕簡傲。例如王廷陳，在焦竑《玉堂叢語》一書中列入〈任達〉、李紹
文《皇明世說新語》列入〈簡傲〉〈任誕〉、張萱《西園聞見錄》列入〈任誕〉
科；又桑悅即被張萱《西園聞見錄》〔註28〕列入〈畸人〉、〈任誕〉二科。整
體而言，這些篩選入題的資料內容，多半大同小異；輾轉傳抄的現象，可說
十分普遍。就因爲這種移剪、拼貼的傳播方式，「狂士」的圖像在不斷重點強
調的累積當中，逐漸翻轉爲晚明人喜爲傳頌的人物類型。

狂士圖像的書寫管道，當然不僅僅侷限於擬世說體，在個人文集或讀書
筆札中，亦間或論及，如公安派江盈科所著《談叢》〔註29〕一書中，即有〈狂
士〉條如是論述：

> 凡爲狂言者，非眞有狂氣之人不能發，發出自狂。以余所聞三數公，
> 蓋可見。

〔註27〕〔明〕王世貞：〈文章九命〉，《藝苑卮言》卷7，收入丁福保輯：《歷代詩話續
　　　　編》（北京：中華書局，1997年3月）中冊，頁1081～1088。以下本論文徵
　　　　引《藝苑卮言》皆同此書。

〔註28〕卷22〈畸人〉、卷23〈任誕〉，見《明代傳記叢刊》第118冊，臺北市：明文，
　　　　1991年，頁508～509。

〔註29〕黃仁生校注：《雪濤小說》（外四種）（上海：上海古籍出版社，2000年5月），
　　　　頁105～106。

其下即列舉晚明人賞鑑中葉王廷陳、桑悅等狂士的任誕行徑，此所披露者，
僅為豹斑之一。

　　對於下獄監禁的身心懲罰，晚明的新興說法，則是標舉狂士傲岸公卿的
主體精神，如曹臣之描述盧柟得罪滑令而致下獄的事件：

> 盧山人柟初囚溶獄，滑令張肖甫時時問勞，及出犴狴，銀鐺桎梏，猶
> 然拘攣也。山人詣滑廳事稽首謝，張亟引副署中，從者以盧坐置側，
> 盧謂張曰：『以囚當仆階前，以客當居上座』，遂據上坐之。〔註30〕

據其所述：盧柟即使腳鐐手銬拘攣形軀，仍不以曾陷囹圄而仆階跪拜張肖甫，
反而理直氣壯、以客自居地高據上座，如此藐視公卿之「無禮」行徑，曹臣
之將之納入擬世說體中當作賞鑑的對象，與前述站在秩序立場同聲斥責或是
慨嘆憐惜的態度，大不相同。

　　此外，晚明漸次醞生出來的人物賞鑑觀，則強調賞鑑者能力之高下分判，
乃在於「賞其形」／「得其意」之別。所謂「得其意」，就是賞鑑者逆溯觀看
對象的主體精神，求索該人物表面行為的深意，這也就是本節所言——以個
體中心出發、彰顯狂士主體精神的閱讀態度。對於這些狂士的不羈行徑，如
尹守衡《明史竊・列傳》之論唐寅，即持寬容同理的看法：

> 論曰：「論者多咎伯虎失足于徐經，余曰不然。伯虎當宸濠物色時，
> 名已敗矣，身已廢矣，英雄末路，能不自點者，幾人哉？且脫屣若此
> 矣！矧在志士盛年之秋，伯虎肯以其身徇徐經？必不然也。或又言文
> 人無行，若論司馬長卿略其才而第指其竊貲，後世無長卿矣。夫士負
> 不羈之才，故多違俗之累。嗟哉！伯虎何失其為伯虎哉？」〔註31〕

一般人〔註32〕多半認為唐伯虎是因為會試洩題案〔註33〕，而自此無緣入主官

〔註30〕〔明〕曹臣：《舌華錄》卷二「傲語第五」，頁 582。

〔註31〕〔明〕尹守衡：〈唐寅〉，《明史竊・列傳》卷 73，收入《明代傳記叢刊》第
　　　　084 冊，頁 376～386。

〔註32〕此類說法如沈德符所載：「宏治中，唐解元伯虎，以星誤問革，困阨終身。」
　　　　見氏著：《敝帚軒剩語》（臺北市：廣文書局，1969 年 6 月）下，頁 163。關
　　　　於此事，眾說紛紜，詳細考辯則可參見謝建華：《明清中國畫大師研究叢書—
　　　　—唐寅》，頁 11～17。

〔註33〕根據謝建華考訂，會試洩題案發生在弘治十二年（1499 年），唐寅三十歲；寧
　　　　王召聘一事則發生在正德九年（1514），唐寅四十五歲。見氏著：《明清中國
　　　　畫大師研究叢書——唐寅》（長春市：吉林美術出版社，1997 年 9 月）一書，
　　　　頁 154、160。

職，尹氏則不以爲然，大大質疑該事發生的眞實性。他認爲：大抵上英雄才
子在窮愁潦倒之時，能不自污玷的沒有幾人，而唐寅在身廢名敗之際，對於
寧王的招攬重用，尙且能不屑一顧、嚴守義利之辨，更何況唐寅正當滿懷壯
志的青少時期，豈肯爲了徐經而共謀作弊、同流合污？由情理上來論，必定
不可能如此。尹氏極力爲唐寅辯解，他強調世人不能因爲文人德行上的小瑕
疵，就無視狂士才華，像唐寅這樣的人，是因爲天縱英才，所以多半有違俗
之累。末了尹氏以「伯虎何失其爲伯虎」總論下結，即是回溯個人本來面目
來理解該人行爲之意義，並且肯定其存在價值。此外，說話者或由「形狂」
而論「心狂」，詮釋狂士跳浪行爲背後的個人深意，如張大復之論唐寅：

> 人言子畏跳浪，不自貴重，乃不知其穢宸濠之席，投金灘上，竟以
> 身免，輕儇人有此作用否？士抱不世之才，偶遭負俗之累，委身草
> 澤，與賣菜傭編户而處，而角巾措大，猶指之爲儇爲佻也，不亦悲
> 夫！〔註34〕

他對於世人僅見其表象而指責伯虎儇薄跳浪，大感不平；他企圖進一步詮解
行爲深意：唐寅這類不遇之士，雖委身與市井百販同處，然實爲有心之士，
其行徑深有所託，「輕儇人有此作用否？」一句，則將唐寅與凡夫俗子區隔開
來，從而提高了狂士身分的地位。至於《舌華錄》、《皇明世說新語》等擬世
說體，則將狂士嗜酒傲物的情狀當作賞鑑題材，亦承續《人物志》系統中由
外而內地、賞其丰姿與人格合轍的整全境界，其中資料更是多不可勝數，留
待下章「表演與觀看的對話」中詳述。

二、文藝賞鑑取向的斷層

　　《徐本明史‧列傳》、《廿二史箚記》雖指出祝、唐在中明士子風尙中，
具有引領風騷之姿，但由上一節史料顯示：當時縱橫文壇或官場的仕紳大夫，
並非全然賞識狂士們傲誕不羈的行止，是以《明史》「吳中自枝山輩以放誕不
羈爲世所指目」一句，當進一步解釋。倒是《明史》接續下來的敘述，指出
吳中「文才輕艷，傾動流輩，傳說者增益而附麗之，往往出名教外」〔註35〕，
值得論者注意。因爲祝、唐的狂士形象，確實是在增益附麗的傳播過程中，

〔註34〕〔明〕張大復：〈唐子畏〉，《梅花草堂筆談》（上海：上海古籍出版社，1986
　　　　年12月，「瓜蒂庵藏明清掌故叢刊」版），卷1，頁28。
〔註35〕〔清〕徐乾學等撰：《徐本明史‧列傳》卷286列傳，頁134。

漸漸累積堆疊出來的。我們回溯中明有關祝、唐的小傳，就會發現這些由中明仕紳大夫（如閣起山、顧璘、王世貞）執筆的傳記中，多半就該人物才華洋溢的文采形象讚譽有加，而對狂士不檢行徑抱持勸戒態度；即便一開始在中明《吳郡二科志》中就被明列為〈狂簡〉的桑悅，根據《徐本明史‧列傳》所載，在當時鄉人間的輿論仍舊是「莫不重其文，而駭其行」〔註36〕，足見保守禮法者仍佔多數，如此兩相應證之下，就會清楚覺察出：中明與晚明時期世論文藝的斷層何在，那麼讀者對於祝允明、唐寅在中明僅以典麗文藝享譽、而其狂蕩行徑屢遭訓斥的境遇，得以了然於胸而見怪不怪了。

（一）典雅華麗的復古文風

本節姑且以祝允明、唐寅小傳的說話者為線索——中明閣起山、顧璘、王世貞〔註37〕，這些人都是官權中心的仕紳大夫。深受「慣習」牽引的文藝賞鑑取向，在他們拈筆為文之際，自然表露在描述重點的篩選以及評價論斷之中。

如閣起山，將唐寅、祝允明二人都列在〈文苑〉科，稱前者「善屬文，駢儷尤絕，歌詩婉麗，學劉禹錫」〔註38〕；稱後者文章高古，但仍有「惜乎不自厚分才，雜劇此亦俳優工戲」之慨嘆，認為祝允明不往高古發展，卻寫些俳優雜劇，實在太不看重自己的才分了！閣氏顯然以典雅華麗及復古文風的賞鑑取向來評文人。

至於顧璘——雖如《明史竊》所載，是一位喜與「山林文章行誼士」交遊的仕紳大夫，而且在《國寶新編》書序中自陳撰作動機：「名譽不聞，朋友之罪也。」〔註39〕似乎也真切以祝允明、鄭善夫、唐寅、孫一元等山林文章士為知交友朋。然而，他對文學的賞鑑取尚，並不是循從「山林」逸風，而是不脫仕紳慣習地、以典雅古體為尚，如評祝允明：「學務師古，吐辭命意，迴絕俗界，效齊梁月露之體，高者凌徐庾，下亦不失皮陸。」〔註40〕評論唐

〔註36〕 〔清〕徐乾學等撰：《徐本明史‧列傳》列傳第174「文苑二」，頁135。

〔註37〕 在〔明〕閣起山《吳郡二科志》、〔明〕顧璘《國寶新編》、〔明〕王世貞《藝苑卮言》中有此二人之傳。

〔註38〕 〔明〕閣起山：《吳郡二科志》。

〔註39〕 《四庫全書總目》也同意他的說法，見〈國寶新編〉條：「蓋感知交凋謝而作，略綴數語以存其人，亦柳宗元先友記類也。」（《四庫全書總目》卷61「史部傳記類存目3」，頁551。）

〔註40〕 〔明〕顧璘：《國寶新編》（臺南縣：莊嚴文化事業，1996年《四庫全書存目

寅少作爲絕詣所在，而晚作之不避俚俗，即便是文章家也「不尙其辭」。

其後王世貞之《藝苑卮言》則批評祝允明之詩「如盲賈人張肆，頗有珍玩，位置總雜不堪」〔註41〕，雖然偶有佳句，但整體而言，卻如同瞎子鋪肆，位置總雜失當，言下之意，頗以爲唐寅之詩少了安排與經營。此外，他在爲唐寅作傳時則指出：「（唐）嘗作〈答文徵明書〉及〈桃花庵歌〉，見者靡不酸鼻也。」〔註42〕王世貞由這一詩一文，深度體會傳中人物科場蒙冤的激憤與亟欲解脫的心志。大體而言，王世貞雖以復古典麗爲尙〔註43〕，但已能注意到該文集中與人格合轍的作品，但整體而言，他與晚明時期彰顯自我個性的趣味，仍有程度上的不同。

（二）與人格合轍的自我書寫

晚明以下，文化威勢的權柄轉移到當紅文派，以及操縱出版刊刻大權的書商身上，前者如袁宏道，後者如何大成。

他們賞鑑文藝的基本態度，是將「文章」視爲個人表述內在情志的眾多媒介之一，職是，越能與該人物生命型態合轍的詩文，即爲眞率之上選。由此觀點來審視文人集中俚俗輕薄之作，倘若與該人物有相應和之眞情充擴其間，則意義匪短，說話者如此「由文見人」地默會狂士旨意，如袁宏道評點《唐伯虎全集》〔註44〕時，以「說盡假道學」論評〈焚香默坐歌〉（卷一），以「酬知性命輕，畫出個俠來。」論評〈俠客〉（卷一），皆屬此類，非僅由文藝論文藝，而是由文藝來論其人。

至於何大成，在刊刻《六如居士全集》序三中，以主客對答方式，對「伯虎小詞，率多浮薄傷雅」的成說，提出質疑，並導出「才人不羈」觀點如下：

> 況伯虎亦嘗領袖東南，才名籍甚；不幸坎軻落魄，其胸中塊壘鬱勃
> 之氣，無由自泄，假諸風雲月露以泄之；雖語涉不經，亦以自攄其

叢書》史部傳記類第89冊，影印首都圖書館藏明嘉靖吳郡袁氏嘉趣堂刻金聲玉振集本）。

〔註41〕原書未見。轉錄自〔清〕陳田：《明詩紀事》（臺北市：鼎文書局，1971年），卷12，丁籤，頁1345。

〔註42〕〔明〕王世貞：《藝苑卮言》卷6，頁1034。

〔註43〕王世貞「文必秦漢，詩必盛唐」的詩文見解，其中「詩必盛唐」乃指盛唐以前，仍含括了六朝之華麗典雅風格。

〔註44〕見《袁中郎先生批評唐伯虎彙集》四卷《畫譜》三卷《傳贊》一卷《外集》一卷《紀事》一卷，明末四美堂刊本，台灣國家圖書館藏有此版。

才情之所至而已。若以其為大雅罪人，則無論今世稗官野史、俚歌雜劇，一切可廢。即如《齊諧》志怪，《博物》炫奇，《桑中》誨淫，《秘辛》啓蕩，以迄〈高唐〉、〈神女〉，引柔曼之端；〈子虛〉、〈上林〉，決奢靡之竇，莫不妙騁才情，發皇藻繪，將盡付諸祖龍烈焰而後足以飽侏儒之一快乎？天下安得有才子？有文章哉？

何大成除了洋洋灑灑列舉古書中語涉風月者為唐寅辯難之外，還從唐寅身懷高才卻坎坷落魄的際遇，來理解那些語涉不經的作品係屬自擴才情的自然流露。既是唐寅個人才情的率真流露，藻繪風月又有何不可？雖然，何大成所代表的是當時商業利益的取擇，但他的說法卻也同時反映出閱讀市場的取向，這代表當時的文藝場域對於唐寅的不羈狂態，有著高度的興趣。

此外，從史傳中徵引文獻的篩選，亦可見一斑。我們好奇的是——說話者如何由傳主全集中，篩選出能概括該人物生命型態及志行才性的文章，加以重點節引、附入其中，成為一種了解傳主的導讀文章；而此種層層篩檢、重點強調的過程，無疑是將附入文章，轉化成說話者認同聲音的另種型態。以尹守衡《明史竊·列傳》為例，論唐寅，其後附引〈答文徵明書〉〔註45〕一文；論楊慎，則附劉繪〈與升庵楊太史書〉〔註46〕；論康海，則引〈與彭濟物〉〔註47〕，該文亦見引於《西園聞見錄》中。各個傳主之下，都有一篇或兩篇節引過的文章，作為開啓說話者隱喻的鑰匙。

我們亟欲開啓的隱喻是：這些說話者，在唐寅、楊慎以及康海的全集中，依其「認同取向」看見了什麼？強調了什麼？如果你也曾粗略概覽這些節引文章，就會發現這些文章的表述重點，莫不集中在強烈的文人主體意識之上，筆下的傳主形象，不但不為環境蹇厄所迫而怨聲連連，反而藉由文藝創作來凸顯心靈超越的自主性。除此之外，說話者也會標舉該人物下獄後所為文章，如《罪惟錄·列傳》論王廷陳，引入以狂下獄所為之〈左賦〉、〈神難〉、〈述邐賦〉〔註48〕等文，撰者顯然認為這些文章「足見其志」、「有足悲者」；此外，

〔註45〕〔明〕尹守衡：〈唐寅〉，《明史竊·列傳》（臺北市：明文書局，1991年，《明代傳記叢刊》第84冊，影印明崇禎間（1628～1644）刊清康熙間（1662～1722）補刊本），卷73，頁376～386。以下本論文徵引此書皆同此版本。

〔註46〕〔明〕楊慎：《升庵全集》（臺北市：台灣商務，1968年，王雲五主編：《國學基本叢書四百種》），卷6，頁85～86。以下本論文徵引此書皆同此版本。

〔註47〕〔明〕康海：《對山集》（臺南縣：莊嚴文化事業，1997年，《四庫全書存目叢書》集部第52冊），卷9，頁366。以下本論文徵引此書皆同此版本。

〔註48〕〔明〕查繼佐：〈王廷陳〉，《罪惟錄·列傳》卷18，頁2315；又見引於〔明〕

《明史竊‧列傳》〔註49〕論盧柟，則引入了〈幽鞠〉、〈放招〉賦。在這些文章中，都可以見到文人申揚主體自由的強烈企圖，而關於這點，則為晚明尹守衡、查繼佐等人所深深認同，並將之節引附入，視之為最能與傳主人格合轍的代表文章，這可說是意義深重。這在史傳中雖非首創之舉，但若繫連前述晚明新興的評點文學、以及依附在出版業盛行風氣之下的序文並觀，則足知此為一時代風氣之所尚，並非文類脈絡影響而已。

第二節　縱深的探勘──追蹤個案的嬗變

當前述文藝與人物賞鑑取向的斷層，錯綜交疊於同一個案之時，其「狂士圖像」由中明到晚明的生成過程，將呈現出下列嬗變軌跡──由官權中心所彰顯的「崇典麗」、「貶俚俗」、「批不羈」、「期仕進」，朝向個性中心所崇許的「不避瑕疵」、「率性任真」過繼。在這股認同變遷的暗流中，不同時期的說話者，對同一個案作重點描述與彰顯，遂覆疊積累出一個集體想像出來的「狂士圖像」。

以下僅以舉隅方式具體說明此一集體現象，其中列舉了唐寅、祝允明、王廷陳、楊慎等人，分別代表吳中、浙地、蜀地等多處的狂士典型，本文除了嘗試作個案的深度追蹤，並且繪製出狂士形象嬗變的圖示，以展現世論觀點之變遷與所接受的文士型態之間的互動關聯。

一、吳中──唐寅、祝允明

以唐寅為例，提倡古文辭的江左名士顧璘，在所著《國寶新編》〔註50〕中，給予唐寅的評價是遠遜於祝允明及徐禎卿。所批駁的焦點主要針對唐寅「務諧俚」的詩文，顧氏認為那並不符合仕紳大夫的雅趣品味，甚至評之為「雖作者不尚其辭」。袁袠（1502～1547）則在刊刻唐寅文集時，只留下唐寅少時工巧妍麗的六朝風格，顧璘對此舉深表贊同，認為「絕詣在此」。王世貞則是稱許唐少作中的「玉樓金埒」風格，而譏評其晚作之俚俗「如乞兒唱〈蓮花落〉」〔註51〕。但難能可貴的是，王世貞已指出唐寅詩文中能切合

王一鳴〈裕州府君列傳〉，收入〔清〕黃宗羲編：《明文海》卷508，頁388。
〔註49〕〔明〕尹守衡：〈盧柟〉，《明史竊‧列傳》卷98列傳第76，頁446～456。
〔註50〕〔明〕顧璘：《國寶新編》。
〔註51〕〔明〕王世貞：《藝苑卮言》卷5，頁1044。

遭遇發抒個人感慨的作品，如《藝苑卮言》所述：

> 李少卿〈報蘇屬國書〉，不必論其文及中有逗脫者，其傅合史傳，纖
> 毫畢備，贗作無疑。第其辭感慨悲壯，宛篤有致，故是六朝高手。
> 明唐伯虎〈報文徵明〉、王稚欽〈答余懋昭〉二書，差堪叔季。伯虎
> 他作俱不稱，稚欽於文割裂，比擬無當者，獨尺牘差工耳。〔註52〕

王氏將此二者與李少卿〈報蘇屬國書〉之「感慨悲壯」並舉，並指出二篇才氣相埒，在叔季之間；就創作者旨趣所在來賞鑑文中所表露的才性趨向，仍有觀察入微之處。

晚明對於唐寅的理解，則可以《列朝詩集小傳》爲代表。錢謙益總綰諸家說法之後，提出己見：

> 伯虎詩少喜穠麗，學初唐，長好劉、白，多悽怨之詞，晚益自放，
> 不計工拙，興寄爛熳，時復斐然。胥台袁袠輯伯虎詩，僅存其少作，
> 而顧華玉以爲絕詣在是，此固未知伯虎，抑豈可謂知詩也哉！〔註53〕

他所標舉的，乃是唐寅「晚益自放，不計工拙」的風格，並且十分強調詩文賞鑑，當回溯創作主體來求索相映之趣，倘若不由知人而賞詩，豈可謂之知詩！言下之意，錢氏頗不以顧璘、袁袠等人僅存伯虎典麗少作之舉爲然。故越到晚明，世人對詩文的賞鑑越是重視情感眞摯之作，是以追索創作者的生命遭遇，爲當時視爲必要的詩文閱讀路徑。近世論者亦有同調者，如江兆申也認爲唐寅前期詩文雖詞藻爛然，但多爲浮泛唱作，而中年如〈漫興〉十首，「則確乎唐伯虎面目」〔註54〕。

再者，也可由唐寅詩文集之刊刻流傳的情況，察見世人對其逐漸了解的過程。最早的嘉靖年間選本僅有二卷，該本將「務諧俚耳」的作品一概刪去。萬曆年間的刻本，則不取「工于蹔悅者」〔註55〕，並增添《外編》、《序刻》，把唐寅中年所作詭浪笑傲、「語涉不經」之作盡數收入（見何大成〈唐伯虎集外編序〉）。

〔註52〕〔明〕王世貞：《藝苑卮言》卷6，頁1050。
〔註53〕〔清〕錢謙益：〈唐解元寅〉，《列朝詩集小傳》丙集，頁297。
〔註54〕江兆申：《關於唐寅的研究》（臺北市：國立故宮博物院，1987年5月三版），頁79。
〔註55〕〔明〕何大成所作序文：「彼自負有才而善用之者，強半皆工於蹔悅者也。工于蹔悅者不取也，則不如伯虎之不事蹔悅，而卒以成伯虎」。見〔明〕唐寅：《六如居士全集》序三，頁3。

其中萬曆刻本添入〈遺事〉一卷〔註56〕，內收錫山孫寄生談（出處不詳）、《虎邱志》（出處不詳）、李紹文《皇明世說新語》、王道衡《私記》（出處不詳）、王世貞《藝苑厄言》、項元汴《蕉窗雜錄》、曹臣《舌華錄》等書中關於唐寅的奇談軼聞，這些在晚明文藝場域上傳播流衍的公眾傳聞，一旦匯集成書、重刻販賣，就更便利於世人閱讀傳頌了。因此，眞實的「唐寅」後來會化身成爲小說中的風流人物，也不足爲怪了，如明末馮夢龍《警世通言》卷二十六〈唐解元一笑姻緣〉、抱甕老人《今古奇觀》三十三回〈唐解元玩世出奇〉、不肖生《明季四傑唐祝文周全傳》等等，大抵皆是由「謔浪笑傲」、「語涉不經」觀點敷衍成文、進而添枝增葉。由上述諸例足以察見，在晚明認同變遷的潮流之中，個案越來越被彰顯的部分是「謔浪笑傲」、「語涉不經」的特質，最後就成爲晚明狂士圖像的主要意蘊之一。

和唐寅一樣，在明中葉當時，祝允明也是以文才見長，時人如王錡《寓圃雜記》〔註57〕、顧璘《國寶新編》〔註58〕，皆就祝允明文學專長予以肯定。明代中期以後，如王世貞《藝苑厄言》〔註59〕之傳，則凸顯祝允明狂簡個性的特質〔註60〕。明中葉以下，開始出現較多稱許祝爲狂士、任誕，並著重其狂言自負的文章。如文震孟論祝允明：

> 其所稱《祝子罪知錄》者，語絕誕。……論曰：當祝先生時，其文蓋岸然獨貴當世云，琴川桑悅民懌好大言，無所讓，亦曰：天下文章，惟悅與翰林羅圯、長洲祝某也。蓋明興百年，士膠守章句未有能恢然者也。〔註61〕

該文標舉《罪知錄》爲用語絕誕的作品，並引用桑悅話語繫連狂士譜系。他認爲狂士恢弘大言的氣度，遠遠超越那些「膠守章句」的士子，意圖由此彰顯出狂士生命型態之殊異。同爲吳中地域書寫——劉鳳（1517～1600）《續吳

〔註56〕〔明〕唐寅：《六如居士外集》卷1，頁259～272。

〔註57〕〔明〕王錡：〈祝京兆作文〉，見張德信點校：《寓圃雜記》（北京市：中華書局，1985年，《元明史料筆記叢刊》），卷5，頁37。

〔註58〕上海涵芬樓影印明萬曆刻本，《紀錄彙編》卷104，頁7。

〔註59〕〔明〕王世貞：《藝苑厄言》卷6，頁1043～1044。

〔註60〕近世論者考祝允明，亦察見此一轉變，如周明初：《晚明文士心態及文學個案》，頁43～59；陳建華：《中國江浙地區十四至十七世紀——社會意識與文學》；朱書萱：《明代中葉吳中書家及其書風的形成》，頁125～126。

〔註61〕〔明〕文震孟論次：〈祝京兆先生〉，《姑蘇名賢小記》卷上，頁65～66。

先賢讚》〔註62〕，則以祝希哲「佻佻而閎肆虛曠」、「發舒流易，狂恣昌蕩」，爲相對於楊循吉的生命型態。此外，擬世說體如張萱《西園聞見錄》〔註63〕，將祝允明「狎游宴歌」的情狀列入〈任誕〉賞鑑；李紹文《皇明世說新語》〔註64〕，則載錄祝以詩文交換所得之黑貂裘，來籌措酒資的風雅韻事，納爲「任誕」舉止。上述諸例都注意到祝允明狂士特質的部分，並且刻意加以彰顯。祝允明的狂士形象，就是在這種日積月累的積澱中，益發鮮明起來。

二、湖北──王廷陳

王廷陳在明代中葉時，也是以詩見聞當世，如王世貞《藝苑卮言》稱其詩「如良馬走阪，美女舞竿，五言尤是長城」，同時，王世貞也重視與人格相應、強調主體意識的文章，故在同卷中標舉王廷陳〈答余懋昭〉一文〔註65〕。錢謙益《列朝詩集小傳》沿其說法，並擴而述及他篇：

> 其詩婉麗多風，爲詞人所稱，而文尤長於尺牘，皇甫百泉稱其與顧中丞監察書，若嵇康之絕山宰。寄余懋昭、舒國裳二箚，即楊惲之報會宗，君子讀而悲之。〔註66〕

考其所指，當爲〈答余子〉、〈答舒子〉〔註67〕二文，前者乃自表林居之心態，亦見載於王兆雲所輯《皇明詞林人物考》〔註68〕、《皇明世說新語》〔註69〕、《西園聞見錄》〔註70〕等書，由此可知：該文足以代表晚明場域上對王廷陳之集體認知。該原文如下：

> 僕林居無營，自惟大丈夫樹立，已矣莫冀，詞賦小技，亦無足煩其思，惟紓其悰寄也。每引曲自適，上不慕古，下不肖俗，爲疏爲懶，

〔註62〕〔明〕劉鳳：〈文學·祝允明〉，《續吳先賢讚》卷11，頁631。

〔註63〕〔明〕張萱：〈任誕·祝允明〉，《西園聞見錄》卷23，頁55。

〔註64〕〔明〕李紹文：〈任誕〉，《皇明世說新語》卷6，頁432。

〔註65〕〔明〕王世貞：《藝苑卮言》卷6，頁1050。

〔註66〕〔清〕錢謙益：〈王裕州廷陳〉，《列朝詩集小傳》丙集，頁359～360。

〔註67〕〔明〕王廷陳：〈寄余子〉、〈寄舒子〉、〈答顧東橋〉，見《夢澤集》（臺北市：臺灣商務印書館，1983年，《文淵閣四庫全書》第1272冊，影印國立故宮博物院藏本），卷17，頁672、673、678～679。以下本論文徵引此書皆同此版本。

〔註68〕〔明〕王兆雲輯：〈王稚欽附顏木〉，《皇明詞林人物考》（臺北市：明文書局，1991年，《明代傳記叢刊》第017冊），卷6，頁055-058。以下本論文徵引此書皆同此版本。

〔註69〕〔明〕李紹文：〈簡傲·王廷陳〉，《皇明世說新語》卷7，頁451～452。

〔註70〕〔明〕張萱：〈任誕·王廷陳〉，《西園聞見錄》卷23，頁509～510。

　　不敢爲狂；爲拙爲愚，不敢爲惡。高竹林之賢而醜其放，懷三閭之
　　忠而過其沉，智鴟夷之逝而污其富。每景物會意，輒命酒自歌，酒
　　不盡量，歌不盡調，倦則僵臥，臥不爲夢，厭苦俗徒，寧獨無與。
　　復究心老莊，保愛性命。江湖乘興，漲則不舟，雅好雲嶠，苔滑蹬
　　危，鮮不緩卻，……此僕林居大略也。〔註71〕

觀其旨趣大抵也是前述唐寅〈答文徵明書〉〔註72〕、康海〈與彭濟物〉〔註73〕
一類自我表述主體意識的文章。晚明評論者習於人／作並論，如查繼佐《罪
惟錄・列傳》論曰：

　　夢澤（案：王廷陳）自外名教，但有不樂。從不樂中爲文，必詼譎
　　自放。〔註74〕

即著眼「詼譎自放」風格與主體生命情調相映者。

　　如此由「美女舞竿」文風的賞鑑，到「詼譎自放」與自外名教的人格合
轍，接受者主動掘發對象之意義，凸顯了王廷陳之狂士特質。

三、蜀地〔註75〕——楊愼

　　蜀地文人楊愼，在中明素以博學著稱，如王世貞《藝苑厄言》〔註76〕聲
稱明代盛世「稱博學、饒著述者，蓋無如用修」；又如顧起元亦云「國初迄嘉
隆，文人學士著述之富，毋逾升庵先生者」〔註77〕；然而，在晚明以降，文
藝場域上的集體輿論中，卻存在著這樣的閱讀方式：他（們）並不是將「楊
愼」作總體的全盤接受，而是將楊愼身上凡是與晚明文藝基調不相符應者—
—反程朱道學同時也反對陸王心學的哲學理路、主張「性其情」的儒家正統
說、傳統「重道輕藝」以經世爲尚的觀點等等〔註78〕——略去不談，單單針

〔註71〕此即〈寄余子〉一文，被節入〔明〕王一鳴：〈裕州府君列傳〉，該傳又收入
　　　　〔清〕黃宗羲編：《明文海》卷508，頁388。
〔註72〕〔明〕唐寅：《六如居士全集》卷5，頁138。
〔註73〕〔明〕康海：《對山集》卷9，頁366。
〔註74〕〔明〕查繼佐：〈王廷陳〉，《罪惟錄・列傳》卷18，頁421～422。
〔註75〕感謝龔老師鵬程指正，楊愼雖爲四川人，但本節所描述的楊愼行徑，都在他
　　　　貶謫雲南之後，應加以說明。
〔註76〕〔明〕王世貞：《藝苑厄言》卷6，頁1053。
〔註77〕〔明〕顧起元：〈升庵外集序〉一文，見王文才、張錫厚輯：《升庵著述序跋》
　　　　（昆明市：雲南人民出版社，1985年）。
〔註78〕此種說法可以參考成復旺：《神與物遊——論中國傳統審美方式》（臺北市：

對晚明人深感興趣之處，作重點式的張揚與凸顯。或許是士人普遍的不遇感潛在地招引著——晚明人著重的是，楊慎獲罪謫居雲南後（流離近三十年後客死異鄉）的生命型態及其展現的顛行放舉。王世貞在《藝苑卮言》中簡短勾勒楊慎放滇後的小傳，一再被轉衍傳抄於中明以下流行的人物品鑑系列書籍（擬世說體及私家史傳之類），例如焦竑《玉堂叢語》〔註79〕、張萱《西園聞見錄》〔註80〕、李紹文《皇明世說新語》〔註81〕及梁維樞《玉劍尊聞》〔註82〕，就將楊慎「敷粉狎妓」之舉，歸於〈任達〉、〈任誕〉、〈豪爽〉、〈任誕〉等科別之下；此外，尹守衡在《明史竊·列傳》〔註83〕中，更是就楊慎「壯心不堪牢落」處大加發揮，並且節引楊慎友人劉繪〈與升庵楊太史書〉一文。劉氏以知遇身分剖析楊慎外在狂形下的心態，楊慎也在回信時聲稱劉氏乃「深知我者」，楊氏另一位友人簡紹芳、以及晚明李贄也以「斯言也，可謂諒慎之深也」〔註84〕評斷之，足見此文之代表性。由上述諸例，可見這些晚明文人所重視之文章，乃在於內容「質」性與作者生命型態有所相應者，而非著述繁雜的「量」多取勝，當然也不在經學考據、博學贍問的面向。

在此之外，序跋、評點、人物畫像以及戲劇，也成為重點式張揚狂士形像的途徑。晚明袁中道（1570～1623）為《殷生當歌集》撰寫序跋時，引用楊慎之語辯解明代文人雖縱情聲色，但仍可區辨美感高下：

> 才人必有冶情，有所為而束之，則近正，否則近邪褻。丈夫心力強盛時，既無所短長于世，不得已逃之游冶，以消磊塊不平之氣。古之文人皆然。近日楊用修云：『一措大何所畏，特是壯心不堪牢落，

商鼎，1992年4月），頁90～92；萬榮晉：〈楊慎哲學思想初探〉，原載《社會科學研究》，1984年第1期，頁55～63，收入林慶彰、賈順先輯：《楊慎研究資料彙編》上、下（臺北市：中央研究院中國文哲研究所，1992年10月），頁671～688。

〔註79〕〔明〕焦竑：〈任達〉，《玉堂叢語》（北京：中華書局，1997年），卷7，頁246，載楊用脩事。

〔註80〕〔明〕張萱：〈任誕·楊用修〉，《西園聞見錄》卷23，頁558～559。

〔註81〕〔明〕李紹文：《皇明世說新語》卷6，〈任誕〉科，頁396～397；卷5〈豪爽〉科，頁303～304。

〔註82〕梁維樞：《玉劍尊聞》卷8，〈任誕〉，頁786。

〔註83〕〔明〕尹守衡：〈楊慎〉，《明史竊·列傳》卷73，頁356～359。

〔註84〕簡紹芳：〈贈光祿卿前翰林修撰升庵楊慎年譜〉，收入李贄：〈修撰楊公〉，《續藏書》（臺北：台灣學生書局，1974年8月初版，1986年6月二刷），卷26，頁501～502。以下本論文徵引此書皆同此版本。

故耗磨之耳。』亦情語也。〔註85〕

再者，晚明異端之尤的李卓吾曾經評點楊升庵集，成《李卓吾先生讀升庵集》〔註86〕；張岱（1597～1689）以己意批點所成之《四書遇》〔註87〕，則是引入楊慎之論狂觀點：

> 楊升庵曰：點，狂者也。本有用世大志，知世之不我以也，故爲此言「銷壯心而耗餘年」。由此風一降則爲莊、列，再降則爲嵇、阮。
> 〔註88〕

楊慎自比狂者曾點，但是用世大志卻無法施用，所以才會發出消耗壯志之類的頹放言詞。整體而言，楊氏晚年因應己身處境認同之需，繫連儒家、莊列，下開魏晉嵇阮，形成一個狂士系譜，而被張岱批點四書時引入，這些節選過後的話語所描繪出來的「楊慎」，其偏重於狂士形象如此。在此之外，楊慎的「狂士」形象也成爲明末文人悲憤劇借題發揮的題材，沈自徵（1591～1641）雜劇《漁陽三弄》中的〈簪花髻〉〔註89〕，前有附圖（見圖三）以及起首「滇中妓、龍蛇競練裙，楊升庵、詩酒簪花髻」詩句，皆交代此劇乃以楊慎放滇事敷衍而成。沈自徵嘗在〈題五兄祝髮像詩序〉提及自己每回披覽楊慎佯狂避世之事，往往「撫膺欲絕」，「當浮白一斗，嘔血數升，慣而後止」，故借此劇抒發自己現實遭遇中的憤懣不平。至於晚明狂士畫家陳洪綬（1598～1650），則繪有《楊升庵簪花圖》（見圖四）。該圖只見神情黯然的楊升庵，大腹便便、步履蹣跚，頭上亂簪花朵數枝，後有妓女兩位捧觴隨行。楊慎——這個生活中的真實人物，能夠成爲繪畫題材中的符碼，除了是源自於陳洪綬舉業挫敗的情感投射之外，也隱然反應出文藝場域上眾多失意士子的集體認知與文化想像，足見楊慎之「狂士」形象在晚明受到高度的關注。

〔註85〕 袁中道：〈殷生當歌集小序〉，見氏著，錢伯城點校：《珂雪齋集》（上海：上海古籍出版社，1989年1月），卷10，頁472。以下本論文徵引此書皆同此版本。詳論見本論文第三編「耽溺與超拔的辯證」。

〔註86〕 今有版本〔明〕李贄：《李卓吾先生讀升庵集》（臺南縣：莊嚴文化事業，1997年《四庫全書存目叢書》子部第124冊，影印浙江圖書館藏明刻本）。

〔註87〕 根據孫琴安：《中國評點文學史》（上海：上海社會科學出版社，1999年9月）一書所述，李贄《四書評》係屬評點性質。筆者以爲，張岱《四書遇》之性質亦類此，故納之於評點下論述，應無疑義。

〔註88〕 〔明〕張岱：〈論語・言志章〉，見氏著，朱宏達點校：《四書遇》（杭州：浙江古籍出版社，1985年6月），頁252～253。

〔註89〕 收入〔明〕沈泰輯編：《盛明雜劇》（臺北市：廣文書局，1979年6月），卷14。

其後「老顚欲裝（裂）風景」〔註90〕更成爲後世失意文人之符碼，如清人趙翼（1727～1814）游歷揚州時，嘗醉臥脂粉而有諸如：「惹得老顚風景裂」、「風景眞令裂老顚」、「風景那禁裂老顚」〔註91〕等詩句傳世，足見楊愼縱意聲色之落拓情狀已成世人熟知之典故，傳爲後世詩文中可資運用的象徵符碼。

綜上所述，可以得知楊愼狂士形象的歷時轉變——乃是由「博學贍問」的文士形象遞變爲「失意顚放」的狂士符碼，這在中晚明整體狂士圖像的嬗變中可說是最典型的例子。

我們也可由狂士符碼的標貼過程，來觀察個案在「狂士」形象的漸層積累，運用的方式是將相關的狂士論述依時而下地繪製成一簡圖，如此一來，世論轉變的斷層更是一覽無遺，如吳中的唐寅：

表四：唐寅狂士形象之積累

符碼用語	原文節引	出處
尙古	（子畏）幼小聰明絕殊凡。作詩尙古人之風雅，然性則曠遠不羈。補府學生，與張夢晉爲友，赤立泮池中，以手激水相鬥，謂之水戰，不可以蘇狂、趙邪比也。	黃魯曾（1487～1561）《吳中故實記》
尙駢儷	善屬文，駢儷尤絕，歌詩婉麗，學劉禹錫	閻起山（1484～1507）《吳郡二科志》
尙駢儷	・著廣志賦暨連珠數十首，跌宕融暢，傾動群類。 ・務諧俚耳，罔避俳文，雖作者不尙其辭，君子可以觀其度矣！……今司馬袁袠所刻僅僅數篇，則其絕詣。	顧璘（1476～1545）《國寶新編》
尙玉樓金埒／亦重與人格合轍之文	・「唐伯虎如乞兒唱蓮花落，其少時亦復玉樓金埒。」（《藝苑卮言》） ・「嘗作〈答文徵明書〉及〈桃花庵歌〉，見者靡不酸鼻也。」（《弇州山人四部稿》）	王世貞《藝苑卮言》卷5《弇州山人四部稿》卷149
畸人、放蕩不羈	「爲人放蕩不羈，志甚奇，沾沾自喜。」其下節引〈與文徵明書〉之內容	張萱《西園聞見錄》卷22「畸人」部〈唐寅〉
任誕、假譎	載祝與寅以酒相邀酣醉之事。以及寧王召見時佯狂之事。	李紹文《皇明世說新語》卷6〈任誕〉；卷8〈假譎〉

〔註90〕〔明〕楊愼：〈答重慶太守劉嵩陽書〉，《升庵全集》卷6，頁84。
〔註91〕杜維運：《趙翼傳》（臺北市：時報，1983年7月10日），頁157。

畸人	客謂何子曰：『唐伯虎畸人也。』	何大成《六如居士全集》序五
簡傲、假譎	載祝與寅以酒相邀酣醉之事。以及寧王召見時佯狂之事。	〔清〕梁維樞《玉劍尊聞》卷 9〈簡傲〉；卷 9〈假譎〉兩則
不羈之才	夫士負不羈之才，故多違俗之累。嗟哉！伯虎何失其爲伯虎哉？	尹守衡（萬曆十年（1582）進士）《明史竊‧列傳》卷 73〈唐寅〉
重晚年自放，不計工拙之作	伯虎詩少喜穠麗，學初唐，長好劉、白，多悽怨之詞，晚益自放，不計工拙，興寄爛熳，時復斐然。蘇台袁袠輯伯虎詩，僅存其少作，而顧華玉以爲絕詣在此，此固未知伯虎，抑豈可謂知詩也哉！	錢謙益（1582～1664）《列朝詩集小傳》丙集〈唐寅〉
廢禮玩物	論曰：使六如不處挫辱，亦或能雍容揖古升堂，及才無所見，乃自放，以廢禮玩物爲高。希哲、夢晉輩相與揚其波，遂成習尙。	查繼佐（1601～1676）《罪惟錄‧列傳》卷 18〈唐寅、張靈〉
狂生、佯狂、放誕不羈、出名教外	「與里狂生張靈縱酒，不事諸生業。」‧「寧王宸濠厚幣聘之，寅察其有異志，佯狂使酒。」「吳中自枝山輩以放誕不羈爲世所指目，而文才輕艷，傾動流輩，傳說者增益而附麗之，往往出名教外。」	《徐本明史‧列傳》卷 286 列傳

其次，再看祝允明：

表五：祝允明狂士形象之積累

符碼用語	原文節引	出處
文苑、尙駢儷	「學務師古，吐辭命意，迥絕俗界，效齊梁月露之體，高者凌徐庾，下亦不失皮陸。」（顧璘《國寶新編》）	王錡《寓圃雜記》、顧璘《國寶新編》。
文學、狂态昌蕩	贊曰：希哲佻佻而閎肆虛曠，與循吉並時，其志趣各異。楊則奇偏自好，獨道寡與；祝乃發舒流易，狂态昌蕩，雖傾一時，而所著瑕瑜可睹。	劉鳳（1517～1600）《續吳先賢讚》卷十一「文學」〈祝允明〉。
文學、縱放酒色	好酒色六博，不修行檢。 如盲賈人張肆，頗有珍玩，位置總雜不堪。	王世貞《藝苑卮言》。
任誕	爲人好酒色六博，不修行檢，常敷粉黛，從優伶酒間，度新聲……多醉伎館中……狎游宴歌。	張萱《西園聞見錄》卷二十三〈任誕〉〈祝允明〉。

任誕	載其以詩文交換所得之黑貂裘來籌措酒資的風雅事。	李紹文《皇明世說新語》卷六〈任誕〉。
狂語絕誕	其所稱《祝子罪知錄》者，語絕誕。	文震孟（1574～1636）論次《姑蘇名賢小記》卷上〈祝京兆先生〉。
廢禮玩物	論曰：使六如不處挫辱，亦或能雍容揖古升堂，及才無所見，乃自放，以廢禮玩物爲高。希哲、夢晉輩相與揚其波，遂成習尚。	查繼佐（1601～1676）《罪惟錄・列傳》卷十八〈唐寅、張靈〉。
狂士、直抒胸臆	祝枝山，狂士也。著《祝子罪知錄》，其舉刺予奪，直抒胸臆，言人之所不敢言，亦間有可取者，而刺湯武、刺伊尹、刺孟子及程朱特甚，刻而戾，僻而肆，蓋學禪之弊也。乃知屠隆、李贄之徒，其議論亦有所自，非一日矣。聖人在上，火其書可也。	王弘撰（1622～1702）《山志》初集卷六。・爲貶抑語。
狂生、佯狂、放誕不羈、出名教外	吳中自枝山輩以放誕不羈爲世所指目，而文才輕艷，傾動流輩，傳說者增益而附麗之，往往出名教外。	《徐本明史・列傳》卷286列傳。

在歸納狂士符碼的說法時，需將之納入該說話者思想體系之語脈中理解，並謹慎地細微分判其意爲褒爲貶。如王弘撰之論祝允明爲狂士，由上下文考之，實爲貶抑用語，本文將之納入並談的原因，是由於王氏一類貶抑狂士的說法，仍是對祝允明狂士形像的一種標貼，只是他是由負面而非正面。狂士形象，即是在褒舉／批評正反兩面的標貼中積累生成的。這種狂士形象的積累演變圖示，不僅僅是可以運用在祝允明、唐寅的個案，更可以接續地探討桑悅、王廷陳、楊愼等人，我們在分析這些個案在閱讀者心中的接受取向的同時，也觀察到此爲一時代風氣的集體轉變，這樣的成果，可作爲其他個案分析時的參考架構。

總　結

　　綜上所述，無論是狂士個案的歷時追蹤，或是狂士圖像（image）嬗變的演示圖表（schema）〔註91〕，都僅僅是對晚明以降龐大的狂士資料，作個別案例的縱深挖掘，目的在於呈現狂士歷史並非單一線性的演變，而其中充滿

〔註91〕圖解、概圖、圖表。

了不同詮釋脈絡的對立、衝突與斷層。

　　總體來說，由中明到晚明的世論觀點的轉變，是由官權中心及仕紳慣習，與個性取向的詮釋模式，相互競逐爭勝的結果。這當然也牽涉到中明以降文壇權柄已漸漸移轉到布衣文士〔註92〕，如左派王學、公安竟陵派的文人士子，即佔發言的上風。然而，像王弘撰一類信守程朱、篤守禮法，語帶貶抑地稱祝子為「狂士」的人，仍舊代不乏人，尤其是入清之後。值得注意的是，像晚明這樣以個性中心出發的賞鑑角度，是相對於中明以前、具有部分群體傾向的新變化，它與晚明狂士現象的桴鼓相應，著實吸引著吾人進一步探討箇中奧微。

〔註92〕〔清〕趙翼：〈明代文人不必皆翰林〉即指出此點觀察，見《廿二史箚記》（臺北市：世界書局，1997年4月初版12刷），頁493。

圖三：沈自徵《簪花髻》雜劇附圖版

　　沈自徵《簪花髻》雜劇，起首正名「滇中妓、龍蛇競練裙，楊升庵、詩酒簪花髻」，說明此劇乃根據楊慎謫滇事敷衍而成。此劇前附圖版，右圖描繪的是楊慎敷粉簪花、挾妓遊街的情狀；而左圖則是描繪楊慎酒後在妓女所著白練裙上，信手寫詩、醉墨淋漓之情狀。（收入〔明〕沈泰輯編；〔清〕鄒式金編：《盛明雜劇》初集（上）（臺北市：廣文書局，1979 年 6 月））

圖四：陳洪綬《楊升庵簪花圖》。

　　「楊慎簪花」是晚明場域上熟稔的典故，還成為人物畫像以及戲劇中的創作題材，此圖即為一例證。

　　絹本，設色，143‧5x61‧5cm（約 1636 年）大陸故宮博物院藏，影印自翁萬戈編：《陳洪綬》（上海市：上海人民出版社，1997 年 8 月）中卷‧彩圖編，頁 92。

第二編　表演與觀看的對話

引　言
——文化表演與深化論述

　　晚明萬曆年間的狂士，舉止怪誕詭譎、最受世人矚目的，大概就屬「三張」〔註1〕中的張獻翼了。根據鄭仲夔《耳新》以及沈德符《萬曆野獲編》的記載：

> 幼于置有五色鬚，每出行，攜之滿袖中，不數步，輒更帶焉，其詭異如此。……又每日令家人懸數牌門首，如官司放告牌樣，或書『張幼于賣漿』，或書『張幼于賣舞』，或書『張幼于賣俠』，或書『張幼于賣癡』，見者捧腹不已。〔註2〕

> 伯起（案：鳳翼，張幼于兄）揮淚對余歎狂言之驗，先是幼予堂廡間掛數十牌，署曰『張幼予賣詩』或『賣文』，以及『賣漿』、『賣癡』、『賣獸』之屬，余甚怪之，以問伯起曰：「此何意也？」伯起曰：「吾更虞其再出一牌，云『幼予賣兄』，則吾危矣！」余曰：「果爾再出一牌，云『賣友』，則吾輩將奈何！」相與撫掌大詒。〔註3〕

這兩段簡要的描述，即已點出此事件中表演／觀看二者之間，存在著微妙的

<hr />

〔註 1〕　「三張」之說，可參見錢謙益的說法：「鳳翼，字伯起，長洲人。與其弟獻翼幼于、燕翼叔貽，並有才名。吳人語曰：『前有四皇，後有三張』。」見氏著：《列朝詩集小傳》丁集中，〈張舉人鳳翼〉，頁483。

〔註 2〕　〔明〕鄭仲夔：〈矜奇〉，《耳新》（北京：中華書局，1985年，《叢書集成初編》第2946冊），卷5，頁31。以下本論文徵引此書皆同此版本。

〔註 3〕　〔明〕沈德符：〈士人・張幼予〉，《萬曆野獲編》（北京市：中華書局，1959年初版1997年湖北第3刷，《元明史料筆記叢刊》），卷23，頁582～583。以下本論文徵引此書皆同此版本。

互動：張幼于顯然覺知外界對他的觀看，遂以主動更製的表演，操控觀看者的注意。不管是一路遊街時不停地更換五色鬚帶，抑或是天天推陳出新地張示牌板、宣稱此處販賣詩、文、漿、舞、痴、獸、俠之屬，都的確達到召來群眾圍觀、議論紛紛的效果。

張幼于似乎樂此不疲，不定期上演即興的個人街頭秀〔註4〕。這種與群眾之間的密切互動，已堪為文化評論者視為表演／觀看之間的「對話」。就表演者而言，士人選擇了一個象徵符號，以遊街、或張示牌板的方式，將自己的「狂士」文化身分，銘刻在大眾的腦海。除了在街頭巷尾以行動寫下自己的認同之外，也在他人的圍觀議論之中，達到運用身體話語、文字書寫來「昭告世人」的效果，這即是公眾場域中的文化表演，其所發出的訊息，是一種公開的無言宣告，一種特定社會語彙的表達。

另一方面，場域的觀看群眾，或是「聚觀以為樂」、「見者莫不捧腹」，或是怪奇莫名、揮淚擔憂，都算一種立即但淺層的回應話語。倘擴而言之，一件公開的文化表演所產生的社會效應，就如同一顆石子投入水面一般，在晚明湧動著盎然生機的文藝場域上，將會激盪出無數個向外擴散的同心漣漪。許許多多的說話者，分別就政治國運、社會觀察、文化評論等種種角度，發表多元論述，其中如鄭仲夔以「詭異」不解評之者有之〔註5〕，如張大復〔註6〕、沈德符〔註7〕以「妖」唾罵咒詛者，亦不在少數。但值得注意的是，此中也出現了一批以識者自居的文化人，對這類狂士社群所展演的狂姿逸態，進行文化加工，形成以文化參照系統為之理解、詮釋、辯護、標舉的深化論述。

我們可藉由馮夢龍《古今譚概》的例子來了解概況：

> 張敉嘗慕劉伶達生，置一鍤，銘曰：「死便埋我」。出或令人負之，臧獲以為恥，曰：「汝非伯倫僕也」，笑而置之壁間。張孝資一見大喜，持以相隨，曰：『此非俗人所知』。客有乞一荷者，拒之曰：「毋

〔註4〕沈德符又載及張幼于的遊街行徑：「身披采繪荷菊之衣，首帶緋巾，每出則兒童聚觀以為樂。」見氏著：《萬曆野獲編》卷23，頁582。

〔註5〕〔明〕鄭仲夔：〈矜奇〉，《耳新》卷5，頁31。

〔註6〕〔明〕張大復：〈報身〉：「耳目所及，多冠服語言之妖，泚然欲嘔。張幼于一生標榜，攜妓荷鍤，自言賣色於市，此豈復有人道哉？其得禍宜烈矣！」見《梅花草堂筆談》，頁334。

〔註7〕沈氏稱之為「服妖」，見氏著：〈士人‧張幼予〉，《萬曆野獲編》卷23，頁582～583。

污此鍤也」。遇酒後，遂不肯持，曰：「見者以吾黨爲醉，便涉相戲」。

（案：以下爲馮評）昔劉伯倫嘗以鍤自隨，曰：「死便埋我」。坡仙曰：『伯
倫非達者也，棺槨衣衿，不害爲達。苟爲不然，死則已矣，何必更埋』。不
謂千載而下，更有效顰。〔註8〕

在他的敘事下，我們不難閱讀出：馮氏是透過「劉伶」這個文化符碼（culture
code）以及其背後所蘊含的象徵能量，來詮解張幼于荷鍤遊街的訴求意蘊，進
而表述認同或是據此批評。

再者，如錢謙益之論張幼于：

與所厚善者張生孝資，相與點檢故籍，刺取古人越禮任誕之事，排
日分類，仿而行之。或紫衣挾妓，或徒跣行乞，遨遊于通邑大都，
兩人自爲儔侶，或歌或哭。〔註9〕

錢氏認爲：張幼于種種「越禮任誕」之事，乃是由典籍文化系統中，摘取狂
士象徵符碼作爲參照依準，再以挪用、模仿的表演方式──或著紫服挾妓遊
街行乞、或生祭歌哭示眾〔註10〕，動用符碼背後蘊含的歷史能量，達到觀念
訴求的聲明效果。綜觀錢氏所述，無疑是將張幼于的狂姿逸態視爲一種「文
化表演」，表演者（張幼于）／觀看者（錢謙益）雖未曾謀面，二者卻可經由
社會集體認知的「狂士文化參照系統」，跨時空地達成意念溝通的一種無聲「對
話」。如此論來，所謂「對話」，除了包括當其時觀看者對表演者的回應，更
包括了隨後而來林林總總、千奇百怪的多元論述。

基於此種觀點，筆者將目前蒐羅到的狂士論述，爬梳成兩大部分，其一
是「狂姿逸態的文化表演」，其二是「觀看氛圍的深化論述」。前者，乃是基
於「狂姿逸態乃是文藝場域上公開展現之文化表演」的認知，自說話者所述
的狂士行徑中，歸納出數種形狂特質，並嘗試以文字描繪出一幅集體認知的
狂士圖像；後者又分兩節，分別爲「尊狂論」與「傲岸公卿」論。其一，舉

〔註 8〕《馮夢龍全集・古今譚概》第十一「怑達部」〈二張〉條，頁 218～219。
〔註 9〕〔清〕錢謙益：〈張太學獻翼〉，《列朝詩集小傳》丁集上，頁 452～453。
〔註10〕張幼于之遊街示眾，又可與馮夢龍所載錄他曾著假面譖仿仕紳一事並觀。筆
者以爲，張氏狂蕩行徑實流露強烈企圖，意欲以遭逢科舉制度棄廢之非仕身
分，於魏闕所在的城市空間當中探索，創造出一個自我表演的街頭舞台，從
而開展出與之對話的可能性。此處涉及街頭表演的文化意義，可參見張靄珠：
〈女性身分與城市空間的對話──從蕭渥廷的女性環境劇場論歷史記憶與城
市空間〉，收入劉紀蕙編：《他者之域：文化身分與再現策略》（臺北市：麥田，
2001 年），頁 219～244。

出中明以降的場域所出現的尊狂論述。這些論述對於「狂士」社群的生成而言，提供了一種支撐、期許、鼓勵的觀看氛圍；其二，則是就那些針對狂態特質所產生的敘事論述，分析說話者如何運用文化參照系統以及話語策略進行深化詮釋。

在方法學上，本編中援用高夫曼（Erving Goffman）〔註 11〕的「表演」（presentation of self）義，具有「自我呈現」的意思，誠如克利弗德・紀爾茲（Clifford Geertz）〔註 12〕對此方法學的推介：「高夫曼是將社會生活擬為劇場」，其表演的概念大抵由此而來。此外，相關的文化行動理論，也可參見帕森斯、席爾斯（Talcott Parsons and Edward Shills）〈價值觀與社會秩序〉〔註 13〕等文章。

〔註 11〕 氏著，徐江敏、李姚軍譯：《日常生活中的自我表演=The Presentation of Self in Everyday Life》（臺北市：桂冠，1992 年）。

〔註 12〕 見〔美〕克利弗德・紀爾茲（Clifford Geertz）著：〈文類的混淆：社會思想的重新揣摩〉，楊德睿譯：《地方知識：詮釋人類學論文集=Local Knowledge：Further Eassay in Interpretive Anthropology》，頁 33～56。

〔註 13〕 收入吳潛誠總編校：《文化與社會》（臺北縣新店市：立緒文化，1997 年），頁 52。

第一章　狂姿逸態的文化表演

第一節　風氣概覽與狂士取樣

　　明代世風驟變的轉折，大約是在隆慶、萬曆年間，這在士子習尚及文藝取向上也可看出端倪，如四庫館臣即指出：

　　　　隆慶、萬曆以後，士大夫惟尚狂禪，不復以稽古爲事。〔註1〕

　　　　蓋明之末年，士大夫多喜著書，而競尚狂禪，以潦草脫略爲高尚，

　　　　不復以精審爲事。〔註2〕

晚明士人崇尚狂禪，高自尊大，喜於自出機杼，不但在個人著作上有此傾向，至於自娛性質的書畫筆札也沾帶此風〔註3〕，甚至，連與科舉有關、一向循規蹈矩的四書文，也出現桴鼓相應的變動：

　　　　有明二百餘年，自洪、永以迄化、治，風氣初開，文多簡樸。逮於

　　　　正、嘉，號爲極盛。隆、萬以機法爲貴，漸趨佻巧。至於啓、禎，

　　　　警闢奇傑之氣日勝，而駁雜不醇、猖狂自恣者，亦遂錯出於其閒。

　　　　於是啓橫議之風，長傾詖之習，文體蠱而士習彌壞，士習壞而國運

　　　　亦隨之矣。〔註4〕

〔註1〕〔清〕永瑢等撰：〈藝轂三卷〉條，《四庫全書總目》卷119「子部雜家類三」，
　　　　頁1027。

〔註2〕〔清〕永瑢等撰：〈畫史會要〉條，《四庫全書總目》卷113「子部藝術類二」，
　　　　頁965。

〔註3〕如〔明〕朱謀垔所撰《畫史會要》，《四庫總目提要》即如是評，見前注。

〔註4〕〔清〕永瑢等撰：〈欽定四書文〉條，《四庫全書總目》卷190「集部總集類五」，

　　此處所謂「猖狂自恣」的文風，大抵是指明人不以古人、經典為依準，脫略而不精審的著書習氣。四庫館臣以文風見士習，以士習見國運，如此論斷整體社會敗壞之漸染，皆由此種「猖狂自恣」的風習肇端。但筆者卻以為，此種推論邏輯未免將晚明狂士現象過於簡化地一竿打翻。

　　事實上，晚明文風與士習所呈現的趨狂現象，存在著多層次的複雜面向，這可由晚明屠隆（1542～1605）對此現象的區辨，窺見一斑。以狂自許的他，曾經痛批士俗敗壞與滿街狂士有關：

> 隆總角時，見士子猶多醇謹，間有一二猖狂放逸者，同輩且駭笑非薄
> 之，今則自號竹林，動託嵇阮，使酒罵座，少年而凌父兄，袒跣呼號，
> 白日而行都市，人人皆然，在在皆有矣！此士子之俗壞也。〔註5〕

他回首總角年少到晚年之間不過數十載歲月，整體士風由「醇謹」到「猖狂放逸」，社會看待這類士習的態度，也由「人人駭笑非薄」到「人人皆然，在在皆有」，這在屠隆看來，晚明時期的狂士風氣，已經氾濫到滿街都是！而乍看之下，「狂士」類型似乎已經被社會廣為接受，甚至蔚為風潮，但是一般人對「狂士」的認知層面，似乎只停留在浮面表象的仿擬。也因此屠隆認為，在名號上標舉為竹林七賢，或假託嵇阮、肆無忌憚地呼嘯過街，那種徒具形狂的狂士習氣，才是整體世風敗壞之所在。

　　在另一則〈辯狂〉中，屠隆對晚明狂士現象進行區辯，以期形塑出一套狂士文化身份的認同依準：

> 善狂者心狂而形不狂，不善狂者形狂而心不狂。何以明之？寄情於
> 寥廓之上，放意於萬物之外，揮斥八極，傲睨侯王，是心狂也。內
> 存宏偉，外示清沖，氣和貌莊，非禮不動，是形不狂也。毀滅禮法，
> 脫去繩檢，呼盧轟飲以為達，散髮箕踞以為高，是形狂也。迹類玄
> 超，中嬰塵務，遇利欲而氣昏，遭禍變則神怖，是心不狂也。畫虎
> 之誚，其來久矣！〔註6〕

在此，他標舉「心狂」境界作為狂者的精神指標，揭露世人所認知的「形狂」，

　　　　頁 1729。

〔註 5〕 〔明〕屠隆：〈鴻苞・正風俗〉，《鴻苞》（臺南縣：莊嚴文化事業，1995 年，《四庫全書存目叢書》子部第 89 冊），卷 7，頁 22。以下本論文徵引此書皆同此版本。

〔註 6〕 〔明〕屠隆：〈辯狂〉，《鴻苞》（《四庫全書存目叢書》子部第 90 冊），卷 44，頁 132。

只是毀滅禮法、飲酒放蕩一類的浮面行爲。屠隆勾勒出晚明狂士現象「善狂」與「不善狂」的兩極，其內容爲「心狂形不狂」與「形狂心不狂」；此間又可派生出「心狂形亦狂」一類，而這三種類型，可說是狂士現象可區分出來的基礎層次。擴而言之，晚明整體的趨狂現象，倘若考量心狂／形狂之輕重有別、以及個別才性之差異偏至，則所發展出千變萬化的多元殊態，其複雜紛沓則可以想見。

至於所謂「形狂而心不狂」、被屠隆稱爲「不善狂者」，即是前述資料所批評爲世風敗壞的罪魁禍首。細究其意，大概是指那些徒具肆蕩不羈之外貌而心繫利欲的士人，即屠隆視之爲整體狂士現象中的下下等者，可以說是狂士社群認同疆界以外的庸眾。

此外，屠隆標舉「心狂而形不狂」爲狂者之上上者，這很可能顯示他對滿街狂士的末流風氣，已產生生存處境上的認同焦慮，故以己身浸染心學禪學的思考厚度，強調狂士精神境界的重要〔註7〕。

這種深化論述極可能代表晚明後期部分士人的看法，然而，絕大多數的資料顯示，世人對於形狂的討論始終興致高昂，論辯火力多半集中於如何由形狂來求索「心狂」的意涵，並由此區辨薰蕕，從而開展出諸多的深化論述。

本編本章所據以討論的狂士資料，即是環繞「心狂形亦狂」一類士人所衍生的論述。有關世人如何在諸多外顯狂姿逸態的士人之中，篩選出符合其認同取向的人物，標貼爲狂士，或是並置串聯爲狂士譜系，這在本論文第一編中已詳加考察（請參見第一編表二「多重構築的狂士譜系」）。筆者由此可了解，無論是從擬世說體、地域認同書寫，或是公私史傳、序跋評點等途徑，他們所再現的狂士記憶，都是依其認同取向而加以描繪論述的；此外，在個案式的歷時追蹤下，則可了解到晚明氛圍所著重掘發的，是該人物的狂士特質以及表彰個性的文藝作品。立足此一研究成果之上，筆者運用這些狂士論述中的譜系爲線索，則足以共同圈圍出一組符合時代認同的狂士社群；再進一步以此一狂士社群之人物爲基點，蒐羅《列朝詩集小傳》以及《明代傳記叢刊》史料中的小傳，彙整而成表七：「中晚明狂士小傳資料彙集表」〔註8〕，作爲本編討論的基礎材料。

既然，這些由諸多說話者所撰寫的狂士小傳，乃是時人依其認同取向而

〔註 7〕詳論請參見本編第二章第一節「晚明尊狂論之分殊」。
〔註 8〕見附錄之二。

再現的狂士記憶，那麼我們由這些小傳中考掘出來的，將不是過去歷史的事實（practice），而是時人認同取向中所認知的狂士特質與狂士圖像〔註9〕。

　　本章依此開展所觸及的議題有：晚明文藝場域集體認知的狂士特質為何？所描繪的這幅狂士圖像，又是什麼樣的人造景緻？相應於狂士特質與圖像而衍生的深化論述，又是如何開展？此中所產生表演與觀看二者的微妙互動，時人又是如何運用文化參照系統以及話語策略，進行詮釋、書寫再現？而這些一連串的問題，將一一在本編中解說詳析。

第二節　集體描繪的狂士圖像

一、狂態特質之列舉

　　整體而言，由這些他人撰寫的小傳資料當中，我們可以得知，晚明文藝場域所集體認知的狂士社群，其生命型態中表露於外的「形狂」，大致可歸納為下列幾項特質：（一）自負高才，大言進取。（二）邊緣化型態。（三）狂蕩不羈的行徑。（四）標舉狂誕簡傲的才性。

　　在歸納觀點之時，筆者經常發現：敘事論述的說話者，乃是居處於不同的認知層次，由於他們都是將狂士視為對象來描述，字裡行間自然充滿撰述者的文化想像以及繫諸個人慣習的品評。但在晚明個性取向的大氛圍下，其所形成的狂士論述，已具有逐漸朝向於回歸該人思考脈絡來理解行為的傾向。嚴格說來，第四項自抒旨趣應已歸屬心狂的範圍，但因為文人所假以表現自我的是文字書寫，一篇可見可讀的文章，仍可視為「形」「跡」，故於此納入並提，但有關內容旨趣的析論，則有待本論文第四編另闢專題說解。

（一）自負高才、大言進取

　　「自負高才，大言進取」往往是說話者筆下的「狂士」，最凸顯的基礎特質。

　　狂士看重自我，期在用世，如錢謙益《列朝詩集小傳》所述，中明的桑

<hr>

〔註9〕　這樣的說法，恰恰可以解決高居翰所提出的問題。他在〈唐寅與文徵明作為藝術家的類型之再探〉一文中，指出狂士畫家之小傳具有共通的特性，足以用類型區分之。而根據筆者的考察，發現這些狂士小傳之所以具有共通特質，乃是因為時代氛圍之敘事取向以及對狂士社群之集體認知的投射所致。該文見故宮博物院編：《吳門畫派研究》（北京：紫禁城出版社，1993年3月），頁1～21。

悅「敢爲大言，詮次古人，以孟軻自況」，還宣稱當今天下文學無人出其右者。會試春闈時，所作策疏中有「胸中有長劍，一日幾回磨」之語，流露出壯懷天下的干雲豪氣〔註10〕；唐寅經寧宸濠事件之後，每每「自恨放廢，無所建立」，復感激抒懷地說：『丈夫雖不成名，要當慷慨，何迺效楚囚！』〔註11〕唐寅即使遭遇偃蹇，仍以大丈夫自許，其擔當氣魄絲毫不減；又如楊愼謫滇而「世廟意不能忘」〔註12〕，後雖轉託於狂行蕩舉，但那都只是用聲色犬馬的形跡，掩飾無所施用的聊落罷了。此類狂士自我期許高於常人，即使遭到罷廢棄置的命運，但仍舊對用世理想有所堅持，進取精神與承當意識並未斷然地消頹喪失。

再如吳中狂士祝允明，雖然作品中之六朝風格被顧璘《國寶新編》盛讚爲「吐辭命意，迥絕俗界」〔註13〕，但在晚年所撰寫的《罪知錄》，卻被明末王弘撰（1622～1702）大加抨擊。王氏略述該書大要爲「舉刺予奪，直抒胸臆，言人之所不敢言，亦間有可取者，而刺湯武、刺伊尹，刺孟子及程朱特甚」，他對祝子大放厥辭之肆無忌憚，毫不掩飾地論斷爲「刻、戾、僻、肆」，甚至，還激動地建議大清聖上迺可「火其書」矣！〔註14〕由此可見，狂者大言，甚至於非難君臣聖賢，其針砭世事之企圖仍舊不稍減緩，此種無視權威、高自尊重的態度，在晚明雖受部分士人的歡迎，但卻也容易遭受如王弘撰一類保守派人士的強烈詆毀。又如徐渭「放言高論，不復問古人法度爲何物」〔註15〕，再看被世人目爲異端之尤的李卓吾，其際遇則更是明顯。李卓吾自稱作品爲《焚書》、《藏書》，其不以孔子是非爲是非、高自標舉的諸多論調，在晚明所受到的擁戴與追隨，甚至到了後學如狂的程度，可說是比《祝子罪知錄》有過之而無不及！

此外，有些說話者對狂士大言的描述，讓人乍讀之下，似乎只得出狂士傲慢戲世的浮面印象，但由前後語脈來看，這些描述卻往往具有鋪墊的作用。如《列朝詩集小傳》所述：髫髮之年即「穎慧絕倫」的王廷陳，因爲鎭日耽溺於黏竿風鳶一類無關德性修養的童玩把戲，父母正想好好地撲打訓誨一番

〔註10〕〔清〕錢謙益：〈桑柳州悅〉，《列朝詩集小傳》丙集，頁284。
〔註11〕〔清〕錢謙益：〈唐寅〉，《列朝詩集小傳》丙集，頁297～298。
〔註12〕〔清〕錢謙益：〈楊修撰愼〉，《列朝詩集小傳》丙集，頁353。
〔註13〕〔明〕顧璘：《國寶新編》（《四庫全書存目叢書》史部第89冊），頁537。
〔註14〕〔清〕王弘撰著，見何方本點校：《山志》（北京：中華書局，1999年9月），初集卷6，頁145～146。
〔註15〕〔清〕永瑢等撰：〈徐文長集〉條，《四庫全書總目》卷178「別集類存目五」，頁1607。

時，王卻高呼「大人奈何虐天下名士！」〔註16〕，如此小兒之慧黠戲語，竟傳爲街坊奇談，視爲才士傲誕之夙惠表徵，錢謙益將此事載入傳中，顯然認爲狂士生來就自負高才，而且在髫髮之年，就可看出端倪！這種敘事方式，爲閱讀者對於王廷陳後來的諸多傲誕行徑，提供了一個理解途徑：高才自負，大言進取，是狂士賦性所致，生即帶來，幼即見兆，成長後自然不與俗偕，卓然而成異調新聲了。

（二）邊緣化型態

說話者在敘述狂士行徑時，除了上述由天生賦性解釋之外，也經常與舉業宦途之挫折並舉，將之詮釋爲「因狂而黜，因黜益狂」的因果關係來敘述。

狂士生性疏蕩不羈，不見容於維持禮法的官吏，所以多半難逃黜廢的命運，有的是屢試不第或者根本不屑於諸生業，如唐寅、祝允明〔註17〕、張靈、桑悅、宋登春、盧柟等；也有的則是宦途偃蹇、屢遭罷廢，如王廷陳、康海、楊愼、屠隆、李開先等。

此數子者，既無意富貴，或以詩文書畫自娛，間爲沽酒之需而鬻文，如祝、唐； 或爲公卿賞識，羅爲門下客士，如王廷陳、宋登春、盧柟等人。至於康海、楊愼、李開先、屠隆等罷廢歸鄉的士人，泰半衣食無虞，自有豪宅園林，過著山水聲妓、詩酒書畫自娛的生活。綜而言之，這些士子就仕進用世的傳統觀念而言，他們都算是邊緣化的讀書人。

值得玩味的是，說話者所描述邊緣化後的狂士行徑，多半更加縱放恣肆，如袁宏道所撰〈徐文長傳〉，描述「文長既已不得志於有司，遂乃放浪麴蘗，恣情山水，走齊、魯、燕、趙之地，……然文長竟以不得志于時，抱憤而卒」〔註18〕；再如《萬曆野獲編》所載吳中奇士張獻翼，因主考官考量張家三兄弟同試，倘若讓他們都一試中第，難免落人口實，故刻意裁撤張獻翼，張氏遂「歸家憤憤，因而好怪誕以消不平」〔註19〕；又如尹守衡《明史竊》載唐寅因會試洩題案遭擯，「以是落魄逾甚，益任達自放」〔註20〕；又如王世貞、

〔註16〕〔清〕錢謙益：〈王裕州廷陳〉，《列朝詩集小傳》丙集，頁359～360，類似敘述又載入《罪惟錄・列傳》、《名山藏》。

〔註17〕〔清〕錢謙益：〈祝京兆允明〉：「連試禮部不第，除興寧知縣，稍遷通判應天府，亡何自免歸。」見《列朝詩集小傳》丙集，頁299～300。

〔註18〕〔明〕袁宏道：〈徐文長傳〉，《袁宏道集箋校》，卷19，頁715。

〔註19〕〔明〕沈德符：〈士人・張幼予〉，《萬曆野獲編》卷23，頁582～583。

〔註20〕〔明〕尹守衡：〈唐寅〉，《明史竊・列傳》卷73，頁384。

張萱、錢謙益等人所述，王廷陳乃是因爲生性狂傲而得罪監司，「致逮獄，削秩歸」〔註21〕，其後「益自放廢」〔註22〕；又如錢謙益的描述，桑悅因爲跅弛不羈而屢遭黜置，後因「會外艱，歸遂不出，居家益任誕」〔註23〕。綜觀上述諸例，說話者使用了「遂」、「因而」、「以是」等句式來詮釋事情的因果始末，即是企圖串聯坎坷遭遇與狂傲性格之間的關聯。

　　說話者之所以如此敘事，是因爲他們深信：狂士是因爲生性狂放而遭黜，其後又因爲黜廢，用世之心無從抒發，遂致心態失衡而益加狂放。換言之，是狂士性格造成退離官場，而退離官場又催化了狂士的狂態。在某些敘述中，這些狂態士人，甚至被描述成心態失衡，甚至是瘋癲失智之病態，如沈德符說張獻翼之晚年好怪，乃是「慕新安人之富而妒之」〔註24〕，又如四庫館臣之評「獻翼放誕不羈，言行詭異，殆有狂易之疾」〔註25〕，如此說來則連正常人也不如，這顯然是因爲說話者以理性秩序來想像狂士之狂乃喪失心智，狂士遂在這些再現書寫中，徹底被推擠到整個社會的邊緣，成爲文化想像中的「他者」族群〔註26〕。這即是筆者以「邊緣化型態」名之的緣故。值得注意的是，在晚明個性取向的氛圍中，對於狂士有特殊的認識，如袁宏道、陶望齡撰寫了徐渭的傳記，即由主體精神來了解狂士的存在意義；此外，又有史傳、擬世說體載入狂士明志之文，如《西園聞見錄》載錄王廷陳自述林居心態的文章，則在原本由許多士大夫執筆的狂士小傳之外，增添了許多邊緣發聲，開啓了更豐富而多元的歷史對話。

（三）狂蕩不羈的行止

「古之狂也肆，今之狂也蕩」〔註27〕——這句話恰恰點出中晚明狂士論述

〔註21〕〔明〕張萱：〈任誕・王廷陳〉，《西園聞見錄》卷23，頁560～561。
〔註22〕〔清〕錢謙益：〈王裕州廷陳〉，《列朝詩集小傳》丙集，頁359；王世貞的敘述則是「〔王廷陳〕削秩歸，家居愈益自放」，見氏著：《藝苑卮言》卷6，收入《歷代詩話續編》，頁1057。
〔註23〕〔清〕錢謙益：〈桑柳州悅〉，《列朝詩集小傳》丙集，頁284；又見〔清〕查繼佐：〈桑悅〉：「爲柳州歲餘，父喪歸，遂不起。居家益任誕，褐衣楚制，往來郡邑間，旁若無人。」《罪惟錄・列傳》卷18，頁431。
〔註24〕同前注。
〔註25〕〔清〕永瑢等撰：〈讀易紀聞〉條，《四庫全書總目》卷5「經部易類五」，頁30。
〔註26〕如近人費振鐘即認爲張氏很可能「性情褊急」、「心理失常」，更欲藉形狂以求一世囂囂之名，見氏著：《墮落時代——明代文人的集體墮落》，頁119～126。
〔註27〕〔明〕胡廣等纂修：〈陽貨〉篇注釋，引入此語加以詮解：「狂者志願太高，肆，謂不拘小節；蕩，則踰大閑矣。禮義爲大閑。」見〔明〕胡廣等纂修：《四

的時代特色,當時說話者所描述的狂士行徑,明顯地已由不拘小節,趨向逾越大閑的狂蕩了。就拿文震孟《姑蘇名賢小記》為例,他載錄了張獻翼「不得意,益以務誕,至於冠紅紗巾,生自祭而歌挽歌,行乞於市」〔註28〕的行徑,就以「斯幾狂而蕩矣」論斷之。而諸如此類狂行蕩舉的描述,雖出自不同的說話者之手,但其筆下所描繪的重點,則大致可歸納為縱放酒色、顛行怪舉兩方面。

在縱放酒色方面,晚明的說話者認為高才者多半不拘小節,留連風月只是一種外在之跡,有識者仍可由粗而見精。例如錢謙益在描述祝允明素「好酒色六博」,以及唐寅與張靈、桑悅平日無事即遊蕩歌館酒樓時,似乎並不認為此乃節操中的大瑕疵,而在敘述中施予任何的規訓話語;至於提到狂士晚年縱放酒色之狂態時,則如前所述乃以「黜後益狂」來解釋,這點可由錢謙益等人對於王廷陳、康海、楊慎、李開先、屠隆的狂態描述中,讀出此種詮釋意味。如《列朝詩集小傳》描述王廷陳「削秩免歸,屏居二十餘年,嗜酒縱倡樂,益自放廢」〔註29〕;《明史竊》敘述康海罷廢後「家居葛巾野服,放情山水,隱於聲妓間,有東山遺風」〔註30〕;《皇明世說新語》、《列朝詩集小傳》、《明史竊》等書都載錄楊慎在謫滇以後「故自污放,有安石東山之癖」〔註31〕;又《列朝詩集小傳》載李開先(1502~1568)放廢歸家近三十年的生活,多半是「置田產,蓄聲妓,徵歌度曲為新聲小令」〔註32〕。上述諸例,顯示出這些說話者的觀點:「縱放酒色」這種非名教禮法所容許的行徑,是經常被這些罷廢後的狂士用來當作耗散壯心、聊度時日的表徵。

書大全·論語集注大全》(濟南市:山東友誼書社,1989年,《孔子文化大全》經典類),卷17,頁1902~1904。

〔註28〕 〔明〕文震孟論次:《姑蘇名賢小記》卷下,頁78~79。

〔註29〕 〔清〕錢謙益:〈王裕州廷陳〉,《列朝詩集小傳》丙集,頁359。

〔註30〕 〔明〕尹守衡:〈康海〉,《明史竊·列傳》第76,頁345~356。

〔註31〕 〔明〕尹守衡:〈楊慎〉,《明史竊·列傳》第73,頁356~359;此事又以詳略有別的敘述方式見載于〔明〕李紹文輯:〈豪爽〉,《皇明世說新語》卷5,頁303~304;以及〔清〕錢謙益:〈楊修撰慎〉,《列朝詩集小傳》丙集,頁353~354。

〔註32〕 〔清〕陳田輯:〈李開先〉,《明詩紀事》(臺北市:明文書局,1991年,《明代傳記叢刊》第14冊),卷9「戊籤」,頁125。類似記載見〔明〕殷士儋:〈翰林院提督四夷館太常少卿李開先墓誌銘〉:「乃闢亭館,招致四方賓客,時時以其抑鬱不平之狀,發之於詩,尤好為金元樂府。」收入〔明〕焦竑輯:《國朝獻徵錄》卷70,頁520~521;相關事件亦見載〔清〕錢謙益:〈李少卿開先〉,《列朝詩集小傳》丁集上,頁377~378。

　　至於顛行怪舉方面，最令世人津津樂道的是服妖、生自祭以及傲岸公卿、使酒罵坐。「狂」本來就帶有「非常」的意思，世人之所以用「狂」字來稱呼該人物，其原因之一，就在於該人物之外在行徑，在乍看之下的確異於常人。晚明狂士穿著自製的異冠詭服，遊街炫眾；或是設奠置饗，自辦祭禮，還親自率領眾人披麻環哭。這些迥異於尋常禮俗的顛行放舉，看在一些保守人士的眼中，難免要駭然稱妖甚至大加唾罵，如《萬曆野獲編》〔註33〕稱張獻翼之奇裝異服為「服妖」，並詮釋張氏「生自祭」之行為乃是諸惡之兆，即是時人耳熟能詳的例子。

　　除此之外，狂士既已自外名教，對於官僚體制中的公卿仕紳、貴遊大人，自然流露傲慢姿態、不屑一顧，甚至使酒罵坐，不留情面。對於此種狂士行徑，惡之者避之唯恐不及，好之者奉為上賓，世人態度之兩極，且留待後文詳加說解。

（四）標舉狂誕簡傲的才性

　　邊緣化的文人，面臨重新界定自我認同的課題。狂士或是罷廢歸鄉，或是入幕客遊於公卿之間，都很可能陷入自我異化為商品的生存危機，而狂者之所以為「狂」，即在於自覺到主體精神獨立自主的重要，因此狂士藉諸文字書寫，用以表彰狂誕簡傲之生命型態，也就成為外顯特質之一。這在晚明的私人史傳或擬世說體中，說話者為了強化世人對狂士任誕特質的理解，多半會節引這類明志表性的文章，附錄於後。這是在整個世論觀點的移轉中，逐漸被彰顯出來的，當時的說話者，有意在傳中讓邊緣化的狂士發出聲音，而這是晚明狂士論述中最值得矚目的部分〔註34〕。

二、人造合成的「狂士圖像」

　　這些歷經中明到晚明，不同說話者再現而成的狂士小傳，在晚明文藝場域上轉相傳抄、增枝添葉，逐漸形成一個集體認知的「狂士圖像」。倘若仔細考核相關歷史事件，那麼很可能根本沒有一個個案是徹頭徹尾地、完全符合此一狂士圖像，即使是相符於個人的部分特質，卻也因為在歷時的傳播過程當中，被說話者部分強調、局部放大了狂士特質，而與最初原始的人物整全

〔註33〕〔明〕沈德符：〈士人‧張幼予〉，《萬曆野獲編》卷23，頁582～583。
〔註34〕詳論見第四編「流離與返歸的跨越」第二節。

形象，有所差別。這樣的狂士圖像，其形成是經過歷時的多重說話者，匯集了許多文化想像，慢慢積累拼貼、編織出來的人造合成體。狂士特質中的一、四項，是狂士必有之核心特質；其二、三項則是因人而異的周邊特質。本節則嘗試將這幅反映晚明文藝場域認同取向的狂士圖像，以文字描繪如下：

明中葉以降，狂士類型的知識社群，多半攢集於江南一帶、間或零星散見於楚、浙、蜀地、北地。這類狂士往往自負高才，滿懷用世的進取精神，然而，才高者多不爲禮法所拘，遂與步趨程朱注解的科考扞格不入，因此，這類士人，有起局即「棄諸子業」者如桑悅、張靈；或狂言忤時而屢試不第者如唐寅、祝允明；或仕而自性不願拳拳事鄉里小人而削職歸鄉，從此示狂放廢、窮老以終者，如李開先、楊愼、康海、屠隆。最悲慘的下場則是以狂取禍，甚至下獄罹難。而那些「棄舉業」或屢試不第的「非仕文人」，在明中葉以降日益勃興的文藝社會中，則找到「另類」的生命舞台。就知識份子「仕進用世」的出處傳統而言，這群「非仕文人」是漸趨邊緣化的知識社群；然而上就縉紳貴人，下就市井商賈、編氓百販而言，這群傲岸狂怪的「非仕文人」，是文壇藝界可供消費、觀賞的「新貴偶像」，縱使視詩文書畫爲自娛戲墨，但慕名購文者多曲盡心意以求之；其中家無恆產、流離失所的狂士，雖高節自許，但卻最終不得不選擇「以藝爲生」的方式過活，與壯懷天下的進取初衷形成極大落差，遂有狂者益狂之舉（如錢謙益傳錢希言〔註35〕）。如此理想與現實之落差，再加上一般人對他們的理解又多半侷限於皮相，部分狂者遂撰文來表彰自我的主體精神，以及對於狂誕簡傲之生命型態的認同取向。這些明志表性的文章，被晚明有識史家及擬世說體撰者所看重，或節引該文附入小傳，或節引入題成爲晚明任誕簡傲士風之題材，傳爲後世所知，也就是今日筆者執以研究狂士的基礎資料〔註36〕。

三、衍生論述之開展

這群邊緣化的知識社群，活動的場域雖時而爲縉紳貴人的園林宴饗，時而爲與市井商賈、編氓百販混跡的歌樓酒館，時而爲仙蹤壯遊的山川湖海。然而無論是在城市的豪宅園林、歌館酒樓，或是山水勝地，這群遊歷各地的「狂士」，對於自我認同的生命型態，有極爲強烈的自覺意識。別具慧眼的識

〔註35〕〔清〕錢謙益：〈錢山人希言〉，《列朝詩集小傳》丁集下，頁632～633。
〔註36〕詳論見第四編「流離與返歸的跨越」第二節。

者，是如何在芸芸眾生中去區辨薰蕕？又是如何在身分認同中條分涇渭？

　　相應於整個時代對於狂士社群所認知的特質與圖像，文藝場域上慢慢積累出相當可觀的深化論述，這意味著一個大時代的觀看氛圍已然形成，也因為有此種區辨與認同的氛圍環繞周匝，方足以鼓動、期許、支持、讚賞這類狂士生命型態的展現。此中出現了許多相應於狂士特質的深化論述，本論文將之納入三個大主題下來探討：首先，在狂士與大氛圍的互動上，筆者考察出中明以降時人對於狂士生命型態及相應的文藝風格讚譽有加，姑且名之為「尊狂論」；其次，明代時人對於狂姿逸態的區辨以及對狂士人格境界的欣慕情懷，筆者則將之歸納於「傲岸公卿論」下討論。由於這種大氛圍下的深化論述與狂士行徑的互動，可說是一種廣義的「表演與觀看」，筆者將之納於第二編「表演與觀看的對話」中詳談；有關狂士既縱放酒色、又強調主體精神應力圖超越凡俗的複雜特質，因資料甚多，故由第二編析出，納入第三編「耽溺與超拔的辯證」作另一主題的探討；至於狂士為了因應舉業宦途上的挫敗感，以及客遊型態所產生「自我異化」的危機，特別標舉主體精神的獨立自主，以求超越塵俗羈絆、達到解脫無累的境界，關於這點，則早在晚明時期就已經引起文藝場域上的注意，本論文將之納在第四編「流離與返歸的跨越」的主題中，深入探討〔註37〕。

〔註37〕因為資料多寡以及主題探討的方式，形成論題之間互有重疊，筆者採取論述上輕重有別的方式，盡量避免重複。

第二章　觀看氛圍的深化論述

第一節　尊狂論

　　中晚明文人在模塑狂士譜系時所標舉出的起始符號，莫不以「孔門狂狷」為首〔註1〕，如閻起山《吳郡二科志》的〈狂簡〉〔註2〕科，明揭「仲尼曰：『不得中行而與之，必也狂狷』」，暗喻自己在中行以外，對狂狷之士仍如孔子一般地殷殷眷念；何良俊《語林》〈任誕〉〔註3〕科的序言，起首即宣稱「世所謂任誕，其孔門狂者之流與」，用以類比所列之狂士志意高遠、仍有躋於大道之可能。此二書一爲地域書寫，一爲擬世說體，它們對中晚明狂士譜系的模塑作用已在本論文第二編中討論。但在此之外，另有一條論述脈絡對於「孔門狂狷」的議題情有獨鍾，甚至越到晚明就越是討論得沸沸揚揚的，那就是中明以降的新興思潮──陽明學與狂禪〔註4〕。本文由陽明學「狂者胸次」基本要義出發，著重於抉發活躍於當時文藝場域的士人，其作品中尙未被今人

〔註1〕近人論及狂士認同譜系時多以孔門狂狷作爲濫觴，如張節末：《狂與逸──古代中國知識份子的兩種人格特徵》；〔日〕西丸四方：《狂氣の價值》；〔日〕藤堂明保：《狂──中國の心　日本の心──》；〔日〕小田晉：《東洋の狂氣論》等書。感謝中研院文哲所廖肇亨博士提供以上諸多重要書籍。

〔註2〕〔明〕閻起山：〈狂簡〉科，《吳郡二科志》，頁793。

〔註3〕〔明〕何良俊：《語林》卷25。

〔註4〕關於陽明與狂禪的關聯，可參見期刊論文〔日〕佐藤鍊太郎：〈陽明學における狂禪について〉，見《禪文化研究所紀要》（1988年12月），頁173～194；〔日〕小路口聰：〈朱子の曾點觀──陸象山批判の一視座〉，見《日本中國學會報》第49號（1997年），頁105～104等。

充分討論的尊狂論述；至於，有關浙中學派、左派王學承繼而起，尤其「狂者」議題在泰州學派中經由王艮、徐波石、顏山農、何心隱等人的推舉下發皇極致，這群「赤手搏龍蛇」的人物，多半已爲近世論者抉發探討，〔註5〕筆者實無須贅述。唯筆者所關注的，在於闡釋陽明學中「狂者胸次」的議題，如何在晚明的文藝場域中被文人朝世俗化發揮闡述的分殊現象，故選擇與左派王學關係密切的李贄，以及他個人甚爲推崇的王畿（字龍谿，1498～1583），並考察與李贄曾有密切往來的袁氏兄弟〔註6〕，分析這些人所談說的狂士論述，從而揭示此種尊狂論述與場域中的狂士現象可能互爲表裡的關聯。

自王陽明（1472～1529）揭示了「狂者胸次」最接近個人的生命情調，再加上晚明士夫「狂禪」之風方興未艾，一時之間，如何超越俗世羈絆成爲「狂士」、「剛者」、「豪傑」，遂成知識人普遍面臨的精神課題〔註7〕。當時文壇上的矯矯之士，如屠隆、三袁等人，亦多涉陽明學、禪學，更不用說「狂縱之禪徒」〔註8〕李贄（1527～1602）了。綜觀上述晚明士人的狂狷論述，不但將狂者標舉至崇高地位，還將孔門狂狷的初始義，匯入當時勝談的禪學、甚或莊學觀點，推出一番具有時代新意的見解。

由於這類尊狂論述，未必如擬世說體那般具體明確地，交代其所賞鑑的是何人何事，而多半著重於描繪抽象的精神境界與狂者氣象，所以，無法以明確的因果關係來證成它對中晚明「狂士」風尚的實際作用〔註9〕。從另一個

〔註5〕 比較重要的著作有嵇文甫：《左派王學》（臺北：國文天地，1990年）；嵇文甫：《晚明思想史論》（北京：東方出版社，據民國三十二年上海開明書店原版編校再版，1996年）。至於論及王學與晚明士人之間的關聯，則有左東嶺：《王學與中晚明士人心態》（北京：人民出版社，2000年4月）；潘運告：《沖決名教的羈絡——陽明心學與明清文藝思潮》（湖南省：湖南教育，1999年11月）。

〔註6〕 例如袁宏道嘗著〈李溫陵傳〉，袁小修編〈柞林紀譚〉，都以李贄爲主。

〔註7〕 學者廖肇亨認爲明末清初知識人的精神課題是狂者、剛者，黃明理則指出道學家以中行聖賢爲人格之極則，而「晚明文人」理想的人格形象則是豪傑。前者見廖肇亨：《明末清初の文藝思潮と佛教》（東京：東京大學大學院人文社會研究科博士論文，2001年），頁26～39；後者見黃明理：《晚明文人型態之研究》，臺北市：國立台灣師範大學國文研究所碩士論文，1989年6月。收入《國文研究所集刊》第34號（臺北市：國立台灣師範大學國文研究所，1990年），總頁1024。

〔註8〕 據〔清〕永瑢等撰：〈讀升庵集〉條，《四庫全書總目》卷131「子部雜家類存目」，頁1120。

〔註9〕 例如陽明學的狂者胸次，與中明吳中狂士桑悅、張靈、祝允明等人，即無明顯因果關聯；但我們可以提出這樣的假設：因爲陽明學狂者胸次的議題發展

角度來看，這些說話者的表述動機，無論是品評世態、或是理想期許，都足以在文化場域上形成一股支持、鼓勵、期許的觀看氛圍，顯然對整體的「狂士」風尚具有推波助瀾的動能，並或多或少牽引了狂士生命型態的展現姿態。職是，本論文將尊狂論述放置在「文藝場域上的觀看氛圍」來討論，期以多重面向的方式，剖析複雜的狂士現象。

一、陽明學的狂者胸次

　　陽明自表生命型態的重大轉折，乃在南都之後。他將從前還餘留些許的鄉愿意思，剔除盡空，而以一己良知為眞是眞非的依準，展現狂者胸次，並假弟子尚謙之口點明：聖人眞血脈，即在於此〔註10〕。究竟何謂狂者胸次？陽明嘗企圖由精神境界來勾勒，所謂狂者氣象應當是超拔恢弘、無限寬廣的：

> 狂者志存古人，一切紛囂俗染、舉不足以累其心。眞有鳳凰翔于千
>
> 仞之意，一克念即聖人矣。〔註11〕

他將個人主體精神之意志，自俗世物慾的泥沼抽離而出，拉拔到鳳凰翔於千仞的高度，如此一來，舉凡塵俗之紛紛擾擾，皆不足以牽累其心。

　　這種精神境界，倘要以孔門弟子為例的話，則以曾點最近其旨。有回陽明與弟子同坐論學，就曾討論到這個議題：

> 王汝中、省曾侍坐。先生握扇命曰：「你們用扇。」省曾起對曰：「不
> 敢。」先生曰：「聖人之學，不是這等細縛苦楚的，不是妝做道學的
> 模樣。」汝中曰：「觀『仲尼與曾點言志』一章略見。」先生曰：「然。
> 以此章觀之，聖人何等寬洪包含氣象！且為師者問志於群弟子，三
> 子皆整頓以對。至於曾點，飄飄然不看那三字在眼，自去鼓起瑟來，
> 何等狂態！及至言志，又不對師之問目，都是狂言。設在伊川，或
> 斥罵起來了。聖人乃復稱許他，何等氣象！聖人教人，不是個束縛

到晚明盛極一時，帶動文壇，回頭來掘發中明文士的狂士特質，重新書寫狂士圖像，如此推論則本文就可以「觀看氛圍」論之。

〔註10〕〔明〕王陽明：〈傳習錄三〉：「先生曰：『我在南都已前，尚有些子鄉愿的意思在。我今信得這良知眞是眞非，信手行去，更不著些覆藏。我今纔做得個狂者的胸次，使天下之人都說我行不揜言也罷。』尚謙出，曰：『信得此過，方是聖人的眞血脈。』」見吳光、錢明、董平、姚延福編校：《王陽明全集》（上海：上海古籍出版社，1992年12月），卷3，頁116。

〔註11〕〔明〕王陽明：「年譜三」，見《王陽明全集》卷35，頁1287～1288。

他通做一般：只如狂者便從狂處成就他，狷者便從狷處成就他。人

之才氣如何同得？」〔註12〕

聖人教人，辨其才氣為狂者，則從狂處成就他；為狷者，便從狷處成就他，而不是束縛他通做一般。而對於狂者外顯之「狂態」、「狂言」，聖人則展現無比之包含寬弘，不但沒有任何斥罵，甚至還稱許他、成就他。曾點，是儒學公認的狂者符碼；其沂水詠歌之樂，則是狂者氣象的表徵，關於這點，以狂者胸次自許的陽明也深感認同，他在嘉靖三年八月的《年譜》中，載錄了「鏗然舍瑟春風裡，點也雖狂得我情」詩句，明白標示曾點的狂者氣象最得其生命情調，即是明證。

觀陽明所述重點，當在狂言、狂態之外，然而，當世多半指摘狂者之行不掩言處，為其病端。王畿則以為那是「狂者不屑彌縫格套」、「不務掩飾包裹」〔註13〕之故，狂者的先決條件以及涵養重點，端在主體精神之光明磊落，但如果能夠嚴密得來，即可為中行、為聖人：

狂者行不掩言，只是過於高明。脫落格套，無溺於污下之事，誠如來教所云。夫狂者志存尚友，廣節而疏目，旨高而韻遠，不屑彌縫格套，以求容于世。其不掩處，雖是狂者之過，亦其心事光明特達，略無迴護蓋藏之態，可幾於道。天下之過，與天下共改之，吾何容心焉。若能克念，則可以進於中行。〔註14〕

綜而言之，陽明、王畿兩家之論狂，皆主客分明、輕重了然。所謂主者、重者，皆在於主體精神之光明磊落，至於狂者不掩之處以及外顯狂跡，都不是狂者致力所在，而是「客」、是「輕」。而且陽明學認為，極致的理想人格，仍是聖賢、中行，如陽明所言「一克念即聖人」，又王畿所言「若能克念，則可以進於中行」，但皆由殷殷期許狂者能成聖蹻道來肯定之，至於晚明李贄、袁宏道兄弟、屠隆之論狂，則側重於彰顯個人殊性的主體精神，甚至還出現了「中庸原不可能」的說法。

〔註12〕〔明〕王陽明：〈語錄三〉，《王陽明全集》卷3，頁104。

〔註13〕〔明〕王畿：〈水西精舍會語〉：「不務掩飾包裹，心事光明，是狂者得力處。」見《王龍谿全集》（臺北市：華文書局，1970年5月，《叢書彙編》第1編之1，影印〔清〕道光二年刻本），卷3，頁237。以下本論文徵引此書皆同此版本。

〔註14〕〔明〕王畿：〈與陽和張子問答〉，《王龍谿全集》卷5，頁397。

二、晚明尊狂論之分殊

因為中晚明以降，狂現象的複雜趨勢愈演愈烈，許多的偽狂者，持陽明學諸論作為一己肆無忌憚行徑的開脫之詞，倘細究該類士人的主體精神，多半淪為物慾之奴，係屬「全體精神盡向世界陪奉」〔註15〕之鄉愿者。李贄、三袁、屠隆等以狂為尊的士人，紛紛就晚明亂象表述己見、加以區辨。

觀其主要論點，莫不環繞下列議題：重申狂者主體精神獨立自主的超越性，並由此區辨狂狷／鄉愿之別、重建狂士認同秩序，同時也為狂者「行不掩言」的困境尋找合理出路，彰顯狂者胸次之真義及人格氣象。

此中，成為狂者之首要條件就在於主體精神的確立。心／形之主客關係，不可易位。蓋主體精神確立後，雖外顯狂跡、狂言，甚至行不掩言之疵病，皆無害於人格獨立。倘反客為主地，飾演狂跡學為狂者而志在穿窬，則是主體異化之肇端。

李卓吾援釋說儒，一面以佛家「即心即佛，人人是佛」詮解陽明「滿街都是聖人」語〔註16〕，但又一面區辨出整體現象中的「偽聖人」，乃是一群用道德良知妝點外貌、然而卻心繫慾利的士人〔註17〕。其所持以區辨真偽的認同標準，緊緊扣住「主體精神獨立」的軸心，推而言之，李贄之論狂，亦當不離此基準。聖人真血脈之狂者，必須具有成佛成聖的主體精神，應無疑義。

李贄尊狂論之主要觀點，在於推舉狂者乃是在中行不可必得之後的首選人物。他認為求天下豪傑，「必在於狂狷，必在於破綻之夫」〔註18〕，而狂狷

〔註15〕〔明〕王畿：〈與陽和張子問答〉，《王龍谿全集》卷5，頁397

〔註16〕〔明〕李贄：〈答耿司寇〉：「聖人不責人之必能，是以人人皆可以為聖。故陽明先生曰：『滿街都是聖人。』佛氏亦曰：『即心即佛，人人是佛。』夫惟人人之皆聖人也，是以聖人無別不容己道理可以示人也。」見《焚書》（臺北：漢京，1984年5月10日），卷1，頁31。以下本論文徵引此書皆同此版本。

〔註17〕〔明〕李贄：〈又與焦弱侯〉：「今之所謂聖人者，其與今之所謂山人者一也，特有幸不幸之異耳。幸而能詩，則自稱曰山人；不幸而不能詩，則辭卻山人而以聖人名。幸而能講良知，則自稱曰聖人；不幸而不能講良知，則謝卻聖人而以山人稱。展轉反覆，以欺世獲利，名為山人而心同商賈，口談道德而志在穿窬。夫名山人而心商賈，既已可鄙矣，乃反掩抽豐而顯嵩、少，謂人可得而欺焉，尤可鄙也！今之講道德性命者，皆遊嵩、少者也，今之患得患失，志於高官重祿，好田宅，美風水，以為子孫蔭者，皆其託名於林汝寧，以為捨不得李卓老者也。然而鄭子玄之不肯講學，信乎其不足怪矣！」見《焚書》卷2，頁48～49。

〔註18〕〔明〕李贄：〈與焦弱侯太史〉：「孔子教人，教人求仁，惟求之而不得，則無可奈何。待價而沽、不欲求售者，以天下無豪傑也。求豪傑必在於狂狷，必

之中又以「狷者終非狂士比也」〔註 19〕。職是，狂者甚尊，其識見之高如李贄〈與耿司寇告別〉所述：

> 以是知中行真不可以必得也。狂者不蹈故襲，不踐往跡，見識高矣！所謂如鳳凰翔於千仞之上，誰能當之，而不信凡鳥之平常，與己均同於物類。是以見雖高而不實，不實則不中行矣！〔註 20〕

又〈與友人書〉則如是解說：

> 蓋狂者下視古人，高視一身。以為古人雖高，其跡往矣，何必踐彼跡為也，是謂志大；以故放言高論，凡其身之所不能為，與其所不敢為者，亦率意妄言之，是謂大言，固宜其行之不掩耳。〔註 21〕

總此兩件書牘所言，李贄沿用了陽明「鳳凰翔於千仞之上」用語來比況主體精神之超曠拔俗，還宣稱狂者「下視古人，高視一身」，即不但不以古人自期，還將具有主體精神之一己，置放在古人之上，如此說來，順理成章地將狂者納到古往今來的歷史長流中，再將之抬舉到前所未有的至尊高度！

狂者主體精神崇高無上，因此「不蹈故襲，不踐往跡」。斯人已逝，後人所見都只是「跡」，倘以跡為學習對象，那將是「效顰學步」〔註 22〕罷了！由此看來，李贄的尊狂論述承繼陽明學而更強調發乎一己、不可替代的獨創性。

在此之外，李贄以陰／陽兩種相對的質性來論狂狷：

> 凡人之生，負陰而抱陽，陽輕清而直上，故得之則為狂；陰堅凝而執固，故得之則為狷。〔註 23〕

他指出狂者生命質性是「陽輕清而直上」的，這點與儒學中以「剛者」論狂的論述脈絡相承。

在於破綻之夫，若指鄉愿之徒，遂以為聖人，則聖門之得道者多矣！此等豈復有人氣者，而盡指以為聖人，益可悲矣夫！」見《續焚書》（臺北：漢京，1984 年 5 月 10 日），卷 1，頁 15～16。以下本論文徵引此書皆同此版本。

〔註 19〕〔明〕李贄：〈寄焦弱侯〉：「狷者終非狂士比也，雖擇善固執，終不能心齋而坐忘也，以此故未敢以好學許之。」見《續焚書》卷 1，頁 36～37。

〔註 20〕〔明〕李贄：〈與耿司寇告別〉，《焚書》卷 1，頁 27～28。

〔註 21〕〔明〕李贄：〈與友人書〉，《焚書》卷 2，頁 75。

〔註 22〕〔明〕李贄：〈儒臣傳——德業儒臣・孟軻附樂客論〉：「夫人之所以終不成者，謂其效顰學步，徒慕前人之跡為也。不思前人往矣，所過之跡，亦與其人俱往矣，尚如何而踐之。……然而孔子何跡也，今之所謂師弟子，皆相循而欲踐彼跡者也，可不大哀乎？」見李贄：《藏書》（臺北：台灣書局，1986 年 6 月二刷），卷 32，頁 520。以下徵引此書皆同此版本。

〔註 23〕同前註。

　　李贄也擷取古人典例來模塑狂士譜系，其所列入之狂士有：曾點、柳士師、放勳、文王、泰伯、微子、管夷吾、漢高帝、文帝、陶朱、子房、莊周、列禦寇、荀子、陶淵明、東方朔、阮嗣宗、劉伯倫、王無功、淳于髡、李白、王維、柳宗元、蘇軾等人〔註24〕。其中，論到「古之狂也肆」時，嘗舉出下列諸人例證：

　　　若陶淵明肆於菊，東方朔肆於朝，阮嗣宗肆於目，劉伯倫、王無功
　　　之徒肆於酒，淳于髡以一言定國肆於口，皆狂之上乘者也。……所
　　　謂古之狂也肆，其在斯人歟！其在斯人歟！〔註25〕

此種狂士論述已然傾向於描述狂士縱放於癖嗜的外顯形貌，菊、朝、目、酒、口都是俗世尋常物質，而在縱放恣肆行跡之上，重要的是主體精神的超然獨立。此外，他也由人之質性來論文藝表現：

　　　然李謫仙、王摩詰，詩人之狂也。杜子美、孟浩然，詩人之狷也。
　　　韓退之文之狷，柳宗元文之狂，是又不可不知也。漢氏兩司馬，一
　　　在前，可稱狂，一在後可稱狷，狂者不軌于道，而狷者幾聖矣！……
　　　蘇氏兄弟，一為狂一為狷。坡公論議概頗與謫仙相似，第猶有耿耿
　　　忠愛之意。〔註26〕

李贄則指出文藝表現亦有狂狷之別，大抵豪宕奔放、不拘於常軌者為狂，狷者則較嚴密近聖。所論雖仍有待深入探討，但與《論語‧公冶長》「吾黨之小子狂簡，斐然成章，不知所以裁之」相較，皆由狂狷人物論帶出狂斐文藝觀〔註27〕，二者論述推移的邏輯實有異曲同工之妙。

　　由上可知，李贄的尊狂論述，大致有下列幾項重點：一、狂者乃中行以外之至尊。二、狂者之主體精神獨立恢弘，具有不可取代之獨創性。三、狂者具有陽剛質性。四、狂者氣質亦展現在縱放之嗜癖，以及相應的文藝取向之上。

　　大抵而言，李贄以下，晚明文人以禪解狂的現象越來越多，著重心狂的面向也日趨明顯。如陳繼儒（1558～1639）所言：「孔孟以來，狂狷之脈幾絕，往往為方外有道者所收。……捐功名，屏葷血，是其狷也。藐生死去來，解

────────────

〔註24〕同前註。
〔註25〕同前註，頁521～522。
〔註26〕同前註。
〔註27〕近人鄭培凱已注意到此種文藝觀點，他指出湯顯祖等人強調「狂斐駘蕩」的個性獨創文藝風格，見氏著：〈明末清初的文化生態與書法藝術〉，《當代》119期（1997年7月1日），頁84～101。

脫如意，是其狂也。」〔註28〕此外，屠隆則是由心狂、形狂兩個面向，來區辨狂士現象的層次：

> 善狂者心狂而形不狂，不善狂者形狂而心不狂。何以明之？寄情於寥廓之上，放意於萬物之外，揮斥八極，傲睨侯王，是心狂也。內存宏偉，外示清沖，氣和貌莊，非禮不動，是形不狂也。毀滅禮法，脫去繩檢，呼盧轟飲以爲達，散髮箕踞以爲高，是形狂也。跡類玄超，中嬰塵務，遇利欲而氣昏，遭禍則神怖，是心不狂也。〔註29〕

其所描述之心狂，有遊走八極、無所羈絆的遼闊宏偉，此乃主體精神已達自由超曠的終極狀態，前題是擺脫俗世牽累羈絆，方得以躋此境界。相對的，心不狂者，平日即爲利慾薰心、爲塵務綑縛，一旦遭遇禍患，便六神無主、惶惑不安，這就是主體精神淪落爲奴、未能發用之故。值得注意的是，屠隆所認定的善狂者，不一定要在形跡上有狂態，心狂而形不狂更是狂之上乘。如此一來，俗世間飾演形狂以爲狂者，便落下義。換言之，屠隆等尊狂論者，也對於俗世間肆無忌憚於形狂的士人，明白作出區辨，不予認同，此等論調若與王畿所論相較：「學者談妙悟而忽戒懼，至於無忌憚而不自知，正是不曾致得良知，非良知之教使然也。」〔註30〕王畿認爲：會流於肆蕩無忌之末流，是因爲該人未能致良知、未能讓主體精神發用的緣故，眞正的狂者，其主體精神獨立自主，自然不流於此種弊端，而屠隆也是由主體精神來區辨認同價值，二者對於無忌憚者的批評，可說是言殊而同轍。屠隆由此區辨薰蕕，從而推出「心狂而形不狂」爲善狂者，其側重「心狂」的論述傾向，十分明顯。

至於晚明袁宏道、袁中道二兄弟，對於尊狂之陽明學，平日即多所披閱，若有所得，則形諸筆端，如宏道稱許「陽明、近溪，眞脈絡也。」〔註31〕小修則言：「龍溪、近溪，眞學脈也」〔註32〕。除此讚許之外，小修還以「先生之資近狂，故以承當勝」〔註33〕稱許兄長宏道，亦曾以豪傑論狂狷〔註34〕；而宏道

〔註28〕〔明〕陳繼儒：〈論狂〉，《陳眉公先生全集》卷4。

〔註29〕〔明〕屠隆：〈辯狂〉，《鴻苞》（《四庫全書存目叢書》子部第90冊）卷44，頁132。

〔註30〕〔明〕王畿：〈與陽和張子問答〉，《王龍谿全集》卷5，頁391。

〔註31〕〔明〕袁宏道：〈答陶周望〉，《袁宏道集箋校》，卷43，頁188。

〔註32〕〔明〕袁中道：〈寄陶石簣〉，《珂雪齋集》，卷23，頁984～985。

〔註33〕〔明〕袁中道：〈吏部驗封司郎中中郎先生行狀〉，收入《袁宏道集箋校》，附錄二「傳記、評論、著錄」，頁1652。

〔註34〕〔明〕袁中道：〈報伯修兄〉：「弟嘗謂天下止有三等人：其一等爲聖賢，其二

則以「顛狂」贈譽張幼于，宣稱「夫顛狂二字，豈可輕易奉承人者？狂爲仲尼所思，狂無論矣！若顛在古人中，亦不易得，而求之釋，有普化焉……求之玄，有周顛焉……求之儒，有米顛焉」〔註35〕，由此推論，兄弟二人對於尊狂論調，應該相當認同。

　　然而，即便在盛年頗富狂名的袁中郎、袁小修，也在禪學興趣的轉向後，趨於心狂無跡的論調。袁中郎在萬曆二十五年時，由杭州寫信給陶石簣，聲稱二人爲「兩狂生」，並以「每笑儒生禪，顛倒若狂醉」〔註36〕詩句描述儒生參禪情狀，對年少狂縱還帶有自我解嘲、戲謔調笑之意。較明顯的轉變大約在萬曆二十七年以後，原本縱情酒色的袁宏道除了吃起齋來之外，也開始對昔日縱放嗜欲的狂禪習氣深自反省〔註37〕。兄弟二人對於「狂者」仍是十分尊重，只是對「狂者」的定義在認知上有了改變，常見的是循由禪學路徑來詮解其義。他們對於「鄉愿」仍時時區辨之，論辯中所批評「無忌憚」者，有一部份即是針對這類鄉愿士人。如宏道萬曆三十二年所寫的〈德山麈譚〉，該文藉由問答揭示意見：

　　問：如何中庸不可能？答：此正是雖聖人亦有不能處。蓋中庸原不
　　　　可能，非云不易能也。君子之中庸，只一「時」字，非要去能
　　　　中庸也。孔子可以仕則仕，可以處則處，可以久則久，可以速
　　　　則速，正是他時中。小人而無忌憚，只爲他不能時中。聖凡之
　　　　分，正在於此。

　　問：何謂時中？答：時即春夏秋亥子丑之時也。傾刻不停之謂時，
　　　　前後不相到之謂中。金剛經「應無住而生其心」，亦此義。不停
　　　　故無住，不相到故心生。問：何謂不相到？答：如馳水流，前
　　　　水非後水，故曰不相到。問：何謂心生？答：如長江大河，水
　　　　無腐敗，故曰心生。

　　等爲豪傑，其三等則庸人也。聖賢者何？中行是也。當夫子之時，已難其人矣，不得已而思狂狷。狂狷者，豪傑之別名也。」見《珂雪齋集》卷23，頁969～971。
〔註35〕〔明〕袁宏道：〈張幼于〉，《袁宏道集箋校》卷11，頁501～505。
〔註36〕〔明〕袁宏道：〈別石簣〉其五，《袁宏道集箋校》卷9，頁403。
〔註37〕〔明〕袁中道：〈吏部驗封司郎中中郎先生行狀〉指出：「踰年，先生之學復稍稍變，覺龍湖等所見，尚欠穩實。以爲悟修猶兩轂也，向者所見，偏重悟理，而盡廢修持，遺棄倫悟，偭背繩墨，縱放習氣，亦是膏肓之病。」該文收入《袁宏道集箋校》附錄二「傳記、評論、著錄」，頁1653。

> 問：何謂無忌憚？答：不知中庸之不可能，而欲標奇尚異以能之。
> 此人形跡雖好看，然執著太甚，心則死矣。世間唯此一種人最
> 動人，故爲夫子所痛恨。〔註38〕

此處言「中庸原不可能」，較之李卓吾所言「中行眞不可以必得」〔註39〕，更加斬釘截鐵地指出聖人中行絕不可能，從而烘襯出狂者之至尊。唯此段重點在於，論辯「時中」之義如同流水一般地不停滯，從而批評「無忌憚」小人之固執；小修也曾批評無忌憚者「必謂狂即是聖」〔註40〕，兄弟二人所論之「無忌憚」，顯然指的都是那些形跡甚爲好看的「鄉愿」，所談的其實也就是狂狷／鄉愿之辨。倘將二人所論與王畿之論並觀，則論述脈絡之相近即朗然畢現：

> 若夫鄉愿，一生幹當分明要學聖人，忠信廉潔是學聖人之完行，同
> 流合污是學聖人之包荒。謂之似者，無得于心，惟以求媚于世，全
> 體精神盡向世界陪奉，與聖人用心不同。〔註41〕

三人論「鄉愿」，皆以爲：鄉愿者不知中庸之不可能，所以一生用心都在如何去學「聖人」，這等人形跡雖然好看，既似聖人完行又看來包荒合俗，實則同流合污、求媚世人。三人之論不同的是，王畿歸結到需自得於心，毋求媚於世，強調主體精神獨立自主；而宏道之論，則是認爲鄉愿者心太執著太死，應當如金剛經所示「無住而生其心」〔註42〕，主體精神如同長江大河般地流動不停；小修則以爲，鄉愿者認爲「狂即是聖」，將狂者視爲聖人一般地當作外在的學習對象，這就犯了傳統「鄉愿」的錯誤，因爲全體精神都向外陪奉了。小修的意思，可再由另一段與李卓吾的對話得到補充：

> 伯修問：「學道必須要作豪傑否？」叟曰：「這等便是死路，不是活
> 路。人人各有一段精采，學既成章，自然是豪傑矣！豈定有豪傑可
> 學邪？」〔註43〕

小修以「狂狷者」爲「豪傑之別名」〔註44〕，故此則論豪傑即論狂者。李卓吾在回答中強調尊重狂者，並非將之當作一外在對象來學習，而是由人人精

〔註38〕〔明〕袁宏道：〈德山塵譚〉，見《袁宏道集箋校》卷44，頁1283～1284。
〔註39〕〔明〕李贄：〈與耿司寇告別〉，《焚書》卷1，頁27～28。
〔註40〕〔明〕袁中道：〈示學人〉，《珂雪齋集》卷24，頁1054。
〔註41〕〔明〕王畿：〈與陽和張子問答〉，《王龍谿全集》卷5，頁397。
〔註42〕〔明〕袁宏道：〈德山塵譚〉，引入此句，並以「不停故無住，不相到故心生」
　　　　解釋之，見《袁宏道集箋校》卷44，頁1284。
〔註43〕〔明〕袁中道編：〈柞林紀譚〉，《珂雪齋集》，附錄二，頁1478。
〔註44〕〔明〕袁中道：〈報伯修兄〉，《珂雪齋集》卷23，頁969～971。

朵處自我成就、自然而然就是狂者就是豪傑了！由此可知，小修對於無忌憚之鄉愿的論辯，最終還是回到自家主體精神的根本上來談。總而言之，無忌憚之鄉愿，在傳統義是論鄉愿者將中行、聖人當作外在對象去學習；在晚明論無忌憚之鄉愿，則是批評士人將「狂者」當作外在對象去學習，二者相同之處都在指出主體向外陪奉、淪為外物之奴的弊端，所不同的是傳統鄉愿義學習對象是「聖人」、「中庸」，在晚明則是「狂者」。

　　如此說來，狂者至尊，但需由自家本體出發，而不是將狂者當作一個外在對象來學習，當時論者咎責晚明士人學狂之處，也多半針對此點。然而，晚明之學狂者，有更落下乘義地從狂態形跡上學狂的，其外顯姿態則流於「傲肆不檢」之肆無忌憚，是以，時人所論辯之「肆無忌憚」，其指涉也包含「傲肆形狂」一義。萬曆三十七年（1609），袁宏道時年四十二，主陝西鄉試所作對策程文，更是長篇大論，朗朗辯議，除了針對晚明士夫學狂而肆無忌憚的風氣提出批評，並企圖引渡儒家孔門狂狷義，混同魏晉任誕、老莊虛無，開出清靜閒適、無蹊徑、無轍跡的禪境：

> 自世儒而論，則點也婆娑嘯詠，而流連光景，頹然自放於山情水意之間，蓋任誕之宗而虛無之祖也。而夫子何以喟然與之？噫，世但知才氣可以集事也，而惡知妙天下用者在識趣耶？才氣如疾風振落，枯朽自除；識趣如明月澄空，萬象朗徹。是故以點論三子，覺宇宙之自清，而經世者之擾擾也。夫鳳凰翔於千仞也，騫翥未畢，而天下之鳥，已黯然無色矣！此夫子之所以與點也。與其用之大，而非謂其不用也。夫點固聖門之所謂狂士也，世人不知狂為何物，而以放浪不羈者當之，則謂點一放浪不羈之士，而何與于治天下？不知夫子思中行，而狂即次之。中行者聖人君子也，禹、皋、稷、契、伊、周之類是也。世有次禹、皋、稷、契一等之人，而不可以治天下者乎？夫狂，龍德也；中行者，龍之全，而狂其分也。點也其見潛之間乎？……世之不知狂久矣！夫張子房、謝安石、狄懷英三人者，古今所謂人傑也。夷考其用，皆以識趣，而非以才局，閒曠遠淡之中，而旋乾轉坤之機軸出焉。……是皆吾夫子所思之狂，而次於中行一等者也。〔註45〕

他糾舉世人以「放浪不羈」、「傲肆不檢」為狂的謬誤，在陽明由才氣言狂以

〔註45〕〔明〕袁宏道：〈策〉第五問，《袁宏道集箋校》卷53，頁1517～1522。

及大用于世之「承當」義之外，另外循由「識趣」二字來彰顯狂之境界。這比諸陽明所言鳳凰翔於千仞的高義，更趨於空靈澄澈的禪境。所謂「識趣」之境，猶如「明月澄空，萬象朗徹」，乃是個人意識、主體精神，自然而然呈現的「趣」境。此種「趣」的境界，需主體得大解脫時得之，其義蘊恰可由萬曆三十五年（1607）〈壽存齋張公七十序〉一文，所論「韻」義理解之：

> 山有色，嵐是也；水有文，波是也；學道有致，韻是也。山無嵐則枯，水無波則腐，學道無韻則老學究而已。昔夫子之賢回也以樂，而其與曾點也以童冠詠歌。夫樂與詠歌，固學道人之波瀾色澤也。……大都士之有韻者，理必入微，而理又不可以得韻。故叫跳反擲者，稚子之韻也；嘻笑怒罵者，醉人之韻也。醉者無心，稚子亦無心，無心故理無所託，而自然之韻出焉。由斯以觀，理者是非之窟宅，而韻者大解脫之場也。……縱心則理絕而韻始全。〔註46〕

沂水舞雩、童冠詠歌的曾點氣象，以及顏回好道、忘憂而樂，就如同稚子的叫跳反擲，又如醉人之嘻笑怒罵，皆出於無心，由此而引發的「自然之韻」，呈現出無是非糾葛的大解脫境界。在此，宏道由曾點氣象言「韻」，再由「韻」導出「大解脫之場」，倘將此二篇並觀，則可得知宏道所言見識極高之境界，乃是主體精神得大解脫的境界，可以名之爲「趣」，亦可名之爲「韻」。

再回到上則資料來看，宏道之論所開出的狂者人格境界，乃是一種「恬于趣而遠于識」的流派：

> 世以若人爲騷壇麴社之狂，初無意於用世也，故卒不用，而孰知無意於用者，乃其所以大用也。……潛而亢，故猶有悔也。夫士必有真輕功名之心，而後可以託天下。……蓋曾點而後，自有此一種流派，恬于趣而遠于識。無蹊徑可尋，辟則花光山色之自爲工，而窮天下之繪不能點染也；無轍跡可守，辟則風之因激爲力，因竅爲響，而竭天下之智，不能撲捉也。其用也有入微之功，其藏也無刻露之跡，此正吾夫子之所謂狂，而豈若後世之傲肆不檢者哉？夫傲肆不檢，則《魯論》所謂飽食終日、無所用心者，游談不根之民而已矣！……執事者之問，蓋專爲學狂而無忌憚者發也。〔註47〕

此處所云「識」、「趣」，可由袁中道以識、才、學、膽、趣稱許宏道爲狂者

〔註46〕〔明〕袁宏道：〈未編稿之二——雜著〉，《袁宏道集箋校》卷54，頁1541～1542。
〔註47〕〔明〕袁宏道：〈策〉第五問，《袁宏道集箋校》卷53，頁1517～1522。

的話語中，得到進一步了解〔註48〕。他說宏道之「識」別於他人，乃是「上下千古，不作逐塊觀場之見，脫膚見骨，遺跡得神」；又言宏道之「趣」別於他人，乃是「遠性逸情，蕭蕭灑灑，別有一種異致，若山光水色，可見而不可即」，不管是「遺跡得神」的「識」，還是「可見而不可即」的「趣」，都是由「無跡」論狂者境界。如此兩相映證則可得知，晚期宏道所論「恬趣遠趣」的狂者流派，也是狂者無跡一類論調。其虛空若無蹊徑可尋，亦無轍跡可守，而具有入微之功。宏道一方面由《易經》「亢龍有悔」之潛藏來論，又併以老莊「因竅爲響」的虛空義來補充，由此說來，狂者上乘之境，並無外顯刻露之狂跡可尋索，自然不落肆傲不檢、無所用心那一類「學狂而無忌憚」之下乘義，其所展現的整體人格氣象，則是「神閒」「氣靜」、恬淡悠遠的大解脫禪境。

這種「狂而無跡」爲上乘的論調，小修亦有之：「狂者是資質洒脫，若嚴密得去，可以作聖。既至於于聖，則狂之跡化矣。」〔註49〕此外，清言系之中，則有樂純《雪菴清史》，在論及狂士禰衡時，也提出狂者無狂跡爲上的觀點：

> 士君子浩然之氣不可無，匹夫之勇不可有。故忿怒如烈火，名爲阿鼻獄，讀灌夫傳，以使酒罵坐，陷彼兩賢，則匹夫之勇誤之。夫天子輕士善罵，士猶義不受辱，矧以匹夫之勇，妄自托于浩然之氣乎？余謂浩然之氣者，善藏其用者也，剛大可以配天地，直義不可不集養，集養則不見有浩然之跡矣！〔註50〕

他結合孟子浩然之氣、佛家阿鼻地獄，提出藏用集養而臻至無跡的途徑。綜此數家之說，雖推論方向不離由禪解儒，詮解細節容或有異，但最終卻殊途同歸地標舉「狂者無跡」爲上乘，顯然此類詮釋模式已蘊釀成一流派，足以視爲一種集體的時代見解。

如此開展出狂者人格境界的詮釋脈絡，似已趨向極端唯心論調，但若細讀袁宏道之議論，則又可發現他關注禪學之外，仍十分強調狂狷的承當義，只是此「承當」，除了用世之外，又加入尋常日子踏實過活的意思，如其晚期所著〈德山塵譚〉所論：

〔註48〕〔明〕袁中道：〈吏部驗封司郎中中郎先生行狀〉，收入《袁宏道集箋校》附錄二「傳記、評論、著錄」，頁1652～1653。

〔註49〕〔明〕袁中道：〈示學人〉，《珂雪齋集》卷24，頁1054。

〔註50〕〔明〕樂純：〈罵坐〉，《雪菴清史》卷4，頁462。

今之慕禪者，其方寸潔淨，戒行精嚴，義學通解，自不乏人，我皆
不取。我只要個英靈漢，擔當此事耳。夫心行根本，豈不要淨，但
單只有此，亦沒幹耳。此孔子所以不取鄉愿，而取狂狷也。……有
聰明而無膽氣，則承當不得；有膽氣而無聰明，則透悟不得。……
問：一切現成，只要人承當，如何是承當的事？答：今呼汝名，汝
即知應；叫汝飲食，汝便飲食。此即承當。〔註51〕

這既非儒學論狂狷之初始義，也不是戒行精嚴、擺落純淨的禪學，而是混同
地取方寸潔淨、取膽氣承當以解釋之。

袁小修的狂狷論述，亦非僅上述以無狂跡為上之論述，其複雜多元面貌，
可能與他個性上終始未能去酒色有關。他嘗自述縱放狂態：

子好酒色不顧家，一縣盡笑其所為。丈夫從之妻兒疑，子弟從之父兄
答。我于子行為中表，念子飄零知者少。戟髯雄譚頗不凡，使酒罵坐
亦自好。……去年我有不平事，儒生相看盡相棄。髯向酒間出大言，
言雖醨疏好意氣。我聞此言雙淚下，顛狂合受眾人罵。不信慷慨悲歌
人，乃在椎埋屠狗者，坐是相愛不能忘，時時結伴酒人場。〔註52〕

如此描述之狂士圖像，具有濃厚的狂士古典意味，由「慷慨悲歌」、「椎埋屠狗」
數句，皆可察見士人深懷英雄失路之感，顯然並非前述「萬象澄澈」一類境界。

小修之論狂狷，也有十分入俗的說法：

夫功名富貴，講學者之所不譚也。人有沉溺於是者，則必笑之。及
至於子之身，則不然。彼其以子得之而喜，失之而悲者，皆是也。
狂者進取，狷者不為，皆高明倜儻，脫略世故人也。古今之人品有
類於是者，講學之人，亦深取之。及至於子之身，則不然。彼其以
不羈之故，而見棄於父者，皆是也。吾以是知父子之情果重，而其
恩果罔極也。〔註53〕

在這則資料中，小修由俗世人情世故為出發點，假擬父子角色，思索理想上取
擇「狂狷」，卻終究依循「富貴功名」現實考量的兩難困境，由於此種選擇幾成
世情常態，小修在看待此種「望子成龍」的富貴取向時，很俱同理心地評之為
「親恩罔極」。而之所以給予如此寬厚的評價空間，在於該人情感之「真」：

〔註51〕〔明〕袁宏道：〈德山麈譚〉，《袁宏道集箋校》卷44，頁1295。
〔註52〕〔明〕袁中道：〈送王生歸荊州〉，《珂雪齋集》卷1，頁23。
〔註53〕〔明〕袁中道：〈書人帖後〉，《珂雪齋集》卷21，頁879～880。

> 彼其愛功名富貴者，眞也。人忍以不眞待人，而決不忍以不眞待子。
>
> 取狂狷脫略之人者，假也。人忍以假待人，而決不忍以假待子。

爲了論證不取狂狷而取功名者較符合人情之眞，更假「父子」角色揣度歷史
例證：

> 蔡中郎之醉也，常狼籍而臥於街市，人呼爲醉龍；使其父過而見之，
> 必以爲無賴子矣！陶潛一官不作，王弘送以錢，復送之酒家，至其
> 瓶空，不恥乞丐於市；使其父見之，必以爲薄福子矣！阮籍之待人
> 也，而好爲青白眼，當世宗其任達，使其父見之，必以爲傲惰子矣！
> 〔註54〕

這樣的角色揣擬，也呈現出晚明賞鑑人物崇尙「狂狷」的現象下，其實是充
滿「隔離觀看」的距離美感，若拉近爲「父子」關係，恐怕就要屈於現實考
量，取「富貴功名」而捨「狂狷脫略」了！這也是人情之必然，所以「苟見
其無益於子，雖才如中郎，高如陶潛、阮籍之流，不願其子有之」。故這樣看
似矛盾的雙重標準──在賞鑑他人時持「狂狷」爲尙之準則，但若父子角色時
則仍循「富貴功名」爲準則，在晚明袁小修筆下，卻於人情之「眞」的標準
下融合一氣。原本枘鑿扞格的「狂狷脫略」與「富貴功名」，是可以因對象不
同而有殊異選擇，這種詮釋的高度自由，在今日看來，恐難逃世論者大大加
以撻閥一番，但返諸當時氛圍來看待，那或許是晚明多元價值觀紛呈並置的
諸現象之一端罷了，而人性的防守已然退到最後的底限──「眞」。

此外，他在集中經常提到的「剛骨膩情」說，則展現出世味濃厚的俗化論
調：

> 予謂世間自有一種名流，欲隱不能隱者，非獨謂有挾欲伸，不肯高
> 舉也。大都其骨剛，而其情多膩。骨剛則恆欲逃世，而情膩則又不
> 能無求於世。膩情爲剛骨所持，故恆與世相左，其宦必不達。而剛
> 骨又爲膩情所牽，故復與世相逐，其隱必不成。於是口常言隱，而
> 身常處宦。欲去不能，欲出不遂，以至徘徊不決，而嬰金木，蹈網
> 羅者有之矣！〔註55〕

以陶淵明爲「骨剛而其情不膩者」，以白樂天、蘇東坡爲剛骨而情膩、或少膩
者，並言「骨若不剛，則不得爲名士矣！」此外，他又以此論王安石，乃「不

〔註54〕同前註。
〔註55〕〔明〕袁中道：〈記十〉，《珂雪齋集》卷13，頁572～573。

顯其剛骨；而情之膩，則與白蘇諸公等。」〔註56〕倘回顧李贄論狂的幾重意義，那麼小修所開出的「剛骨膩情」說，則是就李氏標舉狂者陽剛、肆放外物兩重解釋而更進一步詮解之，他由一往情深之「膩情」專注，來解釋名流既為狂者剛骨，又不能忘情聲色的困境。這似乎與小修自己本身的真實生活有關，他嘗自言「予于世間之聲色，非淡然忘情者也，又非能入其中而不涉者也。」〔註57〕這類俗化論述，雖是為了解決自身處境的困難，但也說中俗世生活尋常人面臨現實考量的矛盾情境。看來，狂者之「剛骨」，又加上一往情深之「膩情」，並非小修一人獨有之想法，正如他所說的：「豈予所云剛骨膩情者，亦名人之常態耶？」〔註58〕如此俗化狂士論述，似乎也反映出晚明文人生命型態的特質，具有部分的代表性。

三、小　結

　　晚明文藝場域上的狂士論述，順著陽明學推崇狂者胸次的「尊狂」脈絡，加入士人對於老莊虛無、魏晉任誕的認同，發展出複雜多元的面貌：其中一脈，發展成「狂者無跡」為上、超越極致的唯心論調，呈現閒適清靜的大解脫禪境；其中一脈，接續狂者承當義，匯通禪學說法，生成一番新意局面；而另一脈，又極為入俗，充滿世味、血性、情感地，發展出「剛骨膩情」的論調。這些尊狂論述，不管是自我觀察，抑或是觀看世人，必然有一相映成趣的現象照應著，也無論是先有此氛圍方有此類文人、或是先有此類文人方有如此氛圍，整體而言，乃是由表演／觀看二方循環相生的互動交流，共同造就了多采多姿的狂士現象與諸多論述。

第二節　「傲岸公卿」論

一、表演、觀看與說話

　　相傳中明狂士桑悅，受邀至御史前講詩時，竟大剌剌地「除襪跣而爬足」，致御史不耐，喝令其出，查繼佐《罪惟錄》載錄此事，並表述觀點如下：

〔註56〕〔明〕袁中道：〈記二十三〉，《珂雪齋集》卷13，頁585～586。
〔註57〕〔明〕袁中道：〈玉泉拾遺記〉，《珂雪齋集》卷15，頁656～657。
〔註58〕〔明〕袁中道：〈記二十二〉，《珂雪齋集》卷13，頁584。

　　論曰：「民憚傲，成其名者，丘瓊州也。按察、御史咸以爲尚書憐才，
　　爲假悅。」〔註59〕

查氏以爲：桑悅的「傲岸」行徑，實需識才伯樂如丘濬者，方得以成其狂士美
名。按察、御史則是看在尚書丘濬憐才的份上，才能對桑悅無禮行徑多所容忍。

　　查氏以「說話者」身分，爲我們揭示狂士／仕紳之間存在著相抗相成的
互動關係，方足以造就出狂士「傲岸公卿」的現象。倘更翻上一層來說，筆
者將「傲岸公卿」視爲文藝場域上一件公開演出的文化行爲，那麼狂士的傲
岸行徑與仕紳的召覽訪視，即是一種表演／觀看的互動行爲，而查氏之論述，
即是一種「說話」者的發聲。換言之，我們今日所閱讀到的「傲岸公卿」論
述，就是由文藝場域上表演／觀看／說話三者所共同形成的。

二、深化論述的話語策略

　　「傲岸公卿」的行徑並非自明始見，史籍中歷歷可數的例證，積累成一
種籠統的概念：舉凡仕紳公卿禮遇文士者，世人多半美譽爲「折節下士」；至
於士人倨傲無禮、甚至使酒伴狂者，則顯得「傲骨不媚」，姿態迴異凡俗，而
這種風雅，則普遍爲中晚明文人所欣慕、期許，甚至仿而效之。綜觀中晚明
文藝場域上狂士「傲岸公卿」的風氣，恐怕不只是仕紳「禮賢下士」、狂士「傲
骨不媚」的單純現象，此中又牽涉到文藝商品化的供需機制以及浮慕風雅、
競逐名利等複雜因素，有待論者進一步抽絲剝繭、解析辨明。

　　該現象之複雜，與中晚明江南地區園林宴饗的盛行有關。仕紳公卿爲地主、
爲寓公〔註60〕者，除了園林宴饗、徵歌勝選，需要大量詩文助興之外，更牽涉
到場面氣氛的營造，倘能羅致天下高人逸士，列坐共歡，於歌酒之餘，觀其容
止儀態，則可憑添一股風雅逸興〔註61〕，並且搏取「折節下士」的清名；在此
之外，爲官者亦需文人代筆撰寫「高文典冊」〔註62〕，以利宦途顯達；富賈大

〔註59〕〔明〕查繼佐：〈桑悅〉，《罪惟錄‧列傳》卷18，頁430～432。

〔註60〕〔清〕錢謙益述及此種風氣：「嘉靖中年，朱子价、何元朗爲寓公；金在衡、
　　　　盛仲交爲地主，皇甫子循、黃淳父之流爲旅人，相與授簡分題，徵歌選勝。……
　　　　此金陵之初盛也。」見氏著：〈金陵社集諸詩人〉，《列朝詩集小傳》丁集上，
　　　　頁462。

〔註61〕如《菜根譚》所言「袞冕行中，著一藜杖的山人，便增一段高風」，此說又與明
　　　　人「古來士大夫閒居，必有高人韻士與之」的說法相應，見敦英：《明人百家》
　　　　（上海掃葉山房三十二開楷書石印本影印，上海文藝出版社，1990年5月）。

〔註62〕〔清〕錢謙益：〈鄭布衣琰〉：「琰，字翰卿，閩縣人。豪于布衣，任俠遨遊閩

亨則有壽序、墓誌、族譜之需，可使自身身價拉拔到知識階層〔註63〕。如此一來，就形成一個廣大的文藝市場，此間供需流量甚大，舉業失意的山人墨客，結伴作隊趨至公卿府上以求自售者有之；而仕紳公卿、富賈大亨主動尋訪高才逸士，從中「物色」人選，甚或援引爲門下客者〔註64〕，亦有之。這樣的供需機制催化了表演／觀看二者，產生耐人尋味的微妙互動。

面對這樣複雜的現象，說話者究竟如何去運用話語策略，汰選出認同的部分，繼而將之進一步深化，賦予它文化意義或歷史地位？常見的策略有三，其一爲「區辨薰蕕」，其二爲「詮釋深意」，其三爲「彰顯境界」。基本上，這三種策略並非截然劃分，甚至經常是交錯並用的，但爲了論述方便，故強加區分進行細部分析。

（一）區辨薰蕕

當時的說話者，在面對傲岸公卿這個複雜現象時，即已敏銳地觀察到仕紳／狂士之間，存在著「以行爲來區辨對方是否爲自己所認同的類型」的互動模式。說話者所再現的形狂論述中，運用了爲數不少的負面話語策略，其用意在於由整體複雜現象中，區辨薰蕕、條分涇渭，從而圈圍出所認同的人物類型，重新建立認同取向與秩序倫理。

這當然也極可能只是說話者本身的詮釋，但來自仕紳、狂士的自我表述，則支撐上述觀點。換句話說，不管是說話者的詮釋與觀察，或是仕紳、狂士的自表心跡，這種區辨薰蕕的意識，都存在於仕紳／狂士／說話三者的互動行爲之中，所認同的依準，亦有相當程度的交集。

也因爲這種區辨意識，複雜現象可區分出價值認同的分判層次，是故，世人在區辨「仕紳」物色狂士的心態時，或判別其認知層次爲下等者——這類仕紳大夫只是將狂士蒐羅招攬至園林宴饗，以供觀賞歡愉，屬於浮慕聲名、好奇觀看的皮相層次；或是判別爲等而下之的「下下等」者——這類仕紳取用士子的高文典冊、詩文唱作，不在於濟世之需，而是一石兩鳥地成就好士美名，並且藉幕客書疏來攀權附貴、企求飛黃騰達。這顯然較前者更陷溺於

中。詞館諸公爭延致之，高文典冊，多出其手。」見《列朝詩集小傳》丁集中，頁530～531。

〔註63〕 可參見拙著：《晚明文藝社會「山人崇拜」之研究》，收入《師大國文研究所集刊》第39號（臺北市：國立台灣師範大學國文研究所，1995年6月），頁38。

〔註64〕 如顧璘物色王廷陳、孫一元等人，見《列朝詩集小傳》丙集，頁339～340。

物質追求，屬於心繫名利的物慾層次。至於狂士的表演心態，世人也將之區辨出許多層次，或爲下等者——爲仿擬形狂以圖狂士美名的皮相層次；或等而下之者——乃是欲藉此躋身富貴、圖取名利的物慾層次。

在這類負面話語的區辨、刪汰之後，所圈圍出的，即是場域集體認同的人物類型及價值取向。總而言之，二者同樣都是主體精神獨立自主之人，所不同的是，依其身分之別：仕紳大夫則是「禮賢下士」、不羈名利的知音識者；狂士則是傲骨不群、超拔脫俗的高才逸士。

在仕紳與狂士之間，一爲表演、一爲觀看，二者複雜的互動心態，著實需要具有慧眼明識的說話者詳加辨明，一般人卻多半依表象等同視之；然而，本節所分判的認知層次，並非今日論者強加其上的價值框架，而是當時說話者即自覺具有的區辨意識。

首先，我們可由「世人（包括仕紳、狂士、說話者）→狂士」、「觀看→表演」、「主→客」等相對關係來區辨。在諸多說話者的再現論述中，我們可以閱讀到仕紳大夫的「觀看」與狂士形狂「表演」之間的微妙互動。說話者多以「物色」標明仕紳的觀看態度，而以傲岸行徑來描述狂士所展現的姿態，如丘濬、御史之於桑悅：

> 民懌（案：桑悅）既之官，仲深（案：丘濬）屬提學掾，令物色善
> 遇之。……御史聞悅名，召悅說詩，請坐講，講未竟，即跣足爬垢，
> 御史不能耐，乃罷講，遷長沙通判，調柳州。〔註65〕

二者關係，即是一爲物色觀看、一爲形狂表演的互動相應。

究竟，仕紳大夫在面對多如過江之鯽的文藝才士時，是如何從中「物色」所需人選？方法之一，就是區辨文士所展現的狂姿逸態，是否只是徒具形狂而無玄遠之心（即前述屠隆所言「形狂而心不狂」者），如說話者沈德符及其所引入王世貞的話語，即持此區辨論調：

> 弇州先生與王文肅書有云：近日風俗愈澆，健兒之能譁伍者，青衿
> 之能捲堂者，山人之能罵坐者，則上官即畏而奉之如驕子矣！〔註66〕

王氏強烈批評那些譁眾取寵、席捲一堂風采、且使氣罵坐的文人，一般仕紳大夫多半畏其狂態而「奉之如驕子」，言下之意，強調仕紳應正視區辨的重要，否則，極可能促發此類形狂士人的生成，而導致士智更加敗壞、風俗愈益澆

〔註65〕〔清〕錢謙益：〈桑柳州悅〉，《列朝詩集小傳》丙集，頁284～285。
〔註66〕〔明〕沈德符：〈山人・山人愚妄〉，《萬曆野獲編》卷23，頁587。

薄。沈德符既引用王氏說法來批評山人愚妄，顯然也認同其區辨觀點。

謝肇淛（1567～1624）向來擅長觀察世風，亦曾在序跋中表述個人對士人的區辨觀點：

> 今之號爲山人，挾四聲而走方外者，伺候王公貴人之門，竊謦咳以
> 爲名高，藉餘沫以飽妻孥，及所欲既饜，然後習爲怒室罵坐，攘袂
> 大言，以爲豪舉，使人望而避之如山魈夜叉。〔註67〕

這些文人雖標舉著隱逸清高的「山人」名號，飾演著怒室罵坐的豪舉姿態，卻伺機遊走公卿門下、圖求名利，著實讓人視若山魈夜叉而避之唯恐不及，這並不是吾輩所應認同的末流士人。在此，謝氏並非仕紳、亦非狂士，而是以第三者「說話」暨「觀看」的身分表述觀點。

說話者又引入狂士表述的區辨論述，如《皇明世說新語》引屠隆之說：

> 屠長卿曰：稱炭數米〔註68〕，時翻名理於廣筵；媚竈乞燔，日掛山
> 林于齒頰，高人其可信乎？〔註69〕

對於那些在歡宴場合大談玄虛清言、山林隱逸，卻鎮日勞心於瑣屑塵務、奔走乞討於公卿之間的士人，豈可稱之爲「高人」？同卷又載入宋登春鄙棄謝榛以詩遊公卿間的行徑，而唾罵謝詩「彼津津諛貴人丐活者，亦稱詩耶？」此類論述，其區辨層次大抵不離屠隆所言「形狂心狂」與「形狂心不狂」兩種。

總此可見，在強調文人主體性、勿淪於皮相物慾的論點上，無論是仕紳大夫之區辨狂士、說話者之區辨狂士，還是狂士自清的認同依準上，有相當程度的交集。

其次，我們再由「世人（包括狂士、仕紳、說話者）→仕紳」、「觀看→表演」「主→客」的相對關係來區辨。在說話者的敘事當中，可以察見狂士屢屢區辨仕紳大夫之物色心態，而採取不同的應對態度。如《耳新》之所述，張幼于對慕名造訪的吳中相國，其傲然不屑如此：

> 張幼于獻翼，好爲奇詭之行，吳中相國慕其名，特造訪焉。至門，
> 一蒼頭延之中堂，云：『相公少坐，主人當即出矣！』有頃，一老人

〔註67〕〔明〕謝肇淛：〈太白山人詩序〉，《小草齋文集》（臺南縣：莊嚴文化事業，1997年，《四庫全書存目叢書》集部別集類第175冊，影印江西省圖書館藏明天啓刻本），卷4，頁653。

〔註68〕典出《莊子・庚桑楚》：「簡髮而櫛，數米而炊」，意指處理瑣屑，多勞少益。

〔註69〕〔明〕李紹文：〈輕詆〉，《皇明世說新語》卷7，頁465。

昂藏飄舉，鬚鬢如銀，攜短筇從階前過，旁若無人。瑜時不見幼于
出，相國訝之，蒼頭云：『適間從階前過者，即吾主人也。』相國問，
何故不相見，答曰：『主人謂相公第欲識其面，今已令識之矣！』不
煩見也，竟不出。〔註70〕

張幼于旁若無人地走過來訪的相國面前，其理由是因為「相公第欲識其面，
今已令識之矣！」可見狂士終始傲然不屑，是因為他已區辨出仕紳的物色心
態，只是浮慕聲名、好奇觀看一類，對方的認知層次侷限於皮相表面，並非
真正的知音。說話者鄭仲夔如此安排對話敘事，並將此事列入於〈矜奇〉一
科，評賞其奇詭行止，隱然認為狂士傲岸形狂具有區辨意味。又如狂士宋登
春，還以「狗洞」折難慕名而來的仕紳：

宋鵝池（案：宋登春）讀書嶧山，厭薄交遊，乃作一小戶，非匍匐
不能入，署其戶曰「狗洞」，縉紳先生過訪者，輒難之，惟濮上李伯
承（案：李先芳）往來其中。〔註71〕

狂士以設狗洞令入者匍匐的方式來區辨過訪仕紳的「物色」心態，從而篩選
出足以往來的仕紳大夫。說話者梁維樞將之列入擬世說體著作的〈簡傲〉評
賞，顯然對此傲岸行徑深表認同。

說話者李紹文、張萱載錄王廷陳與監司之事時，則運用對話來交代狂士
傲岸公卿的區辨心態：

監司過州，（案：廷陳）不出迎，亦無所託疾。人或勸之，怒曰：「齷
齪諸盲官，受廷陳迎耶？當不愧死！」〔註72〕

因為狂士所面對的是「齷齪諸盲官」，故以不出迎來貶損仕紳，意在藉此區辨
該仕紳為拘於尺寸禮法、目無所辨識、執於皮相之觀的下等層次。此傲岸公
卿事件，可由狂士王廷陳〈寄舒子〉一文的自我表述中，得到印證：

辱書教以矜飾名行，意甚勤懇。僕惟少負性氣，自視無前，遭事直
往，不知其可。復見近世州郡之吏，務為諂承，故於逢迎節數稍為
損減，不意遂犯當世之怒。又以一二宰執舊怨於僕，內外搆扇，中
僕惟恐不深耳。〔註73〕

〔註70〕　〔明〕鄭仲夔：〈矜奇〉，《耳新》卷5，頁31。
〔註71〕　〔清〕梁維樞：〈簡傲〉，《玉劍尊聞》卷9，頁790。
〔註72〕　〔明〕李紹文：〈簡傲〉，《皇明世說新語》卷7，頁417；又見〔明〕張萱：〈任
　　　　　誕・王廷陳〉，〔明〕張萱：《西園聞見錄》卷23，頁560～561。
〔註73〕　〔明〕王廷陳：〈寄舒子〉，《夢澤集》卷17，頁673。

王廷陳自表形狂心態，乃在刻意不依禮逢迎，以揭示對方爲主體淪喪、務爲諂媚的郡吏，故其傲岸形狂，的確具有區辨對象的深意。

至於，那些擺明就是前來蒐購高文典冊、以求利達的仕紳大夫，狂士更是以倨傲表達鄙視，尤其是，當對方將自己當作「文藝商品」地加以蒐購、網羅的時候，狂士似乎更加懼怕在供需機制中會被消費而物化、因而被解消了主體的自主性，所以刻意以形狂表達消極抗議，如王廷陳對「達官貴人來購文好見者，多囚服蓬首垢面見之」〔註74〕；唐寅面對寧宸濠厚幣聘禮的優渥待遇，不但不爲所動，還因爲「察其有異志」，知寧王欲藉此壯大聲勢、造反取位，故「佯狂使酒」、「露其醜穢」〔註75〕，屈辱寧王使之不能忍受而放歸使返。寧王終始未能識辨出唐寅乃是佯狂保身，還懷疑唐寅只是浪得虛名，惱羞成怒地說「孰謂唐生賢，直一狂生耳！」〔註76〕上述事件見載於錢謙益、李紹文之手，由其敘事來看，狂士之狂，不是喪失心智之舉，而是有所察、有所區辨而爲也。

至於窮困的狂士，多半瞧不起富賈大亨，認爲他們既無學識德性之內涵，又喜於競逐名利，但自己又因生計之需而不得不游於富賈門下，種種複雜矛盾的心態，遂促使他們藉著使酒罵坐的激烈狂態，唾罵富賈爲錢虜、爲牢中養物，斥其主體淪爲外物之奴隸，如錢謙益所述，布衣文人鄭琰、李至清、錢希言等人即爲此類：

> 琰，字翰卿，閩縣人。豪于布衣，任俠遨遊閩中。詞館諸公爭延致之，高文典冊，多出其手。……新安富人吳生，延居幸舍，以上客禮之，翰卿醉輒唾罵主人，呼爲錢虜。〔註77〕

> 李生至清，字超無。……少負軼才，跮踱自放。年十二，負笈遊四方，友其名人魁士。遇里中兒，輒嫚罵，或向人作驢鳴，曰：『聊以代應對耳。』里人噪而逐之。……江上富人，與超無有連，超無醉後唾罵富人若圈牢中養物，多藏阿堵，爲大盜積耳。〔註78〕

> 希言，字簡栖，余之從高祖叔父也。……自以爲秦川貴公子，不屑持行卷飾竿牘，追風望塵，僕僕于貴人之門，而又不能無所干謁，

〔註74〕〔明〕王一鳴：〈裕州府君列傳〉，收入〔清〕黃宗義編：《明文海》卷508，頁388。

〔註75〕〔清〕錢謙益：〈唐寅〉，《列朝詩集小傳》丙集，頁297～298。

〔註76〕〔明〕李紹文：〈假譎〉，《皇明世說新語》卷8，頁474。

〔註77〕〔清〕錢謙益：〈鄭布衣琰〉，《列朝詩集小傳》丁集中，頁530～531。

〔註78〕〔清〕錢謙益：〈李生至清〉，《列朝詩集小傳》丁集中，頁564。

稍不當意，矢口嫚罵，甚或形之筆牘，多所詆諆，人爭苦而避之。

以是游道益困，卒以窮死。〔註79〕

此類狂士下場悲涼，鄭琰「誤死獄中」、李至清「恃才橫死，身填牢戶」、錢希言「游道益困，卒以窮死」，這實為晚明特有的時代悲歌，真實地反映出知識階層面臨了轉型的困境。然而，此輩士人卻寧可遭遇偃蹇而不願媚然取寵。在此，錢氏形狂論述中的區辨深意，值得閱讀者玩味再三。如其引入湯顯祖（臨川）為李至清《問世集》所作序文，慨嘆李生遭遇悲慘，令人掬一同情之淚；又引入鄒彥吉序錢希言，謂之「雅道淪喪，簡栖（錢希言字）以一布衣居詞壇。忌之者終不勝好之者之口，良有以也」，足見錢氏對這類懷才不遇的狂士，有深度的同情。

由說話者的敘事可知，狂士之傲岸，非形貌表象而已，除了藉此在仕紳（商賈）的面前申張主體自主之外，更是在在有深意地藉行動來區辨仕紳（富貴）之認知層次。這種在心底打量仕紳（富貴）、區辨其認知層次，不也是一種狂士對仕紳（富貴）的觀看？士人託以形狂之表演，公開表述其對仕紳（商賈）的區辨，其意況頗類今日街頭的行動劇，此間隱含著抗議物化、強調主體自主的內在對話。

上述諸例顯示，狂士之倨傲意在區辨出仕紳為皮相、為物慾層次，是以形狂含有鄙視況味。下面這則資料，則指出另一種心態，乃在藉此「烘襯」出仕紳「禮賢下士」的風範。這是王廷陳寫給仕紳大夫的一封感謝信：

青石先生門下，僕辱泥塗久矣！乃於門下深國士之遇，接上客之歡，感何可言！昔信陵君迎侯嬴於夷門，嬴故久立信陵君於市，信陵君執轡愈恭，嬴乃曰：今日嬴之為公子足矣，市人皆以嬴為小人，而以公子為長者能下士也；張釋之為廷尉，王生廷使結襪，或罪之曰：奈何廷辱廷尉，生曰：吾老且賤，自知終無益於廷尉，故欲以此重之，當時莫不重王生，而謂釋之賢者。夫侯嬴、王生，賤士也；執轡、結襪，鄙節也；公子、廷尉，貴人也。以賤士舉鄙節加之貴人，且曰為公子重廷尉也，是知狂生者，大人之資；勞謙者，莫踰之德。由今觀之，我公之不恥下交，加禮巖穴，求之往軌，擬諸前聞，心跡豈詭謬哉！安知他日之誦今，僕不得為驥尾之蠅也？兩辱歲盡之惠，頓使生事昭於農人，春意回於窮谷，而又寵之華牘，獎接出望，

〔註79〕〔清〕錢謙益：〈錢山人希言〉，《列朝詩集小傳》丁集下，頁632～633。

情旨鏤心，誠非鄙生所宜蒙冒，至於宅里之表，猶為林壑之光，短
楮鳴謝，辭不悉恫。〔註80〕

王氏徵引信陵君／侯嬴以及張釋之／王生的歷史典例，運用其中為世人熟知
的象徵意涵，詮釋貴賤尊卑的互動，係以狂士為成就王公大人之資藉。王氏
十分了解，這封信是寫給平日資助他生計的仕紳大夫，當然必須滿足他們對
於「折節下士」、「加禮巖穴」種種美譽的心理需求，但也在表達感謝的同時，
由「狂生者，大人之資」一句揭示狂士處境「物化」的困境，同時似乎也在
那種客氣有禮的言詞中，呈現出二者鴻溝般的心理距離。

識才伯樂與狂士終能誠懇以待、相知相惜，而無須再以倨傲試探誠意、
磨難對方的例子，的確是少之又少。荊州太守徐學謨，以「觀看」暨「說話」
的雙重身分，表述其「物色」宋登春，以及狂士倨傲以待的過程：

嘉定徐學謨〈鵝池生傳〉〔註81〕（案：宋登春）曰：……吳人徐學
謨為荊州守，自往物色之，至再始見。明日，戴紫鐸冠，衣皂繒衫
報謁，踞上坐，隸人皆竊罵之。守為授室城中，約移居日往訪，屬
有參謁，日旰往，生鍵扉臥，不內守，守令人穴垣入。生方科跣，
席一薰僵臥壁下，守強起之，索酒盡歡而罷。〔註82〕

在初訪不得的次日，宋登春戴著紫鐸冠，身穿皂繒衫，報謁後逕踞上坐，無視
太守之存在；後來雖接受徐為其安置的房舍，卻避不出迎。此間仕紳顯然篤信
宋登春乃有才高士，故能終始忍耐狂士種種傲岸行徑，而展現殷切誠意更甚於
前；狂士屢次以傲岸行徑折難仕紳，一旦確認對方認知層次，非浮慕風雅、圖
見皮相，或心繫名利者，而是真正能折節下士、禮遇賢才的伯樂，方才自此定
交。狂士與仕紳，在觀看／表演的相互考驗之下，達成認知上的共識，成就死
生以赴的情誼。《列朝詩集小傳》又載錄了宋登春踐約赴死之義舉：

嘉定縣流寓志云：「徐學謨再起為宗伯，登春來京師，勸以早退，且
曰：『公第歸，吾終就公蹈東海死。』學謨既謝事，登春果來。居二
年，呼舟欲踐前約，學謨與其子弟固挽之，終不聽，乃為詩送之，
登春徑（案：疑為「逕」）去，躍入錢塘以死。

〔註80〕〔明〕王廷陳：〈答翟子〉，《夢澤集》卷17，頁677。

〔註81〕該文原出自〔明〕徐學謨：《徐氏海隅集》（臺南縣：莊嚴文化事業，1997年，
《四庫全書存目叢書》集部別集類第124冊），頁575～578。

〔註82〕〔清〕錢謙益：〈鵝池生宋登春〉，《列朝詩集小傳》丁集中，頁514～517。

此種仕紳／狂士相知相惜的情誼，或許就是徐學謨以太守之尊爲一介布衣宋登春，撰述長篇小傳的內在原因吧！

　　綜上所論，在文藝場域上，狂士「傲岸不群」與仕紳大夫「禮賢下士」的外在形貌，在彼此互置觀看／表演的主客角色後，區辨對象內在心態之認知層次，分判其薰蕕之別，從而採取不同的應對行爲，如下表所示：

表六：觀看／表演的區辨與應動

觀看／主體	表演／客體			狂士（觀看／主體）所採取的應對行為
世人（包括狂士、仕紳大夫、商賈大亨、說話者）	仕紳大夫			
	外在形貌	內在心態的認知層次		
	傾心折節禮賢下士	下下等	物慾層次（以成名利→運用狂士之智慧財產攀附權貴）	傲然以對
		下等	皮相層次（浮慕風雅、好奇觀看）	
		上等	知音層次（主體獨立）	傾心定交
	表演／客體			仕紳（觀看／主體）所採取的應對行為
	狂士			
	外在形貌	內在心態的認知層次		
	傲骨不媚	下下等	物慾層次（故作姿態、意在名利）	黜廢不用
		下等	皮相層次（仿其形貌、故作姿態）	
		上等	眞知有才層次（主體獨立）	傾心定交

說話者經常隱身於敘事之中，故筆者簡化形狂論述中的應動關係，爲表演與觀看二者。倘將此表之觀看者，縮小爲狂士／仕紳彼此的應對，則其區辨互動，可由兩個方向來談，首先，採取狂士爲主的角度來「觀看」，則可由仕紳大夫所表現「禮賢下士」之外在形貌，區辨出對象心態之認知層次，分別爲下下等之物慾層次、下等之皮相層次、上等之知音層次，狂士從而分別以倨傲形狂或傾心定交對應；其次，採取仕紳大夫爲主的角度來「觀看」，則可由狂士「傲岸不群」的表演形貌，區辨出對象心態之認知層次，分別爲物慾層

次、皮相層次以及真知有才層次,仕紳從而採取黜廢不用或誠意益殷以求定交的應對。在負面話語的重重區辨之下,我們可以圈圍出當時所認同的狂士類型,係屬屠隆所謂「形狂而心狂」者,即在傲岸不羈的形貌之外,主體不陷物慾、皮相層次而超然獨立;同時,也相對地圈圍出所認同的仕紳大夫類型,乃是具有折節下士的雅士風範,其精神心術為不陷物慾、不泥皮相的知音層次。

總體而言,說話者形狂論述所展現表演╱觀看二者互動,其間已然由區辨薰蕕的話語策略,將狂士傲岸公卿之舉,深化為更具豐富意涵的高階層次了。

(二)詮釋深意

表演╱觀看╱說話三者,除了以區辨話語分判狂姿逸態的意義層次、重建文化認同秩序之外,也經常取用文化參照系統中的象徵符號,詮釋文化行為的深層意義。如張萱《西園聞見記》載桑悅見按察,長揖不跪:

> 悅詣按察,長揖立不跪,按察屬聲曰:『博士分不當得跪耶?』悅前曰:『漢汲長孺長揖大將軍,明公貴豈踰大將軍?而長孺固無賢于悅,素以面皮相恐寥闊天下士哉?悅今去,天下自謂明公不容,悅曷解官耳。』因脫帽徑出,按察度亡已,乃下留之。〔註83〕

據其所述:桑悅以高自尊大的口吻,援引漢代汲長孺〔註84〕一事,類比當時處境,為一己行為之合理化找到歷史依靠,並由此接軌典例的象徵系統,深化了形狂表象的意涵。除此之外,桑悅更進一步反詰按察之賞鑑能力豈僅僅侷限於皮相層次,並提醒按察當考量世人觀看此事的角度,暗以大將軍之泱泱大度期待之。這即是運用歷史典例所隱含的象徵能量,將博士╱按察之間,那種世俗所認知的卑╱尊懸殊,翻轉成狂士傲岸公卿的局面。此舉最後成功地迫使按察,在審其利害之後,不得不以尊貴之身下階,挽留拂袖而去的桑悅,在此,說話者顯然同意文化參照系統中的象徵符號,足以深化此事之意涵。

綜觀中晚明文藝場域上,世人詮釋狂士行徑的深意,經常援用的文化參照系統中,仍以擬世說體為大宗。由於何良俊《語林》、李紹文《皇明世說新語》一類的編輯方式,已跨出魏晉士人的範疇,前者是將歷來人物(包括魏

〔註83〕〔明〕張萱:〈任誕〉,《西園聞見錄》卷23,頁557。
〔註84〕見《史記》卷120、《漢書》卷50,這些資料指出:汲長孺乃是一名性倨少禮、好游俠、尚氣節的士人。

晉）作分科處理，後者則是將中晚明當代人物擬入該認同體系之中。如此一來，運用擬世說體來詮釋形狂深意的途徑，也就不離此二種型態，其一，將當代人物事跡分科擬入，閱讀者可由總說理解其論述深意；其二，將歷代人物事跡分科擬入。因爲納入的新例證，豐富了文化參照系統的象徵意涵，同時，也提供了新的象徵符號，可資運用於類比狂士之用，這無論是在文藝創作或是文藝批評都可輕易找到例證。

　　詮釋形狂深意的途徑之一，即是把當代狂士納入擬世說體。《世說》，猶如狂士的血統印記，時代新人輩出，一旦被說話者擷選入題、分科定義地載錄其中，即如同在其身上烙上一道深深印痕。而後，再幾經書籍刊刻、轉相傳鈔，「狂士」，便在播散的過程中，成爲該人物普爲眾知的文化身分。

　　姑以《舌華錄》爲例，此書乃是經由曹臣編纂、吳鹿長參定、袁小修評點而後定稿的，故此書中由編纂到參定下總語以及評點，由不同的人，經由多重層次地形成一種集體認知。如曹臣摘錄當代狂士盧柟傲岸公卿之事，納於〈傲語〉一科：

> 盧山人柟初囚濬獄，滑令張肖甫時時問勞，及出犴狴，銀鐺桎梏，猶然拘攣也。山人詣滑廳事，稽首謝，張亟引副署中，從者以盧坐置側，盧謂張曰：『以囚當仆堦前，以客當居上座。』遂據上坐之。〔註85〕

說話者對於狂士行徑的詮解，並未明揭於敘事當中，讀者需回返吳鹿長所撰之分科總論，求索其意：

> 吳苑曰：《易》云：『不事王侯，高尚其志』〔註86〕，此傲也。傲則不臣天子，不友諸侯，雖九有之大，不能屈一介之夫，下此可無論矣！然傲非全德，聖人不取，苟不能完，酌而取之，寧傲不寧媚，則傲之爲偏德也審矣！〔註87〕

吳鹿長援引《易經》所言，深化「傲」的精神高義，傲雖非中庸之德性，但相對於阿諛謅媚，有志之士仍寧可取傲而不取媚。經由吳氏總說的涵括，則《舌華錄》中的盧柟形象，更增添了幾許「不事王侯，高尚其志」那種主體精神獨立不屈的磅礡氣象！

〔註85〕〔明〕曹臣：〈傲語〉，《舌華錄》卷2〈傲語〉第五，頁582。
〔註86〕典故出自《易經》第十八卦「蠱」，其中上九象曰：「不事王侯，高尚其事」。
〔註87〕〔明〕曹臣：〈傲語〉，《舌華錄》卷2〈傲語〉第五，頁580。

這段資料在稍早明萬曆三十八年（1610）《皇明世說新語》，登錄於〈簡傲〉科下，二者文字大同小異，這顯示《舌華錄》之資料極可能轉錄自其他擬世說體，但重要的是，該科別前附有總論，乃是經由曹臣編纂、吳鹿長參定、袁小修評點而後定稿的，這顯示《舌華錄》已較《皇明世說新語》更進一步深化詮釋了盧柟的狂士行徑。也因為這種轉錄與再詮釋，將盧柟「傲岸公卿」的圖像描繪得更具古典歷史的狂士精神了！

此外，曹臣又引入一段徐渭與胡憲宗的對話，納於〈狂語〉下為例：

> 會稽徐渭，嘉靖間為胡梅林公幕客，甚被親遇。胡謂徐曰：『君，文士；君，無我不顯。』徐曰：『公，英雄；公，無我不傳。』又語公曰：『公惠我一時，我答公以萬世。』徐渭真長者哉！〔註88〕

徐渭對於身為幕客的際遇，並無任何委身屈就的卑瑣酸氣，而是意氣滿滿地看重自我，認為所作詩文策疏足以讓胡氏傳世久遠！此段對話所展現的狂士精神，閱讀者可回溯吳鹿長所撰之「狂語」總說，兩相照應：

> 吳苑曰：古人有言曰：『狂夫之言，聖人擇焉』，聖人尚取之，而況其下者乎！夫狂者，視己虛若滿，視人高若下，除一身之外，無足以當雙眸者，其用志不過欲與霄漢比高，瀛海比大，但未省一段已有愈不足之義，此亦豪之亞者。〔註89〕

吳氏引古語標舉狂者，其下種種說解，則意味著例證中的徐渭，其狂語並非表象姿態而已，而是因為有高視自身、志高霄漢的主體精神充擴其間，方足以值得崇許。例子與總說的遙相呼應，將徐渭深深烙印上「狂士」的血統印記。

綜觀上述兩個例證，皆將當代人物事跡納於分科下，由總說定義將該行徑詮釋為具有深度意義的文化行為，這即是一種對於狂士行徑的深化論述。值得注意的是，像《舌華錄》這樣由不同人物來檢選編纂、參定論述、評點，從而形成了一種集體的文學意見，這顯然與前述查繼佐《罪惟錄》之屬，檢選、評論皆為同一人物的情況，有所不同。《舌華錄》的性質，更證成狂士文化身份的編碼，在同一本書中，即有不同人物之多重作用所形構出來的複雜現象。

詮釋形狂深意的另一途徑，則是將歷代人物事跡分科納入擬世說體，為隱喻系統匯入新的歷史能量，此一新符號又輾轉為當世所徵引，運用在形狂深化論述之中。

〔註88〕〔明〕曹臣：〈狂語〉第四，《舌華錄》卷2，頁580。
〔註89〕〔明〕曹臣：〈狂語〉第四，《舌華錄》卷2，頁576。

　　筆者觀察到當時人經常取用來詮釋狂士傲岸公卿、甚至是使酒罵坐的象徵符號，出現「禰衡」這類人物，遂鍥而不捨地追索「禰衡」在《世說新語》中的初始資料，以及中晚明擬世說體中增益附麗的現象，並探討「禰衡」被運用在與狂士相關的文藝創作與文藝批評的情形。

　　值得注意的是，說話者摘錄禰衡之事，其關注焦點不在於重現歷史真實，而在於回應現在生存處境所面臨的認同問題。故筆者所關切的也在於探討，「禰衡」，作為一個象徵符號，它在擬世說體中增益附麗更多相關資料，所引發出來的重重意義：首先，由此符號被擇入擬世說體之科別，可以察見該人物在此時代氛圍中被重點強調之特質是什麼？此外，因分科入題而與《世說新語》相關科別的隱喻系統接軌，其意蘊為何？此外，該事例本身所匯入的歷史能量為何？此例證加入擬世說體，成為象徵符號，再由世人徵引、運用於詮釋狂士行徑之深意，其展衍情形又如何？

　　回溯《世說新語》之中，即載有士人傲岸公卿、藐王公大人的例子，如〈簡傲〉〔註90〕科所載，阮籍在功德盛大、擬於王者的晉文王前，「箕踞嘯歌，酣放自若」；又王平子守荊州，無視太尉時賢送者傾路，逕自脫去衣巾，爬上庭中大樹，取鵲子玩弄，「神色自若，旁若無人」。觀其所描敘的傲岸行徑，重在人物之自若情狀。

　　然而，中晚明以下的狂士，顯然多了許多複雜際遇與情緒，「禰衡」象徵符號的歷史意蘊，恰恰符應了這個時代在認同上的心理需求。集體的認同需求，則展現於該人物被擇入擬世說體所彰顯的特質之上。

　　綜觀中晚明擬世說體所引入禰衡事的敘事重點，大抵環繞在「裸身撾鼓辱罵曹操」及作《鸚鵡賦》明志二事之上。禰衡事見載於《後漢書》〈禰衡傳〉〔註91〕，其故事梗概大致如此：禰衡（173～198），字正平，東漢平原般（今山東臨邑東北）人。少有才辯，長于筆札。然性剛傲物，曹操欲見之，衡自稱病狂不往。操乃召為鼓吏，大會賓客，欲當眾辱衡，衡為漁陽摻檛，音節悲壯，復在操前，裸體易衣，反為衡辱。後又罵操，操怒，遣送荊州劉表。衡又與劉表不合，轉送江夏太守黃祖，復辱黃祖，被殺。禰衡嘗作《鸚鵡賦》，抒發才志之士生於亂世的不平之氣，傳為奇文。至於，禰衡在《世說

〔註90〕〔宋〕劉義慶撰，〔梁〕劉孝標注：《世說新語》卷下·〈簡傲〉第24，1、
　　　　6條。
〔註91〕〔宋〕范曄撰：《後漢書》卷80下·文苑列傳第70下。

新語》正文的記載，亦僅寥寥一則，全文如下：

> 禰衡被魏武謫爲鼓吏，正月半試鼓，衡揚枹爲漁陽摻檛，淵淵有金
> 石聲，四坐爲之改容。孔融曰：「禰衡罪同胥靡，不能發明王之夢。」
> 魏武慚而赦之。

觀其所述重點在褒舉孔融所言，故納于「言語」科，雖附帶提到禰衡漁陽摻
檛〔註92〕之事，但並不是以禰衡爲主要的品評對象。

有關禰衡漁陽摻檛的敘事，在中明以降的擬世說體書之中，被不同的說
話者分別納入何種科別、與何種隱喻系統接軌，的確值得追索。如何良俊，
將禰平正的二則事蹟引入〈輕詆〉科，並於總論深化此行止之意義：

> 或問子西，孔子曰：彼哉彼哉！蓋厭絕之也；至孟子，於管晏猶或
> 輕之，則聖賢亦詆訶人耶？嗚呼！聖賢之心非不欲并包兼容，然是
> 非之公，卒何可掩，不有所貶，後將安懲？〔註93〕

聖賢基於是非而無掩詆訶，如孟子對於管晏的批評，不就如此？執此總論以
觀，禰衡之大罵曹操不是心胸褊狹、缺乏包容，而是欲藉貶損以懲世，從而
明是非之辨。擴而言之，當代狂士之輕詆世物，亦有此深意。

成書於萬曆十六年（1588）的《初潭集》，則將禰衡狂鼓之事載入〈豪客〉
科，其後論曰：

> 不豪則自不達，不達則自非豪，惟達故豪，一也。但世有慕名作達
> 者，似達而非達，亦有效顰爲達者，雖達亦不達。〔註94〕

李贄認爲：如果士人只是浮慕聲名而作意仿效，則形似而失其眞。其下又論
孫叔敖之殺兩頭蛇，並不是先心存「殺蛇爲達」而後殺，而是「自分必死，
故寧我見之而死，不欲後人復見之而死，是之爲眞達也。」在此，李氏顯然
認爲，當由主體精神之眞來肯定「達」的意義，而非由形貌之似而稱之爲「達」。
就李氏《初潭集》而言，其深化形狂的話語策略，也是由總論來區辨詮釋，
從而將其科別下之諸例證事跡，拉高了意義層次。

至於曹臣的《舌華錄》，引入了相關於禰衡的話語二則，納於〈澆語〉下
論之：

〔註92〕「摻」或爲「參」，「檛」又爲「撾」。
〔註93〕〔明〕何良俊：〈輕詆〉卷首語，《語林》卷28。
〔註94〕〔明〕李贄：〈師友七・豪客〉，《初潭集》（臺北：漢京，1982年），卷17，
頁284。

> 吳苑曰：「文章之士有才，其猶天地之有雲露，草木之有花卉乎？才
> 乃上天之所秘惜，不輕易以與人。士有才者，是得天之物，得天之
> 物，安得不狂乎？狂之不已，不輕薄乎？故輕薄乃狂之甚也。蓋文
> 人不必有德，何也？天之所以與我者才耳，而我混混沌沌，是棄天
> 也，棄天之罪，不尤浮於輕薄乎？嗟乎！是亦可畏也。……此亦自
> 天之縱我耳。〔註95〕

有才文士安得不狂？狂而輕薄是才性所趨，說話者曹氏運用「天縱英才」的
說法來合理化文士的輕薄行止，認為世人大可不必以道德禮數苛責之。

再看晚明馮夢龍，則是將禰衡「裸身撾鼓」之事列入〈矜嫚部〉〔註96〕。
他在卷首詮解矜嫚的定義：

> 子猶曰：謙者不期恭，恭矣；矜者不期嫚，嫚矣。達士曠觀，才亦
> 雅負。雖占高源，亦達中路。彼不檢分，揚衡學步。自視若升，視
> 人若墮。狃侮詆諆，日益驕固。臣虐其君，子弄其父。如癡如狂，
> 可笑可怒。君子謙謙，慎防階禍。〔註97〕

「矜嫚」為曠觀達士不自期而然的行止，唯當避免「日益驕固」而招致禍患
的下場，故當以君子之謙謙，防患於未然。卷中同時又引入之中晚明狂士，
如王廷陳、桑悅、盧柟三人，與禰衡並列同科而論，說話者藉此彰顯數子之
間的共通點在於矜嫚特質，也間接運用了禰衡典例的歷史能量，支撐當代狂
士行徑的合理性。

「禰衡」不僅見諸於擬世說體之中，在此之外，晚明清言系論述，也對
此狂士象徵符號，進行深度詮解，豐富該隱喻之涵涉意蘊，如鄭仲夔《冷賞》
所述：

> 禰正平負才凌物，卒以殺身，千古惜之，今考衡當日所嫚罵，特曹
> 瞞、黃祖之流耳。使與元德、孔明諸公相遇，必不作爾態也。且曹
> 瞞之惡，人共含憤而不敢仰視，衡能覿面挫辱，視之不啻一鼠然，
> 不可謂非豪舉矣，今之使氣者有是乎！〔註98〕

〔註95〕〔明〕曹臣：〈澆語〉第17，《舌華錄》卷9，頁652。

〔註96〕〔明〕馮夢龍：〈矜嫚部・禰衡〉，《馮夢龍全集・古今譚概》第十二，頁250
〜251。

〔註97〕同前注，頁231。

〔註98〕〔明〕鄭仲夔：〈禰平正當日〉，《冷賞》（北京：中華書局，1991年，《叢書集
成初編》第2947冊，影印硯雲甲乙編本），卷4，頁74。

他舉用後漢禰衡，來評論今人「傲岸公卿」、「罵坐使氣」的習尚。當時禰衡所罵之人如曹操者，果當該罵；若爲玄德、孔明輩，則必不如此。是故禰衡之「罵」，乃針對惡人而爲，而且是在強權之前慨然傲視的豪舉，豈是世俗「使氣」者所能爲？這即是援用禰衡象徵符號的歷史意涵，從而界定「罵坐使氣」的深義，並區辨「今之使氣者」的層次，澄清當世狂士認同的價值取向。

再者，樂純則撰寫〈罵坐〉一文，以浩然之氣來詮釋禰衡行徑：

> 士君子浩然之氣不可無，匹夫之勇不可有。故忿怒如烈火，名爲阿鼻獄，讀灌夫傳，以使酒罵坐，陷彼兩賢，則匹夫之勇誤之。夫天子輕士善罵，士猶義不受辱，矧以匹夫之勇，妄自托于浩然之氣乎？余謂浩然之氣者，善藏其用者也，剛大可以配天地，直義不可不集養，集養則不見有浩然之跡矣！……禰正平千載狂士，竟以罵𥄤〔註99〕致死，說者謂其勇夫客氣，不知此乃浩然之氣，第直未養、義未集耳。正平知罵亦死，不罵亦死，均死也。與其不罵，爲大兒孔文舉、小兒楊德祖之死，不若罵之以爲後日黃祖之死，故正平至今義氣矯矯，出入人口煩，一罵之力，正平不朽，而罵亦且不朽矣！豈與匹夫之勇，一挫不伸、僥倖避患者等，故君子以正平之氣而善之。〔註100〕

首先，他區辨出匹夫之勇／浩然之氣的高下層次，並指出君子人的主體精神，應當涵養充擴成天地間浩然之氣。倘能集養而藏用，則更可臻至「狂者無狂跡」之上乘境界！唯狂士禰衡，雖現罵坐形狂而招致死難，但並不是徒逞血氣的勇夫。審當時局勢，「罵亦死，不罵亦死」，故「義氣矯矯」，寧一罵赴死而不屈，如此說來，禰衡，誠爲一具浩然之氣的狂者。

此中樂純以「不見有浩然之跡」爲上，這類說法與晚明後期心學、禪學交融的思考模式接近。例如屠隆所言「善狂者心狂形不狂」一類論調，即與之如出一轍；又以孟子浩然之氣論「禰衡」，並彰顯出主體精神充擴所現之人格境界，從而深化了「禰衡」狂士象徵符號的意蘊。

至於運用禰衡符號成爲文學創作的題材，爲當世狂士之生存處境辯解吶喊者，則如徐渭《四聲猿》中的〈狂鼓史漁陽三弄〉。該劇前言即明白交代，戲中人物是把曹操比擬爲當時當權的奸相嚴嵩，而把爲嚴嵩迫害的直臣盧

〔註99〕案：「𥄤」字疑爲「瞞」，指曹操。
〔註100〕〔明〕樂純：《雪菴清史》卷4，頁462。

柟、沈煉等人比作禰衡。徐渭運用擊鼓罵曹的情節，揭露當世政壇之醜惡現狀，抒發胸中不平之氣，其用語描述，假曹操之口屢稱禰衡爲「狂生」，而禰衡罵坐之由，乃是「借狂發憤，推啞裝聾，數落得他一個有地皮沒躲閃」，此中禰衡的「狂士」形象甚爲鮮明，又擺明藉此劇爲當代狂士喊冤申辯，這即是援用文化參照系統中之象徵符號的典型例證，意在爲當世狂士生存困境，作精神上破局而出的衝撞，也因類比禰衡而深化了當代狂士行徑的文化意涵。

據《文士傳》所載：「漁陽參撾，自衡造也」〔註101〕，明代文人則運用「漁陽參撾」與「禰衡」象徵意蘊相通的微妙關聯借題發揮，自陳心跡，如屠隆就作了一首〈漁陽鼓〉，自述壯志不遇的感慨：

> 俺少時也有偌大的志量，秉精忠，立廟廊，奮雄威，出戰場，去擎天捧日作玉柱金梁，然後回頭辟穀休糧，今日裡是天涯風波飽嚐，心兒灰冷鬢兒蒼，因此上撒漫文章，捲起鋒鋩，結束田庄，急收回一斗英雄淚，打疊起千秋烈士腸，猛中酒迷花也沒下場，便吟詩作賦也沒情況。靈臺一點渾無恙，閒思想，且丟卻別人軀殼，早照管自己皮囊。〔註102〕

通篇雖未見禰衡二字，但慷慨悲壯之情則與禰衡有相應之處。

其他關於禰衡故事在明代成爲討論的議題，見載者還有明弘治本《三國志通俗演義》卷五、黃文暘《曲海總目提要》卷五。至於後人以禰衡類比詮釋唐寅狂士之生命情調，如〔清〕尤侗所撰之雜句詩：

> 桃花塢，中有狂生唐伯虎。狂生自謂我非狂，直是牢騷不堪吐。漸離筑、禰衡鼓，世上英雄本無主。梧枝旅霜眞可憐，兩袖黃金淚如雨。江南才子足風流，留取圖書照千古。且痛飲，毋自苦！君不見可中亭下張秀才，朱衣金目天魔舞。〔註103〕

唐寅宣稱自己並非喪失理性之病狂，佯狂只因滿腹牢騷不堪吐。尤氏指出此種處境與禰衡、高漸離一類失路英雄無異，如此困頓之情，不如痛飲酒，聊以慰藉罷了。這類詩文的說話者，假之以投射自我情感的意味甚濃，也足見「禰衡」典故已爲世人熟知，以之詮解狂士處境，則妥貼而又深具涵義。此

〔註101〕〔梁〕劉孝標注中引入，見徐震堮校箋：《世說新語校箋》（北京：中華書局，1999 年 2 月），〈言語〉第二，頁 35。

〔註102〕〔明〕屠隆：《娑羅館逸稿》（臺北：藝文印書館，1965 年，「寶顏堂祕笈」本），卷 1。

〔註103〕收入《六如居士全集・外集》卷 5，頁 321。

刻說話者筆下描繪的唐寅，其重點顯然不是風花雪月的浪蕩子，而是困厄潦倒不爲世知的失路英雄！

（三）標舉境界

形狂深化論述中，其最高層次的話語策略，即是彰顯狂士主體精神及人格境界。

例如弱冠即登朝，後於嘉靖三十五年（1556）寓居下僚的王世貞，即曾憤懣不平地藉文字表述自我，標舉傲士的主體精神與人格境界。雖然，大部分的狀況是王世貞以其文壇鉅子的身分，爲中明狂士撰文褒舉（如《藝苑巵言》所爲）；有時候，他個人也不見得爲當時狂士所認同（如徐渭不入其牢籠）。但他自己對於「傲士」，卻是十分崇許讚揚的，這由他曾經撰寫的這篇〈傲士贊〉，可見一斑。

文中藉由與客對答的形式，呈現出世俗時人所認知的「傲士」，無非是著眼於「闞武鷹視，不置長安睫間」且「使酒罵座，抵掌談說世事」的外在姿態；世人基於此種觀念所贈與的「傲士」之名，王世貞當然要忙不迭地辭謝，並毫不客氣地提出質疑：「即使酒罵座與世齷齪爭長，豈眞能爲敖者？」，如此區辨薰蕕之後，博學瞻問的王世貞擷選歷史上具有「剛直忤時」特質的人物，來模塑個人價值認同的「傲士」譜系與圖像：

> 夫客亦知禰正平（衡）耶？其人得敖（傲）之粗而遺其精；中散（嵇康）色絕喜愠而非湯武，其人得敖（傲）之體而遺其用；文舉（孔融）調忽曹氏、仲翔（虞翻）骯髒〔註104〕孫公，其人取敖（傲）之偏而忽其全；楊侍中（楊修）之盤馬，王平子（王澄）之探齪、蠐虎（王恬）之沐頭、僧達之擲坐，其人竊敖（傲）之似而悖其眞。
> 吾所謂敖（傲）者，老子而下七人耳。〔註105〕

王氏歷數史籍載錄剛直忤時的人物，率性地加以品評，由負面用語——「遺」、「忽」、「悖」，削出「傲士」的粗胚輪廓——當是精粗、體用、全眞兼備的，所以王氏認爲禰衡、嵇康、孔融、虞翻、楊修、王澄、王恬等人，都只得「傲士」精神之偏。

值得取法的「傲士」並不現存於世，則需說話者由各各典型中取其認同

〔註104〕ㄎㄤˋ、ㄗㄤˋ，高亢婞直貌。
〔註105〕〔明〕王世貞：〈敖士贊〉，《弇州四部稿》（上海：上海古籍出版社，1993年6月，影印「四部明人文集叢刊」第1280冊），卷101，頁618～619。

部分，全憑己意地拼貼、組裝出一個全新而具個人創意的「傲士」圖像：有老子之「玄」、柳下惠之「和」、列子之「狎」、莊子之「逍遙」、魯仲連之「泯」、東方朔之「同」、阮籍之「默」等等，匯聚諸流、並陳交織出玄遠超曠的傲士圖像，例如王氏認同阮籍之處在於「默」，其說如下：

> 阮氏籍者，以醉自匿，謔浪天地，陶然眞則，箕踞放曠，見憎禮法，
> 口無雌黃，眼乃青白，請諡以敖（傲），厥敖（傲）在默。

饒龍準先生曾論及，明人在老莊哲學中得不到虛靜，而傾向於其放浪不羈的精神性格，饒氏以爲這是明人追求典範不得而呈現的「失落」狀態〔註106〕，但本文論點恰與饒說相左。筆者以爲：依當時人的主觀心態而言，並不認爲那是一種失落，因爲王氏之意不在於複製古人原貌或回溯歷史過去，而是取用老莊玄默虛靜注入「傲士」爲其意蘊之一端，再由「狂誕爲跡，玄遠爲心」內外兩途，勾勒出一幅「傲士」圖像，此間充分突顯個體創意與率性抉擇，人人所取用的認同部分或有異同，如此殊異的成分下拼貼、組裝出來的傲士圖像自是有別。

此外，自稱異端的李贄，也嘗表述「我骨氣也像李膺」（李膺爲東漢名士），此外，他還撰有〈高潔說〉長篇大論，絮絮辯解一己之倨傲實爲本性高潔所致：

> 余性好高，好高則倨傲而不能下。然所不能下者，不能下彼一等倚勢仗富之人耳；否則稍有片長寸善，雖隸卒人奴，無不拜也。余性好潔，好潔則狷隘而不能容。然所不能容者，不能容彼一等趨勢諂富之人耳；否則果有片善寸長，縱身爲大人王公，無不賓也。能下人，故其心虛；其心虛，故所取廣；所取廣，故其人愈高。然則言天下之能下人者，固言天下之極好高人者也。余之好高，不亦宜乎！能取人，必無遺人；無遺人，則無人不容；無人不容，則無不潔之行矣。然則言天下之能容人者，固言天下之極好潔人者也。余之好潔，不亦宜乎！今世齷齪者，皆以余狷隘而不能容，倨傲而不能下，謂余自至黃安，終日鎖門，而使方丹山有好個四方求友之譏；自住龍湖，雖不鎖門，然至門而不得見，或見而不接禮者，縱有一二加禮之人，亦不久即厭棄。是世俗之論我如此也。殊不知我終日閉門，終日有欲見勝己之心也；終年獨坐，終年有不見知己之恨也，此難

〔註106〕氏著：《明代隆慶萬曆間文學思想轉變研究——詩文部分》，頁11。

與爾輩道也。〔註107〕

當時醒龊之士，皆認爲李贄乃「狷隘不能容，倨傲而不能下」者，李贄則辯解一己行徑實含有區辨意味，所不能容與不能下之對象，乃是「倚勢杖富」、「趨勢詔富」一等人。倘若對象具有「片善寸長」，無論是賤爲隸卒人奴，或是貴爲大人王公，無不禮敬之。是以，雖終日閉門獨坐，貌似孤僻，但非不欲見人，而終始有欲見勝己之心，有不見知己之憾。

李贄此說高自尊重，但非目中無人，而是有所取擇、有所區辨。且其說打破「傲岸」的古典義，並非只針對王公貴人，而是審諸對象之主體精神，一有「片善寸長」，則禮敬有加，此說顯然已跨越世俗身分階級的種種藩籬，有開闊明朗之氣勢。

至於「寧爲天地間畸人，不願爲天地間俗士夫」〔註108〕的屠隆，嘗自述其狂士生命型態，爲《皇明世說新語》引入〈任誕〉科下：

> 屠隆自言才卑而氣高，言誕而行潔。席門窮巷，炊玉然桂，驅車回轅，懷刺滅字。絕三臺之跡，卻五侯之鯖，寄東方之傲，守子雲之玄，寧爲顏駟，毋爲虎圈；寧爲崔駰，毋爲狗監。鳳閣雖榮，不獻翠華，雞香可羨，不奏明河，雲霄無路，不進鬱輪，泉石可盟，不抱荊璞，以此誨妬，亦以此得名。〔註109〕

《列朝詩集小傳》則引入另一則資料來說明屠隆不與俗偕的性格：

> 長卿答友人書，自敘其所作，以爲姿敏而意疏，姿敏故多疾給，意疏故少精堅，束髮操觚，睥睨一世，長篇短什，信心矢口。〔註110〕

屠隆的文集中，則自稱傲骨與吳習不稱：

> 自抵吳中，吳中事體與江以北大異，雅不與性相宜。吳中之俗好虛浮，而不肖簡直；吳中以將迎儇巧爲通人，而不肖身有傲骨。又不幸早竊文字虛聲，而此中爲詞人遊士之藪，眞贋相錯，且多吳越故鄉，門中之刺，日滿一切。屏門卻掃，即多失望而去，橫作口語；廣爲延納，采浮獵譽，易生悔吝。三吳外號腴壤，中實枵虛，民貧

〔註107〕〔明〕李贄：《焚書》卷3，頁105。

〔註108〕〔明〕何三畏編著：〈青浦令赤水屠侯傳〉，《雲間志略》（臺北市：明文書局，1991年，《明代傳記叢刊》第145冊），卷4，頁265。以下本論文徵引此書皆同此版本。

〔註109〕〔明〕李紹文：〈任誕〉，《皇明世說新語》卷6，頁408。

〔註110〕〔明〕錢謙益：〈屠儀部隆〉，《列朝詩集小傳》丁集中，頁445～446。

　　賦重，詐僞萌起。〔註111〕

屠隆自言生性簡直、傲骨不諛，與吳地崇尚虛浮、以「將迎儇巧爲通人」的
習尚，方圓枘鑿。屠隆並不因爲大環境的主流價值取向而左右搖擺，他在區
辨之中，呈現出獨立的認同判斷，這即是狂士傲骨的精義所在——展現無取
媚世、獨立自主的主體精神。

三、小　結

　　透過種種的話語策略，說話者成功的將狂士行徑，深化爲一個具有區辨
意識以及人格境界的文化行爲。這當中，我們將可以得知狂士最重要的，即
在於主體精神的確立〔註112〕，所有的區辨以及認同，最終都指向這一軸心。
本節所歸納出來的話語策略，將有助於研究者在探討說話者如何論述其他狂
士特質之用，並幫助我們釐清中晚明狂士的複雜多元，其實並非集體墮落、
全然淪喪的局面，至少，有此種強烈的區辨意識指出主體精神的重要，這那
就是在濤濤濁流中，一股難能可貴、向上提昇的力量。

〔註111〕〔明〕屠隆：〈奉劉觀察先生〉，《白榆集》（臺北市：偉文，1977年9月《明
　　　　代論著叢刊》）卷6，頁308。
〔註112〕龔老師鵬程則在口試時指出，他認爲狂士最重要的是他的才華，有了才華，
　　　　狂士才有狂的本錢，才能騁才使氣。這個觀點，甚有助於本論文之後續發展。

第三編　耽溺與超拔的辯證

引　言
——「心態」研究之切入面向

　　細究今人構築中晚明狂士圖像的重點，大抵不離「文化場域」以及「外在形貌」兩個面向：論者探討出狂士族群的活動場域，間或爲周遊歷覽的山水自然，但主要的，仍以開展客遊型態的城市爲場景；此外，論者也歸納出狂士外顯姿態的幾個特徵，大抵是高材自負、傲岸公卿、嬰情酒德、放意聲色等非名教所能羈絡的狂誕行止，這則成爲場域觀看者辨識狂士的一種標幟。這兩個面向的探討，在本論文第二編第二章中已經觸及。該章論述取徑，即是根據歷來說話者所再現的狂士記憶，勾勒出一幅充滿文化想像的人造合成「狂士圖像」〔註1〕，其中已涵攝了場域與形貌所涉及的重點問題。

　　然而，僅僅憑持這兩個面向，卻還不足以作爲一個「知識社群」的有效判定。尤其是，在中明中葉以降，傳統社會秩序下所謂「士農工商」的社會身分，已無法界定那些邊緣化布衣士人的紛雜狀態，這更加深了以「文化場域」與「外在形貌」評判社群的困難度。

　　這點可由明代轉型期「非仕文人」〔註2〕階層的生成，見微知著地察見問

〔註1〕詳見本論文第一編第二章「歷時個案的漸進積累」。

〔註2〕明代「非仕文人」有棄儒以「山人」起局者，相關論述見筆者：《晚明文藝社會「山人崇拜」之研究》，收入《師大國文研究所集刊》第 39 號（臺北市：國立台灣師範大學國文研究所，1994 年 6 月）；以及陳國棟：〈哭廟與焚儒服——明末清初生員層的社會性動作〉，《新史學》3:1（1992 年 3 月），頁 63～94 等；陳寶良：〈晚明生員的棄巾之風及其山人化〉，《史學集刊》2000 年 02期；趙軼峰：〈山人与晚明社會〉，《東北師大學報》（哲學社會科學版）2001年 01 期等論文。至於「棄儒從賈」的型態，在史學界之研究已蔚爲大觀，諸

題。倘若簡化地由「非仕即隱」的二元架構，去吸納來自歷史積澱的「隱」意涵，則可由明人論「隱」之豐富意涵與價值取向之多元並陳，察見此一階層所衍生型態的複雜性質。如晚明袁宗道（1560～1600）在〈論隱者異趣〉〔註3〕一文中，長篇累牘地列舉出史載的隱型態——其中有「清／濁」「靜／動」「窮／富」二元對舉型態；也有「會」、「賈」、「屠」、「巫」、「傭」、「倡」、「卒」等市井身分爲外貌者。明代這類「隱」論述可說是俯撿即是，這顯示文人急於向內召喚自身的文化記憶，重新整理、分類、組合，以作爲因應當時處境、抉擇生命型態的依準。

由此可見，中明以降活躍於江南的「非仕文人」，他們在選擇生命型態的出路上，不但衍生出各種外持身分，而且隨順主體價值觀之歷時轉變，充滿跨越各傳統階層的自由。選擇「狂士」爲文化認同的士人，其身分並不爲「儒生」所限，而可能呈現或屠、或傭、或卒、或賈的複雜外貌，且得以自由出入市井集會、歌樓酒館、或仕紳宅園等等不同的文化場域；相對的，這些文化場域，也吸納了來自各階層的流動人物，故並非「狂士」才可以出入。職是之故，研究者雖有必要速寫一幅士人活動的「文化場域」作爲背景，但論者卻不宜逆向操作，簡化地概括此場域中人皆爲同質類型〔註4〕。

再者，外顯的「狂姿逸態」，雖有助於論者在同一「文化場域」將「狂士」區分出來，但晚明文藝社會的傳播機制中，仿擬「形狂」早已蔚然成爲一種流行現象〔註5〕，倘若論者僅僅以「形狂」來劃定狂士族群疆界，將陷入研究

如余英時、陳學文等文章可供參佐。

〔註3〕〔明〕袁宗道著，錢伯城標點：《白蘇齋類集》（上海：上海古籍出版社，1989年6月）卷21，頁295～296。以下本論文徵引此書皆同此版本。

〔註4〕筆者此處所意欲探討的，是有關區域文學及區域文人型態的研究應當進一步釐清的概念。例如：明中葉「狂士」雖有出於吳中者，但當時吳中之主流文人型態豈是「狂士」一流？反之，明「狂士」豈盡皆出於吳中？關於前一問題，據筆者所考：如文徵明一類風雅的士人，應當較符合主流價值所認同的文人型態，至於狂士如唐寅、桑悅、張靈、王廷陳者，卻是屬於邊緣文人，不僅屢逢訓斥，有些更不幸的，還遭到黜廢下獄。大體來說，狂士在明中葉仍未眞正受到普遍正視；關於後一問題，則顯然於楚、北地皆有狂士，如王廷陳、楊愼、盧柟者，故「狂士」並非吳中所特有。綜上所考，一來並非主流型態，二來非吳中所特有，而吳中地域文人型態似乎不宜概括僅爲「狂士」一類型。若依認同取向而言，〈文苑〉科下風流儒雅的士人，才是吳中如閣起山、文震孟等人亟欲構築的正統。詳論可參見本論文第一編第一章「一、地域認同的收編書寫」。

〔註5〕近世學者亦察見此種複雜的末流現象，如曹淑娟論及性靈小品寫作的時代意

對象同質性不高的困境。

　　根據筆者考察，當時文人即已論及狂士現象的複雜多元，如中明士人屠
隆，就曾經回顧總角年少到青浦爲官數十年間的劇變：

　　隆總角時，見士子猶多醇謹，間有一二猖狂放逸者，同輩且駭笑非薄
　　之，今則自號竹林，動託嵇阮，使酒罵座，少年而凌父兄，袒跣呼號，
　　白日而行都市，人人皆然，在在皆有矣！此士子之俗壞也。〔註6〕

據屠隆所述：中明到晚明的士子風尚，逐漸由醇謹質樸轉變爲猖狂放逸，甚
至到了晚明，放眼所及，滿街滿巷到處都是假託嵇康、阮籍，藉以使酒罵座
的狂態士人。讀者可以輕易地由上述文字中，感受到撰者對於士俗敗壞的沉
重心情。倘不細究說話者屠隆的生活行徑，讀者恐怕很容易誤解這番話，認
爲屠隆乃是一位反對形狂的禮法之士。

　　然而，根據史籍所載，屠隆的形象是「嘗以仙令自許」〔註7〕、「好交遊，
蓄聲妓」〔註8〕、高言「吾寧爲天地間畸人，不願爲天地間俗士」〔註9〕的任
誕名士，這與上述士風敗壞者的外在狂態兩相對照，並無明顯分別；如此說
來，此處以「善狂」〔註10〕自許的屠隆所欲批評、區辨的焦點，顯然並非僅
僅著眼於「形狂」一事。

　　令人好奇的是，究竟屠隆自我價值認同中的「眞狂士」，與他所亟欲區隔
的那類僞狂士人，差別何在？他所認同的「眞狂士」，又與市井街坊中袒裸跣
足的屠沽乞兒，有何殊異？面對當時眾聲喧嘩的狂士亂象，屠隆自有一番辨

義時，提到由陽明學下至晚明士人，頗熱切於狂狷鄉愿之辯，然曹氏反省到
其中隱藏之危機：「王門諸子辯狂狷鄉愿已隱伏二種傾向：一爲由信持良知
的狂者胸次發展但任意氣的任俠行徑，二爲由不得不中行寧爲狂狷發展爲矜
持狂者姿態。影響所及，晚明文壇亦不免有作假猖狂，放逞意氣的現象，徒
冒性靈之名，而唯求標新立異，發爲文字，流爲侮慢浮誇，反而旣不眞，亦
不可愛了。」見氏著：《晚明性靈小品研究》（台北市：文津，1988.7）頁121
～126。
〔註6〕〔明〕屠隆：〈鴻苞‧正風俗〉，《鴻苞》（臺南縣：莊嚴文化事業，1995年，《四
　　庫全書存目叢書》子部第89冊），卷7，頁22。以下本論文徵引此書皆同此
　　版本。
〔註7〕〔清〕徐乾學等撰：《徐本明史‧列傳》（臺北市：明文書局，1991年，《明代
　　傳記叢刊》第103冊），卷288列傳176。以下本論文徵引此書皆同此版本。
〔註8〕〔清〕錢謙益：〈屠儀部隆〉，《列朝詩集小傳》丁集上，頁445。
〔註9〕〔明〕何三畏編著：〈青浦令赤水屠侯傳〉，《雲間志略》卷4，頁270。
〔註10〕〔明〕屠隆：〈辯狂〉：「善狂者心狂而形不狂，不善狂者形狂而心不狂」，《鴻
　　苞》（《四庫全書存目叢書》子部第90冊）卷44，頁132。

析：

> 嵇阮曠達，外露狂態，內秉玄心。今之優孟兩公者，無復玄心，徒
> 有狂態爾。把碑碟淋漓時，眼空天地；遇小得失，便改常度，步兵
> 見之，令當嘔去。大將軍欲與步兵婚，大醉百日不得言而止，即此
> 事，今人能之不？籍（疑爲籍）戒阮渾曰：『仲容已預之，卿不得復
> 爾』〔註11〕，夫市上袒跣屠沽兒皆嵇阮耶？〔註12〕

他認爲：魏晉名士嵇康、阮籍的曠達超邁，並非只是外顯狂態而已。當年阮
籍與阮咸叔姪二人，共入竹林，雖然阮咸處處仿效阮籍，但還稱得上是「有
疾而爲顰者」〔註13〕。至於後來元康時期的「八達」〔註14〕、「四友」〔註15〕，
充其量只不過是東施效顰、「徒貴貌似」〔註16〕，即屬於下下一類。此處屠隆
挪用阮籍告誡兒子阮渾的話語來箴砭時人，亟欲澄清的是——士人切勿以不
飾小節，復擬風流外貌。因爲徒然於形跡上仿擬，只能成就個市井屠沽、醉
漢浪子。倘能回溯源頭，著重主體精神之提昇，刊落種種俗世牽累，方能成

〔註11〕 典出《世說新語》〈任誕〉：「阮渾長成，風氣韻度似父，亦欲作達，步兵曰：
『仲容已預之，卿不得復爾！』」

〔註12〕 〔明〕屠隆：〈庚亮〉，《鴻苞》（《四庫全書存目叢書》子部第89冊）卷11，
頁88。

〔註13〕 戴逵雖常以禮法自處，然亦倡言玄心，嘗痛批仿擬放達而無內在精神實質的
人誠爲「紫之奪朱」，是亂象之所由在。對元康諸人仿竹林事的評論，見〈放
達爲非道論〉一文：「是猶美西施而學其顰眉，慕有道而折其巾角。所以爲慕
者，非其所以爲美，徒貴貌似而已矣！夫紫之亂朱，以其似朱也。故鄉原似
中和，所以亂德；放者似達，所以亂道。然竹林之爲放，有疾而爲顰者也，
元康之爲放，無德而折巾者也，可無察乎！」見《晉書》卷94列傳第64「隱
逸」〈戴逵〉傳，鼎文版，頁2457～2459。

〔註14〕 「八達」之說見楊家駱主編：《新校本晉書附編六種·光逸傳》，頁1384：「初
至，屬輔之與謝鯤、阮放、畢卓、羊曼、恒彝、阮孚散髮裸裎，閉室酣飲已
累日。逸將排戶入，守者不聽，逸便於戶外脫衣露頭於狗竇中窺之而大叫。
輔之驚曰：『他人決不能爾，必我孟祖也。』遽呼入，遂與飲，不捨晝夜。時
人謂之八達。」

〔註15〕 「四友」則見載於楊家駱主編：《新校本晉書附編六種·王戎傳》，頁1239：「實
王敦、謝鯤、庾凱、阮修皆爲衍所親善，號爲四友，而亦與澄狎，又有光逸、
胡毋輔之等亦豫焉。酣燕縱誕，窮歡極娛。」又劉孝標注載入王隱《晉書》之
文：「魏末，阮籍嗜酒荒放，露頭散髮，裸裎箕踞。其後貴遊子弟阮瞻、王澄、
謝鯤、胡毋輔之之徒，皆祖述於籍，謂得大道之本。故去巾幘，脫衣服，露醜
惡，同禽獸。甚者名之爲通，次者名之爲達。」見〔宋〕劉義慶著，徐震堮校
箋：《世說新語校箋》（北京：中華書局，1999年），第一〈德行〉，頁14。

〔註16〕 《晉書》卷94列傳第64「隱逸」〈戴逵〉傳，鼎文版，頁2457～2459。

就一番玄遠曠達的胸懷境界。

由此說來，狂者之眞僞（價值）分判，就在於玄心之具有，而不在於「形狂」之外現。倘若主體精神具有玄遠超曠的境界，那麼，是否外顯狂姿逸態，就都成了次要的了。綜觀此處屠隆所言之「玄心」，顯然已經由「心態」的一般定義，更進一步涵攝了主體精神超然無累的玄遠境界！

綜上所述，研究者若能把握「心態」爲區辨現象、品鑑人物的關鍵，同時了解到其中意義之多層次特質——除了精神心術之外，應當更進一步涵攝了主體彰顯、臻至美感的境界，方才足以在複雜現象之中，區辨薰蕕層次、再現一套晚明人所建構的認同文化。這對狂士族群的判定而言，筆者所提供的，則是是在「文化場域」與「外在形貌」兩個面向之外，一套依循明人內在認同而加以區辨的有效判準。

區辨之必要——雲月是同，溪山各異，不可不辨也。

這種「心態」的表彰聲明，代表了此類知識社群的區辨與認同，實起始於文人內在的自發覺知，而並非今人擅自強加的論述框架。

這種自覺的區辨意識，在文人發展史上，已有悠遠脈絡。蓋自古不遇文人沉淪下僚，多半持有「英雄有屯邅，由來自古昔。何世無奇才，遺之在草澤」〔註17〕的心態，一則自況處境之窘迫，一則藉此自許英雄，由主觀「心態」的面向，將自己與同一時空場域中那些庸庸碌碌的他類區隔開來。這種區辨意識，在明代狂士身上，尤爲明顯，這或許緣自於高才自負、自我期許使然，例如袁宏道，他在參加進士考落榜後，就曾經撰文自表人生態度：「鳳凰不與凡鳥共巢，麒麟不共凡馬伏櫪，大丈夫當獨往獨來，自舒其逸耳，豈可逐世啼笑，聽人穿鼻絡首！」〔註18〕此中凸顯自己高亢傲岸、睥睨人世的狂態，比起那些隨俗偃仰、任人宰制的奴才，自有天淵之別。

然而，此種心態上的區辨意識，實應謹慎留意，避免陷入論述上的泥沼——仗恃文化知識的優越感，對所欲區辨的對象施予言語上的非毀，並將之排擠〔註19〕至邊緣，「異化」爲客體。

〔註17〕〔晉〕　左思：〈詠史〉第七，《左太沖集》（清宣統三年（1911）無錫丁氏排印本），頁14。

〔註18〕〔明〕袁中道：〈吏部驗封司郎中中郎先生行狀〉，《珂雪齋集》卷18，頁756。

〔註19〕可參見葉永文：《排除理論＝Exclusion Theory》（臺北市：揚智文化，1998年）一書。

　　狂士屠隆認爲：跨越此一泥沼的可能途徑，就端視於主體是否有「不局於人我」的自覺：

> 夫人品不同如此，皆有可貴。故聖門高第列爲四科，不得中行，遂思狂獧。……後世各分形骸，各立門戶，苟與己不同格調，非毀排擠，必勝而後已！是局於人我而不見大，亦甚矣！〔註20〕

倘若僅僅是黨同伐異的意氣論斷，一味針對非我族類，作非理性的攻訐與詆毀，那不過是固著成見、陷溺於排他情緒罷了，更不用談什麼解脫自在了。

　　職是之故，狂者初始的亟欲區辨，其目的在於內在地釐清價值認同，以淨化作爲自我理想的「狂士」象徵系統，其用意並不在塵世的人我分界上執著。所有的區辨，應指向澄清價值認同中必要的擺脫，如此跨越，始得以見「大」者——主體超然無累、游心任運的境界。

　　在披覽明代士人書寫自我、自剖心態的作品（諸如自贊、自傳以及與友人往來尺牘中）時，筆者發現：不僅士人本身之主觀「心態」上，有此「區辨」的自覺意識；以「知音」「伯樂」自許的賞鑑者，也多循從「由形而心」的閱讀路徑，去感受「作品」或「外在行徑」下，眞正展現該人物全幅生命的才情與主體感受。以故，筆者再現這套依準時，也依循把握該人「心態」、以與塵機纏縛之庸眾區辨的論述路徑，從而凸顯該狂士主體精神特出之處。

　　是以「狂士」雖現身於公共場域——或爲公卿貴人的園林宴會，或爲市井街巷中的歌樓酒館，或爲隱逸高士棲身的崇山峻嶺；但在他自持心態的區辨與自我身份的界定上，「狂士」既不是「隱者」，也不是「市井小販」，更不是「富貴利達者」。

　　就舉明代狂士多半涉足風月的顚行放舉〔註21〕來說，例如獲罪謫居的楊

〔註20〕〔明〕屠隆：〈人品〉，《鴻苞》（《四庫全書存目叢書》子部第89冊）卷9，頁45。

〔註21〕明代狂士懷才不遇而縱意酒色者甚夥，上焉者調笑聲色於自家園林，如李開先、屠隆；下焉者則涉足歌館酒樓，如唐寅、祝允明。例如王世貞載錄祝允明「爲人好酒色六博，不修行檢。……多醉伎館中。」見氏著：《藝苑卮言》卷6，又收入《弇州山人四部稿》卷149；明人看待這些失意文人的酒色行徑，多半以「意在耗磨壯心」詮解之，再舉一例爲佐證，如袁中道描述梅國楨（1542～1605）：梅生因久滯公車，無意仕進，遂於裙簪間尋求自適生活：「調笑青樓，酣歌酒肆」，而「識者固知公愛憐光景，耗磨壯心，與俗浮沉，不用繩檢。而外夷內朗，宏量沉機，眞謝安石、張齊賢之流也。」見〔明〕袁中道：〈梅大中丞傳〉，《珂雪齋集》卷17，頁711～712。

愼，「在瀘州，嘗醉，胡粉傅面，作雙丫髻插花，門生异之。諸妓捧觴，遊行城市，了不爲忤」〔註22〕；又如放廢歸家近三十年的李開先（1502～1568），「置田產，蓄聲妓，徵歌度曲爲新聲小令」〔註 23〕；再者，削秩免歸的王廷陳（1462～？），「屏居二十餘年，嗜酒縱倡樂，益自放廢」〔註 24〕。這三位士人，皆與其他消費者置身於同一個「文化場域」──歌館酒樓〔註 25〕，賞鑑者將從何區辨之？

倘若賞鑑者僅僅由「形跡」觀之，那麼這些狂士的行止實無異於一般的沉湎醉客、浪蕩子弟；但若能細究其該人物自持的「心態」（精神心術以及蘊含之美感境界），則可發現，該人物著實具有與他類判然有別之處。而此種主觀「心態」的區辨意識，不單單是來自賞鑑者所具有，就狂士本身而言，也顯然具有高度的主體自覺，這也就形成場域上眾多區辨薰蕕的狂士論述。

首先，就狂士而言，藉區辨以自表心旨者，亦不在少數。如中明時期的李開先，在士夫之間素以「放」聞名，然而，他自忖生命型態的殊異處，正在於人所不知的深味：

> 僕之蹤跡，有時註書，有時摛文，有時對客調笑、聚童放歌，而編
> 捏南北詞曲，則時時有之。士大夫獨聞其放，僕之得意處正在乎是？
> 所謂人不知之味更長也。〔註26〕

〔註22〕〔明〕李紹文：〈任誕〉，《皇明世說新語》卷 6，頁 396～397。

〔註23〕〔清〕陳田輯：〈李開先〉，見《明詩紀事》（臺北市：明文書局，1991 年，《明代傳記叢刊》第 14 冊），卷 9「戊籤」，頁 125。類似記載見〔明〕殷士儋：〈翰林院提督四夷館太常少卿李開先墓誌銘〉：「乃闢亭館，招致四方賓客，時時以其抑鬱不平之狀，發之於詩，尤好爲金元樂府。」該文收入〔明〕焦竑輯：《國朝獻徵錄》（《明代傳記叢刊》第 112 冊），卷 70，頁 520～521；又被節選載入〔清〕錢謙益：〈李少卿開先〉，《列朝詩集小傳》丁集上，頁 377～378。

〔註24〕〔清〕錢謙益：〈王裕州廷陳〉，《列朝詩集小傳》丙集，頁 359～360。

〔註25〕酒樓、歌館、茶坊是自宋代以來城市中士夫文人經常涉足的文化場域，它提供約會招待、宴請親友等種種社交活動的處所。其中多有女子靚妝迎門、爭妍賣笑者，如歌館即妓館，或在名稱有別而暗藏春色者如「花茶坊」、「庵酒店」，詳見楊寬：《中國古代都城制度史研究》（上海：上海古籍出版社，1993 年 12 月），頁 388～391；至於明代市鎮茶館文化的概觀，則可參見樊樹志：《明清江南市鎮探微》（上海：復旦大學出版社，1990 年 9 月），頁 279～283；學者王鴻泰則指出：酒樓與茶館爲消費空間，道德感較強烈的士大夫多以此爲敗德的場所，然而新興的文化亦多由此滋生，見氏著：《流動與互動──由明清間城市生活的特性探測公眾場域的開展》（臺北市：國立台灣大學歷史學研究所博士論文，1998 年 11 月）。

〔註26〕〔明〕李開先：〈寶劍記序〉，《李中麓閒居集》（臺南縣：莊嚴文化事業，1997

他悵然慨嘆：常人多凡耳俗目，只觀看到放浪行跡，而未能契入主體、得其心旨。

至於楊慎，則曾經自述放情賞物的箇中曲微：

> 故無寧效昔人放於酒，放於賞物。……亦聊以耗壯心、遣餘年。若所謂老顚欲裂風景，不自洗磨者，良亦有之。〔註27〕

他曾滿懷壯志、亟於用世，後來卻遭逢貶謫，無由發展，於是，才會假藉放廢酒色，聊以耗遣時日。這類狂士著意彰顯「不知之味」、「良亦有之」的「心態」，在在針對那些留連表面光景的觀看者，強力透露出一己行徑之「符號」（Signifer）背後，具有更值得一探究竟的深意「符旨」（Signified）。其深化自我行徑、召引世人注目焦點轉移之意欲，至爲明顯。

其次，明人在識人辨物的賞鑑方面，則十分強調「具眼」能力。舉凡能辨析外在形跡之下的衷心旨意者，方可稱之爲「具眼」人。如袁宗道〈不肖〉條所言：

> 非眞正具眼豪傑者，豈能賞識於牝牡外乎！然不器不肖，所謂大才，世不恆出，其近似者，則漢武帝所謂踸弛之士是已。其人往往狂妄任達，不拘繩墨，亦非肉眼所能輒賞。如陳平一縣盡笑；羅友好伺人祠，往丐餘食；狄梁公縱博朝堂，褫佞倖裘；張齊賢前揖群盜，乞食受金；寇萊公飛鷹走犬，致母投鍤流血。嗟夫！此等行徑，似未可向致堂諸公道也。〔註28〕

他指出：所謂踸弛之士，往往狂妄任達、不拘繩墨，就拿陳平、羅友、狄梁公等人的行徑來說，實在和乞兒賭徒無甚差異；至於張齊賢，甚至說出「盜者，非齷齪兒所能爲也，皆世之英雄」〔註29〕一類的狂放言語，這又豈是固守尺寸道德如宋道學家胡寅者、所能評賞出箇中眞意！推究其意，袁宏道所期許的賞鑑者，就如同《列子》中所言，需能「得其精而忘其麤，在其內而忘其外」〔註30〕，唯有眞正的具眼豪傑，方能超越牝牡黃驪的外在具象，賞

年，《四庫全書存目叢書》集部第 92 冊，影印南京圖書館藏明嘉靖至隆慶間刻本），卷六「序文」，頁 590～591。以下本論文徵引本書皆同此版本。

〔註27〕 〔明〕楊慎：〈答重慶太守劉嵩陽書〉，《升庵全集》卷 6，頁 83～84。

〔註28〕 〔明〕袁宗道：〈不肖〉，《白蘇齋類集》卷 20，頁 289。

〔註29〕 〔宋〕司馬光撰，鄧廣銘、張希清點校：《涑水紀聞》（北京市：中華書局，1989 年），卷 7，頁 133。

〔註30〕 卷 8，〈說符〉。

識出對象內在的主體精神。

是以，主體的內在精神（心），是狂者自言「不知之味」所在，也正是伯樂賞鑑客體胸襟高下的判準所在。如屠隆就標舉「非豪傑莫能辦豪傑者」：

> 一曰：破常調。語云：『有非常之人，然後有非常之事。』拘攣曲局，此非所以預於瑰奇廓落之觀也。吞舟之魚，必不經鰍鱔之罟；函車之獸，必不入狐兔之穽；拘攣曲局之見，必不足以得非常之人，漢武帝詔曰：『馬以蹄齧而致千里，士或以負俗之累而立功名，泛駕之馬、跅弛之士，亦在上所馭之而已。』大哉王言，此有英雄之氣焉！管仲之行，類頑鈍無恥，一旦而佐桓定霸，雄豪哉！烈烈千古矣！……今人之識，大都過於曲局，恆在坐立拜揖、嚬笑飲啗皮毛相天下士，而不知寥廓偉觀得士於牡牝驪黃之外，罔究竟人奇才大節，而好指摘人細尤小過，苛求不已，其用人也，不知非常之人需破常調，不次用之，而惟以資格日月為斷，資格以待中人，豈可以待非常豪傑乎？……非豪傑莫能辦豪傑者。〔註31〕

屠隆以為：在坐立拜揖的皮相小節上苛求，是拘攣曲局的識人庸法，那種僵化的依準所能鑑識出的，不過是中等資質，「豈可以待非常之豪傑乎？」賞鑑者唯有由大處把握士人之「寥闊偉觀」，審其「精神心術」，方可得非常之英雄豪傑：

> 余嘗見世人好以一節而雌黃人物，驟聞片語而定執品衡，斯皆不虛心之過也。語云：『人固不易知，知人亦不易』，以帝堯之神聖而不知伯鯀，以晏嬰之淵穎而不知仲尼。……知人之難如此，嗟呼！鑑有昏明，本之皮相之目則失真；情有愛憎，索之葚菲之口則多枉。人終身砥行，而吾欲悉之几席之片言；人闔戶銷聲，而吾欲得之道路之浮語，鮮不謬矣！……物之皮毛猶難相也，而況人之精神心術乎？〔註32〕

所以，鑑識人物有昏明之別：依賴皮相之眼來觀看外在形體，所得的膚泛偏見適足以遮蔽事物本質之真，此謂之「昏」；倘能不為輾轉流傳的浮語所左右，

〔註31〕　〔明〕屠隆：〈蓬語〉，《鴻苞》（《四庫全書存目叢書》子部第89冊），卷8，頁27。

〔註32〕　〔明〕屠隆：〈知人〉，《鴻苞》（《四庫全書存目叢書》子部第89冊），卷7，頁8。

而由精神心術來鑑識人物，感受該人的生命蘊致，則可謂之「明」。至於「管仲之行，類頑鈍無恥」〔註33〕，又如「東山笑傲，不離聲妓」〔註34〕，此二者的皮相行止，皆非禮法之士所能容忍，賞鑑者倘能「觀其心術」、「核其大節」〔註35〕、破常調而任之以大責，則此類狂士皆足以成就非常之功業，例如管仲，「一旦而佐桓定霸，雄豪哉！烈烈千古矣！」再如謝安，於事變當前，棄妻子如敝屣，其意氣足以鼓舞壯士，其恩信足以凝結人心。此二例皆證成不羈行檢者而終能成就國家長城之大事業〔註36〕。

這種強調「由形得心」的鑑識判準，可在滾滾的歷史江河中，辨識出真正的英雄豪傑。同樣的，也可以運用在理解同時代的狂士行徑上。譬如李贄認為，楊慎「敷粉狎妓」之舉，乃是「用晦行權，匪恆情所易測者也」〔註37〕；而楊慎友人劉繪也認為，楊慎並非竭盡總體精神於逸欲聲色的凡夫：

> 有僻儒苦士，白首坐蓬蓽、日自纘索所不能盡，而謂竭精荒神蕩于逸欲聲色者能之乎？〔註38〕

再者，如袁宗道評論楊維楨等人：

> 王氏〈明月篇〉載：李時可者，名鳳，勝國人，倜儻喜結客，同時有楊維楨者，亦侈，挾四青衣，浮江過其家，時可訪之，舟中之器，黃金犀玉相半，……三人者，自奉皆過於王侯，蓋抱奇才、負大用，

〔註33〕〔明〕屠隆：〈蒮語〉，《鴻苞》（《四庫全書存目叢書》子部第89冊），卷8，頁27。

〔註34〕〔明〕屠隆：〈蒮語·正風俗〉，《鴻苞》（《四庫全書存目叢書》子部第89冊）卷7，頁34。「東山」事當指謝安「放情丘壑，然每游賞，必以妓女從」的「東山之志」，詳見《晉書》卷79列傳48〈謝安〉本傳：根據文中記載：「又於土山營墅，樓館林竹甚盛，每攜中外子姪往來游集，肴饌亦屢費百金，世頗以此譏焉，而安殊不以屑意。」指出世人多未見其大者，僅著眼皮相、譏刺安石之放浪形跡。

〔註35〕〔明〕屠隆：〈詹炎〉：「世之論人，多先氣質。以氣質之端重厚愨為君子，以生平之小廉曲謹為正人，余不敢盡信，必欲按而覆之，端愨之夫，務觀其心術何如，廉謹之士，務核其大節何如，而後為許可。古今多中心狡偽，圓巧入神而外託之厚重，以欺當世，盜長者虛聲，一至利害，趨避捷若轉圜，人入其術中，久而不覺。……此古今之所以競趨於巧也。」見《鴻苞》（《四庫全書存目叢書》子89冊），卷13，頁129。

〔註36〕〔明〕屠隆：〈蒮語·正風俗〉，《鴻苞》（《四庫全書存目叢書》子部第89冊），卷7，頁34。此當指謝安與弟石、兄子玄等征討符堅之事，詳見《晉書》本傳。

〔註37〕〔明〕李贄：〈文學名臣·修撰楊公〉，《續藏書》卷26，頁501～505。

〔註38〕〔明〕劉繪：〈與升庵楊太史書〉，收入《升庵全集》卷6，頁85～86。該文亦見引于史傳如《明史竊·列傳》、《列朝詩集小傳》，文字略有出入。

> 而世乏具眼，不用於世，故頹然放於聲酒之間，以自排遣，斷乎當
> 升之大隱之列，不可與卓王孫諸守財虜伍也。〔註39〕

認爲他們奢侈浮靡、縱意酒色的行止，是「不可與卓王孫諸守財虜伍也」，而此類狂士縱放聲酒的原因，多半是因爲空負一身奇才而不見用於世，具眼之賞鑑者應當「由形而心」的品人模式，來區辨對象之主體精神係屬何種層次，而不宜就形跡所見而一概論之。

　　由此看來，中晚明的文藝場域上，存在這套由「心態」區辨薰蕕的人物賞鑑觀，乃是至少由狂士自覺持有以及時人觀看賞鑑兩個面向、所共同交織形成的。

　　此種「觀其形而知其心蘊」的人物品鑑模式，有類於魏晉《人物志》品鑑系統〔註40〕。所不同者是時代基調所形成的差別──因爲明中葉以降，在心學與佛禪流行的大氛圍下，士人普遍追求主體超曠自在〔註41〕，其中所蘊含之市井平民氣質，則大大有別於魏晉人物品鑑脈絡所造就之專屬貴族名士的飄逸氣質、以及門第森然之景象；所同者，乃在於對人性的觀看，是全幅生命的俯瞰，而非僅以尺寸道德、皮相小節衡度之。

　　明人強調的是，在回溯主體人殊人異的才性才情中理解，從而欣賞該人物生氣鮮活的姿態，以及其所展現之種種美感與藝術境界。晚明袁中道的觀點正可勾勒概要，他在〈殷生當歌集小序〉一文中提出「雲月是同，溪山各異，不可不辨也」，強調賞鑑者應由對象之主體精神，來區辨所煥發之美感境界的高下：

〔註39〕〔明〕袁宗道：〈雜說〉，《白蘇齋類集》卷21，頁296～297。

〔註40〕魏晉人物賞鑑系統，以劉邵《人物志》開其端，下沿則以《世說新語》爲主。近人湯用彤先生指出該書值得注意的有八點，其中第一點即指出「品人物則由形所顯觀心所蘊」的觀點；又唐君毅指《人物志》中所謂「即形知性」義，即是由外在形止去鑑知該主體之「才性」，依序見湯氏：「讀《人物志》」，《魏晉玄學論稿》（上海：上海古籍出版社，2001年6月），頁3～23；唐氏：《中國哲學原論》（臺北市：台灣學生，1993年5月）。其他相關的主要參考書目尚有：牟宗三：《才性與玄理》（臺北市：台灣學生，1989年10月）人物志之系統的解析；錢穆：〈略述劉邵人物志〉，《中國學術思想史論叢》（臺北：東大，1977年）（三）；勞思光：《中國哲學史》（臺北市：三民書局，1984年9月增定版）魏晉玄學‧才性之說；江建俊：《漢末人倫鑑識之總理則──劉邵人物志研究》（臺北市：文史哲，1983年3月）以及龔鵬程：〈才性論與文人階層〉，見氏著：《中國文人階層史論》，頁61～119等等。

〔註41〕可參見黃卓越：《佛教與晚明文學思潮》。

> 飲酒者有出於醉之外者也，徵妓者有出於慾之外者也。謝安石、李
> 太白輩，豈即同酒食店中沉湎惡客，與鬻田宅、迷花樓之浪子等哉？
> 雲月是同，溪山各異，不可不辨也。〔註42〕

同樣的「雲月」，在不同的溪壑深谷，所映現的美感呈現高下之別；在不同的
山林峻嶺間，所映照之幽趣則各有殊異。「飲酒徵妓」的行徑，倘為「沉湎惡
客」、「鬻田宅、迷花樓」的浪蕩士子所為，則留滯於醉、慾的感官享樂層次；
倘是謝安石、李太白等高才不羈者所表現行止，自有其超越物質之上而發乎
主體才情的風流逸致。賞鑑者分判高下的依準，在於解讀對象之主體精神能
否自物質機制中超越、從而煥發灑脫活潑的美感境界。此間自有清／濁、美
／惡之別〔註43〕，正待具眼人明白分曉。對重視品評賞鑑的明人而言，是否
能區辨出賞鑑對象內在才性才情的美惡，而非徒以形貌皮相取擇，則是具眼
與凡眼的差別所在。

就狂士主體而言，心態上的「區辨」意識，顯示轉型期文人對於界定身
分疆界的強烈意圖，因為那是擺脫生存焦慮的重要跳板——尤其是面臨士人
型態日趨多元紛雜，以及「狂」意涵眾聲喧嘩的混亂場面，狂士一方面藉由
標舉「狂者胸次」來跳脫諸多市井身分的灰色地帶；另一方面，則以相應於
主體情感之「真」來篩除「狂士」意涵中的雜音，從而淨化「狂士」象徵符
旨，並依此建構「狂士」圖像的文化認同價值系統〔註44〕。

總體而言，在明代由賞鑑者／狂士主體（被賞鑑者）所共同建立的人物品
鑑系統之中，已然存在了「心態」區辨的契入路徑。在本論文當中，筆者也採
取此種心態區辨的論述路徑，一方面可有效地勾勒「狂士」知識社群的身分疆
界，同時，亦可由區辨層次當中，呈現出整體文化現象複雜多元的面向。

此外，由心態區辨再回溯全「人」角度來看，亦可整合今人研究傾向於二
分為物質／心靈的論述。前者著重於物質層次的說法，又派生成二路詮釋模式，

〔註42〕〔明〕袁中道：《珂雪齋集》卷10，頁472。

〔註43〕牟宗三論諸葛公何以被司馬懿歎為真名士，乃在於具有「清逸之氣」，由此開
　　　　出清濁之別：「清則不濁，逸則不俗。沉墮而侷限於物質之機括，則為濁。在
　　　　物質機括中而露其風神，超脫其物質機括，儼若不繫之舟，使人之目光為其
　　　　風神所吸引，而忘其在物質機括中，則為清。」是以神陷於物質機括中為「濁」，
　　　　神浮於物質機括之上為「清」。詳見氏著：《才性與玄理》第三章「魏晉名士
　　　　及其玄學名理」，頁68。

〔註44〕詳見本論文第四編第二章「返歸自我的重生」。

批評者如費振鐘，論此類狂態士人全為「墮落文人」〔註45〕；頌揚者如毛文芳，
則撰寫閒賞美學以構築一套物質生活的氛圍論述〔註46〕。後者著重於心靈層次
的說法，則如鄭幸雅之清言研究〔註47〕，強調清高絕俗的性靈層次。倘由「心
態」契入狂士的全幅生命來看，他們在某個層面上，是既追求物質世界的縱放
疏洩、又追求心靈世界的超越解脫。職是之故，並不能單單只取片面地說他們
是完全的墮落、也不能說是全然離此世界地追求超越解脫。

　　由心態區辨的契入路徑，筆者了解到：這類狂士極力追求的是，如何在
俗世生活的物質世界中，營構出心靈層次的美感意境。依其所亟欲建構的區
辨層次來說，狂者始終強調，這樣的心靈層次必需先建立在對戀物固著的擺
脫與超越之上，這同時也就將物質之執有擺落到可有可無的位置上。因此，
這類生活美學，既不追求物質執有，也並不一定要物質豐裕的環境方才必然
可以孳蘊生成的〔註48〕。相較之下，心學與禪學的解脫路徑，對此種縱放寄
物然不住物的生活美學而言，卻是至關重要、甚至是必要的先決條件。筆者
這樣的說法，並不否定晚明江南富庶為一存在的社會事實，但對此類文人生
活美學所講求「不刻意除境」而言，「江南之物資豐饒」則退居支撐的背景角
色，而非形成此類美學之必要成分，此觀察顯然有別於近世史學界的關注取
徑〔註49〕。

　　以下分兩章論析這類「既容許縱放寄物又追求解脫自在」的生活美學。

〔註45〕　參見費振鐘：《墮落時代——明代文人的集體墮落》。

〔註46〕　參見毛文芳：《晚明閒賞美學》。

〔註47〕　參見鄭幸雅：《晚明清言研究》。

〔註48〕　如袁宏道所論「真嗜」，即強調不一定要具備真實的經驗，而在於「主體精神
　　　　　未嘗不往來」的心領神會。詳見本論文第三編。擴而言之，文人不一定要具
　　　　　備豐厚物資方可以發展出賞鑑生活美學。此乃筆者與毛文芳學者論述路徑不
　　　　　同之處。

〔註49〕　近來學者也十分關注文人生活文化的議題。唯其論述上的因果連結，多半以
　　　　　物質為此種文化之先決條件，如王鴻泰〈明清士人的生活經營與雅俗的辯證〉
　　　　　一文指出：袁中道的退隱生活，乃是「在這種有閒有錢的條件下，生活的經
　　　　　營就可以開展出另一番不同的面貌，這種生活型態的經營也就是一種社會文
　　　　　化的創造過程」。見美國哥倫比亞大學東亞系、中央研究院歷史語言所及蔣經
　　　　　國中心合辦之「中國日常生活的論述與實踐」國際學術研討會，2002 年 10
　　　　　月 25～27 日。見 http://www.ihp.sinica.edu.tw/~wensi/col%20schedule.htm 可下
　　　　　載論文。

第一章　狂士縱放寄物的心態

　　狂士主體玄心確立之後，展現於外的行止，可以是「狂態」，也可以是超越狂態的「形不狂」〔註1〕者。當顛放形狂外現在俗世生活物質層面，如縱放酒色、留連山水花鳥等種種行止時，狂士在看待「物」的主觀心態上，與俗世庸眾的區辨關鍵何在？他們又是如何在自白書寫中，運用深化策略以及詮釋模式，來建構依屬於狂士身分的文化認同？

　　賞鑑者／被賞鑑者所共同建立的人物品鑑系統中，拈出了「寄情於物」的心態，以與俗世庸眾「耽溺於物」的心態區隔開來。所謂「寄」者，有寄寓、暫寄之意；既然是暫時寄寓於外物，所以是不固著、不沾黏於物的。此說法可假禪家語以彰顯之，敦煌本慧能《壇經》第31節：

　　　何名無念？無念法者，見一切法，不著一切法，遍一切處，不著一切處，不離不染，來去自由，即是般若三昧，自在解脫，名無念行。……
　　　若百物不思，常令念絕，即是法縛，即名邊見。

要在層次之終達到「不離不染，來去自由」的解脫境界，其初始的內在契機則是「無所住而生其心」〔註2〕，而所言「住」者，即有固著、沾黏於物的意涵，可視爲相對於「寄」的概念。

　　關於如何應世接物，在「寄」與「住」這兩個光譜上的二極之間，尋求辯證式的統合出路，是這群既強調「心狂」超越又表現「形狂」與世的狂士身上，在構築自我身分認同時，經常發生的內在對話。整個時代的大氛圍中，

〔註 1〕　〔明〕屠隆：〈辯狂〉：「善狂者心狂而形不狂」，區分出「心狂形狂」、「心狂形不狂」二類，而以後者爲高。見《鴻苞》（《四庫全書存目叢書》子 90 冊）卷 44，頁 132。

〔註 2〕　出於宗寶本《壇經・行由品》惠能聽弘忍說《金剛經》時提出此一重要命題。

亦有兩股不同方向的力量產生支撐作用，其一是來自中晚明以降心學、禪佛日趨興盛，提供了狂士追求心靈超越諸多義理依據與可循途徑〔註3〕；另一股支撐力量，則來自江南的富裕社會，它提供了物質享樂滋蘊成長的大搖籃，形成一股來自俗世物質世界的巨大吸力。世人在心靈的提昇與物質誘引的墮落中載浮載沉，如何不離世界地「寄情於物」（不是餐芝茹薇的隱逸高士），又如何避免「住」物的陷溺（不是游食山人、富貴利達者），則成了這類「狂士」所面臨最切身的存在課題。

這種依違於「寄」與「住」的擺蕩心態，筆者在唐順之、屠隆以及公安三袁、江盈科等人身上，看到極鮮明而豐富的內在省視。最令人動容的是，這類狂士在自省過程中，覺知到戀物固著極可能導致主體沉淪，展現出掙扎擺脫的意圖，終而在心學佛禪所開示的途徑中，向內回歸自我家園、找到「心」的超越力量。這幅人性歷煉的動態實景，一覽無遺地展現於眼前，對於物質生活極度繁華、而心靈世界極度虛空的現代人而言，中晚明狂士心態的歷史真實，不啻提供了一種跨越時空自我觀看、自我醒悟的機會。

第一節 「寄」物心態的兩種基模

總體而言，狂士應世接「物」的心態，呈現與俗世塵機區辨的基礎詮釋模式，大抵有兩種——其一是「不得不如此」的消極持有心態，以高材自負在現世卻遭逢「不遇」的困頓情緒，來詮釋狂士不得不「寄情於物」的行止。此時，狂士主體視「物」為宣洩主體情感之「寄體」，賞鑑者之區辨則在於審視形跡之主體精神是否具「狂者胸次」；其二是「性本如此」、「豪傑必如此」的積極具有心態，以晚明狂士豪傑本然具有對「物」的癖嗜情性，來凸顯人格樣態的偏至與殊異。此時，主體視「物」為彰顯狂士自我精神所積極應對的對象。至於賞鑑者區辨薰蕕的分判依準，則在於：狂士主體精神之「我」是否呈現其中？狂士所表現之癖嗜是否符應於主體而為「真」？如此由「我」與「真」兩個關鍵契入，從而與俗世「住物」者區辨開來。

一、寄情於物——不遇心態的消極應物

「醉」、「慾」是縱放物質逸樂的外現形貌，而具眼者分判對象的關鍵，

〔註 3〕 可參見本論文第二編第二章「尊狂論」。

則在深究該人是否具有「出於醉、慾之外者」——超越「物」質之上的，正是主體精神與情感，依此向下開展出「溪山各異」之美感境界的高下分判：所謂執於醉慾者，大抵指沉淪物質享樂，心爲物役之層次；所謂出於醉慾者，當指主體精神超然物外者。

　　面對俗世生活撩亂萬絮的物質世界，狂士拈出「寄」心態以與庸眾區別。其所寄託的主體精神與情感，則是狂者本然具有之進取精神以及現世遭逢不遇的挫敗感受，這則是屬於「有疾而顰」者的自我解脫方式。

　　在文章中，狂士自剖寄情於物的苦衷，如「嘉靖八才子」之一的李開先，在〈寶劍記後序〉一文中，表述遭逢禍難削職放廢〔註4〕後不得不寄情於物的心態：

　　　古來以大自負者，若不得乘時柄用，非以樂事繫其心，往往發狂病
　　　死。今借此坐消歲月、暗老豪傑，奚不可也？〔註5〕

狂者志大言大，恃才自負，空有滿腔的濟世熱情，卻不見用於世，若不資藉俗世生活中的賞心樂事，聊以消散情志的鬱悶，排遣餘年，恐怕眞要發狂病死。雖自許豪傑，但不得不以樂事終老，李開先一句「奚不可也？」倒是道盡天下失路英雄，在潦倒困頓之際最想大聲說出的反詰。

　　此外，楊愼也曾自言懷才不遇而自污自放的心境：

　　　故無寧效昔人放於酒，放於賞物。……亦聊以耗壯心、遣餘年。若
　　　所謂老顚欲裝（裂）風景，不自洗磨者，良亦有之。〔註6〕

當時楊愼雖遠謫滇瀘，但始終「世廟意不能忘」〔註7〕，就因爲一片壯心無由發展，滿腔憤懣之餘，寧可效仿往昔古人，放情於酒色、賞物。綜括上述數人，其應世接物所持有的「耗」、「遣」〔註8〕心態，都是藉由縱放物質來排遣

〔註4〕　李開先任職吏部時即「率矜崖岸，高自標致」，扃門謝絕賓客，日日以詩文與
　　　　諸友相唱和，然伉直不善事權貴的個性，終與宦場習氣乖離，後以「言經紕
　　　　繆」得罪嚴嵩遭禍罷官，此事時人謂之「經禍」。見〔清〕王鴻緒：《橫雲
　　　　山人集》（《明代傳記叢刊》第97冊），列傳163，頁436。

〔註5〕　〔明〕李開先：〈寶劍記後序〉，《李中麓閒居集》，「序文六」，頁591～592。

〔註6〕　〔明〕楊愼：〈答重慶太守劉嵩陽書〉，《升庵全集》卷6，頁83～84。

〔註7〕　〔清〕錢謙益：〈楊修撰愼〉，《列朝詩集小傳》丙集，頁353。

〔註8〕　此段話語在晚明《皇明世說新語》中列入〈任誕〉一科，見〔明〕李紹文輯：
　　　　《皇明世說新語》卷6，頁396～397。又卷5載「趙大周云：楊升庵在瀘州，
　　　　其服飾舉動，似蘇州一貴公子」，注意到楊愼服飾舉動，與晚明蘇州貴公子行
　　　　徑之關聯，見頁313。晚明狂士畫家陳洪綬繪有《楊升庵簪花圖》；李卓吾嘗
　　　　評點楊升庵集，成《李卓吾先生讀升庵集》，以上諸例足見楊愼顚行放舉在晚

歲月，那是消極應對而並非積極經營。

　　再如袁小修，他回顧年少時期曾經因爲剛強輕狂，牽動了一肚子牢騷不平之氣，於是「盡寄於酒」，當時還與表兄弟回君等二十餘人，浩浩蕩蕩地組織了一個地下「酒社」：

> 予幾年前性剛命蹇，其牢騷不平之氣，盡寄之酒；偕回及豪少年二十餘人，結爲酒社。〔註9〕

在這些自剖心態的書寫中，狂士對於寄情於物的行止，提出「士不遇而不得不如此」的自我詮解，這雖難免不經意地流露出無奈、傷感、憤懣的負面情緒，但狂士刻意表彰自我心態與他眾之殊異，則透顯藉此區辨他類的強烈意欲，從而劃立「狂士」的精神領域，同時也將「心役於物」等雜質過濾於象徵系統之外，建構出自身的文化認同。

　　具眼之賞鑑者，也建立「由形狂尋求心旨」的閱讀模式，其路徑大致如此：**縱情自放→憤懣→不遇→「高材自負」**。如明末清初吳梅村賞鑑前輩風流時，即如是表明品評人物的詮解脈絡：

> 古來詩人自負其才，往往縱情於倡樂，放意於山水，淋漓潦倒，汗漫而不收，此其中必有大不得已，憤懣勃鬱，決焉自放，以至於此也。〔註10〕

賞鑑者識人辨物的關鍵能力，就在於能否更進一部地去尋索「風流」形跡下人物的主體心態。如此一來，吳偉業由文字所領略到的楊廉夫（維楨，1296～1370），不僅僅爲「披鶴氅，吹鐵笛，作梅花弄」的清逸情態，而是包含仕途偃蹇後「憤懣勃鬱」的內在心境；所察知之袁海叟（凱，元末人），不僅是「背戴方巾，倒騎烏犍，往來三泖間」的不羈姿態，還加上「佯狂病廢，得免於難」的顛沛感受：

> 廉夫爲懷張所麞迫，流離世故，晚節以白衣宣召，僅得全歸。海叟從御史放還，數爲調吏所邏察，佯狂病廢，得免於難。〔註11〕

有了這樣的體認，該狂士圖像方才有了全幅生命的重量與深度，而不是截取

明深受關注，詳見本論文第一編第二章「歷時個案的漸層積澱」。

〔註9〕　〔明〕袁中道：〈回君傳〉，《珂雪齋集》，卷17，頁705～707。

〔註10〕　〔清〕吳偉業：〈宋轅生詩序〉，《梅村家藏稿》（臺北市：台灣學生書局，1975年，《歷代畫家詩文集》，影印清宣統三年武進董氏誦芬室刊本），卷29，頁536～537。

〔註11〕　〔清〕吳偉業：〈宋轅生詩序〉，《梅村家藏稿》卷29，頁536～537。

片段流連光景的輕虛浮浪，作為該人物整體生命的全貌。

再看明末文震孟在《姑蘇名賢小記》中，評賞萬曆年間狂士張獻翼戴紅冠、披紗巾，「生自祭而歌挽歌，行乞於市」的放浪舉止：

> 後有張敉幼於者，亦狂士。顧嗜讀書，書無所不丹鉛，晦明寒暑，著述不休，以結客故，盡散其產。老不得意，益以務誕，至於冠紅紗巾，生自祭而歌挽歌，行乞於市，斯幾於狂而蕩矣！然所著書皆翼經史，佐禮樂，非漫然者。余嘗謁先生於白公石下，先生遽易葛巾，屏侍妓而後與余揖，余乃知先生之誕，固與世牢騷抹摋而託焉者也。〔註12〕

他經由「形狂」求索心旨所在，語氣肯定地指出：任誕狂蕩的張獻翼，乃是抹摋俗世名利、而將滿腹牢騷藉形狂寄託的不遇士人。此外，逆溯到稍早的明代中葉，吳中仕紳顧璘，平日交接即捨縉紳而多山林隱逸狂士，在評賞祝允明時，即強調自己真正領略到的，是一般貴仕所罕知的內在蘊旨：

> 顧璘曰：「……玩世自放，憚近禮法之儒，故貴仕罕知其蘊。」〔註13〕

又茅坤（1512～1601）與李開先往來的尺牘中，論「賢者之深微」為知音語，同樣也揭示，具凡豪賢俊偉之士，其志向高遠而多「慷慨抑鬱」的不遇感慨：

> 天之生才，及才之在人，各有所適。夫既不得顯施，譬之千里之馬而困於槽櫪之下，其志常在奮報也，不得不嚙足而悲鳴。是以古之豪賢俊偉之士，往往有所托焉，以發其悲涕慷慨、抑鬱不平之衷；或隱於釣，或困於鼓刀，或擊筑乞食於市，或歌或嘯，或喑啞，或醫卜，或詼諧，或駁雜。之數者，非其故為與時浮湛者歟？而其中之所持，則固有混于世之耳目，而非其所見與聞者矣！〔註14〕

士人生而不得施用於世，就如同日行千里之良駒，困陷於槽櫪的窘境一般。「釣者」、「鼓刀」、「擊筑」、「乞食」、「醫人」等世俗身分與外觀形貌，乃是「混於世之耳目」的表象，具眼人當能超越此種表象去契入對象主體「中之所持」，去感受「悲涕慷慨、抑鬱不平」的衷情。此種由「形狂」去探求「心旨」的

〔註12〕〔明〕文震孟論次：〈張夢晉先生附張敉先生〉，《姑蘇名賢小記》，頁78～79。

〔註13〕〔清〕錢謙益：〈祝京兆允明〉，《列朝詩集小傳》丙集，頁299～300。亦可參見顧璘：《國寶新編》。

〔註14〕〔明〕茅坤：〈與李中麓太常書〉，《茅坤集‧茅鹿門先生文集》（杭州：浙江古籍出版社，1993年10月），卷1，頁204～206，此文被李開先引入〈寶劍記後序〉。以下本論文徵引此書皆同此版本。

閱讀策略，在晚明袁中道《珂雪齋集》中，也有論寄心態的類似表述：

> 夫以阮籍、陶潛之達，而於生死之際，無以自解，不得已寄之于酒。
> 杜武庫之事業，顏眞卿之忠義，終不能忘情于遷化之際，而沉碑刻
> 石，不得已寄之於名。予皆憐其志，而哀其不知解脫之路。〔註15〕

小修列舉了歷史上的阮籍、陶潛、杜預、顏眞卿等人，認爲他們都對生死遷化不能忘情而終究不得解脫，故不得已而寄之于酒、名，尋求困悶情緒的暫時疏洩；此外，小修又論壯年之士人若無所用世，也多半不得已而逃之游冶：

> 丈夫心力強盛時，旣無所短長于世，不得已逃之游冶，以消磊塊不
> 平之氣。古之文人皆然。近日楊用修云：『一措大何所畏，特是壯心
> 不堪牢落，故耗磨之耳』，亦情語也。〔註16〕

在此，袁小修召喚出自身對歷史文化的消納經驗，建構出如是脈絡：有志之士因「無所短長於世」，而致胸中有一段不可平撫之坎坷壘塊，若一味「抑而行之，必發狂疾」〔註17〕，故轉而在「物」上找到憤懣情感的宣洩出口〔註17〕，細究此類狂士，實有其無可奈何的苦衷。說話者一再強調：這類狂士的應「物」心態，純屬不得不如此的消極持有〔註18〕。

值得注意的是，袁小修提出了另一種「不遇者必有寄」的觀點：

> 古之隱君子，不得志於時，而甘沉冥者，其心超然出塵氛之外矣，
> 而猶必有寄焉然後快。〔註19〕

〔註15〕 〔明〕袁中道：〈四牡歌序〉，《珂雪齋集》卷9，頁453。

〔註16〕 〔明〕袁中道：〈般生當歌集小序〉，《珂雪齋集》卷10，頁472。

〔註17〕 語出韓愈，常見引於明文中，以三袁爲例，袁宗道以此解釋陶淵明解印綬歸田園之舉，見袁宗道：〈讀淵明傳〉，《白蘇齋類集》卷20「雜說類」，頁292～293。又袁小修以此語回信伯修，論其棄官之事，但作「韓昌黎有言：『逆而行之，必發癲狂』」，微引時與原文略有出入。見袁中道：〈報伯修兄〉，《珂雪齋集》卷23，頁969，

〔註17〕 所謂仕途不遇感，消解方式難道僅有發洩憤懣一途乎？抑或有超然而蔑視之，從而建立自我價值者？詳見本論文第四編第一章「流離失所的鏡視」。

〔註18〕 此類文字甚爲常見，茲再舉一例爲證：王世懋（1536～1588）〈贈汪仲淹序〉：「大都豪傑之士，其始意有所激於中，而氣常溢乎其外，則往往有托而類狂。」所謂「中有託者」，即「心」之所在者。今世學者韓經太則提到：明代文人中的「異端」現象背後，實隱藏著執著「正統」的心意；「癲狂」的實質，往往是憤嫉時俗的詭譎之志。見韓經太：〈靈性與靈明：明代心學展中的文學意識〉，《理學文化與文學思潮》第5章，頁259。

〔註19〕 〔明〕袁中道：〈贈東奧李封公序〉，《珂雪齋集》卷9，頁423，陳萬益在《晚明小品與明季文人生活》有初步的討論，見頁78。

他認為古人有不仕而為隱逸高士的例子，其心思雖超然於塵俗名利之外，然而尚且必需寄託於外「物」，方才能尋求主體的安適快樂。

綜上所述，世之論狂士「寄情於物」的心態，由「不得不如此」、「往往如此」的負面論述，以及不確定語辭的迂迴表態，到此種「必定如此」一類正面肯定的表態用語，其間觀點實有幽隱微妙的「質變」，值得注意。

狂者亟欲追求主體精神超越俗世牽累，但又外顯「形狂」於物質生活而為縱放顛狂，如此看似「言行不一」、矛盾悖謬的兩極情境，「不遇而不得不如此」到「不遇必如此」的說法，則提供了二者合理接軌的階梯。這種詮釋模式，對於明代普遍存處於舉業挫折焦慮的非仕文人而言，其心理上的接受程度是可想而知的。

然而，明代顯非此種詮釋模式之創發期，向上溯尋歷史，在唐代以道統自命的韓愈文集中，已可找到相關論點。就從韓愈看待魏晉名士阮籍、陶潛的觀點來說：

> 吾少時讀（案：王績）醉鄉記，私怪隱居者無所累於世而猶有是言，
> 豈誠旨於味邪？及讀阮籍、陶潛詩，乃知彼雖偃蹇，不欲與世接，然
> 猶未能平其心，或為事物是非相感發，於是有託而逃焉者也。〔註20〕

他將這些文人視為「未能平其心者」，其醉於酒鄉乃是有所託而逃於物的行為。此外，韓愈又在〈送孟東野序〉〔註21〕一文高談「不平則鳴」的論調：

> 大凡物不得其平則鳴，……人之於言也亦然，有不得已者而後言，
> 其歌也有思，其哭也有懷，凡出乎口而為聲者，其皆有弗平者乎？
> 樂也者，鬱於中而泄於外者也，擇其善鳴者而假之鳴，……其必有
> 不得其平者乎？

文中以物況人，萬物若不得其平則自然地向外宣洩發為聲鳴，而人之主體情思倘有不得其平而鬱積於內，終當「不得已」而需假藉各種媒介抒發於外，這也是情緒表露上的自然而然。

由此反觀中晚明的狂士，在面對主體不遇的困頓情感時，其所採取的處理方式並不以道德理性關抑之，而是正視其負面情緒，藉由「寄情於物」的方式來舒洩不快，因為舉凡作意為之，就是一種「執」情、一種「矯」情，而「不得不如此」卻屬於一種「不作意的自然而然」，這是當時場域上說話者

〔註20〕　〔唐〕韓愈：〈送王秀才序〉，《韓昌黎文集校注》卷4「序」，頁151。
〔註21〕　〔唐〕韓愈：〈送孟東野序〉，《韓昌黎文集校注》卷4「序」，頁136。

詮釋狂士應世接物之心態的模式之一。

二、寄物彰我——豪傑狂者的積極應物

　　倘遞減狂士之不遇憤懣的負面義，遞增其個性表彰的正面義，則有所謂「豪傑賢哲者必有所託、恒有所玩」的論調。前述「不遇而不得不如此」的基模是情感的自然流出，而此節所言「性本如此」則是更具自覺、更有意向主張的主動表達，二者當有所區別〔註22〕。

　　如顧起元（1565～1628）在〈坐隱解〉中，如是論述：

> 賢喆之游德棲眞也，恆有所玩，以凝其神；豪杰之樹功赴業也，必有所託，以發其智。僚之弄瓦也，備之緒髦也，康之鍛鍊也，孚之蠟屐也，消壯志而澹雄心，蕩遙情而邈昏俗，用微而取精者多，寓邇而含趣者遠。其合也有不知其何以然，其至也有不可以語諸人者矣！〔註23〕

史載的賢哲豪傑，或「游德棲眞」追求性靈的提昇，或「樹功赴業」實踐經世的懷抱，都是「必有所託」、「恆有所玩」——「玩」字，含有游心其間的自在意味；「託」字，則指在物質實體之上寄託主體精神。瓦、髦、鍛、屐等各類物質，則分別爲依屬於王僚、劉備、嵇康、阮孚主體「凝神發智」之意向行爲的對象極。因爲「寄物」的初階作用，在於解消種種負面情緒淤滯所形成的障礙——藉此消散「雄心壯志」的不遇情緒，或以此薰蕩幽遠的生活情致，邈離世間種種昏瞶。所以，與「物」相接時，重在挹取其中與主體內在相應之精神與意趣，將「物」容攝於主體意識與精神之中而賦予「物」的存在意義，到達心物合一、無所分別的狀態時，主體精神凝聚發用、充擴流行于其中，則有「不可語諸人」、「不知其何以然」的妙趣境界。顧氏此說打破隱／仕的二元對立，合其流而論「有所託」、「有所玩」的恆有與必要，唯其肯定物質的路徑，乃是依屬於「主體」凝神發智的意向結構下方得其存在意義。

　　晚明山人陳繼儒爲鄭元勳所輯《媚幽閣文娛》作序，序中引鄭氏之語，

〔註22〕此觀點可參見陳來書言陽明學「情」、「意」的區別，前者爲自然流出之思維念慮，後者爲較強意象的心理範疇，頁71。

〔註23〕〔明〕顧起元：《嬾眞草堂集》（臺北市：文海，1970年，沈雲龍選編：《明人文集叢刊》第一輯，影印明萬曆四十二年刊本），卷5，頁1847。

列舉出晉人皇甫謐之「書淫」、杜預之「左傳癖」、老子五千言、佛陀經典及史籍載錄的聖賢豪俊，都無法斷卻寄情「文字」的癖習：[註24]

> 超宗（案：鄭元勳字）曰：「吾儕草士，豈敢洋洋浮浮，批判先覺；但覺古豪雋必有寄，如皇甫淫，杜預癖，柱下之五千言，崑耶之四十九年法，即至人累世宿劫，不能斷文字緣，況吾輩乎？」[註25]

既然「古豪雋必有寄」，更何況是庸庸碌碌的我輩？歷史典範，足以成今日之我應世舉止的取法對象，吾等亦可由常人之才情才性來理解。例如袁宏道，即道出「必有所寄，然後能樂」那種詮解心緒的感性話語：

> 人情必有所寄，然後能樂。故有以奕為寄，有以色為寄，有以技為寄，有以文為寄。古之達人，高人一層，只是他情有所寄，不肯浮泛虛度光景。每見無寄之人，終日忙忙，如有所失，無事而憂，對景不樂，即自家亦不知是何緣故，這便是一座活地獄，更說甚麼鐵床銅柱、刀山劍樹也。可憐！可憐！[註26]

此文作於萬曆二十四年（1596年），當時生性不喜為官的宏道在吳縣作吏，深受其苦[註27]，而此種「牛馬不若」的苦楚，誠為當時內在之真實感受，因而發出「人情必有寄」的話語，正面表述自己藉物尋索適樂的意圖，如此方可遠離終日忙亂、若有所失、無事而憂的人間活地獄。雖然，到了萬曆二十七年宏道思想明顯傾向淨土宗之後，這類因為處境困頓而發的激矯孟浪話語，則成了後來痛自懺悔的內容之一；但在萬曆年間正值壯盛期的公安派中，袁宏道「人情必有寄」的說法，顯然並非孤鳴之聲。

　　例如萬曆二十八年（1600），與袁宏道情誼甚佳的江盈科，在〈雪濤閣自序〉中，就將自己對詩文的癖好與棋奕、賭博、酒色並舉等觀：

> 夫人之性，不能澹然無好。當其所好，無論有益無益、工與不工，

[註24] 文人屠隆亦提到「文字亦慾」的觀點，但保留很大的彈性空間：「五慾近濁，故為愚夫所溺；文字之慾近清，故為哲士所馳」，「文字」雖為文人癖習，但同為世間慾念，唯獨與貪嗔痴等諸慾相較之下，尚可稱清高，所以哲人達士馳騁文字的癖習是可以容許的。見〔明〕屠隆：〈與王太初田叔二道友〉，《鴻苞》（《四庫全書存目叢書》子部第90冊）卷41，頁25。

[註25] 〔明〕陳繼儒：〈文娛序〉，收入陳萬益編輯：《性靈之聲：明清小品》（臺北市：時報文化出版社，1982年），頁18～19。

[註26] 〔明〕袁宏道：〈李子髯〉，《袁宏道集箋校》卷5，頁241。

[註27] 〔明〕袁宏道：〈沈廣乘〉：「人生作吏甚苦，而作令為尤苦，若作吳令則其苦萬萬倍，直牛馬不若矣！」同前書，卷5，頁242。

> 而自有戀戀不能捨者。故性好奕，雖終日輸棋，不廢奕也；性好賭，
> 雖終日輸錢，不廢賭也；性好酒色，雖醉欲死、瘦欲死，不廢酒與
> 色也。何者？誠好之也。〔註28〕

觀其所列數物，顯然並非有益於進德修業的嗜好，然而文人絲毫不諱言自己
生性對「嗜好」的濃烈情感。唯其戀戀不捨的，不在於以奕贏人、以賭賺錢、
以酒色娛生，而在於生性癖嗜情性酣然其中的主體感受。所關注的，雖已超
越輸贏、死生，但卻也因為嗜好之戀戀不捨，而有涉入物執的可能，像江盈
科這類偏至的論點，雖然表彰主體個性的意味濃厚，但也成為世人爭議的所
在──該說甚至強調：即便耽溺至無法自拔、至損身傷體，也不廢去，這與
宏道「將沉湎酖溺，性命生死以之」〔註29〕的強烈表態，實為同調。袁、江
二人如此大張旗幟地倡言「率性所好」，誓言傾全生命之力量於感性癖嗜生活
的經營，則與天地棄才之無賴人為最上等人的「渾淪順適」觀有密切的關聯。

　　士人論癖嗜而至此境地，那麼又與「沉湎酖溺」形跡的士人以及市井屠
沽賭徒之間的區辨，其最後底線究竟在哪？即使是載浮載沉於「寄」與「住」
之間，區辨高下仍有個判準──其一是「我」的主體精神是否能不住物地超
然獨立、呈現其中？其二是癖嗜之中，所流瀉之情感，是否「真」摯？

　　就第一項「我」之主體精神而言──外現的癖嗜行徑，其價值意義在於
是否能由此展現主體「磊傀儁逸」的精神，如袁宏道之語：

> 嵇康之鍛也，武子之馬也，陸羽之茶也，米顛之石也，倪雲林之潔
> 也，皆以僻而寄其磊傀儁逸之氣者也〔註30〕。余觀世上語言無味、
> 面目可憎之人，皆無癖之人耳。若真有所癖，將沉湎酖溺、性命生
> 死以之，何暇及錢奴宦賈之事！〔註31〕

倘主體無內凝的「磊傀儁逸之氣」，此種「癖」之形跡是否還有等同之評價？

〔註28〕〔明〕江盈科，黃仁生輯校：《江盈科集》（長沙市：岳麓書社，1997 年 4 月），
　　　　頁 4～5。
〔註29〕〔明〕袁宏道：〈好事〉，《袁宏道集箋校》卷 24「瓶史」第十，頁 826。
〔註30〕「僻」，《十集》本、眉公本作「癖」。
〔註31〕袁宏道於萬曆二十七年（1955）三十二歲作（見《袁宏道集箋校》卷 24「瓶
　　　　史」第 10〈好事〉，頁 826），時人馬嘉松引其說，以橫行妄為之人不足以言
　　　　癖，「癖」正與錢賈獲利之事相對而舉，引文為：「白日橫行，倚勢妄為，亦
　　　　豈可以言癖耶？石公早已道破，何暇及錢奴宦賈之事！」見〔明〕馬嘉松：《十
　　　　可篇》（臺南縣：莊嚴文化事業，1995 年，《四庫全書存目叢書》子部第 143
　　　　冊，影印中國社科院圖書館藏明崇禎刻本），頁 331。

文中自謙「聊以破閒居孤寂之苦，非真能好之也」，說明自己寄情於此，但仍未能企及「真能好之」那種「癖嗜」與「我之磊傀儁逸之氣」不分的境界。袁宏道認爲感受外「物」的過程，當是由內在之「心」去領受，而交會點是在主體本身，是以嗜好的外現形跡，的確具有「物」種不同的差異，但其中展現的卻都是主體「我」之精神。正如馮夢龍在《古今譚概》的「癖嗜部」所論，他除了摘錄米元章蓄石癖事之外，還述及袁宏道的癖嗜觀點：

> 袁石公曰：「陶之菊，林之梅，米之石，非愛菊、梅與石也，皆吾愛吾也。」〔註32〕

馮氏引袁宏道之語說出：歷來癖嗜文人所愛所嗜者，並非侷限在菊、梅、石的物質實體，而是經由癖嗜物質來達到暢適主體「我」之情感以及表現主體的才性，故曰「吾愛吾」。

這種觀點暗與袁氏接受心學、佛禪後改變觀看世界的方式契合。稍早，於萬曆三十二年（1604）年，袁宏道和僧人寒灰、雪照、冷雲等一夥人相邀共入德山塔院論談，也談到「物」與「我」的相互關聯：

> 儒者但知我爲我，不知事事物物皆我，若我非事事物物，則我安在哉？〔註33〕

此語既採用陽明「心外無物」〔註34〕的「心」覺知「物」的路徑，亦兼採置換觀點地強調在應世接物中呈現自我存在之意義，此種雙向綜合的意義構成，是可以由審美體驗與審美意象的同一來理解，如同葉朗所言：「由於我的投射或投入，審美對象朗然顯現，是我產生了它；但是另一方面，從我產生的東西也產生了我。」〔註35〕是以「物」不能脫離「我」之意識結構而存在，相對的，倘抽離「我」所經驗的事事物物，意即抽離「我」對「物」的種種意識記憶，則「我」的存在則成懸空，故宏道言「我安在哉？」因爲心學家如是認爲：由我／物（主要指意之所即者，但未排除物質實體）二者所共同

〔註32〕〔明〕馮夢龍：〈石〉，《馮夢龍全集・古今譚概》第九，頁192～193。
〔註33〕〔明〕袁宏道：〈德山塵譚〉，《袁宏道集箋校》卷44，頁1289。文中多會通三教言事理，所謂「觸類而通，三教之學，盡在我矣！」。
〔註34〕陳來解釋陽明學的「心外無物」爲：不管是意所指向的實在之物或意識以投入其中的現實活動，作爲人的意向結構的一個極，是不可能脫離主體的。在這個意義上，離開主體的事物是不存在的。故「物」需納入意識結構來定義。見陳來：《有無之境——王陽明哲學的精神》（臺北縣：佛光文化事業，2000年7月），頁78～81。
〔註35〕見葉朗主編：《現代美學體系》（臺北市：書林，1993年）。

形成的「生活世界」〔註36〕，是離不開主觀視域（horizon）中的自我價值、審美感受與個人意義的。

此種重其主體精神展現的「觀物」方式，亦見諸當時盛行的清言文學。例如樂純所撰之《雪菴清史》，即載及友人家中因花竹過盛妨礙光線、遂伐除一空的事情。他除了批駁友人之舉爲「焚琴煮鶴」之外，更大加抒發「物／我」觀點：

> 心是一顆活潑潑、常惺惺的物，藏在靈臺冊府不可見，每每見之花竹，以花竹之生意，即心也。……世人不識，謂蘇王（案：此指蘇軾、王子猷）得花竹之趣而不知蘇王直得其心之趣。心若無趣，便是牛心馬心；即牛馬之心，亦各有趣，但人得趣多，牛馬得趣少耳。心趣者何？性是也。故性從生從心，心之生處即性，所謂尋孔顏樂處者，尋此所謂異于禽獸幾希者。異此，若友人之削去花竹，不惟無得其心之趣，亦且不得花竹之趣，居心不淨，生意索然，眞爲行尸走肉耳，豈其得趣少者耶？〔註37〕

在「我」觀「物」的過程中：因「心」之活潑靈動而得有審美對象（花竹）之「生意」感受；相對的，在「花竹之生意」中，示現了原本不可見的主體我之心。如此我／物相生相發，而成此主觀感受之生活世界。就主體我而言，心能澄淨不染、活活潑潑，方得見花竹生意勃發之趣味，反之，則成一個「行尸走肉」。是以「癖嗜」行徑，若爲「寄寓外物」的有跡可循者，其最核心的

〔註36〕學者多由胡塞爾哲學晚期所提出的「生活世界」（lebenswelt）來詮釋陽明學的「心」與「物」理論，如陳來一書頁90：「這個被賦予了高深諸性質的世界，顯然不是指一個事實的世界，而是一個價值的、審美的、具有意義的世界，「它的天地萬物」就是他經驗範圍內形成的「生活世界」，這個世界離開他的意識又不成其爲他的世界了」；至於胡塞爾所謂「生活世界」的概念，即是作爲生活主體的個人在其特殊視界中所經驗的世界：「這個世界對於我不僅是作爲一個事實與事件的世界，而且同時是作爲一個價值世界、實物世界、實用世界而存在的，我可以不再費力地發現我面前的事物既有符合於它們實證的本然性質，又有美與醜、愉快或討厭、快樂與憂愁等價值特點的。」見〔美〕M‧懷特編著，杜任之主譯：《分析的時代：二十世紀的哲學家》（北京：商務印書館，1986年11月），頁103。又見倪梁康：《現象學及其效應—胡塞爾與當代德國哲學》（北京：生活‧讀書‧新知三聯書店，1994年10月），頁129～138

〔註37〕〔明〕樂純：〈清醒‧居無花竹〉，《雪菴清史》（臺南縣：莊嚴文化事業，1995年，《四庫全書存目叢書》子部雜家類第111冊，影印北京圖書館藏明書林李少泉刻本），卷4，頁485。以下本論文徵引本書皆同此版本。

意義在於彰顯主體「我」之精神，並同時互現物／我的存在意義，而絕非主體我之精神惑溺而奔放散逸于物質中。

　　賞鑑者對於晚明士人流行的癡癖行徑，亦由此路徑來分判高下，如鍾惺之論癖癡：

　　　　世多同面目，子獨具精神。癖貴居心淨，癡多舉體眞。〔註38〕

世俗面目多半雷同，唯獨郭聖璞能展現個性殊異的主體「精神」〔註39〕。一個人展現癖嗜之好，貴在主體之心能不住於物而呈現澄淨無染的境界；一個人所展現的顛癡姿態，則以彰顯相應於才性才情之眞率爲高。鍾惺之說實與前述諸人論點，如出一轍地，同樣強調主體精神的超越澄淨與情感眞摯。

　　如此說來，「眞」即在主體精神確立之上，所進一步要求緊相密合的分判準則。即使是主體持有一種「癖」「嗜」幾近耽溺的態度，其高下區辨在於此「外物」是否呈現「我」之「情」與主體「精神」？若與「我」相應則爲眞；不相應而徒具形跡，則爲假、爲虛矯。審諸內心，是動之於眞情如江盈科所言「誠好之」一類，就無須刻意壓抑，不妨縱放順適人性情感的自然流露；至於袁宏道所倡言「沉緬縱溺，性命生死以之」，則是在審諸主體乃天生才性中「眞有所癖」的前提下提出的。倘若只是因爲熟稔世俗「豪爽」義的「形狂」符號，而故作姿態，則就其動機而言，是僞、是矯。那種矯作的顛行放舉，並非來自本性之「眞」，故所得到的評價是甚爲低下的，如中道之論「豪爽」：

　　　　予曰：『凡古來醉後弄風作顛者，固有至性，其中亦有以爲豪爽而欲
　　　　作如是態者。』若阮籍之醉，王無功之飲，天性也。米元章之顛，
　　　　有欲避之而不能者。故世傳米老〈辨顛帖〉，而世乃以其顛爲美，欲
　　　　效之，過矣！雲林之癖潔，正爲癖潔所苦，彼亦不樂有之。今以癖
　　　　潔爲美而效之，可嘔也。昔有一友人，以豪爽自喜，同入西山。時
　　　　初春，乃裸體跣足，入玉泉山裂帛湖中，人皆詫異之，彼亦沾沾自
　　　　喜。過數載，予私問之曰：『卿往年跣足入裂帛湖，可稱豪爽。』其
　　　　人欣然。予再問之曰：『北方初春，冰雪稜稜，入時得無小苦耶？幸
　　　　無欺我。』其人曰：『甚苦，至今冷氣入骨，得一腳痛病，尚未瘥也。
　　　　當時自爲豪爽爲之，不知其害若此！』然則世上豪爽事，其不爲裂

─────────────

〔註38〕〔明〕鍾惺：〈郭聖璞五十詩──在五月五日〉，見氏著，李先耕、崔重慶標
　　　　校：《隱秀軒集》（上海：上海古籍出版社，1992年9月），卷12，頁195。

〔註39〕「精神」二字在鍾、譚文集中一再被標舉，其義大抵與「性靈」二字相近。

　　　　　帛湖中濯足者寡矣！〔註40〕

小修認為：倪雲林之潔癖乃本性趨向所致，有不得不為之苦；而米元章之顛怪，也有欲避之而不能的趨向，這都是出自本性使然之「真」。倘「以顛為美」起而效仿，躍入冰雪稜稜的湖水當中，還沾沾自喜一己引人側目的顛怪行為，由於行為動機是外建的而非內發的，只能算是一種矯情之作，遑論美感之有無！末了小修慨嘆當時世間所謂的「豪爽」之事，多半為「仿擬形跡」一類，而非由天性之「真」所為。

　　再者，如沈春澤為文震亨所作〈長物志序〉：

　　　　夫標榜林壑，品題酒茗，收藏位置圖史、杯鐺之屬，于世為閒事，
　　　　于身為長物，而品人者，於此觀韻焉、才與情焉，何也？挹古今清
　　　　華美妙之氣于耳、目之前，供我呼吸；羅天地瑣雜碎細之物於几席
　　　　之上，聽我指揮；挾日用寒不可衣、飢不可食之器，尊踰拱璧，享
　　　　輕千金，以寄我之慷慨不平，非有真韻、真才與真情以勝之，其調
　　　　弗同也。近來富貴家兒與一二庸奴、鈍漢，沾沾以好事自命，每經
　　　　賞鑑，出口便俗，入手便粗，縱極其摩娑護持之情狀，其污辱彌甚，
　　　　遂使真韻、真才、真情之士，相戒不談風雅。嘻！亦過矣！〔註41〕

即顯見沈氏所標舉「閒賞」文房清玩的心態，重點在於藉此彰顯主體之存在——故有「供我呼吸」、「聽我指揮」、「以寄我之慷慨不平」語。他進一步指出，非有與「我」相密合之「真韻、真才與真情以勝之」，則「其調弗同也」。沈氏就是循由「真」的依準，進一步區辨出同樣具有物質生活水準的人物中，實有「雅／俗」、「好事／賞鑑」之涇渭二流；那種「縱極其摩娑護持之情狀」，則是指陳好事者那種沾黏於感官式的享受、俗人那種唯恐失之的「佳物」心態，雖然沈春澤對於士人以「污辱彌甚」唾罵之舉，不完全贊同，但他所極力強調的，仍是如何在物質生活中經營出自我真情相映的心靈世界。

　　不論是以豪傑賢哲之天性本然、或是人之常情來論「必有所寄」，因士人之自覺意圖十分明確，故此類論調在俗世生活中涉入物質的程度，顯然較前一類強調「不遇而不得不如此」的心態，更是深層。至於強調「恆有」或「戀戀不捨」者，若要納到「寄寓」暫時義來說，需理解其所謂「恆有」，非指實

　　───────────────

〔註40〕〔明〕袁中道：〈書游山豪爽語〉，《珂雪齋集》卷21，頁903～904。
〔註41〕〔明〕文震亨著，陳植校注、楊超伯校訂：《長物志》（江蘇省：江蘇科學技
　　　　術出版社，1984年3月），頁10。

有「物」之恆常擁有，而是能彰顯主體情感才性之「嗜好」的恆有（帶有主體意向行為的「事」而言，故反對徒具物資之好事者）；其「戀戀不捨」，亦不在於「物」質之具有，而在於我之精神酣然暢遂的感受。

　　綜觀上述這些說法，主張於涉世中「寄」物彰我，並以「我」與「真」來避免「住」於物的黏著，所以是「有我之境」，就如同王國維《人間詞話》所言「以我觀物，故物皆著我之色彩」；然而「我」的指涉，顯然較少儒家強調社會關懷與道德義務的「大我」義（頂多是帶有因大我關懷不得實現的不遇情感或具有大我關懷的豪傑性格），而主要的是「淚眼問花花不語」的「私我」義，或是「情意我」義。所言之「真」，乃是依屬於情感、情緒的自我而提出，與陽明學或禪家所言「真我」之無滯無礙義，乃分屬不同範疇的概念。故就其言說的主要內容而言，有助長感性生活的順應縱放與逸樂取向的傾向，倘主體缺乏自覺與自省，則其發展上很可能產生「溺惑沉緬」的弊端；但若能超越地把握心靈不滯不礙，則仍舊可開出以感性需求為中心的「審美境界」。

第二節　「縱放寄物」論之內在建構

　　狂士應世接物，拈出「寄情於物」的心態，以區辨耽溺物質的俗世庸眾。中晚明狂士表述「寄」物心態時，又是如何內在地構築成一套合理說辭？

　　狂士因高材自負而遭時不遇，滿腹坎坷壘塊之情無從釋放，不得不寄情於物，以宣洩情感、消耗壯心。此種「不得不」的行止，是因憤懣蓄積於中，自然而然地向外宣洩，不但不作意以道德理性強加關抑，還高談倡言理應縱放於物。

　　如楊慎友人劉繪在往來尺牘中〔註42〕，指出楊慎文章雖得天下焯焯耳目之昭譽，然而論者卻不必於此深入探究；唯獨世人所困惑的顛行放舉，所謂「脫略禮度，放浪形骸，陶情于艷曲，耽意于美色，樂疏曠而憚拘檢」者，更值得世人一探其隱微深意。於是，他朗朗暢言，發其「寄／忘」與「譏／棄」之論調，以表彰楊慎外在行徑與內在心態具有相應的意涵：

> 夫人情有所寄則有所忘，有所譏則有所棄。寄之不縱則忘之不遠；
> 譏之不深則棄之不篤。忘之遠則我無所貪；棄之篤則人無所忌。無

〔註42〕〔明〕劉繪：〈與升庵楊太史書〉，收入〔明〕楊慎：《升庵全集》卷6，頁85
　　　～86。

> 所忌而後能安；無所貪而後能適。足下之所爲，將求夫安與適也。
> 〔註43〕

這段文字得到楊慎本人的認可：「劉公知我」，後又爲晚明公安袁小修引入而大加發揮，晚明尹守衡又將該文重點式地引入《明史竊・列傳》中〔註44〕，足見此番話深中楊慎底蘊且影響深遠。

劉繪之層層推論如是開展：寄於外物是爲了忘掉內心的苦楚；越是縱放，則忘得越徹底，遠離並掏除名利場中牽絆，心就無貪念；無貪念，自可得主體精神之自在與閒適。

相同的，訴諸文字言語的激烈譏諷，是對譏諷之事亟欲揚棄的強勢表態；譏諷得越是深切，則是對所譏諷之事徹底而確切的揚棄；既已徹底揚棄名利場上無止境的爭逐，俗世人對自己自無所忌；若得以擺脫他人的忌妒，就可以得到主體的安適。

是以，縱放於所寄之「物」以及強烈的譏諷表態，都是對世俗物化價值的揚棄，心態上迥異於固著物質的耽溺者，而終極關懷在於超越種種羈絆而達到安頓主體精神後的閒適境界。「寄物」只是過程，而非目的所在。

倘若擴而言之，所欲擺脫的對象，可以是多重的：其一：越是縱放於物，因不遇而鬱積的憤懣情緒就被釋放得更完全，藉由宣洩而達到心態之平衡，這是情緒上的無累；其二：越是縱放於物，而不事儒生正業（科考），就是對俗世汲汲營營於富貴名利者的徹底揚棄，這是塵機的無累；其三：越是縱放於物，對物質的需求因不作意壓抑而自然滿足而隨時可離，這是物質慾望的無累。

第一類縱放說——以縱放於物來尋求情緒的無累，同類說法尚有小修的「暖自外生」論：

> 蓋其中亦有所不能平，而借所寄者力與之戰，僅能勝之而已。或以山水，或以麴藥，或以著述，或以養生，皆寄也。寄也者，物也。借怡于物，以內暢其性靈者，其力微，所謂寒入火室，暖自外生者也。〔註45〕

藉所寄之物，來「力戰」、來「抗衡」主體內在坎坷壘塊的不平之氣，猶如在

〔註43〕 〔明〕楊慎：《升庵全集》卷6，頁85～86。該文亦見引于史傳如《明史竊・列傳》、《列朝詩集小傳》，文字略有出入。

〔註44〕 〔明〕尹守衡：〈楊慎〉，《明史竊・列傳》卷73，頁356～359，引入之文略有出入。

〔註45〕 〔明〕袁中道：〈贈東奧李封公序〉，《珂雪齋集》卷9，頁423。

寒冷的天氣中，進到一間火炭熊熊的溫暖房舍，「暖自外生」。唯感受過程，是以主體精神去感受外在「物質」界的溫暖，藉以融化大環境造成主體失溫的寒冷感受，並非全體精神奔放在外、散逸於物質感官享樂者。而且終極的目的，同前所舉之楊繪語，乃是爲了要「暢其性靈」，所謂「借怡於物」只是過程，並非終極關懷的目的。

至於第二種縱放說——藉縱放於物，來揚棄心繫名利的假道學，如唐寅〈焚香默坐歌〉詩所言：

> 爲人能把口應心，孝弟忠信從此始；其餘小德或出入，焉能磨涅吾行止？頭插花枝手把盃，聽罷歌童看舞女；食色性也古人言，今人乃以之爲恥。及至心中與口中，多少欺人沒天理；陰爲不善陽掩之，則何益矣徒勞耳。〔註46〕

雖是「頭插花枝手把盃，聽罷歌童看舞女」在小德上略有出入，但心口合一的不羈之態，比起今日陽爲「恥言色性」而陰爲欺人喪理的道學家，更有可取之處。正如袁中郎評點爲「說盡假道學」，這是以縱放酒色的率眞來消極抗議道學的虛僞假面。

至於第三種縱放說——越是縱放於物，對物質的需求，因不作意壓抑而自然滿足隨時可離，達到物質慾望無累的境界。這在魏晉時期的《列子‧陽朱》篇中即有類近論調——「逸樂，順性者也」「人者，……必將資物以養性」，順應人的情性所須，取萬物來資養「人」，以究生生之極。如此一來，尋得解脫並非一開始就脫離俗世，而是落在現實生活的物質層面來談。擺脫塵機俗累以求主體生命安和閒適的「縱放寄物論」，可分由下列兩途來談其歷史延承與時代新調，其一、由魏晉縱放論來看其時代特質；其二、由陽明論縱放時所剖析的內在問題，來看此類論述發展爲生活美學的可能途徑。

第三節、「縱放寄物」論的特質與發展

一、由回溯魏晉縱放論來看其特質

中晚明士人的浪漫任情與狂蕩放縱，倘由歷史言其源流，自是多方匯聚所開出的新局面。諸如西晉名士的任誕簡傲、東晉名士的奢靡縱放、唐宋文

〔註46〕〔明〕唐寅：《六如居士全集》卷1，頁18。

人風流逸姿以及元末明初文人的頹廢自賞,中晚明狂士恣意挹取歷史典例,擬塑一套自身認同的狂士譜系,充分展現人殊人異的體會與創意自由。

然而,單就明代狂士縱放寄物論的內容而言,要在上溯歷史中找到類近的論調,則以魏晉《列子》〈陽朱〉篇較值得提出來作為對照討論的文本。該篇內容大抵是魏晉士夫假陽朱之名來發揮頹廢和反名教思想,近人劉大杰等皆以「縱慾論」名之〔註47〕。〈楊朱〉篇藉由虛構好酒之公孫朝、好色之公孫穆、好玩天下之端木叔等人物,來說明生死一瞬、當及時行樂的觀點。最受後人爭議,以為是倡言「縱欲」的關鍵文本,大多集中在「肆之而已,勿壅勿閼」、「恣耳之所欲聽,恣目之所欲視」、「凡此諸閼,廢虐之主」等數條資料,倘若就言詞表面上來說,的確是極言感官慾望之恣肆,但文中有「衛之君子多以禮教自持,固未足以得此人之心」一句,值得玩味。蓋縱放感官色慾,誠為禮法之士所不容,然而,這些越名教之士的「心」,究竟是放在何等層次?筆者考究其實,則發現此類士人誠有出於醉、慾之外者:由「去自拘束者之累」——廢棄俗世追求名利的心思智識與生死利害的糾葛;繼而「從心而動,不違自然所好;從性而游,不逆萬物所好」——聽任自然並依人之真實本性生活,從而達到主體安適的境界,是以所言與嵇康「越名教而任自然」的玄心是桴鼓相應的。

值得一探的是,東晉張湛為《列子·楊朱》所作之注中,以「氣」言生命聚散,作為倡言「肆情性之所安」的「肆情論」的內在依據,則可顯見當時縱放思想背後,縈繞著濃厚的生命虛無感與無法解脫的深沉痛苦:

> 夫生者,一氣之聚散,一物之蟊靈。蟊聚者終散,蟊靈者歸虛,而好逸惡勞,物之常性,故當生之所樂者,厚味、美服、好色、音聲而已耳。而復不能肆性情之所安、耳目之所娛,以仁義為關鍵,用禮教為衿帶,自枯槁於當年,求餘名於後世者,是不達乎生生之極也。

生命既是氣的聚散,終究將散歸於虛無,因有如此不可把握之感受,遂發為及時把握當下所有之厚味、美服、好色、音聲,以及時行樂,達生生之極。此說當是審視生命有無法自解的苦痛而發,其中肆情的目的是解脫俗累,是以當正名為「縱放」,而不當以固著於慾念的「縱慾」一詞稱之。近人斥之為

〔註47〕劉大杰:《魏晉思想史》(上海:上海古籍出版社,2000年9月),頁122~125;又見莊師萬壽注釋:《新譯列子讀本》(臺北市:三民書局,1989年),也在楊朱篇註腳中指出該篇「極端表現縱慾、厭世的人生」;許杭生:《魏晉玄學史》(西安市:陝西師範大學,1989年7月)也以「肆情縱慾」名之,他並指出此種縱慾觀點為魏晉玄學中最頹腐不堪者,見頁413。

「魏晉玄學中最頹腐不堪者」〔註48〕，筆者則以爲此說仍有玄心，當與石崇、王愷等〔註49〕奢靡侈汰之極而黏著於物者區辨開來。

由此反觀，明代狂士縱放寄物論的特質，有三點可得而言，**其一，時代基調之不同**：其初始基調尚環繞者士人不遇感受的無可疏洩，此與魏晉任誕風尚可稱相類；到了萬曆年間，如宏道之言「人情必有所寄」、江盈科性之所好有「戀戀不能捨」者，其閒適耽樂的氣氛，與魏晉士人所面對生命虛無的濃厚傷感大不相同；**其二，中晚明江南普遍提供縱放論者的物質生活實境**：縱放寄物以擺脫情緒累絆，本是暫時方法，但中晚明的江南市鎮，提供了豐厚的生活物資，支撐《列子》文中那些如端木叔「牆屋臺榭，園囿池沼，飲食車服、聲樂嬪御」等虛擬的榮華景象，成爲許多明代文人的生活實景。「寄物」倘成生活恆常狀態，已然傾向「住物」的可能，是以，也出現爲數不少的文人曾有浮沉於寄／住之間的心理掙扎與懺悔。**其三，縱放論之內容性質具多教融會之傾向**：明人「縱放寄物」論，除了魏晉玄學式的思維之外，已擺落濃厚的貴族門閥意味，融入了心學、禪佛中自由、平等、市井氣息。

以袁宏道爲例，萬曆二十三年（1595）對吳縣吏宦生活已流露厭倦心態，在寫給其舅龔仲慶的尺牘中，疊疊數百言地標舉出五項「眞樂」，此處所言之「樂」，顯然並非出自陽明心學具淑世精神的「樂」脈絡，論者可將此文視爲晚明文人生活之浮世繪：

> 然眞樂有五，不可不知。目極世間之色，耳極世間之聲，身極世間之鮮，口極世間之譚，一快活也。堂前列鼎，堂後度曲，賓客滿席，男女交舄，燭氣薰天，珠翠委地，金錢不足，繼以田土，二快活也。篋中藏萬卷書，書皆珍異。宅畔置一館，館中約眞正同心友十餘人，

〔註48〕　劉大杰以荀子〈非十二子〉：「縱情性，安恣睢，禽獸行，不足以合文通治」論斷魏晉時代士人的縱慾現象，並將「阮籍、劉伶的縱酒」與「糜竺、王愷、賈謐、石崇們窮奢極欲的生活」等觀。筆者以爲當有所區辨，當時論者如戴逵，亦以玄心／形貌將之區辨，戴逵雖常以禮法自處，然亦倡言玄心，大肆批評仿效放達而無內在精神實質的人誠「紫之奪朱」爲亂象所在，其評元康諸人仿竹林事，並無實質之情感與玄心，見〈放達爲非道論〉一文：「是猶美西施而學其顰眉，慕有道而折其巾角。所以爲慕者，非其所以爲美，徒貴貌似而已矣！夫紫之亂朱，以其似朱也。故鄉原似中和，所以亂德；放者似達，所以亂道。然竹林之爲放，有疾而爲顰者也，元康之爲放，無德而折巾者也，可無察乎！」載入《晉書》卷94列傳第64「隱逸」〈戴逵〉傳，鼎文版，頁2457～2459。

〔註49〕　許杭生：《魏晉玄學史》一書歸納張湛人生觀其一即爲「肆情論」。

人中立一識見極高，如司馬遷、羅貫中、關漢卿者爲主，分曹部署，
各成一書，遠文唐、宋酸儒之陋，近完一代未竟之篇，三快活也。
千金買一舟，舟中置鼓吹一部，妓妾數人，游閑數人，泛家浮宅，
不知老之將至，四快活也。然人生受用至此，不及十年，家資田地
蕩盡矣！然後一身狼狽，朝不謀夕，托缽歌妓之院，分餐孤老之盤，
往來鄉親，恬不知恥，五快活也。士有此一者，生可無愧，死可不
朽矣！若只幽閑無事，挨排度日，此最世間不緊要人，不可爲訓。
古來聖賢，公孫朝穆、謝安、孫瑒輩，皆信得此一著，此所以他一
生受用〔註50〕。不然，與東鄰某子甲蒿目而死者，何異哉？〔註51〕

文中除了慨嘆人生如電光泡影較爲沉重之外，其餘多屬逸樂順性爲尚，並以
公孫朝穆、謝安、孫瑒等奉「及時行樂」爲一生受用者，足爲後人法式的古
聖先賢。由文中明白標舉的人物以及呈現的應世觀點兩方面來看，與魏晉名
士是甚有關聯的。近人郭紹虞先生認爲：晚明士人風尚大抵好似由西晉名士
的狂放行爲，轉變成東晉名士的風流態度，尤以受殘元的影響爲甚〔註52〕；
余英時亦嘗撰有〈魏晉與明清文人生活與思想之比較〉〔註53〕一文，陳述二
者之關聯。這些研究前輩都明白指出：晚明與魏晉有極相近之處。本文則著
重在「縱情寄物」的內容上找尋二者同異之關聯，可發揮補苴罅漏之功。然
而，需加以說明的是：在此舉出袁宏道爲例證，具有時間的侷限性及動態意
義的翻轉現象。因爲袁宏道的禪學興趣，在萬曆二十七年（1598）後有顯著
轉折。是以，此所舉出者，只能視爲他的青年生命階段中的觀點；再者，就
其博雜的思想淵源而言，亦不得抹滅陽明學、禪佛學說的影響，故不以魏晉
爲此種縱放觀點的唯一來源〔註54〕。

〔註50〕 吳郡本、小修本此段所舉之人物爲「古來聖賢，如嗣宗、安石、樂天、子瞻、
顧阿瑛輩，皆信得此一著及，所以他一生得力。」由魏晉（阮籍、謝安）、唐
宋（白居易）、到元末明初（顧阿瑛）人物，皆爲其人生態度取法的對象，可
爲郭紹虞先生論點之佐證。

〔註51〕 〔明〕袁宏道：〈龔惟長先生〉，《袁宏道集箋校》卷5，頁205～206。

〔註52〕 見郭紹虞：〈明代文學批評的特徵〉、〈明代的文人集團〉諸文，收入《照隅室
古典文學論集》（臺北市：丹青，1985年）上冊，頁337～341，342～434。

〔註53〕 《中國時報》，1985年6月24～25日，第8版。近人吳調公、王愷亦持此看
法，見氏著：《自在、自娛、自新、自懺——晚明文人心態》（蘇州市：蘇州
大學出版社，1998年9月）頁85～92。

〔註54〕 唯此說仍具有意義的關鍵在於：《錦帆集》正是公安派活躍於晚明文壇的作
品，故於萬曆年間的文學風氣必然產生某種時段的影響力，這是不可不論的。

　　倘回溯主體意識脈絡中理解之，袁宏道論「縱情寄物」，乃是依屬於「渾淪順適」應世觀中「及時行樂」的生活態度下所提出的，除了魏晉名士式的縱放情調外，爲了解消世間一切二元對立分別、所連帶引起的種種心理緊張，他同時向心學及禪學（此指華嚴、洪洲／臨濟禪），汲取超越解脫的理論依靠。〔註55〕萬曆二十四年（1596）與李贄甚爲推重的陳所學（字正甫，一字志寰，萬曆年進士）往來書信中，談到如何由《華嚴經》「事事無礙爲極則」，展衍出「良／惡」與「貞／淫」二元對立之心障的解消：

> 華嚴經以事事無礙爲極……若事事無礙，便十方大地，處處無閻羅矣。又有何法可修，何悟可頓耶？……良惡叢生，貞淫蝟列，有什麼礙？自學者有懲刁止慝之說，而百姓始爲礙矣！……諸如此類，不可殫述，沉淪百劫，浮蕩苦海，皆始於此。〔註56〕

隔年爲陳所學《會心集》所作之序中，提出以「無品」及「絕望於世」來解消世間品第階級之分別與外在聲名之希求，外顯與市井屠沽無異之渾淪形跡：「或爲酒肉，或爲聲妓，率心而行，無所忌憚」，但文人的心靈層次乃在追求像孟子所言「赤子之心」、老子所言「能嬰兒」之正等正覺、最上乘的「趣」境界：

> 夫趣得之自然者深，得之學問者淺。當其爲童子也，不知有趣，然無往而非趣也。面無端容，目無定睛，口喃喃而欲語，足跳躍而不定，人生之至樂，眞無踰于此時者。孟子所謂不失赤子，老子所謂能嬰兒，蓋指此也。趣之正等正覺最上乘也。山林之人，無拘無縛，得自在度日，故雖不求趣而趣近之。愚不肖之近趣也，以無品也，品愈卑故所求愈下，或爲酒肉，或爲聲妓，率心而行，無所忌憚，自以爲絕望於世，故舉世非笑之不顧也，此又一趣也。〔註57〕

同年與〈朱司理〉尺牘中，則謂一己能「同」而尚未能到達「合污」的最高

　　但在後來，這些說法也成爲公安派諸人自省的文本，這是本文稍後將涉及討論的焦點——追蹤此觀點動態發展的轉折。

〔註55〕洪州臨濟禪言「飲酒食肉不礙菩提，行盜行淫無妨般若」，見《大正藏》第47冊，〈大慧普覺禪師法語〉卷第二十。又《大智度論》談到種種因緣皆得以解脫時，其中提到「是人淫欲多，爲增淫欲而得解脫。是人嗔罪多，爲增嗔罪而得解脫」。見龍樹菩薩造；〔姚秦〕鳩摩羅什譯。

〔註56〕〔明〕袁宏道：〈陳志寰〉，《袁宏道集箋校》卷6，頁265。

〔註57〕〔明〕袁宏道：〈敘陳正甫會心集〉，《袁宏道集箋校》卷10，頁463～464。

境界：

> 往猶見得此身與世爲礙，近日覺與市井屠沽、山鹿野獐、街談市語，
> 皆同得去，然尚不能合污，亦未免爲病。何也？名根未除，猶有好
> 淨的意思在。於是有譽之爲儁人則喜，毀之爲小人則怒；與人作清
> 高事則順，作穢鄙事則逆。蓋同只見得淨不妨穢，魔不礙佛，若合
> 則活將箇袁中郎抛入東洋大海，大家渾淪作一團去。《維摩經》所謂
> 外道六師，彼所墮者，此亦隨墮是已，豈易到哉！〔註58〕

倘除名根好淨之意，方能無所分別，無所對立，如抛入東洋大海，「大家渾淪
作一團去！」類似觀點亦見於當時與宏道往來密切的李卓吾，李氏在〈答周
二魯〉書中，曾解釋自己病寓武昌時「恣意所適」的狎妓行爲，是「出入于
花街柳市之間，始能與眾同塵」〔註59〕的「遊戲三昧」層次。縱放情性、恣
意所適之用意，在於打破士人／市井外在身分的區別，這就禪而言是「戒行
不足」的，就儒而言是禮法不容的，如袁宏道與〈徐漢明〉書中，就表明於
「玩世」、「出世」、「諧世」之外，最欣慕的生活態度爲「適世」，即是成爲「於
世不堪一務，最天下不要緊人」：

> 獨有適世一種其人，其人甚奇，然亦甚可恨。以爲禪也，戒行不足：
> 以爲儒，口不道堯、舜、周、孔之學，身不行羞惡辭讓之事，於業
> 不擅一能，於世不堪一務，最天下不緊要人。雖于世無所忤違，而
> 賢人君子則斥之惟恐不遠矣。弟最喜此一種人，以爲自適之極，心
> 竊慕之。〔註60〕

然而，此時期之袁宏道與李卓吾，所言之意不在「住物」，而是追求渾淪順適、
和光同塵、隨遇而安的處世境界，相應於此而造就了晚明恣情縱意的特殊景
觀之一角；此種深度涉入俗世物質生活與下層市井屠沽混跡無別的縱放形
跡，其中大有深意，絕非淫慾、酒肉的感官層次而已，至少，在文人主觀架
構的意義世界中，他們認爲這種行徑，是具有深度意涵以及崇高境界的，這
些都是不容今人否認的、而證據確鑿地存在於歷史的心理事實〔註61〕。

〔註58〕〔明〕袁宏道：〈朱司理〉，《袁宏道集箋校》卷11，頁508～509。

〔註59〕〔明〕李贄：〈答周二魯〉，《焚書》增補一，頁259。

〔註60〕〔明〕袁宏道：〈徐漢明〉，《袁宏道集箋校》卷5，頁217～218。

〔註61〕這個觀察結果，與費振鍾批之「墮落文人」、爲縱慾沉淪的說法，恰恰相左，
也與史學界援之以解釋享樂現象的詮釋不同。依青年時期的袁宏道以及同時
期的友人敘述的語境來看，那還是一種難以臻至的境界哩。

二、由王陽明論縱放寄物來談其發展

　　在以淑世精神爲基調的陽明心學中，對於這種縱情肆意的寄物心態，也曾提出見解。基本上，陽明心學並不主張抑關一切念慮的發生，而是強調在面對自我的情感與情緒時，不因執著而陷溺於「累」、「障」、「礙」、「滯」的狀態〔註62〕。以他早年的自身經驗來說，雖曾高言「世以不得第爲恥，吾以不得第動心爲恥」〔註63〕，但在二度不第後，仍不免惆悵失落，也嘗試組織詩社，以游心詩境來自我排遣。然而，畢竟任何感性的滿足並不足以取代「無入不自得」的充實境界：

> 世之高抗通脫之士，捐富貴，輕利害，棄爵祿，決然長往而不顧者，亦皆有之。彼其或從好於外道詭異之説，投情於詩酒山水技藝之樂，又或奮發於意氣，感激於憤悱，牽溺於嗜好，有待於物以相勝，是以去彼取此而後能。及其所之既倦，意衡心鬱，情隨事移，則憂愁悲苦隨之而作。〔註64〕

寄情於詩酒山水技藝、或沉溺某些嗜好以轉移爵祿功名的欣戚，乃是「有待於物以相勝」的暫時方法。因「有待於物」，故「情隨事移」時，憂愁悲苦又相應而生。主體因依賴外物而未能眞正擺脫情緒情感的牽累，故「寄情於物」並非有道之士的第一義境界。再如陽明之論狂士李白：

> 李太白狂士也，其謫夜郎，放情詩酒，不戚戚於困窮，蓋其性本自豪放，非若有道之士，眞能無入而不自得也。〔註65〕

他認爲李白在貶謫後放情詩酒，不因不遇之困窮偃蹇而憂戚，乃源自於本性豪放的緣故，然終究未及「無入而不自得」的境界。故陽明所言之「灑落」

〔註62〕〔明〕王陽明：〈答南元善書〉：「故凡慕富貴，憂貧賤，欣戚得喪，愛憎取舍之類，皆足以蔽吾聰明睿智之體，而窒吾淵泉時出之用。」即以欣戚、憂慕、愛憎種種情緒之停滯爲主體之障蔽窒礙。見氏撰，吳光、錢明、董平、姚延福編校：《王陽明全集》（上海：上海古籍出版社，1992年12月）》卷6，頁210～212。以下本論文徵引此書皆同此版本。

〔註63〕〔明〕王陽明：「年譜」，見氏撰，吳光、錢明、董平、姚延福編校：《王陽明全集》卷33，頁1223～1224：又二年後：「先生自念辭章亦能不足以通至道」，經過數年的自我澄清，知辭章非關懷所在，見同書頁1224。

〔註64〕〔明〕王陽明：〈答南元善書〉，見氏撰，吳光、錢明、董平、姚延福編校：《王陽明全集》卷6，頁210～212。

〔註65〕〔明〕王陽明：〈書李白騎鯨〉，見氏撰，吳光、錢明、董平、姚延福編校：《王陽明全集》卷28，頁1025。

胸懷，是能超越富貴、利害、爵祿，而不受其蔽障的境界：

> 故凡有道之士，其於慕富貴，憂貧賤，欣戚得喪而取舍愛憎也，若
> 洗目中之塵而拔耳中之楔。其於富貴、貧賤、得喪、愛憎之相，值
> 若飄風浮靄之往來變化於太虛，而太虛之體，固常廓然其無礙也。
> 〔註66〕

而非在「曠蕩放逸，縱情肆意」的形跡上著力：

> 君子之所謂灑落者，非曠蕩放逸、縱情肆意之謂也。乃其心體不累
> 於欲，無入而不自得之謂耳。〔註67〕

總結陽明觀點有二：一、以縱情肆意的寄物心態為「有待於物」的暫時方法。
二、真正「無入而不自得」的灑落境界並不在此著力，而是不執著。

　　反觀中晚明縱放寄物論的內涵，倘若文人能自覺地掌握此二點：一、「寄
寓」的暫時性以及「住」物陷溺的自省。二、解脫自在之境界的開展，方有
可能開出以「感性生命」為內容——具主觀審美、價值、情感情緒而超越自
在的境界，本論文則稱之為縱放寄物的「生活美學」。

〔註66〕〔明〕王陽明：〈答南元善書〉。
〔註67〕〔明〕王陽明：〈答舒國用〉，見氏撰，吳光、錢明、董平、姚延福編校：《王
　　　　陽明全集》卷5，頁189～191。

第二章　寄而不住的生活美學

第一節　「寄物」心態之反思
——戀物固著的掙扎與擺脫

　　不離世界、不染於物，是中晚明狂士切身面對的生活課題之一。以玄心為尚的狂士，倘若外顯縱放狂態於酒色、癖嗜種種物質之時，要如何避免住物的羈絆、護持主體精神之澄淨不染、展現鳳翔千仞般的翛然無累，則是與俗世庸眾區隔的關鍵所在。不少文人在探索自我的內在歷程中，不約而同地展現出生命哲思式的自剖與覺醒，如唐順之、屠隆、袁宏道、袁小修等人，都曾經對青年時期的作為與想法，有著明顯的悔悟並企圖大幅修正。此種內心的悔悟，其意義在於標幟出該人物的生命歷程以及思維觀點的重大轉折——經由此種源於主體自發的內在革命，對過去我之種種作一對象式地鏡視檢閱〔註1〕，在此當中，倘若內心醒會之契機瞬間來臨，遂有「覺今是而昨非」那種翻然悔悟的感受，表現在文字上的痛下懺語，則是對過去種種不當，作一徹徹底底、斬草除根的宣示。研究者看待這類「懺語」的態度，除了將它視為該人物重新省思自我認同的調整之外，也視之為主體改變外在行為的內在轉捩徵兆。職是之故，掌握這類「懺語」乃是契入文人心態研究一個十分

〔註 1〕 如〔明〕鄭瑄：「今視昔，後視今，每一迴光，恍然如昨」，如此之「視」，乃以「現在之我」觀看「從前之我」。見〈自序三〉，氏輯：《昨非庵日纂》（臺南縣：莊嚴文化事業，1995 年，《四庫全書存目叢書》子部第 149 冊，影印中國科學院圖書館藏明崇禎刻本），頁 484。

重要的線索〔註2〕。

　　就悔悟的一般狀況來說，文人多半以儒者自省工夫爲本，再融攝自己對禪、佛懺悔意識（或間及雜說）〔註3〕的體會，對過去種種作一鏡視省思。例如鄭瑄纂輯《昨非庵日纂》以爲自惕之需，其中即以吾儒自居，又參以佛語「放刀成佛」〔註4〕來談悔過的必要；至於唐順之，乃心學儒人，則曾會通孟子、佛家之「認賊作子」、「葛藤絆路」與兵家之「名其爲賊敵，乃可滅」〔註5〕等諸說法，來表明自己悔悟心態的堅決，就好像對抗賊敵、需全力滅除，又譬如葛藤纏絆、需快刀斬除一般；至於屠隆，晚年曾「自恨往時孟浪」〔註6〕，這或許可由《鴻苞》集中所收入的一篇懺悔文來談：

　　　　從前大小罪業向佛前懺悔。……重重罪業，俱向佛懺悔，懺悔之後
　　　　永不再犯，從此以後罪滅福生，若已悔而復犯，無如之何也！已過
　　　　罪業不必思量，不必怖畏，思量怖畏即障道矣！〔註7〕

全文明顯爲佛教式的懺悔，其用意在藉由白紙黑字的書寫，表彰日後永不復犯之決心，同時也期望藉此心靈儀式，自「思量怖畏」的情緒障礙中釋放出來。因爲懺悔已然改變內在，更何況決意永不再犯也算是一種「罪滅福生」的重生，如果主體還停滯在罪惡感之中，則不但無益而且還有礙於解脫之道。

〔註2〕　吳調公、王愷嘗論及晚明文人的自懺心態，但所舉之例證皆屬亡國後的遺民心態，見氏著：《自在、自娛、自新、自懺——晚明文人心態》，頁140。實際上在中晚明即因心學、佛禪的盛行，文人省視內在自我成爲生命課題，自懺是很尋常的現象，本文研究焦點可於該書之外提供不同時段及「遺民」身分以外的觀察。

〔註3〕　舉禪佛爲例是因中國晚明盛譚禪佛之故。就各宗教而言，都有懺悔儀式，如道教有以寫悔過書的悔過法；基督教的告解亦屬之。歐洲文學中奧古斯丁的《懺悔錄》即是著名的基督教懺悔文學。可參見龔鵬程〈懺情錄〉一文，收入氏著：《年報：一九九九龔鵬程年度學思報告》（宜蘭縣宜蘭市：佛光文教，2001年6月），頁638。

〔註4〕　〈悔過〉首文：「乃知放刀成佛只在念頭一轉間，愼無以一青棄終身也」，知鄭瑄乃是會通佛儒而言悔。見〔明〕鄭瑄輯：《昨非庵日纂》，卷16，頁636。

〔註5〕　〔明〕唐順之：〈答王南江提學〉，《荊川先生文集》（臺北市：臺灣商務印書館，1979年，《四部叢刊正編》集部第76冊，影印上海涵芬樓藏明萬曆刊本），卷5，頁80。以下本論文徵引此書皆同此版本。

〔註6〕　載於〔清〕陳田輯：〈李開先〉：「屠晚年自恨往時孟浪，致累宋夫人被醜聲，侯方嚙用，亦因坐廢，此懺悔文也。」見《明詩紀事》（臺北市：明文書局，1991年，《明代傳記叢刊》第14冊）卷6「己籤」，頁335。

〔註7〕　〔明〕屠隆：〈懺悔〉，《鴻苞》（《四庫全書存目叢書》子部第89冊）卷28，頁529。

至於袁宏道、小修的轉變，則明顯發生於萬曆二十七、二十八年前後，兄弟二人由狂禪尚悟轉向淨土主修，而痛懺往昔之孟浪狂放。綜而言之，文人如此會通三教、雜諸他說以言悔悟的例子，實在不勝枚舉。

　　細究這類文人所欲悔悟的內容，乃是指那種主體心思蔽翳於外物的昏瞶狀態，或可稱之為「溺惑」、「累」、「蔽」、「障」者；這種蔽障的生成，往往是起於順從妄習、隨業漂流，而終於任其坐大至不可收拾的結局。如鄭瑄論心的放蕩佚失，乃是起於不知其非、自以為是的價值混淆，一旦是非價值混淆錯亂，那麼主體在應世接物時就很可能沉淪陷落，就如同「拋棄自家無盡藏，沿門托缽效乞兒」般地主奴錯置：

> 蕩軼不知凡幾，始則不知其非，自以為是；既則知其非而姑任焉，久則途徑日熟，且以是為非、以非為是，而望溟適越，悵歧路其何之，認主作奴，裹衣珠而行乞，嗟乎！日展轉於非中而誰一悟也。〔註8〕

又如唐順之以淑世精神為上，而以「嗜好」為力戰對象，其所持原因在於：

> 以為世間種種嗜好，凡人之所可玩可喜者，多足以掛兄之胸臆而動其抱慕不捨之意，此其中於心也微，而不知其植根也膠而難解，苟一不解，則微者或橫潰而著矣！根者或引蔓而枝矣！……或者當時年少而氣銳，以為雖小有所嗜好而固無損于吾之大者，抑亦知其嗜好之不可，不欲快於一闋而以積漸消去之歟？且夫以嗜好為無損者，無乃不知所戰之過歟？以為積漸消去者，無乃戰而不力之過歟？夫嗜好之中人也，亦必有因，必非以為漫然無所用也，必以為人之資於天地間者一物不可少也。孟子之書所以提挈此心者，至著矣！〔註9〕

他認為嗜好對主體之心有漸入漸深的潛在危機——其始於心有掛念而抱慕不捨、而根植膠著、而橫潰枝蔓，如此由微至著，終至不可收拾。最糟糕的是「認賊作子」、深迷不悟：

> 人心存亡不過天理人欲之消長，而理欲消長之幾不過迷悟兩字，然非努力聚氣，絕死一戰，則必不能悟，或不知所戰，或戰而不力，則往往終其身而不悟，故佛家有認賊作子與葛藤絆路之說，而兵家亦曰：名其為賊敵，乃可滅。〔註10〕

〔註8〕〔明〕鄭瑄纂輯：《昨非庵日纂》，〈自序一〉，頁483。
〔註9〕〔明〕唐順之：〈答王南江提學〉，《荊川先生文集》卷5，頁81。
〔註10〕同前註。

在前段引文中，唐氏大加撻伐駁斥「必以爲人之資於天地者一物不可少」的觀點，而在此段引文中，則明白指出「嗜好」萬萬不可有。像這類觀點可說是屬於擺脫戀物的激進派，他十分堅持癖嗜之中的「物質世界」與「心靈世界」，爲二元對立、水火不容之態勢。

然而，倘能自覺所欲力戰的弊端，是否仍可發展出一套因應俗世生命的癖嗜生活？中晚明文人之中，偏好癖嗜生活如屠隆、袁宏道者，即發展出一套解消「癖嗜戀物／超越解脫」二元對立的生活思維。例如，屠隆即是一個鍾情於感性生活的文人，但他並不是住物戀物的倡言者，甚至可以這麼說，他在擺脫戀物的自覺意識上，絲毫不減於唐順之這類心學士人。筆者在下文中以並列方式呈現屠隆與唐順之二人的戀物擺脫論，論者自可由此見其異同。

先看屠隆之論，他認爲種種煩惱桎梏人心，使人不得安然自在的原因，即是始於戀物固著：

> 人之戀外物者，皆起于有之也。從有生戀，從戀生喜，從喜生悲，今夫浮雲之來不喜、去不悲者，無之也。萬物浮雲然，則心空而性見矣！〔註11〕

人之悲喜情緒一旦順隨外物牽動，那麼主體就會爲之牽累，而終至喪失自主的恬適快樂。

再看唐順之之論，他認爲戀物負累始於「情攖於物」：

> 凡情攖於物者，未有不累於中而喪失其所樂者也。有人焉，知夫軒裳圭組之足以爲累，而欲自逃于山巓水涯之外，以爲得所樂，不攖于物矣，然不知其有羨於山水而莫之致也，則或煩勞而悵望；而其既得也，則或嗜深玩奇，窮乎幽絕，勞精神而不知止；其據而私之也，則一丘一壑悉以自占而若恐其或奪也；其久而將去也，則躊躇顧戀；而其既去也，則或悵然有失如遷客之思其故鄉，罣於懷而不能已！此其患得患失於山水，與夫患得患失於軒裳圭組者，清濁有間矣；其決性命之情以攖於物，而喪失其所樂則一也。孔子不云乎？知者樂水，仁者樂山；知者動，仁者靜。仁則所見無非山者，然非待山而後爲樂也；知則所見無非水者，然非待水而後爲樂也。非待山水而後爲樂者，非遇境而情生；非遇境而情生，則亦非違境而情歇矣！故境有來去而其

〔註11〕〔明〕屠隆：〈有無〉，《鴻苞》（《四庫全書存目叢書》子部第89冊）卷35，頁701。

> 樂未嘗不在也。苟其樂未嘗不在，則雖仁者之于水，知者之于山，亦
> 是樂也。雖入金石、蹈水火不足爲礙，至於軒裳圭組，不足爲紲，亦
> 是樂也。君子所以欲自得者，以此而已。〔註12〕

他認爲性命之情所攖之外物，有「軒裳圭組」與「山巓水涯」的差別，然因
主體心思受牽累而導致喪失悅樂的結果並無差別。如果一定要「遇」山巓水
涯之「境」，方才感受清雅超俗的情致，那麼一旦違逆此種外境，清雅超俗之
情感也就隨之停歇，這就是有待於外物而爲外物所牽絆。

屠隆也有類似觀點，他認爲一個人的心上不能有物，倘若「有物則牽、
牽則爲翳；人耽博奕則所見無非博奕；好淫巧器玩則所見無非淫巧器玩者」
〔註13〕，所謂「見物者逐物則遷」、「逐物則亂性」：

> 人之好美器者，見金玉而好，見木石而好，見彝鼎而好，見圖畫而
> 好；人之好美色者，見豐豔而好，見纖妍而好，見粧整而好，見妖
> 輕而好。故見性者性定則一，見物者逐物則遷。定性則齊物，逐物
> 則亂性。老子云：『不見可欲，使心不亂』。〔註14〕

是以涉世應物，倘要避免主體精神惑溺其中失其自主獨立，甚而隨物遷逐，
最重要的是要自覺地擺脫戀物固著，心上不可有物。

綜上所述，屠隆與唐順之二人，在擺脫戀物固著的論調上，可說是砲口
一致的。然不同的是，唐順之視癖嗜爲萬萬不可，遑論有任何物質論述；而
屠隆之論，則以爲文人倘若在俗世的物質生活中能自覺地擺脫心之蔽障，那
麼，仍可經營「癖嗜」生活，相對的，他開展而出的物質論述也就卷帙浩繁、
琳瑯滿目，並爲時人奉爲案頭經典。

至於公安派的主將袁宏道以及小修，二者破執順性的生命關懷在萬曆二
十七、八年前後，都出現取徑上的明顯改變。其中所涉及戀物的擺脫工夫以
及解脫境界，也連帶與先前有別，值得一探究竟〔註15〕。

〔註12〕　〔明〕唐順之：〈右屋山志序〉，《荊川先生文集》卷11，頁209。
〔註13〕　〔明〕屠隆：〈觀空〉，《鴻苞》（《四庫全書存目叢書》子部第89冊）卷35，
　　　　　頁713。
〔註14〕　〔明〕屠隆：〈性物〉，《鴻苞》（《四庫全書存目叢書》子部第89冊）卷35，
　　　　　頁706。
〔註15〕　此種轉折，在中晚明文人身上甚爲常見，論者當由全幅角度來觀察一個文派
　　　　　的動態發展，而非截其中段以爲全貌。近期學者亦持類近看法者，如孫書磊：
　　　　　〈從矯枉過正到自我修正——明代文論中的一個特異現象〉，《江西師範大學
　　　　　學報》（哲學社會科學版）1997年01期。關於公安派由興盛期到後期之驟轉

　　青年時期的袁宏道，所倡言縱放酒色的「寄物」心態，是需納在當時追求「渾淪順適」的應世觀下理解的。然而，文人倘若一味地順應感性生活的縱放，全然以自適悅己爲依歸，卻無任何自覺要在心靈層次尋求超越解脫，那就容易落入陽明所批駁的「以曠蕩放逸」爲「灑落」的下下者。依袁宏道所言「渾淪順適」的本義來看，其意並非倡言「住物」。在萬曆二十七、八（1500～1600）年後，他自省到昔日所標舉的縱放寄物論，極可能陷入戀物的弊端，於是，他就改變了擺落物質牽累的工夫路徑，相應而開展出的人生趣味，遂迥然異於往昔。觀其所汲取的禪學工夫及解脫理論，乃是由「狂禪」趨向「淨土」〔註16〕。其中最顯著的轉捩關鍵，是萬曆二十七年（1599），宏道以華嚴間架組織淨土宗資料而成的《西方合論》。在此之後，袁宏道在境界上以「淡適」解消前所舉之「狂放」，在工夫上以「損」、「退」的內斂漸修法取代「頓悟」法：

　　　　某近來知損事之樂。所謂損事者，非獨人事，田宅子女皆是也。小窮則小樂，大窮則大樂。衣食僅充，餘則施之，是爲損事要法。〔註17〕

　　　　不論世情學問，煩惱歡喜，退得一步，即爲穩實，多少受用，退之一字，實安樂法門也。故曰：『吾見其進，未見其止』，止即退也。
　　　　〔註18〕

與修正，相關的研究成果可參見龔鵬程：《晚明思潮》。

〔註16〕此後與李卓吾「狂放尚悟」之論禪主張，漸行漸遠，如袁小修所撰〈吏部驗封司郎中中郎先生行狀〉：「（萬曆二十八年）先生之學復稍稍變，覺龍湖等所見，尚欠穩實，以爲「悟」「修」猶兩轂也，向者所見，偏重悟理，而盡廢修持，遺棄倫物，偭背繩墨，縱放習氣，亦是膏肓之病。……遂一矯而主修，自律甚嚴，自檢甚密。」見《珂雪齋集》，卷18，頁758。
　　　唯袁宏道仍與卓吾書信往來，也直接向李表達禪學趣味的轉向，如：「世人學道日進，而僕日退，近益學作下下根行」所言之工夫與卓吾大異，見袁宏道：〈李龍湖〉，《袁宏道集箋校》卷22，頁792；然而在文學意見上，他仍十分肯定卓吾出于己見的創造性，見同卷〈馮琢菴師〉，頁781～782。由此可見二人意見之不同，主要在於禪學而非文學。
　　　日學者荒木見悟則認爲袁宏道的轉變，可向前推到萬曆二十五年（1597），當時中郎與陶望齡兄弟曾造訪雲棲袾宏（1535～1615），雖未立刻改變，然已開啓淨土教信仰之影響。見荒木見悟：〈《西方合論》解題〉，收入荒木見悟、岡田武彦主編：《影印和刻近世漢籍叢刊》思想四編（中文出版社，廣文書局印行，1975年）。

〔註17〕萬曆二十八年（1600）在公安作，見〔明〕袁宏道：〈龔惟學先生〉，《袁宏道集箋校》卷42，頁1235。

〔註18〕萬曆二十七年（1599）北京作，見〔明〕袁宏道：〈龔惟長先生〉，《袁宏道集箋校》卷22，頁771。

學道人須是韜光斂跡，勿露鋒芒，故曰潛曰密。〔註19〕

宏道除了自覺到生命情調已傾向於「任運冷淡」，有別於往昔之「精猛熱鬧」；並且更進一步深化現在所修的「冷淡」工課，較之往昔的「熱鬧」法更難更深奧。這與前所標舉「在鬧境中修煉更佳」的說法，恰恰相反：

往只以精猛爲工課，今始知任運亦工課。精猛是熱鬧，任運是冷淡，人情走熱鬧則易，走冷淡則難，此道之所以愈求愈遠也。〔註20〕

至於對「寄物爲樂」最明白確切的反省，則見萬曆二十八年（1600）所作與〈李湘洲編修〉書：

弟往時亦有青娥之癖，近年以來，稍稍勘破此機，暢快無量。始知學人不能寂寞，決不得徹底受用也。回思往日孟浪之語最多，以寄爲樂，不知寄之不可常。今已矣，縱幽崖絕壑，亦與清歌妙舞等也。願兄早自警發，他日意地清涼，得離聲色之樂，方信弟言不欺也。〔註21〕

在回首過去中，宏道痛責昔日諸說爲孟浪之語，當年只知稱說「以寄爲樂」，卻不知「寄」是不可以成爲常態的。文中再度重申「寄」當回歸不可常之「寄寓」義，並期許自己應當從此勘破青娥習癖，由「寂寞」中求得離聲色、徹底受用的「樂」。

宏道除了「漸學斷肉」〔註22〕外，還檢省文人業習爲無益性命的伎倆，甚至想要焚卻筆硯：

然過此亦欲焚卻筆研，人生精力幾何，若爲以有限之精神，事此無益之技倆也！……畢竟諸緣皆易斷，而此獨難捨，或亦文人之業習耶？〔註23〕

倘在心境上果以減損而得逍遙，「幽崖絕壑」可以與「清歌妙舞」等同，或許可以將袁宏道參禪不離粉黛的情況，理解爲到達擺落脫盡之前的漸修過程。由萬曆二十八年（1600）自省稍減粉黛濃習〔註24〕，到了萬曆三十三年

〔註19〕萬曆三十二年（1604）作，見〔明〕袁宏道：〈德山麈譚〉，《袁宏道集箋校》卷44，頁1297。

〔註20〕萬曆二十九年（1601）在公安作，見〔明〕袁宏道：〈答陶周望〉，《袁宏道集箋校》卷42，頁1244～1245。

〔註21〕〔明〕袁宏道：〈李湘洲編修〉，《袁宏道集箋校》卷42，頁1233。

〔註22〕萬曆二十七年作（1599），見〔明〕袁宏道：〈答顧秀才紹芾〉，《袁宏道集箋校》卷22，頁788。

〔註23〕〔明〕袁宏道：〈馮尚書座主〉，《袁宏道集箋校》卷42，頁1241～1242。

〔註24〕萬曆二十八（1600年）在公安作，〔明〕袁宏道：〈顧升伯修撰〉：「弟世情覺

（1605），「醉來尋白足，定起喚青娥」〔註 25〕、雖然始終未離紅塵粉黛，但此間似乎呈現一種由「乘急參淫女」〔註 26〕之濃情、遞減爲「山光與粉黛，一種是逍遙」〔註27〕之淡泊的心境差別。

宏道思想觀念的翻轉，越到晚期越是明顯。萬曆三十七年（1609），宏道竟一反昔日「人情必有寄」的說法，明白揭示「嗜好」行徑無異「惑溺」固著，這可以說是對住物心態，反省得更爲徹底強烈：

> 舉世皆以爲無益，而吾惑之，至捐性命以殉，是之謂溺。溺者，通人所戒，然亦爲通人所蔽也。溺於酒者，至於荷鍤；溺於書者，至於伐塚；溺於禪者，至於斷臂；溺於山水者亦然。蘇門之登（案：孫登），至于廢起居言笑，以常情律之，則爲至怪；以通人觀之，則亦人情也。……嗜酒者不可與見桑落也，嗜色者不可與見嬙、施也，嗜山水者不可與見神區奧宅也。……有大溺者，必有大忍。今之溺富貴者，汩沒塵沙，受人間摧折，有甚於水者也。抑之而更拜，唾之而更諛，其逆情反性，有甚于笑者也。故曰忍者所以全其溺也。
> 〔註 28〕

全文實扣緊蘇門山之百泉而發，借以發論的典故則是阮籍上蘇門山訪孫登一事〔註 29〕。當年孫登遠離塵囂隱居蘇門山，阮籍訪遇時以「棲神導氣」之術相問，孫登則認爲此「在山水間爲俗談」，視阮非投其意、發其籟者，故不以世間言語回應。然而識眞全神之意，卻在後來孫登林谷傳響之長嘯聲中，昭然朗現。

孫登與後世邵雍這類「棄人間事，以山水爲殉」者，爲世人譽爲「通人」，然而袁宏道則認爲，這樣的「通人」，與世上耽溺於酒、書、禪者而至於荷鍤、伐塚、斷臂的人，一樣是有所蔽障，差別只在於溺惑程度上的深淺，故提出

冷，生平濃習，無過粉黛，亦稍輕減；即有時對清歌艷舞，亦如花鳥之寓目，自幸心中粗了，可以隱矣！」《袁宏道集箋校》卷42，頁1232。

〔註25〕萬曆三十三（1605 年）作，〔明〕袁宏道：〈醉歸，口占示凡公、響泉道人〉，《袁宏道集箋校》卷33，頁1078。

〔註26〕「乘急參淫女，戒急卻聞釵。」一詩句作于萬曆二十八（1600），見〔明〕袁宏道：〈菴中閱經示諸開士，用前韻〉，《袁宏道集箋校》卷25，頁839。

〔註27〕萬曆三十三（1605 年）作，見〔明〕袁宏道：〈夏日同龍君超……泛舟便河，得橋字〉，《袁宏道集箋校》卷32，頁1070。

〔註28〕〔明〕袁宏道：〈游蘇門山百泉記〉，《袁宏道集箋校》卷51，頁1484。

〔註29〕詳見《晉書》阮籍、孫登本傳。

迥異成說的「通人溺於山水」之觀點。

此說法一方面解消自己盛讚蘇門百泉最美（美到讓自己神酣暢適），但又不隱於此（如孫登等通人隱于山水）的問題。另一方面，則是借「溺於山水者」之不合常情處，導引出對「溺富貴」的反語批評──「大忍成其大溺」，而將「山水」比附「富貴」之流中言其「溺惑」。

當年世人為了測試孫登是否真的「性無恚怒」，而將他丟到水裡，渾身溼透的孫登卻是「出而更笑」，這種事情說是悖反常情，一點也不為過；然而，反觀世間追求富貴利達者，忍受種種摧折屈辱，其逆反情性更甚於前。打壓他，卻對你更加順服，唾罵他，卻對你更加阿諛，忍常人之所不人忍，是以大忍者足以全其求富貴之大溺惑。

文末，袁宏道自嘲為庸人常人，故無法忍耐逆反情性之極者，其實是用反語來表示自己與溺惑者並非同調，甚至，連隱于山水也視為「溺惑」之舉，故雖盛讚蘇門百泉之美，而不必一定要「隱」於山水之境。這顯然大大對萬曆二十七年（1599）前，所標舉出的「聖賢豪傑必以物彰我」、「將沉湎酣溺，性命生死以之」（宏道語）、「性之所好無論有益無益都戀戀不捨」（節選江盈科語）的論調，提出強烈的負面措詞作為自惕自儆，舉凡酒、書、禪、山水等等，正是前所言足以為「寄寓」主體精神的對象極，倘主體未能自覺擺脫住物的弊端，則上揭諸事便向下沉淪為「惑溺」行為的對象極。壯盛期正面標舉以性命殉之，後期則以負面用語強調擺脫，其不「住物」的自覺心態更趨明朗，是以袁宏道所反對的，不是「癖嗜」行徑之具有，而是心之「惑溺」。

而這種以主體精神（我）為癖嗜行為存在意義的必要內涵，倘推到極致，可脫離俗世生活經驗，而成一種純粹精神式的心領神會。相隔一年，萬曆三十八年（1610）袁宏道即提出「真嗜」說，即不以親身歷覽為山水「癖嗜」的必要經驗：

> 或曰：……今山人之跡，十九市廛，其于名勝，寓目而已，非真能嗜者也。余曰：不然，善琴者不弦，善飲者不醉，善知山水者不巖棲而谷飲。孔子曰：『知者樂水』，必溪澗而後知，是魚鱉皆哲士也。又曰：『仁者樂山』，必巒壑而後仁，是猿猱皆至德也。唯于胸中之浩浩，與其至氣之突兀，足與山水敵，故相遇則深相得。縱終身不遇，而精神未嘗不往來也，是之謂真嗜也。〔註30〕

〔註30〕〔明〕袁宏道：〈題陳山人山水卷〉，《袁宏道集箋校》卷54，頁1581～1582。

知者之所以樂水，仁者之所以樂山，其因不在於是否有置身溪澗巒壑的親身體驗，而在於主體「胸中浩浩之氣」與「突兀至氣」的充擴，能與山水相匹敵，由初始的主客二分，進而主體精神「相遇」其中，終而至主體精神充擴流行其間的「相得」之境。一個人縱使終身不曾經歷山水實境，然而「精神未嘗不往來」，這才是「真嗜」。晚年的袁宏道深度汲取心學與禪學的解脫論調，而成此種唯心的論嗜方式。他把物質實境擺落到可有可無的地位，而將主體精神及意識視為「癖嗜」行為存在意義的唯一要素，大大提升「不住物」的高度。

接下來談到袁小修。他在青壯期「好酒兼好色」的輕狂肆恣，比起兄長宏道是有過之而無不及，相對的，在後期的翻然悔悟則尤為深刻。他在〈心律〉一文中，嘗解釋年少涉足游冶娼家，乃緣於不得志，壯懷不堪牢落，故借此聊以排遣：

> 吾生平固無援琴之挑，桑中之恥，然游冶之場，倡家桃李之蹊，或未得免，緣少年不得志於時，壯懷不堪牢落，故借以消遣，援樂天樊素、子瞻榴花之例以自解。又以遠遊常離家室，情慾未斷，間一為之，迄今漸斷，自後當全已矣！〔註31〕

此種縱放行徑，本欲藉此消減不得志的負面情緒，然而卻因為過度耗損而招致血疾纏身：

> 吾因少年縱酒色，至有血疾。每一發動，咽喉壅塞，脾胃脹滿，胃中如有積石，夜不得眠。見痰中血，五內驚悸，自嘆必死。追悔前事，恨不抽腸滌浣。及至疾癒，漸漸遺忘，縱情肆意，輒復如故。

損生傷性的切身經驗，在壯年以後深感負累，在〈答王章甫〉〔註32〕尺牘中，自辯病端非自詩文癖好來，實肇端於年少時喜譚「無忌憚學問」、縱酒迷花的行徑。此間明確繫連「縱放習氣」與「無忌憚學問」之關聯，而此處所言「無忌憚學問」應即「狂禪」，以故小修此時期之悔悟，所指陳的核心對象即是「狂禪」及其派生的諸多縱放行徑。切身之痛再加上族兄袁繼洲辭世前衷心悔悟的話語，更加深小修以「狂禪」為寇讎的對立心態：

> 有盲禪語之曰：『禪惟悟性而已，一切情慾，當恣為快樂，於此原無

〔註31〕〔明〕袁中道：〈心律〉，《珂雪齋集》卷22，頁954～955。
〔註32〕〔明〕袁中道：〈答王章甫〉：「但弟之病，實由少年譚無忌憚學問，縱酒迷花所致。年來血氣漸衰，有觸即發。」《珂雪齋集》卷24，頁1048。

妨礙。』繼洲欣然從之，飲啖任情，且多不戒衵席。久之遂病，歎
曰：『使我常學養生言，病不至此！盲禪啓我以事事無礙之旨，未免
恣意任習，本爲放下，卻成放逸。知拘檢爲非，不知流遁尤錯。而
今而後，知古人戰戰兢兢，臨深履薄，是吾人保命符。已矣，已矣，
盲師誤我也！』遂辛。〔註33〕

袁繼洲自悔致病之由──始於聽從盲禪，以事事無礙爲極則，恣肆放逸，終
至造成不可挽回之局面。族兄命喪黃泉前親身勸諫小修，在小修心中所引發
之震撼當可想見，筆者亦可了解爲何在〈與段幻然〉〔註34〕尺牘中，小修會
如此明白指稱：「若毛道所云：『酒肉不礙菩提，淫嗔無妨波若』者，弟深惡
之憎之」，其深惡痛絕之負面情緒如是強烈。

　　倘以有形身軀之負累爲衡量，所謂寄物縱放，當是有所選擇的，如〈硯
北樓記〉引段成式語，表示最嚮往時親韋編的閒適趣味：

昔通人段成式云：『杯宴之餘，嘗居硯北。』夫人生閒適之趣，未有
過於身在硯北，時親韋編者也。〔註35〕

常人「寂處一室」，未能立即到達「寒灰古木」的安止心境，勢必不能「無所
寄以悅此生」。在周索昔人「寄」情多方的借鏡之後，考量自身狀況：既不能
耐勞如嵇康，也無法像陶淵明酒量無底，更無琴可操；寄情粉黛歌舞，終究
損及本質，所以袁小修明白宣告「吾必不爲」。最終，他認爲最適合的就是「硯
北」的閒適──以數千卷書，疏瀹性靈，自悅此身：

柳下之鍛，叔夜所以寄也，吾不堪勞；麴蘖之逃，元亮所以寄也，
吾無其量；〈白鵠〉、〈何嘗〉之調，戴仲若所以寄也，吾不解操。若
夫貯粉黛、教歌舞，以耗壯心而遣餘年，往往猶有此習，今殊厭之。
昔裴公美一生醉心祖道，而晚年扡缽歌妓之院，自云可以說法度人；
白樂天亦解乘理，致頭白齒豁，時攜群粉狎往牛奇章宅中鬪歌。有
何好？而自云『天上人間，無如此樂。』雖云遊雲幻霞，無所污染，
然道人自有本色行徑。湯能沃雪，雪盛湯凝；火能銷冰，冰強火滅。
出水乖蓮花之質，切泥損太阿之鋒。以此爲寄，是以漏脯止飢，雲
白已渴也，吾必不爲。然則吾之所寄體，惟此數千卷書耳。……今

〔註33〕　〔明〕袁中道：〈書族兄事〉，《珂雪齋集》卷21，頁907。
〔註34〕　〔明〕袁中道：〈與段幻然〉，《珂雪齋集》卷25，頁1062。
〔註35〕　〔明〕袁中道：〈硯北樓記〉，《珂雪齋集》卷14，頁623。

> 而後將聚萬卷于此樓，作老蠹魚，遊戲題躍。興之所到，時復揮灑
> 數語，以疏淪性靈，而悅此硯北之身，吾志畢矣！〔註36〕

反觀史載阮籍、陶淵明者，其「寄物」心態仍屬假物以適的有所待，小修認
為，如陶之隱，對於生死遷化仍有深邃的執情，說不上真隱的最高境界：

> 故隱者貴聞道，聞道則其心休矣。惟心休而不假物以適者，隱為真
> 隱。陶元亮之隱也，差適矣，今讀其詩，殷憂內結，至于生死遷變
> 之際，每每泫然欲涕，而姑借酒以降之，又安能樂？〔註37〕

對於此種執情，小修「哀其不知解脫之路」〔註38〕，而其所謂解脫之路，則
有回歸心學路線的傾向，以「心性道理上明白」，求「心休」：

> 弟近日見得，理則頓悟，事須漸除……放逸與放下不同，放逸正為
> 物轉，放下始能轉物。非骸體裏情識盡乾，如何說得隨順世緣的語
> 也。〔註39〕

強調「我」主體精神的獨立性，並在心學系統中舉出邵雍、白沙、陽明一系
為得道典範：

> 然則自漢以後，以道隱而自適其窮者，一邵子耳。邵子洞先天之祕，
> 觀化于時，一切柴棘，如爐點雪，如火銷冰，故能與造物者為友，
> 而遊於溫和恬適之鄉。彼惟不借力於物，而融化於道，斯深於隱者
> 也。後之繼者，其惟白沙先生乎？邵子有言：『學不至樂，不可言學』，
> 白沙之學，近於樂矣。樂生於覺者也。夢中悲歡喜戚，無端糾纏，
> 忽然一覺，而竟莫得其所在。故白沙洞明心地之後，處窮處達，無
> 往而不適，是之謂樂得其道，而內不受物之弊鍛，豈待排豁焉。白
> 沙蓋邵子以後一人也。……公（案：指陽明）蓋學白沙之學者也，
> 其于休心忘累之境，有所遇焉，故終身淪落而無間。死生無變于己，
> 而況人事之倏得倏失者乎！則近時之以道隱者，公又一人焉，而豈
> 若借適於物者流，力戰於牢騷不平者哉！〔註40〕

　　不藉力于外物，不受物之弊鍛，則可休心忘累，主體自心聚斂充實自得，

〔註36〕同前註。
〔註37〕〔明〕袁中道：〈贈東奧李封公序〉，《珂雪齋集》卷9，頁423。
〔註38〕〔明〕袁中道：〈四牡歌序〉，《珂雪齋集》卷9，頁453。
〔註39〕〔明〕袁中道：〈張雲影〉，《珂雪齋集》卷23，頁990。
〔註40〕〔明〕袁中道：〈贈東奧李封公序〉，《珂雪齋集》卷9，頁423～424。

暖自內生，如爐如火，而「能與造物者爲友，游於溫和恬適之鄉」：

> 古人云：「如今休去便休去，若覓了時無了時」，若能行樂，即今便好快活。身上無病，心上無事，春鳥是笙歌，春花爲粉黛，閒得一刻即爲一刻之樂，何必情慾乃爲樂耶！邵堯夫瀟瀟灑灑，便是第一等享福人，百富鄭公不能及也。〔註41〕

其所言與陳白沙所言之樂境無所別：

> 山林朝市一也，死生常變一也，富貴貧賤，夷狄患難一也，而無以動其心，是名曰自得。自得者，不累於外，不累於耳目，不累于一切，鳶飛魚躍在我。〔註42〕

如此擺落物質，著重主體心之超越，所呈現之「淡適」境界，已近「情順萬物而無情」的虛靈妙境。

第二節　「寄而不住」生活美學在中晚明的開展

　　前所討論「縱放寄物論」與「戀物固著的擺脫」，乃分就「不離世界」與「不染於物」兩個面向來探討，純粹是爲了討論之便而設域分述，然而，更完整的來說，應當是「不離世界的超越」，既是「寄」寓於世俗生活物質而又是「不住」於物的超越，實當合而言之。因所言涵攝主體才性之偏以及主觀情緒與情感，故不採用「不離世界不染於物」佛教用語，而以「寄而不住」生活美學名之。由「寄」到「住」二極之間，明人透過多重對比論證的方式——或以「住」物之蔽言「寄」之重要；或以「不住物」說明「寄」之心態；或由「住物」到「寄而不住」，呈顯心態之漸層境界——此間架設了種種心態的區隔，是爲了自我認同價值之澄清與主體的確立，基此而進一步跨越「我執」，達到泯除人我區分，主體閒適自在、與物和諧共處的生活美學極致境界。

　　以下分「對俗世生活的肯定」與「自適的生活美學」二部分陳述。採取與前述縱放「寄」物論相對的「住」字爲線索，觀察前期心學家（王陽明、唐順之）在俗世生活應世接物觀上，如何過渡到中晚明文人——屠隆、袁宏

〔註41〕〔明〕袁中道：〈心律〉，《珂雪齋集》卷22，頁957。
〔註42〕《白沙年譜》卷2，收入《宋明理學家年譜》（北京：北京圖書館，2005），第9冊，頁263。

道、袁中道以感性、文藝生活爲內容的生活美學。

一、對俗世生活的肯定——以前期心學、屠隆爲主例

就「住」字而言，陽明將「無所住而生其心」納入「心之無累」意義中運用之，如《傳習錄》所載：

> 無所住而生其心，佛氏曾有是言，未爲非也。明鏡之應物，妍者妍，
> 媸者媸，一過而不留，即是無所住處。

既能如明鏡般照鑑萬物，又能不滯於事物，在涉世時保持心體的虛空狀態，即是「無所住」。陽明之興趣不在於佛學，而是以心學爲本，就二者交涉之處來彰顯發揮，其理解「住」字，並不脫離佛典原義。到了唐順之，談「住」的方式與意涵有了變化。拈出「有住」二字，似與經旨大相悖逆，實則在於彰顯「不離世界」的涉世義。所謂「有住」，乃指儒者止其所當止之初始，務先明所「住」，以爲行事之基礎：

> 虎丘聽泉老僧，以其徒承基請字于予。予爲之字之曰：『有住』，佛
> 氏言『無所住而生其心』，而予以『有住』字承基者，無乃與經旨相
> 悖乎？蓋不空者眞空也，無住者眞住也，是法非相，則謂之無住可
> 也，是法即相則謂之有住亦可也。儒者之說，既曰變動不居，周流
> 六虛矣！是無住也。而又曰艮其止，止其所也，是有住也。知止而
> 後有定，基也，其務先明所住哉！〔註43〕

這段文字的關鍵句在「不空者眞空也，無住者眞住也。」其中涉及兩個重要的議題：首先，談「住」的問題要在「不空」中來談，是在現實俗世的物質生活中才有討論的價值，是以當先了解「不空者眞空」之義，再來開展「住」的討論，這與後來屠隆所言「即境修行」的命題，有本質上相呼應處。其二，唐順之言「無住者眞住也」，乃以「住」與「空」一樣有境界的呈顯。在俗世生活的「境」中來鍛鍊「心」的無住，才是「眞住」的境界。如屠隆〈貝葉齋稿序〉〔註44〕：「空而不空，不空而空；住而不住，不住而住。」「眞空」與「眞住」的境界，都在涉世時來試煉；所謂「是法非相，則謂之無住可也。是法即相，則謂之有住亦可」，在生活有形的物質界上談應世接物的超越，可稱之「有住」。正如儒者易經言周流變動的大道，仍有「艮」卦，「艮者，止

〔註43〕〔明〕唐順之：〈僧承基字說〉，《荊川先生文集》卷13，頁266。
〔註44〕〔明〕屠隆：《白榆集》（臺北：偉文，1977年9月）卷1，頁52。

也」，故道是可以有「止」的，即相上可說「有住」的。若將「艮」之意來解「有住」，則「有住」意即在生活上當住得其所、住得其時，止時能如五岳安穩，而動如排山倒海之氣勢。所有的止與動，都非外在力量使之如此，而是自我安止的控制力使然，故隨時可動，並不黏著固定於所止。正如《禮記‧大學》所言止，知止之功用不在於「止」，而在於能「安慮得」。是以「有住」，乃在涉世的物境中，擴充心之主宰，自由地安頓自我，而非黏著於「物」上安頓。唐氏如此說解，則打破「寄」與「住」二元對立的界限，在俗世的物質世界中，開出有所「寄」但無所「住」的「有住」生活美學〔註 45〕。這與中晚明文人重視個體感性落實於俗世生活中、所開展出解脫自在的生活美學，亦有遙相呼應之處。

此間以屠隆在應世接物心態上，所舉出「即境修行」過渡到「鬧境修行」的種種觀點，足以視爲中晚明俗世生活美學的一個典型，論者可由此管窺當時文藝氛圍下的文人心態。

屠隆將在世之空稱爲「眞空」，與前述唐順之所謂「不空者眞空也」同義，是說不離世界的空才是「眞空」。反面來說，離境之空絕，謂之「頑空」：

> 一切修持，須向境上試，得過方是，即如平居懲忿，不知遇忿能不動不？平居窒慾，不知遇色能不動不？若無事闃然，遇境輒亂，則爲頑空。〔註 46〕

「不涉世緣，不經嘗試，屏去一切」〔註 47〕的「離境修行」，是「除境不除心」的凡人作法〔註 48〕，是以不必除境，更不要「著意除境」〔註 49〕，心中若著意，即陷「執」障，且因心存除境之意，便生厭惡此境之情緒，此又一執也：

〔註 45〕 然而唐順之仍帶有濃厚的心學淑世精神基調。如對於「藝」「雜學」的觀點，雖由傳統重道輕藝觀來，但已有「德藝不得說爲二個」「不溺於心」之突破，可以有文藝、雜學爲生活內容，此與宋儒「以道學爲尊」者大有別。

〔註 46〕 〔明〕屠隆：〈與田叔〉，《白榆集》卷 6，頁 339～342。

〔註 47〕 〔明〕屠隆：〈離境修行〉，《鴻苞》（《四庫全書存目叢書》子部第 89 冊）卷 28，頁 534。

〔註 48〕 〔明〕屠隆：《續娑羅館清言》（臺北：藝文印書館，1965 年，《寶顏堂祕笈》本）卷上：「至人除心不除境，境在而心常寂然。凡人除境不除心，境去而心猶牽絆。」以下本論文徵引此書皆同此版本。

〔註 49〕 〔明〕屠隆：〈眞定〉，《鴻苞》（《四庫全書存目叢書》子部第 89 冊）卷 37，頁 749。

> 厭惡萬境妨礙此心，而思屏而逃之，枯寂求靜，則即此厭境之心，
> 已為不靜之本，何由得到如如之路也？〔註50〕

一味著意除境，而外在環境未必盡如人意，一旦無法順利除境，則心生困頓情緒。在「等待」除境的過程中，對現有環境無所用心，因而更不耐煩現有問題之深思與解決。如此著意除境，實使心停滯於刻意、厭惡、困頓、等待種種焦慮情緒中，終究是障。

著意除境是障，刻意尋境，更是障：

> 是言不必除境，不是要去尋境，若著意除境，除亦是障；若要去尋
> 境，尋更是障。〔註51〕

比如世之好事者，傾貲蒐羅文房清玩以營造清境，好之欲得，則輾轉反側。尋之不得，則陷失落情緒，更是為物所障。

是以不離境修行、不著意除境，亦不刻意尋境，而是「即境修行」，在現有之外在環境之下，修持逍遙自在法。所以屠隆〈離境修行〉言：

> 故余以為離境修行，不如即境修行。于清風曰靜處做好，丘長春曰
> 鬧處做更好，此之謂也。〔註52〕

不僅僅是要涉世地即境修行，還要在鬧處作更好。唯鬧處做更好，並不意味逍遙自在法由酒色笙歌的鬧境中來：

> 酒本以取樂，每見沉湎之人，昏沉瞀亂，嘔喀暴下，委頓欲死，樂
> 乎？苦乎？以苦為樂，迷而不悟，一也。……忘憂遣累，酒有微功，
> 迷性昏神，實有大害。以酒忘憂，酒去憂在，以酒遣累，酒過累存，
> 逍遙自在法，斷不從麴藥中來。阮籍、王績諸人，高曠瀟落，乃其
> 天性，縱酒荒燕，亦其有託而逃。不聞王阮遂從酒中得道，僅成一
> 放浪之人而止，外覺蕭曠、內多沉昏，何由得見自性？王阮如此，
> 又況市人之飲乎！〔註53〕

〔註50〕〔明〕屠隆：〈離境修行〉，《鴻苞》（《四庫全書存目叢書》子部第89冊）卷
　　　　28，頁533。

〔註51〕〔明〕屠隆：〈真定〉，《鴻苞》（《四庫全書存目叢書》子部第89冊）卷37，
　　　　頁749。

〔註52〕〔明〕屠隆：〈離境修行〉，《鴻苞》（《四庫全書存目叢書》子部第89冊）卷
　　　　28，頁534。

〔註53〕〔明〕屠隆：〈十迷〉，《鴻苞》（《四庫全書存目叢書》子部第90冊）卷42，
　　　　頁73～74。

文人之所以能展現風神超逸之美感，乃在於胸中不著一物，而翛然之意常存。是以主體之「心」能即現有之境，甚而在酒色歌舞、榮艷場域中行大試煉，倘能了徹，才是得逍遙自在法的由來。所謂「至人除心不除境，境在而心常寂然。」〔註54〕：

> 了悟不徹，心不能轉物，而爲物所轉故也。心苟能靜，觸境俱空，
> 心苟不靜，觸境具礙。遇榮艷，則作榮艷想，遇淒涼，則作淒涼想，
> 雖處深山窮谷，一草一木，一麋一鹿，皆足以動其心也。〔註55〕

心倘能靜，則觸境皆空，誠如禪家語「心悟轉法華」〔註56〕，即便在榮艷之境，心仍不爲所動，更可轉境而不爲境轉：

> 蓋言人性地既徹，縱令涉境，亦能轉境，不爲境轉，非爲心能不動，
> 便可無所不做也。〔註57〕

如此涉足歌舞聲色之喧鬧境，而得以展現灑落無物的高曠胸懷者：如屠隆所言〈心境〉：

> 余每觀歌舞、遍聲色，覺此中前後漸異：初時遇輒喜，過輒思；久
> 之遇輒喜，過輒不思；又久之，遇亦不喜，亦不避，如白雲丹霞然，
> 來固欣然，去亦何戀。馮京閉目不觀，只爲此中打疊不淨，故云：「聖
> 人除心不除境，凡人除境不除心」。〔註58〕

聖人不刻意除歌舞聲色的外境，重要的是在此境中去除「心」之障礙，而「心」的漸進層次由初始「遇輒喜，過輒思」，漸進至「遇輒喜，過輒不思」，到最後可以是遇不喜也不刻意躲避，「如白雲丹霞然，來固欣然，去亦何戀」，此乃心境向上提昇者。屠隆論俗世生活的應世接物，由「即境修行」過渡到「鬧境修行」，繼而到達「隨境而安」，已躋入自適恬淡的生活境界。

　　這類應世接物的修行方式，在中晚明是多元價值派生中的一種典型說

〔註54〕　〔明〕屠隆：《續娑羅館清言》卷上。

〔註55〕　〔明〕屠隆：〈離境修行〉，《鴻苞》（《四庫全書存目叢書》子部第 89 冊）卷
　　　　　28，頁 534。

〔註56〕　屠隆的「即境修行論」實由「心悟轉法華」來，見〈離境修行〉：「夫淨心淨
　　　　　土，不在西方，能和尚所謂心悟轉法華也。……禪家以事鍊心，不取禪定。」
　　　　　見《鴻苞》（《四庫全書存目叢書》子部第 89 冊）卷 28，頁 533～534。

〔註57〕　〔明〕屠隆：〈眞定〉，《鴻苞》（《四庫全書存目叢書》子部第 89 冊）卷 37，
　　　　　頁 749。

〔註58〕　〔明〕屠隆：《鴻苞》（《四庫全書存目叢書》子部第 89 冊）卷 35，頁 706。

法，同時也見諸他人之著作。如周耕伯所撰之《新鍥官板批評註釋虞精集》〔註59〕，即打破「蒲團」（禪修）與「在位」（官職）二元對立之情境地談主體修行：

> 但異見起而正性隱，塵緣礙而慧用微。管見以累行積功，則蒲團不如在位，而煉性死心，則在位不如蒲團。但煉性而不以事，性猶未煉；死心而不對境，心猶未死。紛擾垢溷，政修行人以了道成功之地也。趐身履淹穢，心宅清虛，忘懷去來者，城市一江湖；若著情生死者，幽棲猶桎梏。古之捷徑，猶借之山林泉谷之間，而今之捷徑，乃在不朝不野之地。且欲其中者，岩谷不幽；恬其中者，城市不喧。彼琴瓢流水安問懷金，雞犬村煙是亦爲政。求得者喪，爭明者失，無欲者自足，空虛者受實，作智造巧者害於物，明是考非者危其身。修飾以顯潔者惑於生，畏死而崇生者失其貞。〔註60〕

完全脫離事境的修行，是未臻極致的（同屠隆反對「離境修行」義）；修行是要在塵境俗事中煉其本性、死其妄心，是以紛擾垢溷之鬧境，正是修行人了道成功之地（與屠隆「即境修行」、「鬧境修行」意同）。大抵著意去「求」、「爭」、「作」、「造」，都是萬種桎梏之由來，心中恬適之鑰，在於掌握順動原則（與屠隆「隨遇而安」義通）。周氏倡言「至人忘心不除境，庸人除境不忘心」之論，則見於〈玄屑篇〉：

> 聞之至人忘心不除境，庸人除境不忘心者，何也？蓋庸人係俗，窘若囚拘，至人遺俗，獨與道驅；庸人惑惑，好惡積臆，至人恬漠，獨與道息。……可見萬境本閒，人心自鬧。眩則分歧，染則素絲，……此心一起，物物藩籬。……但了自心，自然無惑。〔註61〕

萬境本閒，人心自鬧，故改變的焦點不在外境，而是人人皆有之心，此觀點仍不離「人心爲主宰」的核心。至於袁宏道、袁小修「縱放寄物論」自亦可隸屬於「俗世生活之肯定」範疇來談，前已詳釋，此不贅述。

〔註59〕 〔明〕周耕伯撰，〔明〕徐奮鵬評，〔明〕周家賢註：《新鍥官板批評註釋虞精集》（臺南縣：莊嚴文化事業，1995年，《四庫全書存目叢書》子部雜家類第93冊，影印無錫市圖書館藏明書林鄭大經刻本），頁164。以下本論文徵引此書皆同此版本。

〔註60〕 同前註，卷八〈高隱篇〉，頁311。

〔註61〕 同前註，卷八，頁313。

二、自適的生活美學——以屠隆爲主例

在這個領域，明人開展出豐富的物質生活敘述以及在物境中「心」層次分判的討論。

倘將明人豐富的物質生活敘述，若納在此觀點下來看待，其意義則是十分涉世又強調心靈超越的。王象晉纂有《清寤齋心賞編》一書，倡言「不住」而必須有所「寄」的心態：

> 心，神物也，不欲其有所馳，而不能使之無所寄。世宙內，可驚可愕可欣可艷之事雜陳於前，而耳目之變日新，人非木石，詎能一無縈念？〔註62〕

避免馳心外物之蔽，但又不能無所寄寓，否則生命將懸空，散爲虛無，故俗世生命需合理看待。正如小修所說：「寄也者，物也」，即表明在俗世物質生活中暫寄的心態，仍需以俗世生活之物質爲寄體。而談到「寄體——物」的具體內容，有所謂「弈」、「色」、「技」、「文」：

> 故有以奕爲寄，有以色爲寄，有以技爲寄，有以文爲寄。〔註63〕

有所謂「鍛」、「馬」、「茶」、「石」、「潔」：

> 嵇康之鍛也，武子之馬也，陸羽之茶也，米顛之石也，倪雲林之潔也，皆以癖而寄其磊傀儁逸之氣者也。〔註64〕

有所謂「山水」、「麴蘗」、「著述」、「養生」：

> 或以山水，或以麴蘗，或以著述，或以養生，皆寄也。〔註65〕

有所謂「酒」、「名」：

> 夫以阮籍、陶潛之達，而於生死之際，無以自解，不得已寄之于酒。
>
> 杜武庫之事業，顏眞卿之忠義，終不能忘情于遷化之際，而沉碑刻石，不得已寄之於名。予皆憐其志，而哀其不知解脫之路。〔註66〕

大抵以文人基本技藝（詩文書畫）爲核心，再向外概括相關的技能與娛樂：詩文書畫→琴、棋、酒、茶、山水、粉黛、尊生。如簡圖所示：

〔註62〕〔明〕王象晉：〈清寤齋心賞編題詞〉，《清寤齋心賞編》（臺南縣：莊嚴文化事業，1995年，《四庫全書子部存目》子部雜家類第139冊，影印中國科學院圖書館藏明崇禎刻本），頁498。

〔註63〕〔明〕袁宏道：〈李子髯〉，《袁宏道集箋校》卷5，頁241～242。

〔註64〕〔明〕袁宏道：〈好事〉，《袁宏道集箋校》卷24，頁826。

〔註65〕〔明〕袁中道：〈贈東奧李封公序〉，《珂雪齋集》卷9，頁423。

〔註66〕〔明〕袁中道：〈四牡歌序〉，《珂雪齋集》卷9，頁453。

這些俗世生命所必然接觸的物質，都可作爲士人遭時不遇、藉以排遣主體抑鬱情感的「寄體」，更是實際修煉「心」的生活道場。這在當時轉型期的文人型態來說，是很尋常的情狀與心態。如〔明〕包衡、張翼兩人「皆久困場屋，棄去制義，因共購閱古書，采摭雋語僻事，積而成帙」（《四庫全書總目提要》），共同輯成《清賞錄》〔註67〕一書，意不在剿竊以求自售，如包衡序言「凡有會心，欣然執筆」，足見所重不在物質世界的感官享受，而在主體精神的領會；項元汴（1525～1590）：「年甫三十五，自以體弱善病，旋棄舉子業，日惟酬花賞月，問水尋山，萃集法書、名畫、鼎彝、琴劍之屬，與好事者品騭古今、評論眞贋，情酣而性適」，此《蕉窗九錄》〔註68〕無非是一晚明文人在選擇「非仕」後投身文藝生活之眞實寫照。然文彭（1498～1573）爲之序，頗有在物質生活之外殷殷期許者：「然予竊有規焉。天下身外之物，特其寄耳。若必役役焉，疲精力而爲之，此累也，而亦病也。子京丈其勿留滯于物而可哉？」可見他也十分強調文人在文藝生活中，當有「寄而不住」的無累心態；再者，如王世懋著有《學圃雜疏》一書，於〈自序〉〔註69〕提到，嗜好應該不累於心：「余性多嗜好，亦多諳解，然幸無一事足累此心者」，綜觀上述諸說，都採取「寄」與「不住」正反並論地的方式，呈顯出涉足俗世生活物質界的超越心態。

以屠隆爲例，即十分涉世地描述物質氛圍的諸多細節，也同時發展出一套相應的心靈美學（前所述「離境修行」到「鬧境修行」者）。他所撰寫的有

〔註67〕〔明〕包衡、張翼：《清賞錄》（臺南縣：莊嚴文化事業，1995 年，《四庫全書存目叢書》子部第 143 冊，影印北京大學圖書館藏明萬曆刻本）。

〔註68〕〔明〕文彭：〈蕉窗九錄序〉，收入〔明〕項元汴：《蕉窗九錄》（臺南縣：莊嚴文化事業，1995 年，《四庫全書存目叢書》子部 118 冊，影印江西省圖書館藏涵芬樓藏清道光十一年六安晁氏木活字學海類編本），頁 139。

〔註69〕〔明〕王世懋：《學圃雜疏》（北京：中華書局，1985 年，《叢書集成初編》第 1355 冊），頁 1。

《考槃餘事》四卷及《游具雅編》一卷等物質書寫，內容可由四庫全書總目
提要得其大要：

> 是書雜論文房清玩之事，一卷言書板碑帖，二卷評書畫琴紙，三卷、
> 四卷則筆硯爐瓶以至一切器用服御之物，皆詳載之，列目頗細碎。
> （《考槃餘事》〔註70〕提要）

> 所載笠杖漁竿之屬，皆便於遊覽之具。（《游具雅編》〔註71〕提要）

這類物質書寫之中，大抵不厭其煩地羅列文人生活中的文房清玩及歷游山水
所備器具，當然也致力呈現出主體在涉世時與物交接、游心其間而獲致的美
趣幽妙之境，如在清淨的書齋中焚香：

> 近世焚香者，不摶真味，徒事好名，兼以諸香合成，鬥奇爭巧，不
> 知沉香出於天然，其幽雅沖淡自有一種不可形容之妙。〔註72〕

這樣的美感挹取，雖於物質氛圍極騁描寫細膩之能事，但其用意始終不黏著
于物質。又如袁宏道，一方面追求性命的解脫自在；一方面則落實於俗世生
活的美感經營。萬曆二十七年（1600）著〈廣莊〉以佛了脫生死義解莊；同
年亦著《瓶史》十三篇：「記瓶花之目與說，如陸羽《茶經》、愚叟《牡丹志》
之類」（見載於卷二十二「瓶花齋集之十——尺牘」〈答李元善〉，頁 763。）
細目有「花目」、「品第」、「器具」、「擇水」、「宜稱」、「屏俗」、「花崇」、「洗
沐」、「使令」、「好事」、「清賞」、「監戒」等十二項，大抵皆文人生活文房清
玩之屬。又有《觴政》〔註73〕，可為「酒場歡具」〔註74〕。明人的賞鑑觀點
中顯然有此類刻意彰顯「寄而不住」心態的脈絡可循，如〔明〕沈沈所撰寫
的《酒概》，詳分細目列舉古今相關於「酒」的物質敘述，而以酒為「寄」而
「不住」於酒者為上：

〔註70〕今傳本有〔明〕屠隆：《考槃餘事》（臺南縣：莊嚴文化事業，1995 年，《四庫
全書存目叢書》子部第 118 冊，影印中國科學院圖書館藏明萬曆繡水沈氏刻
寶顏堂秘笈本）。

〔註71〕今傳本有〔明〕屠隆：《游具雅編》（臺南縣：莊嚴文化事業，1995 年，《四庫
全書存目叢書》子部第 118 冊，江西省圖書館藏涵芬樓影印清道光十一年六
安晁氏木活字學海類編本）。

〔註72〕〔明〕屠隆：《考槃餘事》卷 3，頁 211。

〔註73〕四庫總目提要載：「朱國禎《泳幢小品》曰：袁中郎不善飲而好談飲者」，袁
宏道：《觴政》（臺南縣：莊嚴文化事業，1995 年，《四庫全書存目叢書》子部
第 80 冊，影印浙江圖書館藏明萬曆三十八年刻本）。

〔註74〕〔明〕袁宏道：〈與黃平倩〉，《袁宏道集箋校》，卷 55，頁 1601。

> 晉人多言飲酒有至於沉醉者，此未必意真在於酒。蓋方時艱難，人
> 各懼禍，惟托於醉，可以廳遠世故。蓋自陳平、曹參以來已用此策。
> 漢書記陳平於劉呂未判之際，日飲醇酒戲婦人，是豈真好飲耶？曹
> 參雖與此異，然方欲解秦之煩苛，付之清淨，以酒杜人，是亦一術。
> 不然，如蒯通輩，無事而獻說者且將日走其門矣！流傳至嵇阮劉伶
> 之徒，遂全欲用此為保身之計，此意惟顏延年知之，故五君詠云：「劉
> 伶善閉關，懷情滅聞見。韜精日沉飲，誰知非荒宴。」如是飲者未
> 必劇飲，醉者未必真醉也，後世不知此，凡溺於酒者，往往以嵇阮
> 為例，濡首腐脅，亦何恨於死耶？〔註75〕

論魏晉名士乃因政局艱難而逃於酒，其意並非在於酒物。蓋「逍遙自在法，
斷不從麴蘗中來」，前述屠隆「即境修行」即嘗論及此觀點：

> 酒本以取樂，每見沉湎之人，昏沉瞀亂，嘔喀暴下，委頓欲死，樂
> 乎？苦乎？以苦為樂，迷而不悟，一也。……忘憂遣累，酒有微功，
> 迷性昏神，實有大害。以酒忘憂，酒去憂在，以酒遣累，酒過累存，
> 逍遙自在法，斷不從麴蘗中來。阮籍、王績諸人，高曠瀟落，乃其
> 天性，縱酒荒燕，亦其有託而逃，不聞王阮遂從酒中得道，僅成一
> 放浪之人而止，外覺蕭曠、內多沉昏，何由得見自性，王阮如此，
> 又況市人之飲乎？〔註76〕

涉世者貴在心不染於物，如李白、白居易、蘇軾，年少時流連聲妓、縱放酒
色，但由晚年澹泊名利來看，皆是「寄而不住」者：

> 李供奉、白太傅、蘇端明，非無文士習氣，流連詩酒聲妓而儵然之
> 意常存，貴在不染也。供奉一日而散萬金；太傅晚年澹泊，惟日從
> 事禪悅；端明垂老還，居室貧媼而身死旅舍。彼三賢胸中，復著何
> 物耶？〔註77〕

如《菜根譚》：「纏脫只在自心，心了則屠肆糟塵，居然淨土。不然，縱一琴

〔註75〕今傳本有〔明〕沈沈：《酒概》（臺南縣：莊嚴文化事業，1995 年，《四庫全書
存目叢書》子部第 80 冊，北京圖書館藏明刻本），頁 132～133。全書共四卷
二十二則，其中卷三下有「寄」者。

〔註76〕〔明〕屠隆：〈十迷〉，《鴻苞》（《四庫全書存目叢書》子部第 90 冊）卷 42，
頁 73。

〔註77〕〔明〕屠隆：〈風俗〉，《鴻苞》（《四庫全書存目叢書》子部第 89 冊）卷 11，
頁 102。

一鶴，一花一卉，嗜好雖清，魔障終在。語云：『能休塵境爲眞境，未了僧家是俗家』信夫！」〔註78〕他強調牽纏與了脫、眞境與俗家之別，關鍵在於自家本心。嗜好雖清，而心中魔障未除則仍落入俗家層次。而所有清景、清供、清課之屬，亦當納於「心」之清醒下，方得以開展閒適心境，〔明〕劉祖顏爲樂純《雪菴清史》作序言道：「人生五濁世中，心濁則景濁」，又如〈清史自序〉所述：

> 噫！人歷了許多清景，其福儘大，然當景而不醒，雖福反以成其流連佚游之禍。人得了許多清供，其福不小，然貪著而不醒，雖福適以啓殺身危親之隙。人作了許多清課，其福非輕，然係戀而不醒，雖福反以來玩物喪志之譏。由此言之，則清景、清供、清課，必得清醒而始稱福也。〔註79〕

人不戀物固著，不因玩物喪失主體之精神，如此方能於生活中得福，而遠離禍難譏刺。

　　蓋逍遙自在之境，在於主體精神，亦即「心」是否有所超越，所開出之主觀生活世界有「障」與「適」的高下差別：

> 高人名士，往往以山川、花木、圖書、古玩，游神寄興，託爲清高。心苟超之，則山川、花木、圖書、古玩皆適也；如其不超，悉障也。胸懷瀟灑，遇物成趣，偶然會心，何所不適，即如登臨佳山水，心神故自曠怡，雖在湫隘囂陋之鄉，胸中之佳山水亦無恙；若中無自得而待外物以取適，物在暫適，物過轉悲，何名消搖。〔註80〕

高人名士游神寄興託爲清高的並不離俗世的山川、花木、圖書、古玩的物境，倘「心」能超越「物」，則胸懷灑落；以內在主體精神去「遇」外物，去感受物之美趣，自有交會於我心的領悟，如此一來將無所不安適。此乃應世接物的逍遙自在。反之，倘一心固著於物質之執有則爲物質機制所役，則爲障。

　　此類由「寄」與「住」對比並舉共論，而開展出「寄而不住」的生活美學論述，在中晚明的文人著述中，是屢見不鮮的，其所論述的模式，則是在文人生活中的諸多寄體──文房清玩、山川、花木、圖書、古玩等等物質體

〔註78〕〔明〕洪自誠、王進祥述疏：《菜根譚後集析注》（臺北：頂淵出版社（五版），1991年），頁130。

〔註79〕〔明〕樂純：〈清史自序〉，見氏著：《雪菴清史》，頁346。

〔註80〕〔明〕屠隆：〈消搖〉，《鴻苞》（《四庫全書存目叢書》子部第89冊）卷35，頁703

系之上，來談主體精神（心）的超越（不住），而後者主體精神的展現，顯然才是重點所在。故人人皆可得文房清玩而享之，皆可以「清士」自名，然高下分判在於「境清」還是「心清」：

> 世人恆言清士。士而曰清，談何容易哉！五濁之夫，稍知自好，卜居山水之間，幽室靖廬，焚香掃地，啜茗攤書，風神高曠，蕭然映人，便以清士歸之，此爲境清，非爲心清。若放情山水、間雜絲竹，婆娑靖廬，頗娛玩好，焚香啜茗，或染淫慾，此亦可謂之清士乎？今之所謂清士，多此類耳！必也外絕滓穢，內領清虛，物障盡捐，心境兩寂，名爲清士，故可貴也。〔註81〕

「外境」之清，只要陳備清雅居室，焚香啜茗，文人徜徉其間而展現風流倜儻姿態，即可成就。然而難能可貴的在於「心」境之清，身處其間而心能擺落戀物塵機，內在地領受清虛妙趣。對於當時吳中名士競以清裁賞鑑自負的現象，屠隆亦提出「高朗不惑」與「昏庸馳慾」的高下分判：

> 富貴榮名，酒色貨財，歌舞聲妓，滑神蕩志，耗精傷身，故名之曰慾。昏庸之人馳焉，高朗者不惑也。……余見近世名士相遇，往往各以清裁賞鑑自負。論三代漢唐彝鼎金玉、魏晉法書，精而考覈，辯而眞贋，譚議蜂起，舌爲燥而不止，竭精以購，剖腹以藏，若以爲生民百年之事盡於此矣！余竊笑之，此何益於吾身毛髮？逐外物而喪性靈，亦大惑矣！〔註82〕

> 圖書古玩之好，聰明文士競趨之，謂之賞鑑家，今時獨吳中此風爲最盛。最賢達者不免，自少壯至老死，終身沒溺於其中，若飢食渴飲。有不知此好者，眾咸目以爲俗，胡其大昧也！夫瓦石可用，何必金玉？麤器可用，何必精好？時物可用，何必三代？以此取閒，祇以增冗，以此怡情，祇以喪心，即令積若丘陵，一朝蓋棺，此物不隨也。〔註83〕

爲購蓄珍玩而焦躁辯議，爲蒐羅備全而竭精蕩產，是何其愚昧之事？傾其全

〔註81〕〔明〕屠隆：〈清士〉，《鴻苞》（《四庫全書存目叢書》子部第89冊）卷11，頁113。

〔註82〕〔明〕屠隆：〈慾清濁〉，《鴻苞》（《四庫全書存目叢書》子部第89冊）卷38，頁775。

〔註83〕〔明〕屠隆：〈性物〉，《鴻苞》（《四庫全書存目叢書》子部第89冊）卷35，頁706。

生命與家貲於無止境的外物追逐上，卻喪沒本家性靈，何來怡情之有？是以屠隆《考槃餘事》〔註84〕、《游具雅編》〔註85〕、《文具雅編》〔註86〕、《文房器具箋》〔註87〕、《琴箋》〔註88〕、《畫箋》〔註89〕、《紙墨筆硯箋》〔註90〕、《茶箋》〔註91〕、《香箋》〔註92〕、《起居器服箋》〔註93〕等等物質敘述之屬，當納於「心」之超累前提下，始有論談之意義。

　　在擺脫物質牽累的議題上，感性文人如屠隆者與心學文人如唐順之者，生命型態雖不盡相同，但可併觀其論，求其相通之處。唐順之以為文藝生活是可以開展的，但有「多識蓄德」／「溺心滅質」的差別：

> 然而諸子百家之異說，農圃、工賈、醫卜、堪輿、占氣、星曆、方技之小道，與夫六藝之節脈碎細，皆儒者之所宜，究其說而折衷之，未可以為瀆而惡之也。善學者由之以多識蓄德，不善學者由之以溺心而滅質，則繫乎所趨而已。〔註94〕

上焉者游藝適情，下焉者玩物喪志：

> 僕竊謂游藝之與玩物，適情之與喪志，差別只在毫芒間，如六藝皆古人養性而理心，自此便可上達天德。今人學射學書學數，則不過武弁之粗才與胥吏之末技。是以戴《記》分為德藝上下之說，而子夏亦譏其不能致遠，況又不在六藝之科者乎？……吾輩年已長大，雖籠聚精神，早夜矻矻，從事于聖賢之後，尚懼枉卻此生，則雖詩文與記誦，便可一切罷去，況更有贅日剩力為此舐筆和墨之事乎？
>
> 〔註95〕

要開展「寄而不住」的生活美學，心態上的差別不在於「終日從事」與「偶一為之」的時間多寡，而是在心之所繫所趨，倘將游藝的目的放在與他人一

〔註84〕　《廣百川學海》，庚集；10～11。
〔註85〕　《學海類編》（上海：涵芬樓，1920年）第120，集餘八〈遊覽〉。
〔註86〕　《學海類編》（上海：涵芬樓，1920年）第103冊，集餘六〈藝能〉。
〔註87〕　《美術叢書》（南京市：江蘇古籍出版社，1997年）二集第九輯。
〔註88〕　《美術叢書》初集，第六輯第1冊。
〔註89〕　《美術叢書》初集，第六輯第1冊。
〔註90〕　《美術叢書》二集，第九輯。
〔註91〕　《美術叢書》二集，第九輯。
〔註92〕　《美術叢書》二集，第九輯。
〔註93〕　《美術叢書》二集，第九輯。
〔註94〕　〔明〕唐順之：〈雜編〉，《荊川先生文集》卷10，頁201。
〔註95〕　〔明〕唐順之：〈與田巨山提學〉，《荊川先生文集》卷5，頁89～90。

較高下的爭勝取贏，或因欣好而喜之，或因醜厭而惡之，心緒隨之偃仰起伏，皆是心未能發揮主宰作用的「病態」。故先「掃除心病」、「用息塵機」，並依此開出溺／游的差別層次：

> 《論語》曰：『據於德，游於藝』，《記》曰：『德成而上，藝成而下』，德之與藝說作一個，不得說作二個。……古人終日從事于琴瑟羽籥，操縵安弦，種種曲藝之間，既云終日從事矣！然特可謂之游而不可謂之溺；今之人其于琴瑟羽籥，操縵安弦，種種曲藝，即便偶一為之，則亦可謂之溺而不可謂之游，何也？為其有欣猒心也、為其有好醜心也、為其有爭長競短之心也！欣猒心、好醜心、長短心，此兄之所謂，即是塵機也，然則所謂藝成而下者，非是藝病，乃是心病也。掃除心病，用息塵機，弟敢不自力以承兄之教也。〔註96〕

如此擺脫溺惑蔽障而開出的心靈境界，可跨越諸多界線而呈現殊途同歸的趣味，筆者姑稱之為「淡適」境界。

這種主體閒適的境界，落實於內外兩方面：一則在應世接物時持有「隨遇而安」的心態；一則在心境上刊落一切負累。如屠隆「人若知道則隨境皆安；人不知道則觸塗成滯，人不知道則居鬧市生囂雜之心」〔註97〕，心上不刻意去求去除，而是自然順境的應世心態：

> 人若知道，隨境皆安，道不在人，應緣即礙，故得道者履喧而靈臺寂，若何有遷流地僻，而真性沖融，奚生枯槁。不得道者居鬧市，則生塵雜之心，將蕩無定止，居空山則起岑寂之想，或轉憶炎囂。〔註98〕

又如唐順之之論「境」與「樂」的關係：

> 故境有來去而其樂未嘗不在也。苟其樂未嘗不在，則雖仁者之于水，知者之于山，亦是樂也。雖入金石、蹈水火，不足為礙，至於軒裳圭組，不足為紲，亦是樂也。君子所以欲自得者，以此而已。〔註99〕

〔註96〕〔明〕唐順之：〈答戚南玄〉，《荊川先生文集》卷5，頁85。
〔註97〕〔明〕屠隆：《娑羅館清言》卷上。
〔註98〕〔明〕屠隆：《續娑羅館清言》（臺北：藝文印書館，1965年，《寶顏堂秘笈》本）。
〔註99〕〔明〕唐順之：〈右屋山志序〉，《荊川先生文集》卷11，頁209～210。

因爲不依賴外境，故來自本體心自得之樂，將無入而不樂，樂無所不在也。
對於文房清玩等等俗世生活物質視之若太空浮雲，自來自去，不問得失：

> 余生平絕無此好，偶有所得，應手失去，得不問其所從來，失不問
> 其所從往，太空浮雲已爾。〔註100〕

人之戀外物者，皆起于有之也。從有生戀，從戀生喜，從喜生悲，今夫浮雲
之來不喜、去不悲者，無之也。萬物浮雲然，則心空而性見矣！〔註101〕

　　隨順外境，視萬物若天空浮雲，不以得之而喜，不以失之而悲，如此不
著一物、不起一念。在心境上刊落俗念塵機之滓穢，心於澄淨湛然靜默之中
優入妙境：

> 澄心定慮，一念不起，一物不著，湛然觀空，虛室生白，靜中久之
> 當有光景，猶不可認著，著之即墮邪道。〔註102〕

> 必也外絕滓穢，內領清虛，物障盡捐，心境兩寂，名爲清士，故可
> 貴也。〔註103〕

最終，筆者藉周耕伯所言得道之境，來勾勒明人所追尋的生活美學：

> 寸靈收拾天地，竹影光浮，梅香暗度；天地投入寸靈，廓此心之天
> 淵，自覺滿腔內，足以飛鳶而躍魚。會此心之動靜，自覺寸地上皆
> 是山峙而水流，得此道者，蟒池可以潛，虎宮可以入，呂梁可以游，
> 湯谷可以浴，豈與庸眾雄心摧於弱情，壯圖終於衰志，長算屈於長
> 日，遠跡頓於促路，愁洽百年，苦溢千歲者同日道哉！〔註104〕

以寸心收攝天地萬物，天地萬物投射於此寸心，物／我兩相映照而成此主宰
靈動活潑的生命世界，中有疏竹映影、暗光浮動，一種幽幽梅香隱渡其中，
不可言妙之物趣因心而發現，寸心亦因體悟物趣而鳶飛魚躍、生機暢遂，
開展出無限遼闊的生命世宙，可徜徉潛遊，無所拘執，自在了脫。

〔註100〕〔明〕屠隆：〈性物〉，《鴻苞》（《四庫全書存目叢書》子部第89冊），卷35，
　　　　頁706。

〔註101〕〔明〕屠隆：〈有無〉，《鴻苞》（《四庫全書存目叢書》子部第89冊），卷35，
　　　　頁701。

〔註102〕〔明〕屠隆：〈觀空〉，《鴻苞》（《四庫全書存目叢書》子部第89冊），卷35，
　　　　頁713。

〔註103〕〔明〕屠隆：〈清士〉，《鴻苞》（《四庫全書存目叢書》子部第89冊）卷11，
　　　　頁113。

〔註104〕〔明〕周耕伯撰，〔明〕徐奮鵬評，〔明〕周家賢註：《新鍥官板批評註釋虞
　　　　精集》卷八，〈玄屑篇〉，頁316。

　　這種超越了感性／哲思、耽溺／超拔二元對立的生活美學，在俗世生命的物質世界中開出融同心學、禪學之意境的生活思維，是中晚明許許多多文人漸次累積出來的集體認知，無怪乎中晚明文藝場域上的文人，多半兼有縱放行徑又談超越解脫，因為辯證式的統合已是尋常思維模式了。

第四編　流離與返歸的跨越

引 言
——文化困境中的生存焦慮

　　在講求禮法規範的拔擢制度以及仕宦體系當中，這些強調主體自由的狂士，似乎難逃黜廢棄置的遭遇。有的屢試不第、或者根本不屑於舉業，因而步上客遊終身的邊緣型態；有的則是宦途蹭蹬，屢遭貶謫，幸運的，還能返鄉終老；不幸的，在獲罪下獄後，就命喪囹圄〔註1〕。

　　此種遭遇，並非零星個案，而是文化價值取向所造成的集體困境〔註2〕。正如茅坤所述：「宦途者，天下古今之共轍也」〔註3〕，所有的讀書人最終就是要走上「仕進用世」一途，這樣的文化擬塑出來的主流價值，是狹窄而單一的，而在當時官權體系所提供的職位，卻無法容納天下所有的讀書人；一旦拔擢人才的評量系統出現偏失，卓犖英才便不得其門而入，成為文藝場域上眾多的閑置士人之一：

> 聖朝以來，弘治及今皇上，海內文人學士，彬彬盛時矣！而今皇上
> 丙戌、己丑之間，尤爲卓犖數多，然往往不得擢用；間被用者，又
> 不得通顯，或且不久；其餘放棄罪廢者，不可勝數。〔註4〕

茅坤指出士子不得擢用、用而不得通顯，或遭放廢等幾種際遇，幾乎概括了上述狂士的邊緣化型態。然而，士人所面對的不僅僅是此種舉業宦途的挫敗

〔註1〕 請參見本論文第二編第一章第二節「邊緣化型態」。
〔註2〕 「文化困境」的觀點或可參考萬魯嘉、陳若莉：《文化困境與內心掙扎——荷妮的文化心理病理學》（臺北市：貓頭鷹出版：城邦文化發行，2000 年）。
〔註3〕 茅坤：〈與李中麓太常書〉，《茅坤集・茅鹿門先生文集》卷 1，頁 204～206。
〔註4〕 同上。

感而已〔註5〕，大部分身無恆產的讀書人，因爲現實的生計，終究要面對「治生」的謀食問題，輾轉流離於文藝場域。狂士走上幕客型態的〔註6〕，如徐渭（1521～1593）之客胡宗憲，其他如王廷陳、盧柟、宋登春等，皆有客遊之實。如此一來，又與以詩文藝事奔走公卿門下的游食山人，有了生態資源上的競爭，如宋登春之所言「方今白頭遨遊之士遍天下，抱一藝而終身不得售者多矣！」〔註7〕，連仕紳大夫門下客士的機制也供過於求，再加上場域上吃香的是那些骨體甚媚的游食山人，士人便面臨了另一層的生存焦慮──如何在客遊型態中，避免主體陷入異化的危機。

由上述得知，狂士在這個文化困境中，面臨了兩重的生存焦慮：舉業宦途的挫敗以及主體異化的危機。之所以選擇「狂士」作爲場域活動時的文化身分，實對此種文化困境所引發的生存焦慮，作一自主積極的價值澄清與公開表態。倘若狂士之狂，所具有異端的批判意識，只不過是「參與不得的牢騷」，那麼「一旦發牢騷者被權力中心接納，批判意識也就消失了！」〔註8〕，如此一來，這類充滿「臨淵羨魚情」的狂士，又與「終南捷徑」的隱士有何

〔註5〕 明代士人長期處在生員階層而屢試不第者，比比皆是。近期明代的研究論者，也開始關注這群「非仕文人」的文藝表現及其心態曲折，博碩論文部分如王鴻泰，討論到「生員的挫折」主觀感受，見氏著：《流動與互動──由明清間城市生活的特性探測公眾場域的開展》（臺北：國立台灣大學歷史學研究所博士論文，1998 年 11 月）。又如邵曼珣，提到「蘇州文人的存在焦慮」，見氏著：《明代中期蘇州文人生活研究》（臺北：東吳大學中國文學系博士論文，2000 年）。此外，單篇期刊部分，如陳寶良先生，探討了明代生員層的生活困境，見〈明代生員層社會生活之眞面相〉，《浙江學刊》2001 年 3 期；〈晚明生員的棄巾之風及其山人化〉，《史學集刊》2000 年 2 期 ；〈明代文人辨析〉，《漢學研究》第 19 卷（2001 年 6 月），頁 187～217。

〔註6〕 近人研究注意到文人流動性、成爲幕客、以及干謁等問題者，有尚小明：《學人游幕與清代學術》（北京：社會科學文獻出版社，1999 年 10 月）；〔日〕松浦友久著，劉維治、尚永亮、劉崇德譯：《李白的客寓意識及其詩思──李白評傳》（北京：中華書局，2001 年 10 月）；王學泰：《游民文化與中國社會》（北京：學苑出版社，1999 年 9 月）；李興盛：《中國流人史與流人文化論集》（哈爾濱市：黑龍江人民出版社，2000 年 12 月）；張宏生：《江湖詩派研究》（中華書局，1995 年），以及龔鵬程：《中國文人階層史論》（宜蘭縣礁溪鄉：佛光人文社會學院，2002 年）。

〔註7〕 〔明〕宋登春：《宋布衣集》（臺北市：臺灣商務印書館，1983 年《文淵閣四庫全書》第 1296 冊，影印國立故宮博物院藏本），卷 1，頁 550。

〔註8〕 張寧：〈知識分子的身分危機及其文學的表達〉，《當代》第 56 期（1990 年 12 月 1 日），頁 96～107。

不同！不都還是回到「名」與「利」的牢籠之中。

就狂士而言，挫敗情緒與物質誘引都是塵俗羈絆，既然堅持主體精神的獨立，自當思索如何在不離世界、與眾人相處之間，以及客遊公卿門下的狀況，尋求自主與超越空間。

在鏡視自我的反思當中，狂士真實面對舉業蹭蹬所引發的種種複雜情緒——包括無用（自我無價值感）、自棄、怨懟憤恨等等，從中了發展出一套積極應對的生存思維。以下分兩章論述之。

第一章　流離失所的鏡視

　　狂士高自期許，然而胸懷境界的超越騰昇，並非初始即是的明瞭通透。尤其是，英雄豪傑的崇高標的，難免讓士人在面對舉業宦途的挫敗時，有一種用世不得的強烈失落感。據馮夢龍《古今譚概》所述：

> 張居士臘月朔謁家廟，樓匾忽墮，張曰：「此祖宗怒我也。」因沐浴茹素，作自責文，囚服長跪謝過，凡七日。以巨石壓頂，令家奴下杖數十。已而口占贖罪文，備述生平讀書好客之事。因起更衣，插花披錦，鼓樂導之而出，曰：「祖宗釋我矣！」〔註1〕

家廟樓匾忽然墜地，實為一不可預期的意外與巧合，卻引發張獻翼的罪惡感，認為那是祖宗發怒，顯靈訓示，於是他連忙沐浴齋戒、囚服長跪，用巨石壓頂，杖打數十下，還慎重其事地撰文自責，以求從此種愧對列祖列宗的無形桎梏中，釋放而出。雖然張獻翼覺知要擺脫此種心結，但這種「未能仕進用世、光宗耀祖，即是罪人」的思考模式，顯然已經根深蒂固地盤繞在士子內心深處，化為潛藏意識，成為詮釋外在情境、驅策行動的一股牽引力量。

　　即便狂歌醉舞、浪蕩不羈的唐寅也不例外，到了晚年四十九歲，還會在午夜夢迴之際，餘悸猶存地重回舉業挫敗的場景：

> 二十年餘別帝鄉，夜來忽夢下科場。雞蟲得失心尤悸，筆硯飄零業已荒。自分已無三品料，若為空惹一番忙。鐘聲敲破邯鄲景，依舊殘燈照半床。〔註2〕

全詩描繪出的景像是──鐘聲敲碎了邯鄲美夢，官位本無著落，全然只是空

〔註1〕　〔明〕馮夢龍：〈張幼于贖罪〉，《馮夢龍全集‧古今譚概》，頁36。
〔註2〕　〔明〕唐寅：〈夢〉，《六如居士全集》卷2，頁54。

忙一場。回首中赫然發現，人生在此消頹之中，只剩下如同殘燈照床般的淒清荒涼。

這真是人生最沉重的夢魘了。士人自覺要從此束縛中逃脫，卻連最能任意編織情節的夢境，也難逃一劫。舉業宦途的挫敗，重創了這個時代的讀書士人，在他們心靈深處，烙印出斑斑傷痕。

然而，卻也因為鏡視到自我心靈，在主流價值的論斷下，遍體鱗傷、甚至解離破碎，從而意識到護持自我的整全、尋求自我尊嚴的內在需求。也唯有此種內在自發的覺知，方才促使主體嚴肅正視科舉不遇感所引發自棄、自廢、怨懟憤恨之種種情緒，自主流價值的依違中掙扎脫身，並將之轉化、整合為內在力量，整體生命也由此翻上一層，達到超越昇華的境界。

舉業宦途的挫敗，所引發種種困頓情緒，實具有正面意義。一旦跨越門檻，成為青衿，就是劃定了「仕進」為人生藍圖的前進方向。士人們前仆後繼地擠向窄門，像何良俊一考就考了將近三十年：

> 良俊爰自弱冠始讀書為文章，即有當世之志，然賦命塞薄，困躓場屋者，幾三十年。〔註3〕

生命中最寶貴的黃金歲月，全都耗在舉業考試上，青春老去而一事無成，引發虛度歲月的喟嘆，此種喟嘆，促使士人再一次檢視生命中真正重要的是什麼：

> 良俊笑曰：「造物者嘗戲予，予亦一戲造物可乎？蓋造物者欲困予以甲科，然予素不欲階此以饕富貴，是甲科烏能以苦予？」〔註4〕

在鏡視自我的過程中，何良俊澄清了認同價值並不在於富貴利祿，如此一來，就不該因為舉業挫敗而困頓苦惱。屠隆也認為不遇士人當超越名利羈絆：

> 豪傑名士終身不遇者，東漢有馮衍、虞翻，梁有劉孝標。虞翻曰：『天下有一人知己，足以不恨』，至死欲取青蠅為吊客〔註5〕；孝標曰：『敬通（案：馮衍）有忌妻，親操井臼；余有悍室，令家道坎軻。敬通當更始世、手握兵符，躍馬食肉；余自少迄長，戚戚無歡。……敬通雖芝殘蕙焚，終填溝壑，而為名賢所慕，風流郁烈芬芳，久而彌盛；余聲塵寂寞，世不吾知，魂魄一去，將同秋草。』〔註6〕讀

〔註3〕〔明〕何良俊：〈上存翁相公書〉，《何翰林集》卷18，頁578～583。

〔註4〕〔明〕何良俊：〈與王槐野先生書〉，《何翰林集》卷19，頁608～610。

〔註5〕典出〔晉〕陳壽：《三國志》卷57‧《吳書》12‧〈虞陸張駱陸吾朱傳第12〉。

〔註6〕典出〔唐〕姚思廉：《梁書》列傳第44‧文學下‧〈劉峻〉。

　　二君之語，余心始而悲之，既而鄙之，至孝標語到『躍馬食肉』，乞
　　兒相矣！胸中如此，何貴破萬卷、掩千秋哉！不知命，無以爲君子，
　　聖人之言有旨也。〔註7〕

失意，是因爲無法由此途徑達到自我實現的願望，而不是因爲「躍馬食肉」
的美夢破碎所致。君子之志意高遠，自當不落此「乞兒相」，倘若只是爲了富
貴榮華，實不足論也。

　　既然士人認爲生命中最重要的不在於富貴利祿，但代表儒生身分的藍
袍，卻似乎時時刻刻都在提醒士人：在金榜題名之前，仍得焚膏繼晷、寒窗
苦讀才是。也因爲所學所讀與內心眞正需求脫斷，仕進光環下的青衿身分，
反而成爲桎梏與困頓之所在，就如同唐寅所發出「久遭名累怨青衿」〔註8〕的
唱嘆，此種青衿身份的負累，指陳的顯然不是舉業宦途的挫敗，而是無法暢
行己意、放手一搏的束縛感，又如同畢自嚴敘述曹長庚的狀況一樣：

　　長庚既自負意不可一世，迤屢不得志於所試，視青衿之於身，如桎梏
　　之於手足也，傲然曰：士子重一藝，姑喔不已，不能退不能遂，如觸
　　藩之羊，苦且滋甚，吾何戀戀一藍袍而不獲安意肆志爲？！〔註9〕

在進退兩難的困頓中，士人發現自己對於自由的期待、對安意肆志的渴求。
也因爲士人從外在榮耀（honer）的競逐中覺醒，轉向內在主體精神意志的自
主性與自我尊嚴（diginity）的追求，重新以「是否得以順其自由意志行事」
的依準來定義「窮愁潦倒」。「窮愁潦倒」的傳統義，指陳的是社會身分及經
濟能力的卑下，曾異撰質疑此說，並跳脫名位角度，提出另類思考：

　　夫窮愁著書，此其說始於捐相位之虞卿子，吾謂虞卿之窮愁，不係
　　於相位之捐與不捐也。使虞卿不得行其意而鬱鬱於卿相之尊，則其
　　窮愁也更甚於是。舍而去之，捃古摭今，縱心獨往，放愁埋憂，此
　　如羈人怨婦，幽閉一室，忽而脂車秣馬，涉水登山，極目所之，而
　　幽憂去矣！〔註10〕

〔註7〕　〔明〕屠隆：〈士不遇〉，《鴻苞》（《四庫全書存目叢書》子部第89冊），卷9，
　　　　　頁55。
〔註8〕　〔明〕唐寅：〈漫興〉其三，《六如居士全集》卷2，頁45。
〔註9〕　〔明〕畢自嚴：〈刻曹長庚詩序〉，《石隱園藏稿》（臺北市：臺灣商務印書館，
　　　　　1983年，景印《文淵閣四庫全書》集部第1293冊），卷2，頁414。
〔註10〕　〔明〕曾異撰：〈卓珂月蓑淵蟾臺二集敘〉，《紡授堂文集》（北京市：北京出
　　　　　版社，2000年，《四庫禁燬書叢刊》集部第163冊，影印中國科學院圖書館藏
　　　　　明崇禎刻本），卷1，頁502～503。

撇開相位之尊與落第之卑不論，真正的窮愁潦倒，是自己和自己的意志分離，這種內在的自我解離（estrangement）〔註11〕，其心靈猶如被禁梏於無形牢籠的「羈人怨婦」，無法回返自我家園，這在心理學及神話學上稱之為「孤兒」或「荒原」〔註12〕的情境，則是最最痛苦的「流離失所」。

正如張岱所言：「人貴自立，甲第科名可艷不可恃」〔註13〕，士人澄清認同價值不在於富貴利達，而在於堅持主體精神的整全與自主，那麼就不必為外在際遇的躓踣而悲，而可以為主體精神得自由而喜。如此一來，就可以如唐寅那般率性地道出「但願老死花酒間，不願鞠躬車馬前」〔註14〕，展現像李開先所言「狂態自知人所棄，終無徵取紫泥書」〔註15〕、「棄置甘我分，疏狂任世譏」〔註16〕那種安然自若的生命姿態。晚明屠隆則由壯志未酬之中，得出如此深刻體會：

> 俺少時也有偌大的志量，秉精忠，立廊廟，奮雄威，出戰場，去擎天捧日作玉柱金梁，然後回頭辟穀休糧。今日裡是天涯風波飽嘗，心兒灰冷鬢兒蒼，因此撒漫文章，捲起鋒芒，結束田庄，急收回一斗英雄淚，打疊起千秋烈士腸，猛中酒迷花也沒下場，便吟詩作賦也沒情況。靈臺一點渾無恙，閒思想，且丟卻別人軀殼，早照管自己皮囊。〔註17〕

〔註11〕心理學上有所謂「解離狀態」，指的是以主流價值評判自我存在的意義，甚至將之內化，自我批判、自我貶抑、放棄做自己，否定自我情緒、將之異己化，造成自我疏離的人格解離狀態。可參見江光榮：《人性的迷失與復歸——羅傑斯的人本心理學》（臺北市：貓頭鷹出版，2001年）。

〔註12〕神話學大師坎伯（Joseph Campbell）曾論及整合個人生命的內在力量的重要性，這個關鍵問題如果沒有得到適當的解決，將衍生心理問題，若以神話學的專有名詞來形容就是荒原（Waste Land）情境：「世界不和他溝通，他也不和世界溝通。當這種情形發生時，便有一種斷裂的現象，個人被拋回自己而瀕臨精神性崩潰的狀態，要不是變成小斗室中的精神分裂患者，要不就是變成無形瘋人院中高喊口號的妄想偏執狂。」見 Diane K.Osbon 編，朱侃如譯：《坎伯生活美學》（臺北縣：立緒文化，1998年5月三刷），頁69。

〔註13〕〔明〕張岱：〈會稽縣志凡例〉，見夏咸淳校點：《張岱詩文集》（上海：上海古籍出版社，1991年5月），補編，頁415。

〔註14〕〔明〕唐寅：〈桃花庵歌〉，《六如居士全集》卷1，頁15。

〔註15〕〔明〕李開先：〈即事次前韻〉，《李中麓閒居集》卷4「詩」，頁490。

〔註16〕〔明〕李開先：〈暑月夜游憶舊〉，《李中麓閒居集》卷2「詩」，頁373。

〔註17〕〔明〕屠隆：〈漁陽鼓〉，《娑羅館逸稿》（臺北：藝文印書館，1965年，《寶顏堂祕笈》本）卷1。

還是早點丟掉別人的軀殼、回頭管管自己皮囊吧！好好端詳一下，長久以來以外在榮耀爲追尋目標的自己，內在靈臺是否還渾然無恙？在飽嚐天涯風波、鬢髮蒼蒼之際，屠隆赫然驚覺：內在自我，方才是全副精神最值得投注之處。唐寅在「醉舞狂歌五十年」後，不也如是說：「些須做得工夫處，不損胸前一片天」〔註18〕，這與屠隆所追求的「靈臺無恙」，都不約而同地將生命的關注焦點，指向了自我心靈整全的護持。

　　倘若拉高一層來看，人的生命如此短暫，眞正能在歷史長河中成爲熠熠星子，受後人千秋景仰的，並不是那些闒媚逢時、榮祿終身的人：

> 選耎柔滑，近於溫厚，常得人緣，而天道不與；孤高峻潔，一塵不染，常合天道，而人情多忤。故胡廣、馮道，榮祿終身；夏馥、范滂，坎軻沒世。嗟呼！廣也道也，一時榮艷，萬古淒涼；馥乎滂乎，半晌摧殘，千秋景仰，而關茸庸夫，往往以咿嚶嚅唂，闒媚逢時，位高身泰，蔭及妻孥，平居摸腹掀髯，津津得意，世人見其如此，自非百鍊之剛，有不隨風而靡者尠矣！〔註19〕

在歷史典籍之中，屠隆證成了自己的信念：唯有「孤高峻潔、一塵不染」那種獨立自主的精神，方能成爲亙古常新的典範。眼光放遠、胸懷拉高，世俗間的種種，自然如塵埃般沾惹不著了。

〔註18〕〔明〕唐寅：〈題西洲話歸圖〉，收入《六如居士全集》末頁。
〔註19〕〔明〕屠隆：〈風靡〉，《鴻苞》（《四庫全書存目叢書》子部第89冊），卷7，頁7。案：關茸者，眾賤也，典出《漢書》。

第二章　返歸自我的重生

「且丟卻別人軀殼，早照管自己皮囊」〔註1〕——這是屠隆在經過科舉蹭蹬、轉而中酒迷花、吟詩作賦，卻仍然不得安頓的追尋歷程後，所道出的一番深切體悟。如何將社會主流價值所強加於己的外在框架扔掉，回返到自我內在的生命家園，的確是這個時代中具有自覺意識的文人，所迫切需要處理的生命課題。

尤其是，大部分的論世之士，多半循從禮法名教的立場而同聲訓斥，所謂「放情任志，未有不罹」〔註2〕一類的說法，都只是拿士人下獄事件為例，作為維護秩序的反面教材；即便流露同情慨嘆，也多半期許狂士能收斂行徑，方可以「休贊龍章」〔註3〕、富貴利達；一些自許為山林逸士知己的仕紳大夫，如顧璘者〔註4〕，還上山下海、大費周章地「物色」士人，務求羅致該人為門下客士，錢謙益在《列朝詩集小傳》中以「江左風流領袖」〔註5〕美譽之，言下之意，頗以為仕紳大夫之禮賢下士，為寒貧之士最大殊榮。

上述敘事的說話者，都不是狂士自己，而當時場域上到處流傳著這類以禮法責求狂士的主流聲音。我們不由得好奇起來——說話者筆下的狂士，在

〔註1〕〔明〕屠隆：〈漁陽鼓〉，《娑羅館逸稿》（臺北：藝文印書館，1965 年，《寶顏堂祕笈》本）卷1。

〔註2〕同前注，頁 803。

〔註3〕〔明〕閻起山：《吳郡二科志》，頁 799。

〔註4〕〔明〕尹守衡：〈顧璘〉：「為人高視闊步，凡諸權貴人，藐然若弗見之；遇山林文章行誼士，又俛焉更為之下，旁人趣側目待之矣！」見《明史竊・列傳》卷73，頁 363。

〔註5〕〔清〕錢謙益：〈顧尚書璘〉，《列朝詩集小傳》丙集，頁 339～340。

面臨「被懷柔收編」、「被懲戒下獄」、甚或「被物色為客士」的處境時，是否也如上列說話者所述：狂士自己也覺得能「休贊龍章」，生命才會被肯定，而就此甘於「加之繩墨」？〔註6〕或是被物色為客士時，以為從此飛黃騰達、喜不自禁，遂循從遊食山人般地曲體闔媚、伺候仕紳？或是打入牢獄後，就懼怕得噤聲不語、戰慄觳觫？或是罷官免職、斥歸返鄉後，就好自檢點地馴順起來？我們若已經了解歷史敘述免不了虛構與想像，就可以大膽指陳這許許多多關於狂士的敘事論述，極可能充滿了說話者對於狂士知識社群的文化想像；如此說來，這群在敘述過程中，被推擠成觀看客體的「他者」，自己的聲音在哪裡？

在體制邊緣，狂士發出自己獨特的異曲別調，藉此證明自己存在的不可抹滅，也企求同類的認同回應。正如同唐寅在〈自贊〉〔註7〕中，以擬人化的對話方式指出，百年後「有你（自贊）沒了我」。承載生命的肉體軀殼，終將化為塵土；形諸文字的自我書寫，卻可以超越時空，繼續在場域上發聲傳衍，尋求千載以下的知己。

就內在的心理歷程而言，士人由「現在的我」之視角，回顧「過去的我」，經過刪汰、檢選、詮釋、重整地自我建構後，從而得出一個經過整合內在力量的全幅生命之「我」。這是一種辯證的動態過程〔註8〕。

就文藝場域而言，士人自己提供了一個「自我圖像」（self-image）的版本，這種來自本尊的話語，似乎較之旁人的詮釋與揣測，來得更有說服力。如此一來，取得言說主權的士人，以說話者而非被觀看者、被陳述者的角色發出聲明，在「自我圖象」的再現書寫當中，同時地確立了初步的主權在我。

唯「嚶其鳴矣」，是為了「求其友聲」〔註9〕，書寫的行為（the act of writing）即是一種尋求社會認同（social identity）的過程。狂士的自我書寫，歷經了

〔註6〕閻起山於〈桑悅〉小傳後論曰：「以民慄之才，加之繩墨，上可以休贊龍章。」見氏著：《吳郡二科志》，頁799。

〔註7〕該贊文如下：「我問你是誰，你原來是我。我本不認你，你卻要認我，噫，我少不得你，你卻少得我。你我百年後，有你沒了我。」見《六如居士全集》卷6，頁176。

〔註8〕依賴克洛夫特（Charles Rycroft）如此指出自傳的時間特質：「現在的『我』和過去的『我』之間辯證的過程，雙方最後也因而有了改變，作者／主體同樣可以實實在在地說，『我寫了它』，『它寫了我』。」該文節引入李有成：〈論自傳〉，《當代》第55期（1990年11月1日），頁28。

〔註9〕《詩經‧小雅‧鹿鳴之什》〈伐木〉。

由私密文件到公開展示的播揚過程，如王廷陳寫給勸他要「矜飾名行」的舒芬〔註 10〕、以及欲納其爲客士的顧璘〔註 11〕的數封尺牘，被《列朝詩集小傳》〔註 12〕明白標舉，歸之爲「嵇康之絕山宰」、「楊惲之報會宗」一類明志表性的代表文章；又如唐寅寫給文徵明的一封書信，也在《藝苑卮言》〔註 13〕、《明史竊列傳》、《罪惟錄》〔註 14〕等等徵引載錄中，一再被複述其重要性；再如康海，寫給薦舉他的彭濟物〔註 15〕的一封尺牘，則是被引入《明史竊》、《西園聞見錄》、《皇明詞林人物考》〔註 16〕等傳記當中，用來突顯康海任誕簡傲的特質；這些尺牘，在最初的傳達過程中，都有特定的對象，但由於該文透露「明志表性」的強烈意圖，而被當時或後來的擬世說體及史傳所徵引，這種徵引傳衍，則如漣漪般地、層層向外擴展了狂士言說的影響力。

換言之，狂士本人提供「自我圖像」的版本時，即是透過書寫的行爲取得初步的主體性；而後，在重點徵引、輾轉傳抄的傳播過程，引發了如同滾雪球般的效應，則逐步積累地建構此一場域所集體認知的「狂士」文化身分；在這當中，由於狂士主動表彰個性特質與生命型態，爭取被世人聆聽、了解、接納與尊重的可能，在自主行動中已經取得自己的主體性（subjectivity），而非依附於他人的言說當中。當然，由本人提供的狂士圖像，與輿論界所孳釀成形的狂士圖像，也會產生競逐爭勝的局面。狂士本尊之言說，未必一定可取得優勢，有時得端賴在何種時代氛圍中，方足以被重視；而中晚明以降，整個場域上瀰漫著重視個性表彰的氛圍，則使得來自狂士本尊的話語，受到

〔註10〕〔明〕王廷陳：〈寄舒子〉，《夢澤集》卷 17，頁 673。

〔註11〕王廷陳林居心態自表的文章，被節引入〔明〕王兆雲輯：〈王稚欽附顏木〉，《皇明詞林人物考》卷 6，頁 55～58；此外〔明〕李紹文則將該文列入〈簡傲〉科，《皇明世說新語》卷 7，頁 451～452。

〔註12〕〔清〕錢謙益述「（案：王廷陳）其詩婉麗多風，爲詞人所稱，而文尤長於尺牘，皇甫百泉稱其與顧中丞監察書，若嵇康之絕山宰。寄余懋昭、舒國裳二箚，即楊惲之報會宗，君子讀而悲之。」見氏著：〈王裕州廷陳〉，《列朝詩集小傳》丙集，頁 359～360。

〔註13〕〔明〕王世貞：《藝苑卮言》：「（案：唐寅）嘗作〈答文徵明〉、〈桃花庵歌〉，見者靡不鼻酸。」收入〔清〕丁福保輯：《歷代詩話續編》，頁 1044。

〔註14〕〔明〕尹守衡：〈唐寅〉，《明史竊‧列傳》卷 73，頁 376～386，其後附引〈與文徵明書〉一文；又〔明〕查繼佐：〈唐寅〉也引入此文，《罪惟錄‧列傳》卷 18，頁 416～417。

〔註15〕〔明〕康海：〈與彭濟物〉，《對山集》卷 9，頁 366～368。

〔註16〕此明志之文，被節引入《明史竊‧列傳》卷 95〈康楊桑顧朱劉文唐祝列傳〉、《西園聞見錄》卷 23〈任誕〉以及《皇明詞林人物考》卷 4。

高度的重視〔註17〕。

他們不拘文類地藉由自傳、自贊、尺牘、序跋以及書畫題跋、戲劇等種種途徑來回顧生命，擇選出自己認為重要的記憶，加以詮釋、勾勒出一幅「自我圖像」。在書寫的過程中，他們覺知出人／我價值取向的斷裂之處，並由此體認到個體的殊異性，重新建構自我認同的疆界，並且申揚率性任真的自由意志，表彰個性特質與獨特的生命型態。依本文論述之需要，而將此種「返歸自我」的歷程，歸納出「斷裂的覺知到重劃疆界」、「率性任真的自我表彰」兩節，分別論述於下。

第一節　斷裂的覺知到重劃疆界

當世人都不約而同、眾口齊一地諄諄告誡這些狂士——身為讀書人，就應該「矜飾名行」〔註18〕。看看歷來典籍，不都明白訓示著：那些「操奇邪之行，駕孟浪之說」〔註19〕的人，最後都難逃「當誅當放」的命運；如果本來是官員、後來卻遭到黜退的士大夫，能全身返歸即屬大幸，理應閉門思過；倘若再度蒙受徵聘，更該感謝朝廷不計前嫌、寬宏大量——諸如此類的訓示話語，通過親友師長的耳提面命、書牘往返，讓王廷陳、唐寅、康海這類狂行蕩舉的士人，分別遭逢了與楊惲、嵇康類似的生存處境。

楊惲當年蒙受孫會宗「以卿大夫之制」殷殷訓示：「大臣廢退，當闔門惶懼，為可憐之意，不當治產業，通賓客，有稱譽」〔註20〕，於是，就慨然寫下〈報孫會宗書〉，極力為己辯解、並明言二人「道不同不相為謀」；至於嵇康，所寫〈與山巨源絕交書〉一文，則是以負面話語列舉出「有必不堪者七，甚不可者二」，表明自己志向才性，並不符合「人倫有禮，朝廷有法」的俗世規範。千載以下，異時異地的中晚明，王廷陳等一干狂士，為了回應當時文化處境所施加的壓力、以及此中相對孳醞的生存焦慮，也不約而同地、假諸文字來明志表性。然而，這類尺牘書寫，卻明顯透露如此訊息：在文人內心

〔註17〕請參見第一編第二章「狂士個案的漸進積累」。

〔註18〕如舒芬勸戒唐寅之事，見載於〔明〕查繼佐〈唐寅〉，《罪惟錄‧列傳》卷18，頁423：「舒芬嘗勸矜飾名行，輒以書答之，不復顧。」該事又載入〔明〕何喬遠輯：《名山藏》〈文苑〉本傳，頁73。

〔註19〕〔明〕唐寅：〈答文徵明書〉，《六如居士全集》卷5，頁138。

〔註20〕〔漢〕楊惲：〈報孫會宗〉，見〔漢〕班固撰：《漢書》，列傳，卷66，〈公孫劉田王楊蔡陳鄭〉傳第36〈楊敞子惲〉。

世界騷動喧騰的，不只是一種聲音，而是存在著至少兩種以上的價值觀念，
正劍拔弩張地相抗對峙、碰撞交鋒著，字裡行間，那每每亟欲辯解的自我聲
音，則是努力不懈地與異質的文化價值，對話協商。透過此種書寫的行為，
由初始那種諸多不同價值觀念交纏糾葛、曖昧不明的狀況，歷經一連串澄清
人／我、辨析薰／蕕與抉擇真／偽的內在歷程，從而生成了個人的自我認同。

　　回歸自我家園，始於覺知到人／我價值取向的斷裂。由於外人所要求的
與個體所追求的，二者之間出現無法彌縫的落差，個人就必需從中選擇，是
屈從現實、還是堅持自我？而狂者的特質——護持主體精神的獨立自主、追
求高邁超曠、鳳翔千仞的境界，就在此時展現。將張靈列入「狂簡」科的《吳
郡二科志》，以對話方式呈現張靈的狂士特質：

> 或謂之曰：以子之才，顧不得激致青雲，乃重遭顯棄，豈無雄經之
> 用，而何以立於世？靈曰：「昔謝豹化為蟲，行地中，以足覆面，作
> 忍恥狀，使靈用子言，亦當如是矣！」〔註21〕

依閻起山所述，張靈認為：一個人若是為了「激致青雲」，就去符合官場文化
所崇尚的禮法秩序，那就好像謝豹那種蟲豸一般，逦行地遇人，都要「以足
覆面」，作忍恥愧悔狀。為人至此，已然喪失主體、淪為蟲豸，更不用說要活
得磊落坦蕩了！在此段對話當中，出現了兩種聲音：其中的「或謂之」，是張
靈對話中的「他者」聲音，指涉的是「非特定對象的世俗觀念」。就在這種人
／我價值的區辨當中，狂士明確地覺知到自己不願降心隨俗的內在聲音。閻
氏筆下的張靈，最終，還是選擇了堅持自我。

　　康海在正德五年（1510），因劉瑾被誅，為時人目為劉黨，而遭放廢歸鄉。
其後朝廷又再度薦舉徵召他，對此「寵幸」，康海並未欣然接受，因為自己已
另有生涯規劃，他在這封〈與寇子錞書〉中有此表明：

> 放逐後，流連聲妓，不復拘檢，垂二十年。雖鄉黨自好者莫不恥之，
> 又安有可與士大夫同日語者！人苦不自知，僕既自知之，而又自忘
> 之邪？此則深惑爾矣。……阮籍之志，在日獲酩酊耳，三公萬戶非
> 所願也。僕蓬首跣足已踰半世，苟得優游行樂，絕無他想，言雖激
> 聒，肝膈盡露，誠欲安分醜居，不欲粧束搽抹，重為流輩詆誚耳。
> 有醜婦被逐者，借鄰女之飾，更往謂夫曰：『曩以不修，子故棄妾。
> 今修已，子何辭焉？』其夫趨而出。其姊止之曰：「一出已羞，更入

〔註21〕〔明〕閻秀卿：〈狂簡〉，《吳郡二科志》，頁803。

何求？」其言雖鄙，可以理喻，惟執事萬萬念之。〔註22〕

遭逢放廢已經像醜婦被逐，「一出已羞，更入何如？」，他委婉地藉此比喻來表明自己不願再「粧束搽抹」、取媚於世。而自己真正的志業就像阮籍一樣，在於「幽游行樂」、「日獲酷酊」之中，「三公萬戶」並非自己衷心企求的目標。在另一封〈與彭濟物〉的書信當中，康海揣量才性天賦，的確與世俗禮法枘鑿不合，遂挑明直言，自己「不可於當世者有五」，而「甚不宜出就官職者有二」：

> 僕之不才污穢，亦非公應舉之人。……今僕之不可於當世者有五，而甚不宜出就官職者有二，性喜嫉惡而不能加，詳聞人之惡輒大罵不已，今諸公者，皆喜明遜而陰譏，此一不可；翰林雖皆北面事君，而勤渠閣老門下者以為賢能，僕懶放畏出，歲不能一造其戶，此二不可；人皆好修飾者文詐、偏恭假直，而僕喜面訐，人未有不怒者，此三不可；士大夫不務修身法事之業，而俱呻吟詩文以為高業，見其詩若文，不能不怒，故見輒有言，而彼方望我以為美也，我以言加之，此四不可；與相好者接，必因其職事加勉戒之，詞多忤其所好，彼或未從，即拒而絕之，以此親疏多怨，苟復見其所愛者，又不忍不告，或又告之，彼即又不從，而僕又絕之，此五不可。執德不宏，不能信之於人，雖頗自好，而當世談論之士多加詆謗，自入有罪者之籍，污穢終身，莫能自潔，使平日所立之志，扃閉淪落，智高萬物之上而名陷九淵之下，於中夜竊自嘆悔，不當輕易效慕世俗，科舉狗外，搆此兇溺，今又不做而欲仕乎？此甚不宜出者一。時同黜之人，固有不幸而被污者，然罪大惡極，羞談於婦人女子之口，尚十之九，彼莫不覬幸僕出以為先容之地，而當時宰執，又率崇私愛而乏分別，苟欲引其私人，必援僕為喻，是所以用僕者，非必實知其為人而真明其有誣也，如是則是以賢者之身為不肖者之資矣！語有曰：君子非其招不往，以不賢人之招招賢人，如之何？其可往哉！今眾人雖以不肖謂僕，而僕未嘗一日不以賢君子自謂己，如此自謂而人以彼謂己，益所謂嚀爾而與乞人不屑者也，此甚不宜出者二。明公之意，特出於一時愛念之篤，偶未詳究及此，然言出乎口、通乎心，明有日月、幽有鬼神，此區區平素之悃，可一鑒而盡者，公如覺之，

必信其爲肝膈之實，嘅然憐我、體我矣！〔註23〕

此封書信，以兩兩對舉的方式，呈現了官場文化、人情世故的「他者」，與自己憤世忌俗的個性之間，存在了不可跨越的鴻溝。在這表白當中，康海爲自己描繪出一個善惡直言不諱、懶於逢迎禮數的狂士圖像，與「喜明遜而陰譏」、「勤渠閣老門下以爲賢能」、以及「好修飾文詐、僞恭假直」的價值取向，圓方枘鑿，存在著不可彌縫的落差。康海對於當年效慕世俗而搆此兇陷，已經是悔恨不已了，如今豈又要重蹈覆轍地、再度踏上仕途？再者，向來「崇私愛而乏分別」的政壇，只不過是援引己例來作爲引用私人的資藉，此乃以不賢人之招來招我這個賢君子，我又豈可以讓那等人稱心遂意！康海高自尊重、以「智高萬物之上」自許，悍然拒絕了官方徵聘的懷柔收編。

　　王廷陳對於舒芬來書懇懇訓示士人當「矜飾名行」一事，回信辯解道：對於那些「務爲諂媚」的州郡之吏，他故意在逢迎節數上稍爲損減、加以折難，是有深刻的區辨意味：

> 辱書教以矜飾名行，意甚勤懇。僕惟少負性氣，自視無前，遭事直往，不知其可。復見近世州郡之吏，務爲諂承，故於逢迎節數稍爲損減，不意遂犯當世之怒。又以一二宰執舊怨於僕，內外搆扇，中僕惟恐不深耳。〔註24〕

無奈此舉冒犯當世之怒，致流言四起，此中已無是非明辨，而多的是新仇舊怨的搆扇中傷。其後，顧璘上疏薦舉他，又引來議論紛紛，王廷陳先是自表爲「纖瑣除籍、放誕廢棄，衰憊俟死之人」，委婉推拒薦舉美意，其後則自白不屑世祿之決心：

> 凡今不安擯斥而思得振起者，亦自有道。僕上之不能矜飾名行，動流俗之譽；下之不能交結要津，工鑽刺之術，聞談官府則如爰居聽鍾鼓，駭掉不食。〔註25〕

此種官場文化，本來就是我王廷陳所輕視鄙夷的，怎可能重蹈其中？他更不能認同當時士人干謁貴遊的習尚：

> 至於貴人，猶憚輕啓，此非索價爲高，自絕長者也。僕見今之刺謁

〔註23〕〔明〕康海：〈與彭濟物〉，《對山集》卷9，頁366～368。
〔註24〕〔明〕王廷陳：〈寄舒子〉，《夢澤集》卷17，頁673。
〔註25〕〔明〕王廷陳：〈寄童內方〉，《夢澤集》卷17，頁683，又轉錄於〔明〕張萱：〈任誕・王廷陳〉，《西園聞見錄》卷23，頁560～561。

楮帖，廣狹、稱謂、重輕，皆異往度，雖在親舊，秩日進則啓益恭，
如是乃得省覽，否則必獲頓擲，然此在仕者不得不然耳。僕以田夫
而修仕者之事，則所不習，若恃其素昔、新敬不加，則虞擲頓不省，
以故欲作輒報也。干進者然乎？此皆不欲違其所便，強其不能，示
自廢之跡，廣讒口之資，庶幾得此散木保其天年耳。〔註26〕

當今刺謁楮帖的常習，與昔日大不相同，即使是親友舊識，也必須隨著對方
官爵日進而書啓措詞愈加恭敬，如此方才獲得對方青睞，否則必定遭到「頓
擲」，然而這種「在仕者不得不然」的繁文縟節，則是我田夫王廷陳勉強不來
的。此信除了寫給童內方之外，另外在寫給顧璘、陳大巡的書稿中也一併附
入，藉此「以見初志」〔註27〕，並昭告諸位公卿大夫，希望他們能成全自己
這一散木「保其天年」的心願，顯見該文明志表性、昭告周知的強烈意圖。

　　至於徐渭，曾爲胡宗憲羅致招攬成爲門下客士。當時幕客當中的沈明臣，
即是萬曆年間最負盛名的三大山人之一。錢謙益認爲，山人以布衣之身而得
以聲勢動人，大都與依附有權有勢的仕紳大夫有關：

萬曆間山人布衣，豪于詩者，吳門王伯穀、松陵王承父，及嘉則（案：
沈明臣）三人爲最。……伯穀才名故與烏衣馬糞相頡頏，承父早多
貴遊，嘉則晚依宗衰，三人者，其聲勢皆足以自豪。〔註28〕

據沈德符所述，當時的遊食山人，爲了生存而「曲體善承」，其儇巧逢迎的功
夫甚至連倚門斷袖者〔註29〕也比不上；此外，錢謙益也指出，當時場域上的
士子，多半依附文壇祭酒王世貞，藉其唾沫霑漑以求生存：

王元美繼二李之後，狎主詞盟，引同調、抑異己，謝茂秦故社中老
宿，有違言于歷下，則合從以擯之，用以立懂示威，海內詞人有不
入其門牆，不奉其壇墠者，其能自立者亦鮮矣。〔註30〕

在知識階層的集體墮落中，徐渭不隨波逐流，卻益發傲岸，爲胡宗憲門下客
士時，非但不媚骨求存，還「非時直闖門入，長揖就坐，奮袖縱談」〔註31〕；

〔註26〕同前註。
〔註27〕同前註，頁684。
〔註28〕〔清〕錢謙益：〈沈記室明臣〉，《列朝詩集小傳》丁集中，頁496。
〔註29〕如〔明〕沈德符：〈山人・山人愚妄〉所評：「此輩率多儇巧，善迎意旨。其
曲體善承，有倚門斷袖所不逮者，宜仕紳溺之不悔也。」見氏著：《萬曆野獲
編》卷23，頁587。
〔註30〕〔清〕錢謙益：〈沈記室明臣〉，《列朝詩集小傳》丁集中，頁496。
〔註31〕〔清〕錢謙益：〈徐記室渭〉，《列朝詩集小傳》丁集中，頁560。

在文壇一片黨同伐異的惡習中，徐渭則是「獨深憤之，自引傲僻，窮老以死，終不入其牢籠」〔註32〕。其後，胡宗憲爲嚴嵩一黨誣謗而死，株連多人，徐渭自揣性命危殆，計劃自殺前夕，寫下回顧一生的〈自爲墓誌銘〉，其中就明白陳述幕客心態之始末：

> 一旦爲少保胡公羅致幕府，典文章，數赴而數辭，投筆出門。使折簡以招，臥不起，人爭愚而危之，而己深以爲安。其後公愈折節，等布衣，留者蓋兩期，贈金以數百計，食魚而居廬，人爭榮而安之，而己深以爲危。至是，忽自覓死。人謂渭文士，且操潔，可無死。不知古文士以入幕操潔而死者眾矣，乃渭則自死，孰與人死之。〔註33〕

此文被張萱《西園聞見錄》引入，作爲他詮解徐渭爲「畸人」〔註34〕的代表文章。該文呈現出世人／自己在看待胡氏招攬幕客一事的觀點上，其間落差恰成兩極：當年胡氏折簡招攬，世人對徐渭堅臥不起的無禮行爲，爭相數落，認爲那是愚蠢而危險至極的行爲，然而，徐渭卻認爲那才是全身安處之道；而後胡氏更加禮遇、贈金資助，世人都認爲那是求之不得的殊榮，但徐渭卻心下惴惴不安，以爲禍患危險即將臨頭。徐渭了解自己雖是「入幕而操潔之士」，但仍可能株連論罪，他寧可自行了斷，也不願由他人決定生死。其申揚主體自主之自覺意識，愈抑之而愈強烈！

同爲身爲幕客的盧柟、宋登春（皆萬曆年間人），雖與天下游食山人一樣，有生計上的現實需求，但此數子者，仍堅持自我勝於屈從現實。客遊之士，雖然是社會上卑微低賤的知識階層，但只要文人嚴於義利之辨、堅持操守上的高潔，仍可以活得有自我、有尊嚴。盧柟在〈蟻螘集自序〉中如是自明：

> 蟻螘者何？醯雞也。何以謂之醯雞？郭璞謂：醯雞，細質，喜群飛，亦蚊蚋屬也。夫蚊蚋，貪哺，嗜臭敗，逐溷廁嘬咀，人一障惡之；醯雞，則入室突竇，幸於發瓻，歡餤糟糠而甘芳酸，飛則叢蔓，止不踰唉，此非潔於自奉而介於自守者與？其於蚊蚋侵穢彊噉者爲何如？此其蟻螘也夫？而柟質憨材駑，託跡兩間，猶夫葉之於林、盃之於海也。竊居蓬茨，藜藋彌年，無薦紳先生之交、珥牧侯伯之遇，

〔註32〕〔清〕錢謙益：〈沈記室明臣〉，《列朝詩集小傳》丁集中，頁496。
〔註33〕爲四十五歲企圖自殺前作，見《徐渭集》（北京：中華書局，1983年初版1999年2刷），卷26，頁638～640。
〔註34〕〔明〕張萱：〈畸人〉，《西園聞見錄》卷22，頁530～531。

　　舉則一丘，言則自偶，此夫人之蟻蠭哉？……夫蚊蚋狡汙，柟所弗

　　屑，蟻蠭雖微，柟不敢自外焉。〔註35〕

在此，盧柟爲了重塑自我認同，在士人型態中劃出一道疆界，將貪婪嗜血、逐溷嗜臭的蚊蚋之屬，區隔在外〔註36〕，而十分自我看重地描繪出潔身自好、光明磊落〔註37〕的認同取向！

　　至於宋登春，據《獻徵錄》所載，宋氏在遊歷過程中，成爲門下客士至少三次，但爲時都不長——他曾經跨蹇驢躑於唐氏之溏，在傾囊曝書之時，而爲唐氏邀爲入幕賓客，「遂主唐氏一歲」，唐氏爲他刻了詩集而傳於荊郢之間；又「遼王奇其詩，召謁便殿，不合，一夕遁去」；又荊州太守徐學謨爲之「授室城中」，並且爲他刊刻文集〔註38〕。因此，大部分生涯中，宋登春仍然是流離四處，雖屢屢因現實生計而困頓，但文人仍自持傲岸風骨：

　　嘗居龍窩寺，瓶粟罄矣！寺僧厭苦之，生曰：僧毋窘我。我試繪一

　　小圖，持至市中當得粟。已而果鬻粟五升。伺粟不盡，不更繪而市，

　　人爭欲得生繪，則日擔粟詣寺門相聒。〔註39〕

書畫一出，市井之人就爭相購買，還擔粟上門嚷著要索求字畫，但他卻不願意如此將詩文書畫，當作維持生計的工具。

〔註35〕〔明〕盧柟：《蟻蠭集》（《文淵閣四庫全書》集部別集類第1289冊），頁757。

〔註36〕〔明〕陸費墀：「前有自序稱蟻蠭者，醯雞也。取其潔於自奉，介於自守，不如蚊蚋之侵穢疆畖；又以事繫獄，類蟻蠭之阨，燕吭罹蛛網，振其音而喑喑者，故以名集。」收入〔明〕盧柟：《蟻蠭集》，卷首序言，頁756。

〔註37〕〔明〕陸費墀：「蓋其人光明磊落，藐玩一時，不與七子爭聲名，故亦不隨七子學步趨，然而榛救之，世貞稱之，柟反以是重於世，亦可謂毅然自立無所依附者矣！」同前註，頁756。

〔註38〕據〔清〕永瑢等撰：〈宋布衣集〉條所載：「其詩本名《鵝池集》文名《燕石集》，徐學謨爲之刊刻于荊州。」見《四庫全書總目》卷172，集部別集類，頁1516。

〔註39〕〔明〕徐學謨：〈鵝池生傳〉，《徐氏海隅集》（《四庫全書存目叢書》集部第124冊），卷15，頁575～578；又見〔明〕焦竑輯：《國朝獻徵錄》卷115〈鵝池生宋登春傳〉，未註明作者。收入《明代傳記叢刊》第114冊，頁806；該事又見載於〔清〕錢謙益：〈鵝池生宋登春〉：「布衣謝榛，詩藉甚公卿間，生得而唾之曰：『此以聲律傭丐者也，何詩之爲？』……間爲小畫長句，傾動市賈，賈人以脫粟鮮衣爲贈，輒推以予逆旅人，大笑而去。……濮陽李先芳〈清平閣唱和序引〉曰：『歲癸酉，鵝池山人至自荊州，能詩畫，性嗜酒作狂。高貴之族，造門不見。嘗著僧帽，噉犬肉，讀楞伽經……』，《列朝詩集小傳》丁集中，頁514～517。

誠如宋氏詩中所言「性直難干謁」〔註40〕「逢迎豈性眞」〔註41〕，面對客遊生計的困頓，仍不免在淒清寒夜、殘夢初醒之際，感慨深切地回視自己的滄涼處境：

> 燭盡憐紅影，詩成掉白頭。吳歌小榻夜，楚雨虛堂秋。殘夢醒餘瀝，
>
> 輕寒仗散裘，鮒魚甘涸轍，吾亦笑莊周。〔註42〕

在歔欷慨嘆之餘，藉「鮒魚甘涸轍」的寓言自況，文人以自我嘲諷的戲筆，回應生計困頓此種生命中不可承受之輕！在一封給十分器重他的樂陵王〔註43〕的書信中，宋登春爲了推辭幕客之邀而如是表明：

> 布衣旅人某再拜稽首奉書大王足下：春也，竇人之子，遠道饑寒，
>
> 沉洿鄙俗之日久矣！末路無以自拔，遂至衰老築室山中。足下不
>
> 知僕之不肖，欲置之側席，以備顧問、飾賓館爲諸冑子秨式。僕
>
> 高足下之義，嘗因以自裁之，既無尋尺之祿，又乏一藝之長，乃
>
> 以區區窮僻之人，而求立乎高軒華冕之上，應對乎多方仁義之府，
>
> 取容乎左右便辟之側，是持方枘而加圓鑿，其勢不能相合也亦明
>
> 矣！〔註44〕

就算是末路文人，宋登春仍堅持文人風骨，他唾棄當時游食山人以詩畫干謁公卿的習氣，更不願取容左右便辟之側，他如此自畫涇渭，挑明他者／自我二者之勢無法相合。既然一身傲骨不肯迎合時人習氣，那麼，就必需面對「客計蕭條白髮生」的困境了，眼看人生就要進入山窮水盡的逼仄窘境，宋登春卻以「江山去住一鷗輕」〔註45〕，撐起了生命的幅寬——人，可以因著自由

〔註40〕〔明〕宋登春：〈秋日小園雨後遣懷〉：「性直難干謁，時清媿賤貧」，見《宋布衣集》卷2，頁586。

〔註41〕〔明〕宋登春：〈遣懷〉：「懶拙能堪事，逢迎豈性眞」，見《宋布衣集》卷2，頁586。

〔註42〕〔明〕宋登春：〈宿郡齋〉，《宋布衣集》卷2，頁576。文人恥於以詩文謀生的堅持，讓自己陷入現實的困頓中，詩中自然流露此種感受，如〈再送俞山人遊黃岡兼訊袁郡丞〉：「昔別在何處，今看白髮新。無錢愁滯客，多術恥謀身，錦瑟悲燕士，幽蘭憶楚臣。相思有書札，時寄草堂人。」見《宋布衣集》卷2，頁578。

〔註43〕樂陵王十分器重宋登春，如〔明〕宋登春：〈謝樂陵王攜酒見訪山中〉一詩，即載明樂陵王屈尊就駕的事實，見《宋布衣集》卷1，頁552。

〔註44〕〔明〕宋登春：〈辭樂陵王書〉，《宋布衣集》卷1，頁549～550。

〔註45〕〔明〕宋登春：〈集郡樓感賦〉，《宋布衣集》卷2，頁576：「客計蕭條白髮生，江山去住一鷗輕」。

意志的堅持，而在困境中展現輕揚通透的哲思。這雖無法撼動大時代的轉型趨勢，但相對於那些迎合浮慕風雅之輩而作的纖仄甜俗小品，這類狂士的詩文，卻更蘊含了真實血肉的情感與生命歷練的厚度。今日的讀者是否堪稱千載伯樂，大概也可由具不具備此種賞鑑能力來區辨了。

第二節 率性任真的自我表彰

在他人／自我價值取向的斷裂中泅泳，中晚明文人覺知到二者之間，存在的是深不可及的鴻溝，抉擇的迫境讓自己更清楚主體自主的重要，遂拋卻依從外界要求的奴隸道德，返歸自我本真。藉由書寫的行為，高亢說出「我不是」、「我不欲」、「我不可」、「我不宜」，以重複的否定語句，一再作負面表明，劃出一道道深峻而明確的自我認同疆界。

唯此種種區辨目的，當不在於向外排擠「非我族類」，而在於向內解決當時的生存困境，重新釐清價值取向、向內凝聚自我認同。歷經否定、懷疑的自我解離之危機，到肯定、讚許的自我悅納、自我實現，文人不但了解到自己殊異他人的個性特質，並且傾聽到順應天性的內在需求，而以文字勾勒出所欲開展之生命型態與生命情調。

總其所述，大致有兩個重點：其一是「質性差異、循性而動、去偽存真」。其二是「勾勒耽癖任情、主體自主的自我圖像」。前者，主要談的是，一個人與生俱來的差異，此種與他人迥異之處，乃是個人獨特、殊異才性之所在。人了解自己才性的特質，並「循性而動」地開展生命，則將達到各適所安之自我實現的層次。面對人人殊異的多元發展，應當「各不相肖」、「亦不相笑」地彼此尊重，切勿落入文人相輕、黨同伐異的惡習之中。

其二，則是以正面話語說出「我是」、「我意欲」、「我可以」，以文字表述出文人腦海中的自我圖像：主體是獨立自主的個體，並展現偏至才性、耽癖任情的生命型態。

一、質性差異、循性而動、去偽存真

唐寅〈答文徵明書〉中，交代文徵明之所以投杼規勸，乃是因為看不慣自己近來「癡叔未死，狂奴若故」的不羈行徑。然而，唐寅雖明知一己行徑乃禮

法所不容，亦非飲酒、聲色、花鳥皆「泊乎其無心」的文徵明所能接納，〔註46〕
但他仍依從自己性靈的趨向：

> 比來癡叔未死，狂奴若故，遂致足下投杼，甚媿甚媿！且操奇邪之
> 行，駕孟浪之說，當誅當放，載在禮典，寅固知之。然山鵲莫（暮）
> 喧，林鴉夜眠，胡鷹聳翮于西風，越鳥附巢于南枝，性靈既異，趨
> 從乃殊。是以天地不能通神功，聖人不能齊物致；農種粟，女造布，
> 各致其長焉。……寅束髮從事二十年矣，不能翦飾，用觸尊怒，然
> 牛順羊逆，願勿相異也。〔註47〕

此段文字所述重點已在區辨人我疆界以外，提出一個明確觀點——「性靈既
異、趨從乃殊」。他羅列出山鵲、林鴉、胡鷹、越鳥各類物種，來證成天下萬
物皆因其各自殊異的性習而有不同的趨向發展，這是連大如天地造化、賢如
聖人者也不能使之齊一的；人，當然也不例外，也宜「各致其長」地順應其
天賦殊異之優點而成就自我。

唐寅在另一篇〈守質記〉中，表述類近觀點，筆者在此將之並舉對照，
則恰可互爲發皇：

> 天賦于吾躬者曰質，質有清濁高下，萬萬不同，此蓋人之稟受之異。
> 而天之賦之者，固不以彼此而爲之清濁高下也。……天之所賦者何？
> 陰陽五行；人之所稟者何？男女五常。天賦于上而人稟於下，陰陽
> 或差忒，五行或偏頗，男女之分形，五常或輕重，是以萬萬不同之
> 分焉，中有全其天之賦者，又萬萬不同之一二爾。〔註48〕

他援引清濁高下、陰陽五行，再加上男女五常等變數，來說明天賦質性的差
異，又論及因後天發展的差忒、偏頗、性別分形、五常輕重，而成就出萬萬
不同的分殊型態。換言之，舉凡能「全其天賦」地充分自我實現，從而展現
其生命型態的人，皆當具有各自存在的意義，而不是拿傳統社會階級所區分
出來的貴賤尊卑，來權衡一個人的存在價值。

〔註46〕〔明〕唐寅在〈又與徵仲書〉一文中，自表唐、文個性趨從之殊異：「寅視徵
　　　仲之自處家也，今爲良兄弟，人不可得而間，寅每以口過忤貴介，每以好飲
　　　遭鳩罰，每以聲色花鳥觸罪戾；徵仲遇貴介也，飲酒也，聲色也，花鳥也，
　　　泊乎其無心，而有斷在其中，雖萬變于前而有不可動者。」見氏著：《六如居
　　　士全集》卷5，頁138。
〔註47〕同前註。
〔註48〕唐寅爲其友金炳所作之〈守質記〉，見《六如居士全集》卷5，頁154。

祝允明則在晚年歸隱後，所寫的〈答鄭河源敬道書〉中，如是論述人人負性布行的殊異性：

> 大凡世人莫不有志，志正邪願良殊，而皆自願遂之。其為邪願者無論，即為正而良，其負性布行，每恒難乎中庸。或務恢拓，至軒馳跌蕩，其究聖人謂之狂。或顯摯斂，至刻峭孤絕，其究聖人謂之狷，此皆自由其性，知務從道而不得大中，然必將務達焉。以至於遂有若僕者，狂乎？狷乎？每自揆量，亦每自貳且笑焉！夫中固不能，凡臨事，志未始不在開達。當是時，自信甚篤，……要之不逆吾道與反吾志。……獨求不逆我道，不反我志，不羞我心，不負我天，故冒焉往焉之。〔註49〕

祝子以為：人要達到中庸，的確有其實踐上的困難。資質外放而至馳騁跌蕩的，可成就為「狂」者；資質內斂而至刻峭孤絕的，可成就為狷者。無論「自由其性」所成就的是狂是狷，最要緊的就是「不逆我道，不反我志，不羞我心，不負我天」，完完全全、順應主體自由意識地充分展現自我。

這又與當時文人盛談「自得」、「自適」風尚有密切關聯。如黃姬水（1509～1574）在〈適適稿序〉中，自述髫髮年少，父親黃省曾（1490～1540）曾經試問其未來志向，當時黃即表明志在「棲丘蹈畝，采藥飲泉」：

> 嗚呼！物性不齊，人心各有。譬之雞鶩，雖驅置疇甸，其黍啄塒棲，終來依人。若夫山鶯野鶴，雖樊之縛之，其意未嘗忘振翮于青冥也。
>
> 噫！性不可矯，矯性者偽；心不可違，違心者勞。莊生有言曰：不自得而得彼者，是得人之得而不自得其得者也，適人之適而不自適其適者也。〔註50〕

黃氏援引《莊子·外篇·駢拇》之論說明人不應該「捨己效人」，並以之作為「率性任真」的歷史依靠。天賦資質的殊異，既然是後天努力也無法強加矯正的，而且矯性則偽，所以人人應當「去偽存真」，循性而動，求自得、自適之樂。

晚明袁宏道，在萬曆二十四年所作〈識張幼于箴銘後〉一文，以及後來

〔註49〕〔明〕祝允明：〈答鄭河源敬道書〉，見《祝氏集略》卷3，收入《祝氏詩文集》（臺北市：國立中央圖書館，1971年6月，《明代藝術家集彙刊·續集》，影印明嘉靖甲辰二十三年（1544）謝雍手鈔本），總頁1000～1007。

〔註50〕〔明〕黃姬水：《黃淳父先生全集》（臺南縣：莊嚴文化事業，1997年，《四庫全書存目叢書》集部第186冊，影印中山圖書館藏明萬曆十三年顧九思刻本），卷17，頁433。

陸雲龍的評點，皆對「率性而行」的觀點有所發揮：

> 余觀古今士君子，如相如竊卓，方朔俳優，中郎醉龍，阮籍母喪酒
> 肉不絕口，若此類者，皆世之所謂放達人也。又如御前數馬，省中
> 閣樹，不冠入廁，自以爲罪，若此類者，皆世之所謂縝密人也。兩
> 種若冰炭不相入，吾輩宜何居？袁子曰：兩者不相肖也，亦不相笑
> 也，各任其性耳。性之所安，殆不可強，率性而行，是謂眞人。今
> 若強放達者而爲愼密，強愼密者而爲放達，續鳧項，斷鶴頸，不亦
> 大可嘆哉！〔註51〕
>
> 陸雲龍評全篇：「矯性從人，高則成鄉愿氣：下則開讒諂法，正須如此點破，
> 醒學步之人。」

袁氏以爲，人之天性有放達人／愼密人兩種水火不容的趨向，此二者不相互
模仿，也不相互嘲笑，只要順遂天性而行，就是「眞人」。至於陸雲龍的評語，
則是由反面發揮，點明矯性爲僞，高則鄉愿，下則爲諂媚求存的小人，大抵
皆類近王畿所言「全體精神向外陪奉」一類人，陸氏之論將率性任眞的論調，
再度與追求內在主體精神的狂者基調相結合。

董復亨說「眞者，人之精神血脉也」，舉凡源於個人內在精神、血脈裡頭
自然帶來的傾向，就是「眞」。此種「眞」，並不意味「完美無缺」，甚至還是
有紕漏、有缺點的：

> 眞者，人之精神血脉脉也。似者，人之面目皮膚也。……余友顧太
> 史嘗與余論史，謂太史公列傳每於人紕漏處，刻劃不肯休，蓋紕漏
> 處，即本人之精神血脉，所以別於諸人也。〔註52〕

再如袁中道，與柞林叟（李卓吾）的一番對話：

> 予問叟曰：「請老師指示，某爲何如人？」曰：「好」曰：「也有病處？」
> 曰：「病處即是你好處，人無病，即是死物。」〔註53〕

所謂紕漏、病處，乃相對於中庸、聖人的完美標準而言，但從全人的角度來
看，那正是一個人的精神血脈、殊異他人之所在，也正是人之活活潑潑、不
爲死物的生命展現。這些說法，都十分正面地看待人之不完美，並將之整合、

〔註51〕〔明〕袁宏道：〈識張幼于箴銘後〉，《袁宏道集箋校》卷4，頁193～194。
〔註52〕此乃董復亨爲程仲權《汉上集》所作〈汉上集序〉，收入〔清〕陳允衡輯：《詩
　　　　慰》（北京市：北京出版社，2000年，《四庫禁燬書叢刊》集部第56冊，據中
　　　　國科學院圖書館藏清順治刻本影印），頁235。
〔註53〕〔明〕袁中道：〈柞林紀譚〉，《珂雪齋集》，附錄二，頁1488。

吸納爲自我展現的力量之一。

　　爲道學家目爲異端之士的李贄，也曾經經歷上述心靈的重大轉變，慨嘆萬千地如是道出：

> 每每驚訝，以爲天何生我不祥如此……大概讀書食祿之家，意見皆同，以余所見質之，不以爲狂，則以爲可殺。〔註54〕

> 余惟以不受管束之故，受盡磨難，一生坎坷，將大地爲墨，難盡寫也。〔註55〕

李贄在未辭官前，對於自己「不見有一人同者」的獨特性，偶亦心存懷疑甚至自我貶抑，認爲那就是此生種種不祥禍患的來由。生性既不喜管束、又與當世食祿之人的意見相左，遂經常招致病狂、該殺等種種譏刺以及坎坷磨難的遭遇，李贄轉而向書中尋找與前哲智慧相互輝映的會心之樂。他在晚年所寫〈讀書樂並引〉，則展現迥異昔日的恬樂心境：

> 余蓋有天幸焉。天幸生我目，雖古稀猶能視細書；天幸生我手，雖古稀猶能書細字。然此未爲幸也。天幸生我性，平生不喜見俗人，故自壯至老，無有親賓往來之擾，得以一意讀書。天幸生我情，平生不愛近家人，故終老龍湖，幸免俯仰逼迫之苦，而又得以一意讀書。然此亦未爲幸也。天幸生我心眼，開卷便見人，便見其人終始之概。夫讀書論世，古多有之，或見皮面，或見體膚，或見血脈，或見筋骨，然至骨極矣！縱自謂能洞五臟，其實尚未刺骨也。此余之自謂得天幸者一也。天幸生我大膽，凡昔人之所忻艷以爲賢者，余多以爲假，多以爲迂腐不才而不切于用，其所鄙者、棄者、唾且罵者，余皆的以爲可託國託家而託身也。其是非大戾昔人如此，非大膽而何？此又余之自謂得天之幸者二也。有此二幸，是以老而樂學，故作〈讀書樂〉以自樂焉。〔註56〕

李卓吾最深自慶幸的是，幸而上天賦予我敏銳洞察力，一開卷便見該人之終始梗概；又幸而具有斗大膽量，不依恃常人所忻羨、所讚許的富貴名利，而託身于世人所唾罵鄙棄的自我心靈。在青年時期怨嘆上天「何生我不祥如此」，到了晚年已轉變爲悅納自己的性格特質，順性而成地發現自己的獨特

〔註54〕〔明〕李贄：〈蜻蛉謠〉，《焚書》卷5，頁208。

〔註55〕〔明〕李贄：〈感慨平生〉，《焚書》卷4，頁187。

〔註56〕〔明〕李贄：〈讀書樂並引〉，《焚書》卷6，頁226。

性，並肯定精神自主高亢傲岸的優點。原本遭到社會價值觀斲喪的才能，因自我悅納而再度展現創造力，這即是人回返自我生命家園的重生過程。

二、勾勒耽癖任情、精神自主的自我圖像

　　這類文人藉由〈自贊〉、〈自爲墓誌銘〉、尺牘種種媒材來抒表自我。值得玩味的是，他們在拈筆爲文的當時，回顧了漫漫此生走過的點點滴滴，而後，選擇了什麼代表性的重要事物，來向芸芸眾生敘說自己？所勾勒出來的自我圖像，呈現何種狂士特質？又與觀看者筆下所描繪的狂士圖像，有何落差？

　　書寫中，除了展現狂者精神自主的基調之外，因爲他們肯定自己在生性中的紕漏、病處，爲其個人別於他人的獨特所在，所以筆下呈現的自我性格，亦不由中庸謙沖入手，而多半著墨於顛、癡、狂、傲、任誕等等偏至的才性。如以異端自許的李贄，在〈自贊〉、〈石潭即事〉中，爲自己勾勒出一幅癡狂圖像：

> 其性褊急，其色矜高，其詞鄙俗，其心狂癡，其行率易。〔註57〕

> 若爲追歡悅世人，空勞皮骨損精神，年來寂寞從人謗，只有疏狂一
> 老身。〔註58〕

明知疏狂不爲世人所喜，卻不願損害自我精神以取悅他人，所以寧可甘守寂寞任人謾罵，保有「疏狂」故態。展現於外的姿態是，褊急的個性、矜高的容色、鄙俗的言詞、癡狂的心志、率易的行事風格，唯此中蘊含了天性之眞與獨特，以及精神獨立自主的風骨。這些陳述，強調主體心狂之意甚爲明顯，似乎一再澄清自己絕非徒具形狂的庸眾。

　　徐渭〈自爲墓誌銘〉則如是自述：

> 賤而懶且直，故憚貴交似傲，與眾處不澆袒裼似玩，人多病之，然
> 傲與玩，亦終兩不得其情也。……渭爲人度於義無所關時，則疏縱
> 不爲儒縛。一涉義所否，干恥、詬介、穢廉，雖斷頭不可奪。〔註59〕

疏縱不爲儒縛，是展現於外的形狂，然心中仍嚴守義利之辨，有所爲、有所不爲。審諸自己的境況，既「賤」爲幕客又「懶」於逢迎、「直」言忤時，但

〔註57〕〔明〕李贄：〈自贊〉，《焚書》卷3，頁130。
〔註58〕〔明〕李贄：〈石潭即事〉其四，《續焚書》卷5，頁114。
〔註59〕〔明〕徐渭：〈自爲墓誌銘〉，《徐渭集》卷26，頁638～640。

是所有行徑，著實具有憚於貴交、眾處不浼的區辨深義。至於外顯「似傲」與「似玩」的樣貌，嚴格說來，仍終究「兩不得其情」。徐渭此番話語的況味，極可能是為了要彰顯自己並不落傲玩之俗世形跡義。

至於盧柟，自述「獨好倜儻恢曠之行，嗜殊調、好觀古人奇節」，勾勒一幅豪宕不羈的姿態，他又同時崇尚「高士」人格，所謂「高士有奇姿，光華揚紫氛……托跡在巖阿，悲嘯有餘音」〔註60〕，也頗有離俗自高之意。

又如唐寅，則在〈桃花庵歌〉中，以嬉怒笑罵的語調來描述自我：

> 桃花塢里桃花庵，桃花庵里桃花仙。桃花仙人種桃樹，又摘桃花換酒錢。酒醒只在花前坐，酒醉還來月下眠。半醉半醒日復日，花落花開年復年。但願老死花酒間，不願鞠躬車馬前。車塵馬足貴者趣，酒盞花枝貧者緣。若將富貴比貧者，一在平地一在天。若將貧賤比車馬，他得驅馳我得閒。別人笑我忒風癲，我笑他人看不穿。不見五陵豪傑墓，無花無酒鋤作田。

乍見之下，唐寅將自己描繪成，不過是個縱酒春風的浪蕩子罷了，然而，俚俗戲語當中，卻忒為認真地一語道破競逐富貴者馳驅神勞、終為墓土的事實，正因為此種清醒，得以洞察世俗執迷不悟的種種蔽障，方足以道出「寵辱都無剩有狂」〔註61〕那種睥睨人間的傲語！

祝枝山筆下也為自己描繪出「癡狂」圖像，又是「不裳不袂不梳頭」〔註62〕、「蓬頭赤腳勘書忙，頂不籠巾腿不裳」〔註63〕，還「日日飲醇聊弄婦，登床步入大槐鄉」〔註64〕，唯此種癡狂，乃是「萬事遺來剩得狂」〔註65〕那種刊落繁瑣、洞察俗世的狂，如〈賀新郎〉之述：

〔註60〕 盧柟：《蠛蠓集》，卷1，〈上魏安鋒明府辨冤書〉；又卷4，〈敘隱五首〉。見《文淵閣四庫全書》集部別集類第1289冊，頁761，頁843。

〔註61〕 〔明〕唐寅：〈漫興〉其二：「此生甘分老吳閶，寵辱都無賸有狂。秋榜才名標第一，春風絃管醉千場。」見《六如居士全集》卷2，頁46。

〔註62〕 〔明〕祝允明：〈口號〉其二，見《祝氏集略》卷6，收入《祝氏詩文集》（臺北市：國立中央圖書館，1971年6月，《明代藝術家集彙刊·續集》，影印明嘉靖甲辰二十三年（1544年）謝雍手鈔本），總頁701。以下本論文徵引此書皆同此版本。

〔註63〕 同前註，其三。

〔註64〕 同前註。

〔註65〕 〔明〕祝允明：〈口號〉其一：「枝山老子鬢蒼浪，萬事遺來剩得狂，從此日和先友對，十年漢晉十年唐。」見《祝氏集略》卷6，收入《祝氏詩文集》，總頁701。

老子眞癡子，算人間，誰個有癡如此。萬事把來抛掉了，喫酒看花而
已。另自是一般滋味，不是要和人廝搊也，非關不愛名和利，大概是
一癡耳。思量痴好眞無比者，其間無頭無腦一團妙理。〔註66〕

這和康海自言「飲酒傲誕，箕踞林麓」〔註67〕的疏誕性習，又與何良俊自言
「傲誕自天，疏慢成性」〔註68〕，異曲同工地，將自己描繪成擺落世間俗務
羈絆，似癡似顛、亦狂亦傲的狂士圖像。

結　語——疆界跨越與尊重他人

　　這類狂士，在文藝場域中，發出自己聲音，除了掌握了製造自身歷史知
識的權力，更爲自己爭取社會的認同，期待被傾聽、了解、尊重的對待。由
其自繪的狂士圖像，與場域中觀看者角度所呈現的狂士圖像〔註69〕相較，二
者在書寫的信念思維、價值取向、生活態度上，有著互驂文化想像、互置主
體／他者的論述現象。

　　康海以「賢人之資爲不肖者之資」〔註70〕論朝廷薦舉，似乎又將仕紳大
夫之美意全部曲解爲好爲宰制的強權他者；就整個官場文化而言，也是一種
一竿子打翻一艘船的說法，畢竟此場域，亦有自清之人，未必全如其所述的
集體墮落。

　　至於仕紳大夫，對於狂士抱著「悲其失路」的憐憫惋惜，或是極力爭取
徵聘，作爲「山林逸士」知己所能展現之最大誠意，則又未免是一廂情願的
做法。由此看來，狂士／仕紳大夫之間都以其「文化想像」構築出一個虛想
的「他者」，所述未必符合事實，雙方認知存在著相當大的差距。如此說來，
狂士與仕紳之間那種表演／觀看的「對話」，嚴格來說，是有互動的隔岸喊話，
但眞正能達到二者意念價值觀之溝通協調、而相知相惜的知音對話層次者，
仍是少之又少。

　　綜觀狂士所衷心追求的，莫不在於期待社會認同，能尊重該人物得以行
使自由意志的主體性，以及肯定其存在價值，而不需授與外在階級之傳統榮

〔註66〕〔明〕祝允明：〈賀新郎〉，見《祝氏文集》卷10，收入《祝氏詩文集》，總頁318。
〔註67〕〔明〕康海：〈與彭濟物〉，《對山集》卷9，頁366～368。
〔註68〕〔明〕何良俊：〈書屏示客〉，《何翰林集》卷16，頁537～541。
〔註69〕詳見本論文第二編「表演與觀看的對話」第一章「狂姿逸態的文化表演」。
〔註70〕〔明〕康海：《對山文集》，卷9，頁371。

耀而獲得存在尊嚴。

此種自覺意識不但不是幽微虛弱的，而是明確高亢、直言不諱的，他們為自己掌握言說權力、為自己爭取到浮出歷史地表的機會，在書寫當中建構了自己存在的歷史事實。

此種高自尊重的傲岸，應當是在自我生命家園的疆界內展現，但不宜畫地自限地侷限其眼界於自家門內，如李卓吾即對當代多元文化，展現出高度的尊重，他對從事百工技藝的民間藝人，舉凡能表現創作者主體精神的作品，絲毫不吝於給予讚許。李卓吾認為，「技藝」之價值，毋須道德事功充注其內而方才具有：

> 鐫石，技也，亦道也。文惠君曰：「嘻！技蓋至此乎？」庖丁對曰：
> 「臣之所好者道也，進乎技矣。」是以道與技為二，非也。造聖則
> 聖，入神則神，技即道耳。技至於神聖，所在之處，必有神物護持，
> 而況有識之人歟！且千載而後，人猶愛惜，豈有身親為之而不自愛
> 惜者？石工書名，自愛惜也，不自知其為石工也。神聖在我，技不
> 得輕矣！……鐫者或未甚工，而所鐫之字與其文，或其人之賢，的
> 然必傳於世，則鐫石之工亦必鐫石以附之。所謂交相附而交相傳也。
> 蓋技巧神聖，人自重之。能為人重，則必借重於人。〔註71〕

神聖既在於「我」之主體精神，倘若鐫石技藝能夠展現該人的主體精神，自當有其存在之崇高價值。類似的觀點也見於屠隆，如其《娑羅館清言》卷下所言：

> 夫人有絕技必傳，有至性不朽，靈心巧思，魯般以木匠千秋，報主
> 存孤，李善偏奴百世。

只要該項技藝能夠展現「靈心巧思」，就足以讓有限生命跨越形軀的侷限而延伸為千秋百世之不朽境地。

至於向來屈居四民之末的商賈，李贄則對他們能甘冒生命危險、涉江渡海的精神，也給予高度肯定：

> 李卓吾曰：商賈挾重貨，冒風濤之險，受辱關吏，忍垢市易，必交結
> 公卿，始可收利遠害，然安敢傲然坐公卿上哉！今山人者，名為商賈，

〔註71〕〔明〕李贄：〈樊敏碑後〉，《焚書》卷5，頁216。可參見拙作：〈晚明「尊藝」觀之探究〉，收入《古典文學》第15期（臺北市：台灣學生，2000年），頁139～178。

　　實不持一文，稱爲山人，則非公卿之門不履，良可恧也！〔註72〕

這些狂士因其自身所建立的認同取向，讓他們也思索到人之存在型態的多種可能，推己及人地，也思索到他人存在的價值，亦不當由傳統榮耀之貴賤區分之，而是由主體精神血脈之眞的展現來肯定之。這種狂士的生命精神，不但展現在自我家園的回歸與重生，也爲社會中相互尊重帶來新契機。這或許就是晚明社會能有多元展現的新興動能的原因之一吧！

〔註72〕〔明〕李紹文：〈輕詆〉，《皇明世說新語》卷7，頁464。

結　論
──研究成果與展望未來

以下總結博士論文的研究成果，並嘗試提出敝人創見的學術價值，擴而言及未來的發展方向：

（一）歷史詮釋的新嘗試

本論文最大的挑戰，在於嘗試運用後現代史學、詮釋人類學等方式，拆解昔人的狂士論述，重新編織出當時場域中積累狂士文化身分的歷程，這與前人研究時的詮解方式，有相當大的不同。希望能由此特殊取徑，開展出迥異昔作的學術新視野。

（二）循此建構一套知識社群的認同依準

在第一編第一章中，本文觀察到當時場域中，存在著運用擬塑譜系來建構狂士認同的方式。筆者以為，這套「認同譜系」，同時也是場域論述的「敘事庇護所」以及「文化參照系統」，而這樣的觀察，將可有效地運用在不同社群的認同建構上，例如：中晚明還有為數甚多的「山人」論述、「隱士」論述，仍有待研究者加以考掘、重新建構出該類知識社群的認同依準。

就擬世說體而言，向來都是被納在文類當中研究，本論文首度嘗試將它視為明人擬塑狂士譜系的存載體。同樣地，其中還有所謂的「棲逸」科，筆者亦可依此線索蒐羅其他擬世說體當中的棲逸論述，重建出一套時人所認知的隱士譜系。這相對的，也為明中葉以後的擬世說體，增添了另一種文化意義。

（三）明代「復古」現象的另層思考

第一編第一章指出「懷古心理的時間維度」，這對中晚明盛談的復古論調而言，此種擬塑譜系時所徵引的歷史先例，其時間意涵，是共時、空洞的，故其懷古之心理可由「復古」論調中析出另論，因爲它所具有的意義，主要是相應於現時的心理需求，而回復過去、遵照傳統的意義較少，此其區別所在。

（四）「接受氛圍」以及「文化身份」的研究視角

在第一編第二章中，筆者由接受氛圍來追尋狂士圖像生成的歷程，凸顯了「文化身分」乃經由公開播揚之動態歷程、逐漸堆疊而成，這種「文化身分」的研究視角，也可進而運用在「山人」或「隱士」之流的考察。

此外，「接受氛圍」的觀察，則有助於學界重新省視明末至清初的狂士論述，是否會因爲當其時已呈現末流現象，轉而針對早先中明時期的陽明學以及狂禪等學說，提出強烈的負面評論，如此論述，並不代表初始學說的原貌，而是大氛圍改變了方才凸顯之。

（五）狂士小傳不等同狂士真實過去

第二編第一章所歸納出的，是時人集體認知的形狂特質，這將有助於論者對當時氛圍之研究。

（六）深化話語策略的提出，標示出時人重建狂士認同的倫常秩序

第二編第二章，歸結出三種深化論述的話語策略：（一）區辨薰蕕（二）詮釋深意（三）標舉境界，可作爲其他形狂論述之基礎分析模式。

此外，這個結論可以爲世人所認知「不羈禮法」的狂士特質，下一個註腳，蓋狂士所不羈者，乃是不依循空洞化、形式化的規範，但絕不因此而流於放恣、無所依歸，因爲，當時場域中的觀看者以及狂士自身，嘗試由複雜現象中，重新建構一套認同依準，區辨出社群的倫理層次。這似乎反應出時人亟於重建狂士認同、意欲擺脫末流魅影的努力，而這正是晚明趨狂現象不可忽視的正面力量。

（七）本文所建構的這套既縱放又超拔的生活美學，可積極解決前人的模糊論述

第三編的研究成果，則在「縱放行徑即爲墮落沉淪」的說法之外，另外開出「既縱放」又「超越解脫」的生活美學。明人以擬塑譜系的方式，證成

古人之中，也有一類具有癖嗜及縱放行徑、同時主體精神又能超脫於物質機括之外的士人型態。筆者嘗試重建出這套明人的生活美學，發現其背後確實有豐富的義理支撐以及心靈追求；而這個研究結果，恰可解決近人論述中的矛盾現象，如前所舉費振鐘之評為「墮落」、鄭幸雅之評為「超越」的對立說法，澄清其過度簡化的論述邏輯，從而區辨複雜現象之諸多層次。

（八）狂士致力於主體性的建立以及多元文化的彼此尊重，將有助於現今處境的思索

第四編之研究成果，則指出：狂者超越挫敗情緒以及生存困境，展現出鳳翔千仞的主體精神，並由此開展跨越疆界的無限視角，呈現多元紛呈的文化現象，實與當代文化有相應之處。對當代而言，人們普遍面臨物質奢華豐裕、但心靈極度空虛的危機，狂士之思，無疑是一劑鑑古知今的良藥。狂士將人們對社會榮耀的外在追求，導向心靈世界的豐厚充實，為你我彰顯出返歸自我家園的重要。這種種價值澄清的內在思辨，都與後現代的時代命題不謀而合，值得你我重拾故籍，細細披覽這類狂士，因真實歷練而得的生命哲理，其閃耀猶如熠熠星辰，為後人示現了一種亙古常新的智慧光芒。

附　錄

附錄之一：《四庫全書總目》之狂士論述

說明：頁次所據之版本為《四庫全書總目》（北京：中華書局，1995 年 4 月）。

一、經　部

1. 《四庫總目提要》〈讀易紀聞〉條：「獻翼放誕不羈，言行詭異，殆有狂易之疾，而其說《易》乃平正通達，篤實不支……足為人事之鑒者，多所發明，得聖人示戒之旨……蓋亦積漸研思而始就者，殆中年篤志之時，猶未頹然自放歟？」（見「經部・卷五・經部五・易類五」，頁 30～31）。

2. 《四庫總目提要》〈周易翼簡捷解十六卷附群經輔易說一卷〉條：「蓋明末心學橫流，大抵以狂禪解《易》。」（見「經部・卷八・經部八・易類存目二」，頁 0066）。

3. 《四庫總目提要》〈詩說解頤四十卷〉條：「雖間傷穿鑿，而語率有微，尚非王學末流，以狂禪解經者比也。」（見「經部・卷一六・經部一六・詩類二」，頁 0128）。

4. 《四庫總目提要》〈簡端錄〉條：「然馬、鄭、孔、賈之學，至明殆絕，研思古義者，二百七十年內，稀若晨星，迨其中葉，狂禪瀾倒，異說飈騰，乃併宋儒義理之學亦失其本旨。寶所簡記，雖皆寥寥數言，而大旨要歸於醇正，亟錄存之，亦不得已而思其次也。」（見「經部・卷三三・經部三三・五經總義類」，頁 0274）。

5. 《四庫總目提要》〈崿陽草堂說書〉條：「大抵皆明末狂禪，提唱心學，無當於聖賢之本旨。」（見「經部・卷三四・經部三四・五經總義類存目」，頁 0283）。

6. 《四庫總目提要》〈孟義訂測〉條：「明管志道編。……測義則皆自出臆說，恍惚支離，不可勝舉。蓋志道之學出於羅汝芳，汝芳之學出於顏鈞，本明季狂禪一派耳。」（見「經部・卷三七・經部三七・四書類存目」，頁 310）。

7. 《四庫總目提要》〈四書酌言〉條：「明寇慎撰。……此處掃除，乃為逞機，又扭來補綴，則純乎明末狂禪之習矣。」（見「經部・卷三七・經部三七・

四書類存目」，頁 313）。

二、史 部

1. 《四庫總目提要》〈明儒言行錄〉條：「初，黃宗羲作《明儒學案》採摭最詳。顧其學出於姚江，雖於河津一派，不敢昌言排擊，而於王門末流諸人，流於猖狂恣肆者，亦頗為回護。」（見「史部·卷五八·史部一四·傳記類二（總錄下、雜錄）」，頁 0528）。

2. 《四庫總目提要》〈藏書〉條：「贄書皆狂悖乖謬，非聖無法。惟此書排擊孔子，別立褒貶，凡千古相傳之善惡，無不顛倒易位，尤為罪不容誅。其書可燬，其名亦不足以污簡牘。特以贄大言欺世，同時若焦竑諸人，幾推之以為聖人。至今鄉曲陋儒，震其虛名，猶有尊信不疑者。如置之不論，恐好異者轉矜軏獲，貽害人心，故特存其目，以深暴其罪焉。」（見「史部·卷五〇·史部六·別史類、別史類存目」，頁 0455）。

3. 《四庫總目提要》〈二科志〉條：「明閻秀卿撰。秀卿，蘇州人，始末未詳。是書分文學、狂簡為二科，所載自楊循吉以下凡七人，皆偶錄一二事，不為全傳。蓋一時互相標榜之書。其紀徐禎卿、方登賢書，於文微仲尚稱文璧，而以徵明字之，則猶宏治中所作也。」（見「史部·卷六一·史部一七·傳記類存目三（總錄上）」，頁 0551）。

4. 《四庫總目提要》〈歷朝璫鑑〉條：「其狂妄可知」（見「史部·卷六二·史部一八·傳記類存目四」，頁 558）。

5. 《四庫總目提要》〈彩壞封疆錄〉條：「其詞狂謬之甚」（見「史部·卷六二·史部一八·傳記類存目四」，頁 559）。

6. 《四庫總目提要》〈史纂左編〉條：「明唐順之撰。……殆與李贄之《藏書》狂誕相等。乃贄書世猶多相詬病，而是編獨未有糾其失者，殆震於順之之名，不敢議歟？」（「史部·卷六五·史部二一·史鈔類、史鈔類存目」頁 580）。

7. 《四庫總目提要》〈史折〉條：「至於陳繼儒之淺陋，李贄之狂謬，復為之反復辨論，更徒增詞費矣。」（見「史部·卷九〇·史部四六·史評類存目二」，頁 0766）。

三、子 部

1. 《四庫總目提要》〈聖學宗要〉條：「明劉宗周撰。……宗周獨深鑒狂禪之弊。」（見「子部·卷九三·子部三·儒家類三」，頁 0794）。

2. 《四庫總目提要》〈耿子庸言〉條：「明耿定向撰。……定向之學出於泰州王艮，本近於禪。然有鑒於末流之狂縱，不甚敢放言高論。故初請李贄至黃安，既而惡之，而贄亦屢短定向。然議論多而操履少，遂不免有迎合張居正事。為清議所排。講學之家，往往言不顧行，是亦一證矣。」（見「子部·卷九六·子部六·儒家類存目二」，頁 813）。

3. 《四庫總目提要》〈問學錄〉條：「國朝陸隴其撰。是編大旨主於力闢姚江之學以尊朱子。……王守仁開金谿之派，其末流至於決裂猖狂，誠為有弊。至其事業炳然，自不可掩。」（見「子部‧卷九七‧子部七‧儒家類存目三」，頁826）。

4. 《四庫總目提要》〈畫史會要〉條：「明朱謀垔撰。……蓋明之末年，士大夫多喜著書，而競尚狂禪，以潦草脫略為高尚，不復以精審為事。故顧炎武《日知錄》謂萬曆後所著之書，皆以「流賊劉七」為「賊七」之類，所刻之書，皆以「壯月朔」為「牡丹朔」之類，雖詆之稍過，亦未可謂全無因也。」（見「子部‧卷一一三‧子部二三‧藝術類二（書畫下、琴譜、篆刻、雜技）」頁965）。

5. 《四庫總目提要》〈無聲詩史〉條：「國朝姜紹書撰。……張靈一傳亦備述狂誕之行，連篇累牘，於繪事了無關涉，又何例也？」（見「子部‧卷一一四‧子部二四‧藝術類存目（書畫、琴譜、篆刻、雜技）」，頁977）。

6. 《四庫總目提要》〈藝彀三卷〉條：……然隆慶、萬曆以後，士大夫惟尚狂禪，不復以稽古為事。是編廣微博引，足備參稽，在爾時猶為篤實之學矣。（見「子部‧卷一一九‧子部二九‧雜家類三（雜考下）」，頁1027）。

7. 《四庫總目提要》〈桑子庸言〉條：「明桑悅撰。悅字民懌，常熟人。成化乙酉舉人，官至柳州府通判。《明史‧文苑傳》附載《徐禎卿傳》中，稱其「怪妄狂誕」。考悅《思元集》中有《道統論》曰：「夫子傳之我」。又《學以至聖人論》曰：「我去而夫子來」，可謂肆無忌憚，史所詆者不虛。史又稱悅在長沙著此書，自以為窮究天人之際。今觀所論，實無甚精奧也。」（見「子部‧卷一二四‧子部三四‧雜家類存目一（雜學上）」，頁1068）。

8. 《四庫總目提要》〈祝子罪知錄〉條：「明祝允明撰。允明有《蘇材小纂》，已著錄。是編乃論古之言。其舉例有五，曰舉，曰刺，曰說，曰演，曰繫。舉曰是是，刺曰非非，說曰原是非之故，演曰布反復之情，繫曰述古作以證斯文。一卷至三卷皆論人，四卷論詩文，五卷、六卷論佛、老。七卷論神、鬼、妖怪，其說好為拊解。如謂湯、武非聖人，伊尹為不臣，孟子非賢人，武庚為孝子，管、蔡為忠臣，莊周為亞孔子一人，嚴光為姦鄙，時苗、羊續為姦貪，謝安為大雅君子，終弈折屐非矯情。鄧攸為子不孝，為父不慈，人之獸也。王珪、魏徵為不臣，徐敬業為忠孝，李白百俊千英萬夫子望，種放為鄙夫，韓愈、陸贄、王旦、歐陽修、趙鼎、趙汝愚為匪非。論文則謂韓、柳、歐、蘇不得稱四大家，論詩則謂詩死於宋，論佛、老為不可滅，皆剿襲前人之說，而變本加厲。王宏撰《山志》曰：「祝枝山，狂士也。著《祝子罪知錄》，其舉刺予奪，言人之所不敢言。刻而戾，僻而肆。蓋學禪之弊。乃知屠隆、李贄之徒，其議論亦有所自，非一日矣。聖人在上，火其書可也。」其說當矣。《千頃堂書目》載《祝子罪知》十卷。此本僅七卷，而佚去八、九、十三卷，卷為一冊。惟第五卷併入四卷之後。藏書者未經繙閱，以為闕第五卷，乃改

七卷「七」字爲「五」字，攙入六卷之前。不知五、六兩卷皆論佛、老，安得參以七卷之神、鬼、妖怪也？殆坊肆貫人無知者之所爲歟？然如是之書，不完亦不足惜也。」（見「子部·卷一二四·子部三四·雜家類存目一（雜學上）」，頁1068）。

9. 《四庫總目提要》〈讀書筆記〉條：「明祝允明撰。凡三十四條，言頗近理，不似其他書之狂誕。前有自識，稱「於乙巳居憂時偶有所得，隨筆箋記，就有道而正之。」乙巳者，成化之二十一年。蓋其少時所作，猶未蕩然禮法之外也。」（見「子部·卷一二四·子部三四·雜家類存目一（雜學上）」，頁1068）。

10. 《四庫總目提要》〈宋學商求〉條：「明唐樞撰。樞有《易修墨守》，已著錄。其學援儒入墨，純涉狂禪。所刻《木鐘臺集》，無非恣肆之論。此編皆評論宋儒，大抵近於禪者則譽，不近於禪者毀。不足與辨是非。《附錄》一卷，則其與人論學之語，以發明此書之意者也。」（見「子部·卷一二四·子部三四·雜家類存目一（雜學上）」，頁1070）。

11. 《四庫總目提要》〈焦弱侯問答〉條：「明焦竑撰，潘曾紘編。竑師耿定向而友李贄，於贄之習氣沾染尤深，二人相率而爲狂禪。贄至於詆孔子，而竑亦至尊崇楊、墨，與孟子爲難。雖天地之大無所不有，然不應妄誕至此也。曾紘乃綴拾刻之，以教新鄭之士子，可以見明季風氣矣。」（見「子部·卷一二五·子部三五·雜家類存目二（雜學下）」，頁1077）。

12. 《四庫總目提要》〈叢語〉條：「明吳炯撰。……其學亦出於姚江，而不甚取其末流之狂肆。」（見「子部·卷一二五·子部三五·雜家類存目二（雜學下）」，頁1077）。

13. 《四庫總目提要》〈林全子集〉條：「明林兆恩撰。……生平立說，欲合三教爲一，悠謬殆不足與辨。至稱夢中見孔子，授以魯論微旨，尤爲誕妄。是編乃其門人塗元輔彙刻，分元、亨、利、貞四集，每集十册，皆猖狂無忌之談。」見「子部·卷一二五·子部三五·雜家類存目二（雜學下）」，頁1079。

14. 《四庫總目提要》〈初潭集〉條：「明李贄撰。贄有《九正易因》，已著錄。此乃所集說部，分類凡五：曰夫婦，曰父子，曰兄弟，曰君臣，曰朋友。每類之中又各有子目，皆雜採古人事蹟，加以評語。其名曰「初潭」者，言落髮龍潭時即纂此書，故以爲名。大抵主儒、釋合一之說，狂誕謬戾，雖粗識字義者皆知其妄，而明季乃盛行其書。當時人心風俗之敗壞，亦大概可睹矣。」（見「子部·卷一三一·子部四一·雜家類存目八（雜纂上）」，頁1120）。

15. 《四庫總目提要》〈讀升庵集〉條：「明李贄編。是編哀集楊慎諸書，分類編次，凡採錄詩文三卷，節錄十七卷，去取毫無義例。且贄爲狂縱之禪徒，慎博洽之文士，道不相同，亦未必爲之編輯。序文淺陋，尤不類贄筆。殆萬曆間贄名正盛之時，坊人假以射利者耳。」（見「子部·卷一三

一‧子部四一‧雜家類存目八（雜纂上）」，頁1120）。

16. 《四庫總目提要》〈居學餘情〉條：「明陳中州撰。中州字洛夫，青田人。宏治中由貢主官廬江縣教諭。初號「太鶴山人」，久而落拓不得志，占得「尤悔」之象，復自號「尤惕子」。佯狂恣肆，蕩然於禮法之外。嘗琢石爲冠，刻太極、兩儀、五行、八卦之象。是編首載其圖，並繫以詩。有「圈子不須龍馬背，老夫頭上頂義皇」之句，其妄誕可想。其餘諸篇，亦皆踵《毛穎》、《革華》之窠臼，無非以游戲爲文。雖曰「文集」，實則小說，故今存其目於小說家焉。」（見「子部‧卷一四四‧子部五四‧小說家類存目二（異聞、瑣語）」，頁1234）。

17. 《四庫總目提要》〈玉劍尊聞〉條：「國朝梁維樞撰。……取有明一代軼聞、瑣事，依劉義慶《世說新語》門目，分三十四類，而自爲之註，文格亦全仿之。然隨意鈔撮，頗乏持擇。如李贄嘗云：「宇宙有五大部文章：漢有司馬子長《史記》，唐有杜子美《集》，宋有蘇子瞻《集》，元有施耐庵《水滸傳》，明有李獻吉《集》」之類，皆狂謬之詞，學晉人放誕而失之者，其註尤多膚淺，如曹操、李白之類，人人習見，何必多累簡牘乎？至所以名書之義，吳偉業諸人之序及維樞自作小引，均未之言，今亦莫得而詳焉。」（見「子部‧卷一四三‧子部五三‧小說家類存目一（雜事）」，頁1225）。

四、集　部

1. 《四庫總目提要》〈竹齋集〉條：「明王冕撰。冕字元章，《續高士傳》作字元肅，諸暨人。本農家子，家貧，依沙門以居，夜潛坐佛膝上，映火讀書。後受業於安陽韓性，遂傳其學。然行多詭激，頗近於狂。」（見「集部‧卷一六九‧集部二二‧別集類二二」，頁1476）。

2. 《四庫總目提要》〈宋布衣集〉條：「明宋登春撰。登春字應元，新河人。少能詩善畫，年二十餘即棄家遠游，足跡幾遍天下。晚乃依其兄子居江陵之天鵝池，因自號「鵝池生」。徐學謨爲荊州守，深敬禮之。後學謨以尚書致政歸，登春訪之吳中，買舟浮錢塘，徑躍入江水以死。邢侗《來禽館集》有《弔宋叟詩序》，稱登春嘗語侗：「君視宋登春豈杉柏四周中人？」其生平立志如此，蓋亦狂誕之士也。其詩本名《鵝池集》，文名《燕石集》，學謨嘗刻之荊州。此編爲康熙乙丑王培益所刊，始併詩文爲一集。登春文章簡質，可匹盧柟《蠛蠓集》，而奇古之趣勝之。其論詩先性情而後文詞，故所作平易自然，而頗乏深意。然五言頗淡遠可誦，朱彝尊《靜志居詩話》以賈島、李洞爲比，亦庶幾儗於其倫矣。」（見「集部‧卷一七二‧集部二五‧別集類二五」，頁1516）。

3. 《四庫總目提要》〈處實堂集〉條：「明張鳳翼撰。……鳳翼才氣亞於其弟獻翼，故不似獻翼之狂誕，而詞采亦復少遜。」（見「集部‧卷一七八‧集部三一‧別集類存目五」，頁1602～1603）。

4. 《四庫總目提要》〈讓溪甲集〉條：「明游震得撰……震得少與歐陽德、鄒

守益諸人游，故頗講姚江之學。然與王畿書，多所規正，猶異於末派之狂禪。」（見「集部・卷一七七・集部三〇・別集類存目四」，頁1592）。

5. 《四庫總目提要》〈太函集〉條：「明汪道昆撰。……其狂誕殊甚」。（見「集部・卷一七七・集部三〇・別集類存目四」，頁1596）。

6. 《四庫總目提要》〈李徵伯存〉條：「明李兆先撰。……而沈周《客座新聞》乃載其父子相謔一事，則狂縱無復人理，雖晉人放達，不至於斯。平心而論，殆才雋而不修行檢，譽之者有所粉飾，毀之者亦有所附會耳。」（見「集部・卷一七六・集部二九・別集類存目三」，頁1579）。

7. 《四庫總目提要》〈李湘洲集〉條：「明李騰芳撰。……亦頗尊崇李贄，稱為卓吾老子。蓋明季士大夫所見大抵如斯，不但騰芳一人也。然騰芳留心經世，喜談兵事。其《策倭安攘至計疏》及《進戚繼光兵略》諸疏，猶非徒以狂禪縱論者矣。集無序跋，不知何人所編。據卷首《家傳》，稱其生平著作燬於峒寇。此本蓋由掇拾而成，故十卷中多有錄無書者。別以《補遺》一卷，刻於末云。」（「集部・卷一七九・集部三二・別集類存目六」，頁1618。）

8. 《四庫總目提要》〈東極篇〉條：「明文翔鳳撰。……詩文率多怪僻。紀夢詩無非自為誇詡，尤狂而近於誕矣。」（見「集部・卷一八〇・集部三三・別集類存目七」，頁1623）。

9. 《四庫總目提要》〈禹門集〉條：「國朝郭振遐撰。振遐字中洲，汾陽人，寄居揚州。詩頗率易，至以大禹、顏回自比，尤為狂縱矣。」（見「集部・卷一八五・集部三八・別集類存目一二」，頁1684）。

10. 《四庫總目提要》〈韓文杜律〉條：「明郭正域編。……各為之評點，大抵明末猖狂之諭。如謂《佛骨表》不知佛理之類，多不足與辨。所評杜詩，欲矯七子摹擬之弊，遂動以肥濁為詬病。是公安之驂乘，而竟陵之先鞭也。」（見「集部・卷一九三・集部四六・總集類存目三」，頁1756）。

11. 《四庫總目提要》〈九代樂章〉條：「明劉濂撰。……其言極為狂誕。」（見「集部・卷一九二・集部四五・總集類存目二」，頁1746）。

12. 《四庫總目提要》〈三異人集〉條：「明李贄編。……贄狂悖自恣，而是集所評乃皆在情理中，與所作他書不類。」（見「集部・卷一九二・集部四五・總集類存目二」頁1750）。

13. 《四庫總目提要》〈欽定四書文〉條：「乾隆元年內閣學士方苞奉敕編。……有明二百餘年，自洪、永以迄化、治，風氣初開，文多簡樸。逮於正、嘉，號為極盛。隆、萬以機法為貴，漸趨佻巧。至於啟、禎，警闢奇傑之氣日勝，而駁雜不醇、猖狂自恣者，亦遂錯出於其間。於是啟橫議之風，長傾詖之習，文體蠹而士習彌壞，士習壞而國運亦隨之矣。」（見「集部・卷一九〇・集部四三・總集類五」，頁1729）。

附錄之二

表七：中晚明狂士小傳資料彙集表

凡　例

1. 以狂士譜系所列入之中晚明狂士人物爲線索（見第一編表二「多重構築的狂士譜系」），並依資料多寡而取捨汰選，總共列舉了桑悅、唐寅、張靈、祝允明、康海、楊愼、王廷陳、李開先、徐渭、李贄、盧柟、張獻翼、宋登春、屠隆等人。

2. 資料分爲四部分，依序爲「《列朝詩集小傳》出處」、「其他小傳」、「狂士之稱」、「著作」。所列狂士的小傳資料，以錢謙益《列朝詩集小傳》爲主，旁而延伸至《明代傳記叢刊》等史料小傳爲「其他小傳」；「狂士之稱」部分，乃是筆者歸納諸小傳中以「狂士」符碼標貼人物的例證，唯能力有限，僅處理一部份重要人物。最後，則是羅列該人物重要著作，必便於查閱。

版　本

〔清〕錢謙益：《列朝詩集小傳》（臺北：世界書局，1985 年）

周駿富輯：《明代傳記叢刊》（臺北市：明文，1991 年）

表七：中晚明狂士小傳資料彙集表

桑悅（1447～1513）

一、《列朝詩集小傳》丙集〈桑柳州悅〉，頁284。

悅，字民懌，常熟人。讀書一過，輒焚棄之。敢為大言，詮次古人，以孟軻自況。問翰林文學，曰：『虛無人，舉天下亦惟悅，其次祝允明，其次羅玘』為博士弟子，謁部使者，書刺曰『江南才子』，使者大駭，延之校書，預刊落以試，悅校至不屬，即索筆請書足，使者乃敬禮焉。年十九，領成化乙酉鄉薦，會試春闈，策有『胸中有長劍，一日幾回磨』等語，為吳簡討汝賢所黜。又作〈學以至聖人之道論〉，有『我去而夫子來』等語，為丘學士仲深所黜。……民懌既之官，仲深屬提學掾，令物色善遇之。……掾屬聲訶之，民懌前曰：『昔汲長孺不拜大將軍，至今兩賢之。明公奈何以面皮相恐，蒲待寥廓之士耶？』因解綬請去，掾不得已，下階留之。御史聞悅名，召令說詩，請坐講，講未竟，即跣足爬垢，御史不能耐，乃罷講，遷長沙通判，調柳州。……會外艱，歸遂不出，居家益任誕，褐衣楚製，往來郡邑間。……作兩都賦，慕阮公詠懷，作感懷五十四章。居長沙，著《庸言》，自以為窮究天人之際，非儒者所知也。吳郡閭起山秀卿，作二科志，以民懌首列狂簡，曰：『狂者未嘗無人，至如民懌，可與進取者也。』余少嘗著論，以秀卿為深知民懌云。

二、其他小傳：

1. 〔明〕閭起山《吳郡二科志》〈狂簡〉科。
2. 〔明〕張萱《西園聞見錄》卷22〈畸人〉；卷23〈任誕〉。
3. 〔明〕李紹文《皇明世說新語》卷1〈語言〉；卷6〈任誕〉；卷7〈簡傲〉；卷8〈黜免〉。
4. 〔明〕曹臣《舌華錄》卷2〈狂語〉第四，共四則。
5. 〔明〕劉鳳《續吳先賢讚》〈桑悅〉。
6. 〔明〕王兆雲《皇明詞林人物考》卷4。
7. 〔明〕尹守衡《明史竊列傳》第73〈桑悅〉。
8. 〔清〕《國朝獻徵錄》卷101〈桑悅傳〉。
9. 〔清〕查繼佐《罪惟錄列傳》卷18〈桑悅〉。
10. 《徐本明史・列傳》卷286「列傳」第174「文苑二」。

三、「狂士」之稱：

怪妄、狂誕：《徐本明史列傳》，「列傳」第174。「文苑二」：「尤怪妄」、「居

　　　　家亦狂誕。鄉人莫不重其文，而駭其行」。

狂者：〔明〕閻秀卿《吳郡二科志》一卷。

畸人、任誕：〔明〕王兆雲輯《皇明詞林人物考》卷 4。

狂生、怪、任誕：〔明〕劉鳳《續吳先賢讚》：「桑悅者，狂生也」、「見其怪，
　　迂黜之」、「何物任誕若是？」。

狂士：〔明〕尹守衡《明史竊列傳》第 73〈桑悅〉：「姑蘇一狂士也」；查繼佐
　　《罪惟錄列傳》卷 18〈桑悅〉：「人目以爲狂士」。

四、作品：

1. 桑悅《思玄集》十六卷附錄一卷（《四庫全書存目叢書》集部第 39 冊，
　　影印北京圖書館藏明萬曆二年桑大協活字印本），頁 1～192。

2. 桑悅《桑子庸言》一卷（濟南市：齊魯出版社，2001 年，《四庫全書存
　　目叢書‧補編》第 77 冊）。

唐寅（1470～1523）

一、《列朝詩集小傳》丙集〈唐寅〉，頁 297～298。

寅，字伯虎，一字子畏，吳縣吳趨里人。……才氣奔放。與所善張靈夢晉縱酒
放懷，諸生或施易之，慨然曰：『閉戶經年，取解首如反掌耳。』弘治戊午，
舉鄉試第一。……寧庶人招致天下名士，以厚幣聘伯虎，察其有異志，佯狂使
酒，露其醜穢，庶人不能堪，乃放歸。……伯虎不治生產，既免歸，緣故去其
妻，每自恨放廢，無所建立，譬諸梧枝旅霜，苟延奚爲，復感激曰：『丈夫雖
不成名，要當慷慨，何迺效楚囚！』……外雖頹放，中實沉玄，人莫得而知
也。……其於應世詩文，不甚措意，謂後世知不在是，見我一斑已矣。……
伯虎詩少喜穠麗，學初唐，長好劉、白，多悽怨之詞，晚益自放，不計工拙，
興寄爛熳，時復斐然。蘇台袁袠輯伯虎詩，僅存其少作，而顧華玉以爲絕詣
在此，此固未知伯虎，抑豈可謂知詩也哉！」

二、其他小傳：

1. 〔明〕祝允明〈唐子畏寅墓志銘〉，收入〔明〕焦竑編《國朝獻徵錄》卷
　　115。

2. 〔明〕閻秀卿《吳郡二科志》「文苑」科。

3. 〔明〕張萱《西園聞見錄》卷 22〈畸人〉部〈唐寅〉自稱「江南第一風流
　　才子」。

4. 〔明〕《舌華錄》卷 3〈冷語〉第 6。

5. 〔明〕李紹文《皇明世說新語》卷 2〈德行〉；卷 6〈任誕〉；卷 8「假譎」。

6. 〔明〕尹守衡《明史竊列傳》第 73〈唐寅〉。

7. 袁中郎先生《評點唐伯虎彙集》四卷《畫譜》三卷《傳贊》一卷《外集》一卷《紀事》一卷〔明〕袁宏道評明末四美堂刊本。

8. 〔明〕何喬遠輯《名山藏列傳》〈唐寅〉。

9. 〔明〕劉鳳《續吳先賢讚》。

10. 〔明〕文震孟《姑蘇名賢小記》卷下。

11. 〔明〕王兆雲輯《皇明詞林人物考》卷 4〈唐子畏〉。

12. 〔清〕梁維樞《玉劍尊聞》卷 9〈簡傲〉；卷 9〈假譎〉兩則。

13. 〔清〕查繼佐《罪惟錄列傳》卷 18〈唐寅、張靈〉。

14. 《徐本明史・列傳》卷 286 列傳。

三、「狂士」之稱：

畸人：何大成《六如居士全集》序五（頁 5）：「客謂何子曰：『唐伯虎畸人也。』；〔明〕張萱《西園聞見錄》卷 22〈畸人〉部〈唐寅〉。

狂生、佯狂、放誕不羈、出名教外：《徐本明史・列傳》卷 286 列傳・「與里狂生張靈縱酒，不事諸生業。」・「寧王宸濠厚幣聘之，寅察其有異志，佯狂使酒。」「吳中自枝山輩以放誕不羈爲世所指目，而文才輕艷，傾動流輩，傳說者增益而附麗之，往往出名教外。」

任誕：《皇明世說新語》卷 6〈任誕〉。

四、著作：

唐寅《六如居士全集》（臺北市：漢聲出版社，更名爲《唐伯虎全集》出版，1975 年 2 月）。

張靈（？～？）

一、《列朝詩集小傳》丙集〈張秀才靈〉，頁 298～299。

靈，字夢晉，吳縣人。……佻達自恣，不爲鄉黨所禮。……閻起山《二科志》，狂簡二人，靈居桑悅之次，稱其家蹇被斥，自畫無俚，嬰情酒德，不渝前操，謂之狂士，可得無媿焉。

二、其他小傳：

1. 閻秀卿〈張靈〉傳，見氏著《吳郡二科志》，又收入〔明〕焦竑編《國朝獻徵錄》卷 115。

2. 王稚登《吳郡丹青志》。

3. 〔明〕《舌華錄》卷 3〈冷語〉第 6。

4. 〔明〕劉鳳《續吳先賢讚》〈張靈〉。

5. 〔明〕李紹文《皇明世說新語》卷 6〈任誕〉二則。

6. 〔明〕文震孟論次《姑蘇名賢小記》卷下「張夢晉先生」附張㪺。

7. 《徐本明史・列傳》卷 286「列傳」第 174「文苑二」。

三、「狂士」之稱：

狂簡、狂士：閻秀卿《吳郡二科志》,〈狂簡〉科。

狂士：王稚登《吳郡丹青志》:「嘐嘐然有狂士之風」

任誕：李紹文《皇明世說新語》卷 6〈任誕〉。

任情肆恣：〔明〕文震孟論次《姑蘇名賢小記》卷下「張夢晉先生」。

狂生：《徐本明史・列傳》卷 286「列傳」第 174「文苑二」:「與里狂生張靈縱
　　　　酒，不事諸生業。」。

四、著作：

《張靈集》一卷，收入《明詩綜》三十八。

祝允明（1460～1525）

一、《列朝詩集小傳》丙集〈祝京兆允明〉，頁 299～300。

允明，字希哲，長州人。……好酒色六博，善度新聲。……顧璘曰：『希哲超
穎過人，讀書過目成誦。……有觸斯應，無問猥鄙，學務師古，吐辭命意，迴
絕俗界，效齊梁月露之體，高者凌徐庾，下亦不失皮陸。玩世自放，憚近禮法
之儒，故貴仕罕知其蘊。』

二、其他小傳：

1. 〔明〕張萱《西園聞見錄》卷 23〈任誕〉科〈祝允明〉。

2. 〔明〕李紹文《皇明世說新語》卷 6〈任誕〉。

3. 〔明〕何喬遠輯《名山藏・列傳》〈祝允明〉。

4. 〔明〕劉鳳《續吳先賢讚》卷 11「文學」〈祝允明〉。

5. 〔明〕文震孟《姑蘇名賢小記》卷上〈祝京兆先生〉。

6. 〔清〕梁維樞《玉劍尊聞》卷 8〈任誕〉。

7. 《徐本明史列傳》卷 286 列傳。

三、「狂士」之稱：

任誕：見〔明〕張萱《西園聞見錄》卷 23〈任誕〉科〈祝允明〉;〔明〕李紹
　　　文《皇明世說新語》卷六〈任誕〉。

狂恣昌蕩：〔明〕劉鳳《續吳先賢讚》卷 11「文學」〈祝允明〉。

狂士：王弘撰《山志》初集卷 6 題祝允明《罪知錄》：「祝枝山，狂士也。」

四、著作：

1. 祝允明《懷星堂全集》

2. 祝允明《祝子罪知錄》十卷（《四庫全書存目叢書》子部第 83 冊，影印中國科學院圖書館藏明萬曆刻本），頁 609～759。

3. 祝允明《浮物》一卷（《四庫全書存目叢書》子部第 83 冊，影印中國科學院圖書館藏明嘉靖吳郡袁氏嘉趣堂刻金聲玉振集本），頁 759～768。

4. 祝允明《讀書筆記》一卷（《四庫全書存目叢書》子部第 83 冊，影印山西省祁縣圖書館藏明萬曆繡水沈氏刻寶顏堂密笈本），頁 768～773。

康海（1475～1540）

一、《列朝詩集小傳》丙集〈康修撰海〉，頁 312。

海，字德涵。……德涵既罷免，以山水聲妓自娛，間作樂府小令，使二青衣被之絃索，歌以侑觴，西登吳嶽……其歿也，以山人巾服殮。

二、其他小傳：

1. 《皇明世說新語》卷 1「言語上」；卷 8〈忿狷〉。

2. 〔明〕王兆雲輯《皇明詞林人物考》卷 4〈康海〉。

3. 〔明〕張萱《西園聞見錄》卷 22〈畸人〉部〈康海〉。

4. 〔明〕尹守衡《明史竊·列傳》第 76〈康海〉。

三、著作：

1. 康海《對山集》（台南縣：莊嚴文化事業，1997 年，《四庫全書存目叢書》集部別集類第 52 冊，影印北京師範大學圖書館藏明嘉靖二十四年（1545）吳孟祺刻本）。

2. 康海《對山文集》（臺北市：偉文，1976 年，影印《明代論著叢刊》影印國立中央圖書館藏明嘉靖間刊本）；又一版本十卷，《文淵閣四庫全書》第 1266 冊。

楊慎（1488～1559）

一、《列朝詩集小傳》丙集〈楊修撰慎〉，頁 353。

慎，字用修，新都人。……用修在滇，世廟意不能忘，……用修聞之，益自放，嘗醉，胡粉傅面，作雙丫髻插花，諸妓擁之遊行城市，……，酒間乞書，醉墨

淋漓，諸酋輒購歸，裝潢成卷。嘗語人曰：『老顛欲裂風景，聊以耗壯心，遣餘年耳！』

二、其他小傳：

1. 《皇明世說新語》卷 2〈文學〉兩則，頁 120；卷 4〈規箴〉，頁 256；卷 5〈豪爽〉；卷 5〈容止〉；卷 6〈任誕〉。

2. 〔明〕焦竑《玉堂叢語》卷 7〈任達〉載楊用脩事。

3. 〔明〕王兆雲輯《皇明詞林人物考》卷 6〈楊用修〉。

4. 〔明〕張萱《西園聞見錄》卷 23〈任誕〉科〈楊用修〉。

5. 〔明〕尹守衡《明史竊・列傳》第 73〈楊慎〉。

6. 〔清〕梁維樞《玉劍尊聞》卷 8〈任誕〉科。

三、著作：

楊慎《升庵全集》（臺北市：台灣商務，王雲五主編：《國學基本叢書四百種》）。

王廷陳（1462～？）

一、《列朝詩集小傳》丙集〈王裕州廷陳〉，頁 359～360。

廷陳，字稚欽，黃岡人。……出爲裕州知州。稚欽既不習爲吏，訟牒堆案，漫不省視。……削秩免歸。屏居二十餘年，嗜酒縱倡樂，益自放廢。達官貴人相慕好請謁者，延見之，多蓬髮跣足，不具賓主禮。時衣紅紵窄衫，跨牛騎馬，嘯歌田野間。嘉靖初元，搜訪遺佚，顧華玉撫楚，以稚欽及隨州顏木應詔，不果用，賜縑帛，老於家。稚欽有《夢澤集》十七卷。……顏木，字惟喬，稚欽同年進士，知許州，亦以州民詰奏，下獄免官，任誕自放，其蹤跡亦略仿稚欽，兩人聞之，交相得也。

二、其他小傳：

1. 〔明〕王追淳輯〈家乘〉，見《夢澤集》。
2. 〔明〕王一鳴〈齊安三先生列傳〉，《明文海》。
3. 〔明〕王一鳴〈裕州府君列傳〉，《明文海》。
4. 〔明〕《舌華錄》卷 2〈傲語〉第五。
5. 〔明〕焦竑《玉堂叢語》卷 8〈簡傲〉載王廷陳事；卷 7〈任達〉二則。
6. 《皇明世說新語》卷 2〈言語〉；卷 6〈任誕〉；卷 7〈簡傲〉；卷 8〈汰侈〉。
7. 〔明〕張萱《西園聞見錄》卷 23〈任誕〉部〈王廷陳〉。
8. 〔明〕王兆雲輯《皇明詞林人物考》卷 6〈王稚欽附顏木〉。
9. 〔明〕何喬遠輯《名山藏・列傳》「文苑記」〈王廷陳〉。

10. 〔清〕查繼佐《罪惟錄・列傳》卷 19〈王廷陳〉。

11. 〔清〕梁維樞《玉劍尊聞》卷 8〈任誕〉；卷 9〈簡傲〉。

12. 《徐本明史・列傳》卷 286「列傳」第 174「文苑二」〈王廷陳〉傳。

三、著作：

王廷陳《夢澤集》（「文淵閣四庫全書」第 1272 冊）

李開先（1502～1568）

一、《列朝詩集小傳》丁集上〈李少卿開先〉，頁 376～378。

開先，字伯華。……罷歸家居，近三十年。……伯華七歲能文，博學強記。……已遷太常，會九廟災，上疏自陳，竟罷歸。歸而治田產。蓄聲妓，徵歌度曲，爲新聲小令，（撙）彈放歌，自謂馬東籬、張小山無以過也。……嘗自序《閑居集》曰：『年四十罷官歸里，既無用世之心，又無名後之志。詩不必作，作不必工。』自稱其集曰「閑居」，以別於居官時苦心也。……改定元人傳奇樂府數百卷，蒐輯市井艷詞、詩禪、對類之屬，多流俗璅碎，士大夫所不道者。嘗謂古來才士，不得乘時柄用，非以樂事繫其心，往往發狂病死，今借此以坐消歲月，暗老豪傑耳。

二、其他小傳：

1. 〔明〕王兆雲輯《皇明詞林人物考》卷 8〈李開先〉。

2. 《國朝獻徵錄》卷 70，殷士儋〈翰林院提督四夷館太常少卿李開先墓誌銘〉。

三、著作：

李開先《李中麓閑居集》十二卷（《四庫全書存目叢書》集部第 92～93 冊，影印南京圖書館藏明嘉靖至隆慶間刻本）

徐渭（1521～1593）

一、《列朝詩集小傳》丁集中〈徐記室渭〉，頁 560～562。

爲諸生十餘年，胡少保宗憲督師浙江，招致幕府，笈書記。海上獲白鹿二，少保屬文長草表，并他幕客所撰，郵致所善某學士。學士以文長表進。上覽之大悅，益寵異少保。少保亦以是益重文長。督府勢嚴重，文武將吏莫敢仰視。文長戴敝烏巾，衣白衣澣衣，非時直闖門入，長揖就坐，奮袖縱談。……後三十餘年，楚人袁中郎游東中，得其殘袟，示陶祭酒周望，相與激賞，謂嘉靖以來一人。自是盛傳於世。……中郎則謂其胸中有一段不可磨滅之氣，

英雄失路，託足無門之悲，故其詩如嗔、如笑，如水鳴峽，如鐘出土，如寡婦之夜哭，羈人之寒起。當其放意，平疇千里，偶爾幽峭，鬼語幽墳。微中郎，世豈復知有文長！

二、其他小傳：

1. 袁宏道〈徐文長傳〉，見《袁宏道集箋校》卷 19「瓶花齋集之七──傳」。

2. 陶望齡〈徐文長傳〉，見《歇庵集》卷 12，收入《國朝獻徵錄》卷 115〈山人徐渭傳〉。

3. 〔明〕張萱《西園聞見錄》卷 22〈畸人〉〈徐渭〉

4. 〔明〕《舌華錄》卷 2〈狂語〉第 4。

5. 〔明〕王兆雲輯《皇明詞林人物考》卷 12〈徐渭〉

6. 〔清〕查繼佐《罪惟錄‧列傳》卷 18〈徐渭附沈明臣〉。

7. 《明史稿》76 卷〈徐渭〉。

8. 〔清〕梁維樞《玉劍尊聞》卷 9〈簡傲〉。

9. 《徐本明史‧列傳》卷 288「列傳」第 176「文苑四」。

三、著作：

1. 徐渭《徐文長三集》(景印明萬曆庚子刊本，臺北：國立中央圖書館 1968)。

2. 徐渭《徐文長逸稿》(臺北：淡江書局 1956 年排印本)。

3. 徐渭《徐渭集》(共四冊)(北京：中華書局 1999 標點排印本，以徐文長三集、徐文長逸稿、徐文長佚草為底本)。

李贄（1527～1602）

一、其他小傳：

1. 《皇明世說新語》卷 7〈輕詆〉。

2. 〔清〕傅維麟《明書》卷 130 列傳。

二、著作：

1. 李贄《李溫陵集》(臺北：文史哲出版社，1971 年)。

2. 李贄《初潭集》(臺北：漢京，1982 年)。

3. 李贄《焚書／續焚書》(臺北：漢京，1984 年 5 月 10 日)。

4. 李贄《續藏書》(臺北：台灣學生書局，1974‧8 初版，1995 年 10 月三刷)。

5. 李贄《藏書》上下冊 (臺北：台灣學生書局，1974 年 8 月初版，1986 年 6月二刷)。

6. 李贄撰，張建業主編《李贄文集》(北京：社會科學文獻出版社，2000 年 5 月)。

盧枏（？～？）

一、《列朝詩集小傳》丁集上〈盧太學枏〉，頁 425～426。

枏，字少梗，一字子木，濬縣人。本富人子，入貲爲太學生，博聞強記，落筆數千言不休，爲人跅弛，好使酒罵座，嘗爲具召邑令，令有他事，日昃乃至，枏醉臥不能具賓主，令心銜之。……東郡謝榛，攜枏賦游長安，見諸貴人，絮而泣曰：『生有一盧枏，視其死而不救，乃從千古惘惘，哀沉而弔湘乎？』……走謁榛于鄴，榛方客趙康王所，康王立召見，爲上客。諸王邸以康王故，爭客枏。枏酒酣耳熱，罵坐如故，邸中人爭掩耳避之，不自得而罷。……遍走吳會，無所遇。還益落魄，嗜酒，病三日卒。枏騷賦最爲王元美所稱，詩律不及茂秦（案：謝榛）之細，而才氣橫放，實可以驅駕七子。

二、其他小傳：

1. 〔明〕王世貞《弇州山人四部稿》83\10 下〈盧枏傳〉，收入焦竑〔明〕編《國朝獻徵錄》卷 115。
2. 〔明〕王世貞《弇州山人四部稿》64\9〈盧次梗集序〉。
3. 〔明〕《舌華錄》卷 2〈傲語〉第 5。
4. 《皇明世說新語》卷 6〈任誕〉；卷 7〈簡傲〉。
5. 〔明〕王兆雲輯《皇明詞林人物考》。
6. 〔明〕何喬遠輯《名山藏·列傳》〈盧枏〉。
7. 〔明〕尹守衡《明史竊·列傳》第 76〈盧枏〉。
8. 〔清〕查繼佐《罪惟錄·列傳》卷 18〈盧枏〉。
9. 《徐本明史·列傳》卷 287「文苑三」。

三、著作：

盧枏《蠛蠓集》五卷（文淵閣四庫全書·集部別集類，第 1289 冊，頁 755～889）

張獻翼（1533～1604）嘉靖中國子監生

一、《列朝詩集小傳》丁集〈張太學獻翼〉，頁 452～453。

獻翼，字幼于，一名敉。……好游大人，狎聲妓，以通隱自擬，築室石湖塢中，祀何點兄弟以況焉。晚年與王百穀爭名，不能勝，頹然自放。與所厚善者張生孝資，相與點檢故籍，刺取古人越禮任誕之事，排日分類，仿而行之。或紫衣挾妓，或徒跣行乞，遨遊于通邑大都，兩人自爲儔侶，或歌或哭。……孝資生日，乞生祭於幼于，孝資爲尸，幼于率子弟衰麻環哭，上食設奠，孝資坐而饗

之，翌日行卒哭禮，設妓樂，哭罷痛飲，謂之收淚。自是率以爲常。

二、其他小傳：

1. 〔明〕文震孟論次《姑蘇名賢小記》卷下〈張夢晉先生〉附張籹。
2. 〔清〕梁維樞《玉劍尊聞》卷8〈任誕〉。

三、著作：

張獻翼《紈綺集》一卷（《四庫全書存目叢書》集部第137冊，影印北京圖書館藏明嘉靖刻本），頁603～630。

宋登春

一、《列朝詩集小傳》丁集中〈鵝池生宋登春〉，頁514～517。

嘉定徐學謨〈鵝池生傳〉曰：『登春，字應元，趙郡新河人。壯歲髮白，自號海翁。晚居江陵天鵝池，更號鵝池生。……性嗜酒慕俠，能挽強馳騎，時發憤讀古人書，爲小詩，畫師吳偉，皆不肯竟學。里中呼爲狂生。……布衣謝榛，詩藉甚公卿間，生得而唾之曰：『此以聲律傭丐者也，何詩之爲？』……間爲小畫長句，傾動市賈，賈人以脫粟鮮衣爲贈，輒推以予逆旅人，大笑而去。……吳人徐學謨爲荊州守，自往物色之，至再始見。明日，戴紫籜冠，衣皀繪衫報謁，踞上坐，隸人皆竊罵之。守爲授室城中，約移居日往訪，屬有參謁，日旰往，生鍵扉臥，不內守，守令人穴垣入。生方科跣，席一？，僵臥壁下，守強起之，索酒盡歡而罷。……濮陽李先芳〈清平閣唱和序引〉曰：『歲癸酉，鵝池山人至自荊州，能詩畫，性嗜酒作狂。高貴之族，非造門不見。嘗著僧帽，噉犬肉，讀楞伽經……』

二、其他小傳：

1. 《皇明世說新語》卷7〈輕詆〉。
2. 〔明〕王兆雲輯《皇明詞林人物考》卷12〈宋登春〉。
3. 不著撰人〈鵝池生宋登春傳〉，收入〔明〕焦竑編《國朝獻徵錄》卷115。
4. 〔明〕張萱《西園聞見錄》卷22〈畸人〉部〈宋登春〉。
5. 〔明〕何喬遠輯《名山藏・列傳》〈宋海翁〉。
6. 〔清〕梁維樞《玉劍尊聞》卷9〈簡傲〉。

三、著作：

宋登春《宋布衣集》三卷（《文淵閣四庫全書》集部別集類第1296冊）。

屠隆（1542～1605）

一、《列朝詩集小傳》丁集中〈屠儀部隆〉，頁 445～446。

長卿令青浦，延接吳越間名士，沈嘉則、馮開之之流，泛舟置酒，青簾白舫，縱浪泖浦間，以仙令自許。……長卿既不仕，遨遊吳越間，尋山訪道，嘯傲賦詩。……長卿答友人書，自敘其所作，以爲姿敏而意疏，姿敏故多疾給，意疏故少精堅，束髮操觚，睥睨一世，長篇短什，信心矢口。……長卿雖爲吏，家無餘貲，好交遊，蓄聲妓，不耐岑寂，不能不出遊人間。自謂采眞者，十之三；乞食者，十之七，蓋實錄也。

二、其他小傳：

1. 《舌華錄》卷 7「憤語」第 14。
2. 《皇明世說新語》卷 6〈任誕〉；卷 7〈輕詆〉；卷 8〈忿狷〉。
3. 《雲間志略》卷 4〈青浦令赤水屠侯傳〉。
4. 《明詩紀事》卷 6，己籤〈屠隆〉。
5. 〔清〕梁維樞《玉劍尊聞》卷 8〈任誕〉。
6. 《徐本明史・列傳》卷 288 列傳 176「文苑四」。
7. 《明史稿》列傳 164「文苑四」。

三、著作：

1. 屠隆《考槃餘事》（臺北：藝文印書館，1965 年《龍威秘書》本）；又見《四庫全書存目叢書》子部 118／180～240。
2. 屠隆《游具雅編》（《四庫全書存目叢書》子部 118／240～246，影印江西省圖書館藏涵芬樓影印清道光十一年六安晁氏活字學海類編本）。
3. 屠隆《娑羅館清言》（臺北：藝文印書館，1965 年《寶顏堂祕笈》本）。
4. 屠隆《續娑羅館清言》（臺北：藝文印書館，1965 年《寶顏堂祕笈》本）。
5. 屠隆《冥寥子游》（臺北：藝文印書館，1965 年《寶顏堂祕笈》本）。
6. 屠隆《鴻苞》（《四庫全書存目叢書》子部 88／625；89／1；90／1～211，影印天津圖書館藏明萬曆三十八年茅元儀刻本）。
7. 屠隆《白榆集》（《四庫全書存目叢書》集部 180／1～384，影印浙江圖書館藏明萬曆龔堯惠刻本）。
8. 屠隆《由拳集》（《四庫全書存目叢書》集部 180／358，影印中央民族大學圖書館藏明萬曆八年馮夢禎刻本）。
9. 屠隆編《歷朝翰墨選註》（《四庫全書存目叢書》集部 324／359，影印上海圖書館藏明萬曆二十四年唐延仁世德堂刻本）。

10. 屠隆《栖眞館集》（上海：上海古籍出版社，1995 年《續修四庫全書》集部別集類第 1360 冊，影印湖北省圖書館藏明萬曆 18 年（1590 年）呂氏栖眞館刻本影印）。

參考書目

凡　例

1. 古籍部分，一律於書目前標明撰著或編輯者的朝代，如〔明〕、〔清〕、〔民〕；其他近代論著、期刊論文部分，則略去不標。

2. 凡古籍出自下列叢書者，其編輯、出版社、年月，皆條列於此，單本則不再重複列入。本論文運用的叢書如下：

   （1）影印《文淵閣四庫全書》：〔清〕紀昀等總纂，臺北市：臺灣商務印書館，1983～1986 年。

   （2）《四庫全書存目叢書》：臺南縣：莊嚴文化事業，1995～1996 年。

   （3）《續修四庫全書》：續修四庫全書編纂委員會編，上海市：上海古籍出版社，1995～2002 年。

   （4）《四庫禁燬書叢刊》：四庫禁毀書叢刊編纂委員會編，北京市：北京出版社，2000 年。

   （5）《明代傳記叢刊》：周駿富輯，臺北市：明文書局，1991 年。

壹、古　籍

1. 〔宋〕劉義慶著，〔梁〕劉孝標注，〔趙宋〕劉辰翁批，〔明〕何良俊增，〔明〕王世貞刪定，〔明〕王世懋批釋，〔明〕李卓吾批點，〔明〕張文柱校注，《李卓吾批點世說新語補》（臺北市：廣文書局，1980 年）。

2. 〔明〕尹守衡，《明史竊‧列傳》（周駿富輯：《明代傳記叢刊》綜錄類第082～084 冊）。

3. 〔明〕文徵明，《文徵明集》（上海：上海古籍出版社，1987 年）。

4. 〔明〕文震亨著，陳植校注，陽超伯校訂，《長物志》（江蘇省：江蘇科學技術出版社，1984 年 3 月）；另一版本爲《筆記小說大觀》第 20 編第 6 冊，臺北：新興書局，1977 年。

5. 〔明〕文震孟論次，《姑蘇名賢小記》（臺北市：明文書局，1991 年《明代傳記叢刊》第 148 冊影印清光緒壬午長洲蔣氏心矩齋校本）。

6. 〔明〕王世貞著，羅仲鼎校注，《藝苑巵言校注》（齊魯書社，1992 年）。

7. 〔明〕王世貞，《弇州四部稿》（上海：上海古籍出版社，1993 年 6 月「四部明人文集叢刊」）。

8. 〔明〕王世懋，《學圃雜疏》（北京：中華書局，1985 年《叢書集成初編》第 1355 冊）。

9. 〔明〕王兆雲輯，《皇明詞林人物考》（周駿富輯：《明代傳記叢刊》學林類第 016～017 冊，影印萬曆年間刊本）。

10. 〔明〕王兆雲，《白醉璚言》（《四庫全書存目叢書》子部第 248 冊，影印中國科學院圖書館藏明徐應瑞刻本）。

11. 〔明〕王艮，《王心齋全集》（臺北：廣文書局（二版），1987 年）。

12. 〔明〕王廷陳，《夢澤集》（《文淵閣四庫全書》第 1272 冊）。

13. 〔明〕王象晉，《清寤齋心賞編》（《四庫全書子部存目》子部雜家類第 139 冊，影印中國科學院圖書館藏明崇禎刻本）。

14. 〔明〕王陽明著，吳光、錢明、董平、姚延福編校，《王陽明全集》（上海：上海古籍出版社，1992 年 12 月）。

15. 〔明〕王畿，《王龍溪全集》（臺北市：華文書局，1970 年 5 月《叢書彙編》第一編之一，影印〔清〕道光二年刻本）。

16. 〔明〕王畿，《龍谿王先生全集》（《四庫全書存目叢書》集部第 98 冊，影印中國社會科學院文學研究所藏明萬曆十五年蕭良幹刻本）；另一版本爲日本江戶年間和刻本影印，「近世漢籍叢刊」，臺北：廣文書局印行。

17. 〔明〕王錡著，張德信點校，《寓圃雜記》（北京市：中華書局，1985 年，《元明史料筆記叢刊》）；又一版本爲臺北：新文豐出版社，1985 年，《叢書集成新編》第 87 冊（文學類）。

18. 〔明〕朱國禎著，繆宏點校，《湧幢小品》（北京：文化藝術出版社，1998 年）；另一版本爲《筆記小說大觀》第 22 編第 7 冊，臺北：新興，1978 年。

19. 〔明〕江盈科著，黃仁生校注，《雪濤小說》（外四種）（上海：上海古籍出版社，2000 年 5 月）。

20. 〔明〕江盈科著，黃仁生輯校，《江盈科集》（長沙市：岳麓書社，1997 年 4 月）。

21. 〔明〕何三畏編著，《雲間志略》（周駿富輯：《明代傳記叢刊》綜錄類第

145 冊）。

22. 〔明〕何良俊著，〔明〕王世貞刪定，《世說新語補》（《四庫全書存目叢書》子部小說家類第 242 冊，影印遼寧大學圖書館藏明萬曆張懋辰刻本）。

23. 〔明〕何良俊，《四友齋叢說》（北京：中華書局，1997 年 11 月三刷）；另一版本爲「筆記小說大觀」第 15 編第 7 冊，臺北：新興書局，1977 年。

24. 〔明〕何良俊，《何翰林集》（臺北：中央圖書館出版，1971 年《明代藝術家彙刊》續集）。

25. 〔明〕屠隆，《考槃餘事》（臺北：藝文印書館，1965 年《龍威秘書》本）；又見《四庫全書存目叢書》子部 118／180～240。

26. 〔明〕何良俊，《語林》（上海：上海古籍出版社，1983 年 12 月，影印《文淵閣四庫全書》）；另一版本《景印文淵閣四庫全書》第 1041 冊。

27. 〔明〕何喬遠輯，《名山藏・列傳》（周駿富輯：《明代傳記叢刊》綜錄類第 74～78 冊）。

28. 〔明〕呂坤，《呻吟語》（臺北：漢京出版社，1981 年 3 月 20 日，影印萬曆間刊本）。

29. 〔明〕宋登春，《宋布衣集》（《文淵閣四庫全書》集部別集類第 1296 冊，頁 543～588）。

30. 〔明〕李紹文，《皇明世說新語》（周駿富輯：《明代傳記叢刊》第 22 冊；另一版本爲明萬曆庚戌（三十八年）雲間李氏原刊本，見《筆記小說大觀》四十編第 8 冊，臺北：新興書局，1978 年）。

31. 〔明〕李開先，《李中麓閒居集》（《四庫全書存目叢書》集部第 92～93 冊，影印南京圖書館藏明嘉靖至隆慶間刻本）。

32. 〔明〕李詡著，魏連科點校，《戒庵老人漫筆》（北京市：中華書局，1982 年）。

33. 〔明〕李夢陽，《空同先生集》（臺北：偉文圖書公司，1976 年）。

34. 〔明〕李贄，《初潭集》（臺北：漢京，1982 年）。

35. 〔明〕李贄，《焚書＼續焚書》（臺北：漢京，1984 年 5 月 10 日）。

36. 〔明〕李贄，《藏書》（臺北：台灣學生書局，1974 年 8 月初版，1995 年 10 月三刷）。

37. 〔明〕李贄，《續藏書》上、下冊（臺北：台灣學生書局，1974 年 8 月初版，1986 年 6 月二刷）。

38. 〔明〕沈沈，《酒概》（臺南縣：莊嚴文化事業，1995 年《四庫全書存目叢書》子部第 80 冊，北京圖書館藏明刻本）。

39. 〔明〕沈泰輯編，〔清〕鄒式金編，《盛明雜劇》（臺北市：廣文書局，

1979 年 6 月）。

40. 〔明〕沈德符，《敝帚軒剩語》（臺北：廣文書局，1969 年 6 月）。

41. 〔明〕沈德符，《萬曆野獲編》（北京：中華書局，1959 年一版，1997 年三刷）另一版本爲《筆記小說大觀》第 15 編第 5 冊，臺北：新興書局，1976 年。

42. 〔明〕周耕伯著，徐奮鵬評，周家賢註，《新鍥官板批評註釋虞精集》（《四庫全書存目叢書》子部 93 冊，影印無錫市圖書館藏明書林鄭大經刻本）。

43. 〔明〕查繼佐，《罪惟錄・列傳》（周駿富輯：《明代傳記叢刊》綜錄類第 085～086 冊）。

44. 〔明〕洪自誠，王進祥 述疏，《菜根譚析注》（臺北：頂淵出版社（九版一刷），1993 年）。

45. 〔明〕洪自誠，王進祥 述疏，《菜根譚後集析注》（臺北：頂淵出版社（五版），1991 年）。

46. 〔明〕胡廣等纂修，《四書大全・論語集注大全》（濟南市：山東友誼書社，1989 年《孔子文化大全》經典類）。

47. 〔明〕樂純，《雪菴清史》（北京圖書館藏明書林李少泉刻本，《四庫全書存目叢書》子部第 111 冊。）

48. 〔明〕茅坤，《茅坤集》（杭州：浙江古籍出版社，1993 年 10 月）。

49. 〔明〕唐寅，《六如居士全集》（臺北市：漢聲出版社，更名爲《唐伯虎全集》出版，1975 年 2 月）。

50. 〔明〕唐寅，《唐伯虎全集》（北京市：中國書店，1985 年 6 月第一版，1994 年 5 月第五版，據大道書局 1925 年版影印）。

51. 〔明〕唐順之，《荊川先生文集》（臺北：台灣商務印書館，《四部叢刊正編》集部第 76 冊，影印上海涵芬樓藏明萬曆刊本）。

52. 〔明〕徐渭，《徐渭集》（共四冊）（北京：中華書局 1999 年標點排印本，以徐文長三集、徐文長逸稿、徐文長佚草爲底本）。

53. 〔明〕徐學謨，《徐氏海隅集》（臺南縣：莊嚴文化事業，1997 年《四庫全書存目叢書》集部別集類第 124～125 冊）。

54. 〔明〕徐學謨，《歸有園麈談》（臺北：藝文印書館，1965 年《寶顏堂祕笈》）。

55. 〔明〕桑悅，《思玄集》（《四庫全書存目叢書》集部第 39 冊，影印北京圖書館藏明萬曆二年桑大協活字印本）。

56. 〔明〕祝允明，《祝子罪知錄》（《四庫全書存目叢書》子部第 83 冊，影印中國科學院圖書館藏明萬袁氏嘉趣堂刻金聲玉振集本）。

57. 〔明〕祝允明，《祝氏詩文集》（臺北市：國立中央圖書館，1971 年 6

月,《明代藝術家集彙刊》,影印明嘉靖甲辰二十三年（1544 年）謝雍手鈔本）。

58. 〔明〕袁袠,《世緯》（臺北：新興書局,1983 年《筆記小説大觀》）。

59. 〔明〕袁中道著,錢伯城點校,《珂雪齋集》（上海：上海古籍出版社,1989 年）。

60. 〔明〕袁宏道著,錢伯城箋校,《袁宏道集箋校》（上海：上海古籍出版社,1981 年）。

61. 〔明〕袁宏道,《西方合論》,收入荒木見悟、岡田武彦主編《影印和刻近世漢籍叢刊——思想四編》（中文出版社,臺北市：廣文書局印行,1975 年）。

62. 〔明〕袁宗道著,錢伯城標點,《白蘇齋類集》（上海：上海古籍出版社,1989 年 6 月）。

63. 〔明〕馬嘉松,《十可篇》（《四庫全書存目叢書》子部第 143 冊,影印中國社科院圖書館藏明崇禎刻本）。

64. 〔明〕屠隆,《由拳集》（《四庫全書存目叢書》集部 180／358,影印中央民族大學圖書館藏明萬曆八年馮夢禎刻本）；另一版本爲（臺北：偉文,1977 年 9 月《明代論著叢刊》）。

65. 〔明〕屠隆,《白榆集》（《四庫全書存目叢書》集部180／1～384,影印浙江圖書館藏明萬曆龔堯惠刻本）；另一版本爲（臺北：偉文,1977 年 9 月《明代論著叢刊》）。

66. 〔明〕屠隆,《娑羅館清言》（臺北：藝文印書館,1965 年《寶顏堂祕笈》本）。

67. 〔明〕屠隆,《栖眞館集》（《續修四庫全書》集部別集類第 1360 冊,影印湖北省圖書館藏明萬曆 18 年（1590 年）呂氏栖眞館刻本）。

68. 〔明〕屠隆,《游具雅編》（《四庫全書存目叢書》子部 118／240～246,影印江西省圖書館藏涵芬樓影印清道光十一年六安晁氏活字學海類編本）。

69. 〔明〕屠隆,《鴻苞》（《四庫全書存目叢書》子部 88／625；89／1；90／1～211,天津圖書館藏明萬曆三十八年茅元儀刻本）。

70. 〔明〕屠隆,《續娑羅館清言》（臺北：藝文印書館,1965 年,《寶顏堂祕笈》本）。

71. 〔明〕康海,《對山文集》（臺北市：偉文,1976 年,《明代論著叢刊》,影印國立中央圖書館藏明嘉靖間刊本）；又一版本十卷,《文淵閣四庫全書》第 1266 冊。

72. 〔明〕康海,《對山集》（《四庫全書存目叢書》集部別集類第 52 冊,影印北京師範大學圖書館藏明嘉靖二十四年（1545 年）吳孟祺刻本）。

73. 〔明〕張大復,《吳郡人物志》,周駿富輯,《明代傳記叢刊》第 149 冊。

74. 〔明〕張大復,《梅花草堂筆談》(上海:上海古籍出版社,1986 年 12 月「瓜蒂庵藏明清掌故叢刊」版共三冊);另一版本爲《四庫全書存目叢書》子部・雜家類,104 冊。

75. 〔明〕張岱著,朱宏達點校,《四書遇》(杭州:浙江古籍出版社,1985 年 6 月)。

76. 〔明〕張岱著,夏咸淳校點,《張岱詩文集》(上海:上海古籍出版社,1991 年 5 月)。

77. 〔明〕張昶著,張獻翼論贊,《吳中人物志》(《四庫全書存目叢書》史部傳記類第 97 冊,影印明隆慶四年(1570 年)張鳳翼等刊本影印)。

78. 〔明〕張愼言著,李蹊校注,《泊水齋詩文鈔》(太原:山西人民出版社,1992 年 1 月)。

79. 〔明〕張萱,《西園聞見錄》,周駿富輯:《明代傳記叢刊》綜錄類第 116 ～124 冊,影印民國二十九年哈佛燕京學社本。

80. 〔明〕張瀚著,盛冬鈴點校,《松窗夢語》(北京:中華書局,1997 年 11 月二刷);另一版本爲蕭國亮點校(上海:上海古籍出版社,1986 年 2 月)。

81. 〔明〕曹臣,《舌華錄》(《四庫全書存目叢書》子部雜家類第 143 冊,影印清華大學圖書館藏明萬曆刻本);又一版本爲臺北:新興書局,1978《筆記小說大觀》第 22 編第 5 冊。

82. 〔明〕陳繼儒,《眉公先生全集》,國家圖書館藏。

83. 〔明〕陳繼儒,《陳眉公四種——太平清話、偃曝餘談、眉公群碎錄、枕譚》(臺北市:廣文書局,1968 年 6 月)。

84. 〔明〕陸容,《菽園雜記》(北京:中華書局,1997 年 12 月)。

85. 〔明〕陸紹珩,《醉古堂劍掃》(臺北:老古文化事業公司(五版二刷),1993 年)。

86. 〔明〕陸雲龍等評點,蔣金德點校,《明人小品十六家》上、下冊(原名《翠娛閣評選皇明小品十六家》,杭州:浙江古籍出版社,1996 年 2 月)。

87. 〔明〕陶望齡,《歇庵集》(臺北市:偉文,1976 年 9 月《明代論著叢刊》)。

88. 〔明〕曾異撰,《紡授堂詩集八卷文集八卷二集十卷》(《四庫禁燬書叢刊》集部第 163 冊,影印明崇禎刻本)。

89. 〔明〕湯顯祖著,徐朔方箋校,《湯顯祖全集》(北京:北京古籍出版社,1998 年 10 月)。

90. 〔明〕湯顯祖,《湯顯祖集》(上海:上海人民出版社,1973 年)。

91. 〔明〕焦竑著,李劍雄點校,《澹園集》(北京:中華書局,1999 年 5 月)。

92. 〔明〕焦竑編,《國朝獻徵錄》,周駿富輯:《明代傳記叢刊》綜錄類第 109～114 冊共 6 冊。

93. 〔明〕焦竑,《玉堂叢語》(北京:中華書局,1997 年)。

94. 〔明〕程羽文,《清閒供》(上海:上海古籍出版社,1990 年「昭代叢書」別集)。

95. 〔明〕費元祿,《甲秀園集》(《四庫禁燬書叢刊》集部第 62 冊,影印明萬曆刻本)。

96. 〔明〕費元祿,《晁采館清課》(《四庫全書存目叢書》子部第 118 冊,影印北京圖書館藏明萬曆刻本),又收入《甲秀園集》(《四庫禁燬書叢刊》集部第 62 冊,影印明萬曆刻本)。另一版本見「寶顏堂祕笈」,臺北:藝文印書館,1965 年。

97. 〔明〕閔于忱輯,《枕函小史》(《四庫全書存目叢書》子部 149 冊,影印遼寧省圖書館藏明松筠館刻朱墨套印本)。

98. 〔明〕項元汴,《蕉窗九錄》(臺南縣:莊嚴,1995 年《四庫全書存目叢書》子部雜家類第 118 冊,影印江西省圖書館藏涵芬樓影印清道光十一年(1831 年)六安晁氏木活字學海類編本)。

99. 〔明〕馮夢龍著,陸國斌、吳小平校點,《古今譚概》,收入《馮夢龍全集》(南京市:江蘇古籍出版社,1993 年)第 6 冊。

100. 〔明〕黃宗羲,《明儒學案》(北京:中華書局,1985 年)。

101. 〔明〕楊循吉撰,黃魯曾續撰,《吳中往哲記》(《四庫全書存目叢書》史部傳記類第 89 冊)。

102. 〔明〕楊慎,《升庵全集》(臺北市:台灣商務,1968 年,王雲五主編:《國學基本叢書四百種》)。

103. 〔明〕萬尚父,《聽心齋客問》(《四庫全書存目叢書》子部 93 冊,影印山西省祁縣圖書館藏明萬曆繡水沈氏刻寶顏堂秘笈本)。

104. 〔明〕葉盛著,魏中平點校,《水東日記》(北京:中華書局,1997 12)。

105. 〔明〕董份,《董學士泌園集》(《四庫全書存目叢書》集部第 107 冊,影印重慶市圖書館藏明萬曆董嗣成刻本)。

106. 〔明〕鄭仲夔,《耳新》(《叢書集成初編》第 2946 冊,北京:中華書局,1985 年);又一版本為(《四庫全書存目叢書》子部第 248 冊,影印北京圖書館藏清鈔本)。

107. 〔明〕鄭仲夔,《冷賞》(北京:中華書局,1991 年《叢書集成初編》第 2947 冊,影印硯雲甲乙編本)。

108. 〔明〕鄭瑄輯,《昨非庵日纂》二十卷二集二十卷三集二十卷(《四庫全書存目叢書》子部第 149 冊,影印中國科學院圖書館藏明崇禎刻本)。

109. 〔明〕盧柟,《蠛蠓集》(《文淵閣四庫全書》集部別集類第 1289 冊)。

110. 〔明〕錢謙益,《列朝詩集小傳》（臺北：世界書局，1985 年）。

111. 〔明〕閻秀卿,《吳郡二科志》,（周駿富輯：《明代傳記叢刊》綜錄類第 148 冊，影印《紀錄彙編》本一百二一卷。）

112. 〔明〕薛岡,《天爵堂文集》（《四庫禁毀書叢刊》第 6 輯第 25 冊，影印明崇禎刻本）。

113. 〔明〕謝肇淛,《小草齋集》三十卷《續集》三卷《小草齋文集》二十八卷（《小草齋集》《續集》：福建師範大學圖書館藏明刻本配抄本；《小草齋文集》：江西省圖書館藏明天啓刻本,《四庫全書存目叢書》，集部第 175～176 冊）。

114. 〔明〕謝肇淛,《五雜俎》（臺北：新興書局，1979 年《筆記小說大觀》第 8 編第 6～7 冊）另一版本爲（上海：上海書店、世紀出版集團，2001 年 8 月）。

115. 〔明〕謝肇淛,《文海披沙》（臺北市：西南書局，1991 年 10 月）。

116. 〔明〕鍾惺著，李先耕、崔重慶標校,《隱秀軒集》（上海：上海古籍出版社，1992 年 9 月）。

117. 〔明〕顧起元,《嬾眞草堂集》（臺北市：文海，1970 年沈雲龍選編《明人文集叢刊》第一輯，影印明萬曆四十二年刊本年）。

118. 〔明〕顧璘,《國寶新編》（《四庫全書存目叢書》史部傳記類第 89 冊，影印首都圖書館藏明嘉靖吳郡袁氏嘉趣堂刻金聲玉振集本）。

119. 〔梁〕吳均著，〔明〕湯顯祖敘錄，〔明〕屠隆點閱，〔明〕袁宏道參評,《虞初志》（臺北市：廣文書局，1987 年「中國近代小說史料續編」）。

120. 〔清〕陳允衡輯,《詩慰》（北京市：北京出版社，2000 年《四庫禁燬書叢刊》集部第 56 冊，據中國科學院圖書館藏清順治刻本影印）。

121. 〔清〕王弘撰著，何方本點校,《山志》（北京：中華書局，1999 年 9 月）。

122. 〔清〕何文煥輯,《歷代詩話》（北京：中華書局，1997 年 3 月四刷）。

123. 〔清〕吳偉業,《梅村家藏稿》（臺北市：台灣學生書局，1975 年,《歷代畫家詩文集》，影印清宣統三年武進董氏誦芬室刊本）。

124. 〔清〕周亮工輯,《賴古堂尺牘新鈔》（臺北市：台灣中華書局，1972 年 11 月）。

125. 〔清〕周亮工,《書影》（臺北：漢京文化，1984 年 3 月 10 日）。

126. 〔清〕徐乾學等著,《徐本明史‧列傳》（周駿富輯：《明代傳記叢刊》第 103 冊）。

127. 〔清〕張潮、楊復吉、沈懋惠編纂,《昭代叢書》（上海：上海古籍出版社，1990 年）。

128. 〔清〕梁維樞,《玉劍尊聞》（《四庫全書存目叢書》子部小說類第 244

冊）。

129. 〔清〕陳田，《明詩紀事》（臺北市：鼎文書局，1971 年）。

130. 〔清〕黃宗羲編，《明文海》（臺北市：臺灣商務印書館，1983 年《文淵閣四庫全書》第 1457 冊，影印國立故宮博物院藏本）。

131. 〔清〕趙翼，《廿二史箚記》（臺北市：世界書局，1962 初版，1997 年 4 月十二刷）。

132. 〔清〕顧炎武著，周蘇平，陳國慶點注，《日知錄》（蘭州市：甘肅民族出版社，1997 年）。

133. 〔清〕龔煒著，錢炳寰點校，《巢林筆談》六卷《續編》二卷（北京：中華書局，1997 年 12 月）。

134. 〔民〕丁福保輯，《歷代詩話續編》（北京市：中華，1997 年 3 月）。

135. 〔民〕朱劍心選注，《晚明小品選注》（臺北：台灣商務，1984 年 3 月台六版）。

136. 〔民〕李保民、胡建強、龍聿生輯，《明清娛情小品擷珍》（上海市：學林出版社，1999 年 1 月）。

137. 〔民〕杜聯喆編，《明人自傳文鈔》（臺北：藝文印書館，1977 年）。

138. 〔民〕周作人編，《明人小品集》（臺北：金楓出版社，1987 年）。

139. 〔民〕施蟄存編，《晚明二十家小品》（臺北：新文豐，1977 年 9 月）。

140. 〔民〕容肇祖整理，《何心隱集》（北京：中華書局，1960 年）。

141. 〔民〕徐震堮，《世說新語校箋》（北京：中華書局，1999 年 2 月）。

142. 〔民〕陳萬益編著，《性靈之聲：明清小品》（臺北：時報，1983 年 11 月 10 日）。

143. 〔民〕黃卓越輯著，《閒雅小品集觀—明清文人小品五十家》（南昌市：百花洲文藝出版社，1994 年 9 月）。

144. 〔民〕楊家駱主編，《鼎文版二十五史并附編五十種》（臺北：鼎文書局，1976 年）。

145. 〔日〕合山究選編，陳西中、張明高注釋，《明清文人清言集》（中國廣播電視出版，1991 年）。

貳、近人論著

一、專 著

（一）個 人

1. 卜鍵，《李開先傳略》（北京：中國戲劇出版社，1989 年 11 月）。

2. 于化民，《明中晚期理學的對峙與合流》（臺北：文津出版社，1983 年）。

3. 方祖猷，《王畿評傳》（南京：南京大學，2001 年 5 月）。

4. 王忠閣、孫宏典主編,《中國近古文學思潮》(北京:中國文聯出版社,2000 年 6 月)。

5. 王明珂,《華夏邊緣:歷史記憶與族群認同》(臺北:允晨,1997 年)。

6. 王長安,《徐渭三辨》(北京:中國戲劇出版社,1995 年)。

7. 王能憲,《世說新語研究》(南京:江蘇古籍出版社,2000 年 1 月重印)。

8. 王愷,《公安與竟陵──晚明兩個新潮文學流派》(江蘇:江蘇古籍出版社,1996 年 12 月)。

9. 王煜,《老莊思想論集》(臺北:聯經,1990 年)。

10. 王煜,《明清思想家論集》(臺北:聯經,1992 年)。

11. 王學泰,《游民文化與中國社會》(北京市:學苑出版社,1999 年 9 月)。

(二)論文集

1. 中國明代研究學會主編,《明人文集與明代研究》(臺北市:明代學會,2001)。

2. 王成勉主編,《明清文化新論》(臺北市:文津出版社,2000 年)。

3. 江西省文學藝術研究所編,《湯顯祖研究論文集》(北京:中國戲劇出版社 1984 年 5 月)。

4. 李豐楙、劉苑如主編,《空間‧地域與文化:中國文化空間的書寫與闡釋》(臺北市:中央研究院中國文哲研究所,2002 年)。

5. 林慶彰、賈順先輯,《楊慎研究資料彙編》上、下(臺北市:中央研究院中國文哲研究所,1992 年 10 月)。

6. 胡曉真主編,《世變與維新──晚明與晚清的文學藝術》(臺北市:中研院文哲研究所籌備處,2001 年)。

7. 國立中央大學共同學科主編,《第二屆明清之際中國文化的轉變與延續學術研討會論文集》(臺北:文史哲出版社,1993 年)。

8. 張宏生編,《明清文學與性別研究》(南京:江蘇古籍出版社,2002 年 10 月)。

9. 淡江大學歷史系編,《晚明思潮與社會變動》(臺北:弘化,1987 年)。

10. 陳平原、王德威、商偉編,《晚明與晚清:歷史傳承與文化創新》(武漢:湖北教育出版社,2001 年)。

二、博碩論文

1. 王鴻泰,《流動與互動──由明清間城市生活的特性探測公眾場域的開展》,國立台灣大學歷史學研究所博士論文,1998 年 11 月。

2. 朱書萱,《明代中葉吳中書家及其書風的形成》,國立台灣師範大學國研究所博士論文,2001 年 6 月。

3. 官廷森，《晚明世說體著作研究》，國立政治大學中文研究所碩士論文，1999年。

4. 林宜蓉，《晚明文藝社會「山人崇拜」之研究》，國立台灣師範大學國文研究所集刊第 39 號抽印本，1995 年 6 月。

5. 邵曼珣，《明代中期蘇州文人生活研究》，東吳大學中國文學系博士論文，2000 年。

6. 范宜如，《明代中期吳中文壇研究——一個地域文學的考察》，國立台灣師範大學國文研究所博士論文，2001 年 5 月。

7. 袁光儀，《晚明之儒家道德哲學與世俗道德範例研究》，國立台灣師範大學國文研究所碩士論文，1997 年 6 月。

8. 陳萬益，《晚明性靈文學思想研究》，國立臺灣大學／歷史研究所博士論文，1977 年。

9. 黃明理，《晚明文人型態之研究》，臺北市：國立台灣師範大學國文研究所碩士論文，1989 年 6 月。收入《國文研究所集刊》第 34 號（臺北市：國立台灣師範大學國文研究所，1990 年）。

10. 廖卓成，《自傳文研究》國立台灣大學中文研究所博士論文，1992 年 6 月。

11. 廖肇亨，《明末清初の文藝思潮と佛教》，東京大學大學院人文社會研究科 2001 年博士論文。

12. 蔣靜文，《論張岱小品文學：從生命模塑到形式意義的完成》，國立中正大學中國文學研究所碩士論文，1997 年 6 月。

13. 蔡麗玲，《從晚明「世說體」著作的流行論張岱的《快園道古》》，國立清華大學文學所碩士論文，1993 年 7 月。

14. 鄭幸雅，《晚明清言研究》，國立中正大學中國文學系博士論文，2000 年。

15. 盧玟楣，《晚明文人自覺意識及其實踐研究》，淡江中文所碩士論文，1992年 6 月。

16. 盧曜煌，《明代《菜根譚》社會思想的外緣考察》，淡江中文所碩士論文，1996 年 6 月。

三、期刊論文、會議論文、報紙

1. 王瓊玲，〈明清之際江、浙地區文人風流劇作之審美造境與其文化意涵〉，李豐楙、劉苑如主編：《空間‧地域與文化：中國文化空間的書寫與闡釋》（臺北市：中央研究院中國文哲研究所，2002 年）。

2. 王鴻泰，〈明清士人的生活經營與雅俗的辯證〉，美國哥倫比亞大學東亞系、中央研究院歷史語言所及蔣經國中心合辦之「中國日常生活的論述與實踐」國際學術研討會，2002 年 10 月 25～27 日。全文見 http：／／www.ihp.sinica.edu.tw／~wensi／col%20schedule.htm。

3. 余英時，〈魏晉與明清文人生活與思想之比較〉，《中國時報》，1985 年 6 月 24～25 日，第 8 版。

4. 李有成，〈論自傳〉，《當代》第 55 期（1990 年 11 月 1 日），頁 28。

5. 李焯然，〈祝允明（1461～1527）與晚明的思想文化變遷〉，陳榮照主編、新加坡國立大學中文系學報：《學叢》第 5 期（2000 年 6 月），頁 141～159。

6. 林宜蓉，〈晚明尊藝觀之研究〉，《古典文學》第 15 期（臺北市：台灣學生，2000 年），頁 139～178。

7. 柯塞（Lewis A Coser），邱澎生譯：〈阿伯瓦克與集體記憶〉，《當代》第 91 期（1993 年 11 月 1 日），頁 35。

8. 孫書磊，〈從矯枉過正到自我修正——明代文論中的一個特異現象〉，《江西師范大學學報》（哲學社會科學版）第 1 期（1997 年）。

9. 荒木見悟，〈《西方合論》解題〉，收入荒木見悟、岡田武彥主編，《影印和刻近世漢籍叢刊》思想四編（中文出版社，廣文書局印行，1975 年）。

10. 高居翰，〈唐寅與文徵明作爲藝術家的類型之再探〉，故宮博物院編：《吳門畫派研究》（北京：紫禁城出版社，1993 年 3 月），頁 1～21。

11. 張寧，〈知識分子的身分危機及其文學的表達〉，《當代》第 56 期（1990 年 12 月 1 日），頁 96～107。

12. 郭紹虞，〈明代文學批評的特徵〉，《照隅室古典文學論集》（上海：上海古籍出版社，1986 年 9 月），頁 337～341。

13. 郭紹虞，〈明代的文人集團〉，《照隅室古典文學論集》（上海：上海古籍出版社，1986 年 9 月），頁 342～434。

14. 陳國棟，〈哭廟與焚儒服——明末清初生員層的社會性動作〉，《新史學》3：1（1992 年 3 月），頁 63～94。

15. 陳寶良，〈晚明生員的棄巾之風及其山人化〉，《史學集刊》2000 年 2 期。

16. 楊新，〈人生、個性與藝術風格——略論文徵明與唐寅之異同〉，故宮博物院編，《吳門畫派研究》（北京：紫禁城出版社，1993 年 3 月），頁 347～359。

17. 葛榮晉，〈楊慎哲學思想初探〉，原載《社會科學研究》，1984 年第 1 期，頁 55～63，收入林慶彰、賈順先輯：《楊慎研究資料彙編》上、下（臺北市：中央研究院中國文哲研究所，1992 年 10 月），頁 671～688。

18. 趙軼峰，〈山人与晚明社會〉，《東北師大學報》（哲學社會科學版）2001 年 01 期。

19. 鄭幸雅，〈晚明清言中的禪意——以屠隆爲中心〉，「第四屆通俗文學與雅正文學全國學術研討會」，1993 年 3 月 14 日。

20. 鄭培凱，〈名賢與自我：張大復筆下的理想人生〉，中國明代研究學會主編，《明人文集與明代研究》（臺北市：明代學會，2001 年），頁 167～188。

21. 鄭培凱，〈明末清初的文化生態與書法藝術〉，《當代》119 期（1997 年 7 月 1 日），頁 84〜101。

參、外文資料

一、日文資料

（一）專　書

1. 〔日〕小田　晉，《東洋の狂氣論》（思索社，1980 年）。

2. 〔日〕西丸四方，《狂氣の價值》（東京市：朝日新聞社，1979 年 9 月 20 日）。

3. 〔日〕溝口雄三，《中國の人と思想—— 10 李卓吾》（東京：集英社，1985 年一刷，1995 年二刷）。

4. 〔日〕藤堂明保，《狂——中國の心日本の心——》（中央圖書，1971 年 7 月）。

（二）期刊論文

1. 〔日〕小路口聰，〈朱子の曾點觀——陸象山批判の一視座〉，《日本中國學會報》四九號，1997 年，頁 105〜104。

2. 〔日〕佐藤鍊太郎，〈陽明學における狂禪について〉，《禪文化研究所紀要》，1988 年 12 月，頁 173〜194。